法学学科新发展丛书
New Development of Legal Studies

社会法学的新发展

陈　甦＼主编

New Development of Legal Studies

中国社会科学出版社

图书在版编目（CIP）数据

社会法学的新发展／陈甦主编 . —北京：中国社会
科学出版社，2009.7
（法学学科新发展丛书）
ISBN 978 - 7 - 5004 - 6718 - 2

Ⅰ. 社…　Ⅱ. 陈…　Ⅲ. 社会法学 - 研究　Ⅳ. D90

中国版本图书馆 CIP 数据核字（2009）第 121476 号

出版策划　任　明
责任编辑　宫京蕾
责任校对　刘　娟
技术编辑　李　建

出版发行　**中国社会科学出版社**
社　　址　北京鼓楼西大街甲 158 号　　邮　编　100720
电　　话　010 - 84029450（邮购）
网　　址　http：//www.csspw.cn
经　　销　新华书店
印　　刷　北京奥隆印刷厂　　　　　装　订　广增装订厂
版　　次　2009 年 7 月第 1 版　　　印　次　2009 年 7 月第 1 次印刷
开　　本　710×1000　1/16
印　　张　17.5　　　　　　　　　　插　页　2
字　　数　305 千字
定　　价　35.00 元

总　序

景山东麓，红楼旧址。五四精神，源远流长。

中国社会科学院法学研究所位于新文化运动发源地——北京大学地质馆旧址。在这所饱经沧桑的小院里，法学研究所迎来了她的五十华诞。

法学研究所成立于1958年，时属中国科学院哲学社会科学学部，1978年改属中国社会科学院。五十年来，尤其是进入改革开放新时期以来，法学研究所高度重视法学基础理论研究，倡导法学研究与中国民主法治建设实践紧密结合，积极参与国家的立法、执法、司法和法律监督等决策研究，服务国家政治经济社会发展大局。改革开放初期，法学研究所发起或参与探讨法律面前人人平等、法的阶级性与社会性、人治与法治、人权与公民权、无罪推定、法律体系协调发展等重要法学理论问题，为推动解放思想、拨乱反正发挥了重要作用。20世纪90年代以后，伴随改革开放与现代化建设的步伐，法学研究所率先开展人权理论与对策研究，积极参与国际人权斗争和人权对话，为中国人权事业的发展作出了重要贡献；积极参与我国社会主义市场经济法治建设，弘扬法治精神和依法治国的理念，为把依法治国正式确立为党领导人民治国理政的基本方略，作出了重要理论贡献。进入新世纪以来，法学研究所根据中国民主法治建设的新形势和新特点，按照中国社会科学院的新定位和新要求，愈加重视中国特色社会主义民主自由人权问题的基本理论研究，愈加重视全面落实依法治国基本方略、加快建设社会主义法治国家的战略研究，愈加重视在新的起点上推进社会主义法治全面协调科学发展的重大理论与实践问题研究，愈加重视对中国法治国情的实证调查和理论研究，愈加重视马克思主义法学和中国法学学科新发展的相关问题研究……

五十年弹指一挥间。在这不平凡的五十年里，法学所人秉持正直精邃理念，弘扬民主法治精神，推动法学创新发展，为新中国的法治建设和法学繁荣作出了应有贡献。

法学研究所的五十年，见证了中国法学研究事业的繁荣与发展；法学研究所的五十年，见证了中国特色社会主义民主法治建设的进步与完善；法学研究所的五十年，见证了中国改革开放与现代化建设事业的成就与辉煌。

今天的法学研究所，拥有多元互补的学术背景、宽容和谐的学术氛围、兼收并蓄的学术传统、正直精邃的学术追求、老中青梯次配备的学术队伍。在这里，老一辈学者老骥伏枥，桑榆非晚，把舵导航；中年一代学者中流砥柱，立足前沿，引领理论发展；青年一代学者后生可畏，崭露头角，蓄势待发。所有的这一切，为的是追求理论创新、学术繁荣，为的是推动法治发展、社会进步，为的是实现公平正义、人民福祉。

在新的历史起点上，我们解放思想，高扬改革开放的大旗，更要关注世界法学发展的新问题、新学说和新趋势，更要总结当代中国法学的新成就、新观点和新发展，更要深入研究具有全局性、前瞻性和战略性的法治课题，更要致力于构建中国特色社会主义法学理论创新体系。

为纪念中国社会科学院法学研究所建所五十周年，纪念中国改革开放三十周年，我们汇全所之智、聚众人之力而成的这套法学学科新发展丛书，或选取部门法学基础理论视角，或切入法治热点难点问题，将我们对法学理论和法治建设的新观察、新分析和新思考，呈现给学界，呈现给世人，呈现给社会，并藉此体现法学所人的襟怀与器识，反映法学所人的抱负与宏愿。

五十风雨劲，法苑耕耘勤。正直精邃在，前景必胜今。

中国社会科学院法学研究所所长李林　谨识

二〇〇八年九月

目　　录

前　　言

社会法在保障国家的社会建设、促进社会的和谐公正、保护公民的社会权利等方面具有不可替代的作用。近几年来，随着和谐社会建设以及科学发展观等理论和实践的不断深入，社会法作为重要的法律部门也迎来了发展的机遇。《劳动合同法》、《就业促进法》、《劳动争议调解仲裁法》的制定，《未成年人保护法》、《残疾人保障法》的修订，《社会保险法》、《社会救助法》的审议等立法活动使社会法的制度建设取得了引人注目的发展。社会法在法治建设和社会发展中的作用越来越得到政府和社会各界的认可。社会法将成为未来我国法治建设中的一朵奇葩。

社会法的发展离不开社会法理论的深入研究，随着社会法制度建设的发展，社会法学也取得很大的发展，相关理论和学说日渐丰富。但作为新兴的法律部门和学科，社会法的实践较短，社会法理论和制度的研究在深度和广度上仍有待提高。特别是社会法的基础理论问题，诸如，社会法的概念、社会法的定位、社会法的体系、社会法的理论、社会法的调整方法等需要深入研究。社会法具体制度建构的理论基础与政策依据，诸如劳动制度如何协调雇主和雇员的利益、如何在拥有 13 亿人口的中国建立城乡一体化的社会保障制度、如何保障公民的受教育权、医疗卫生制度的改革和公民健康权的保障、社会救助制度以及弱势群体的保护等，都是极富挑战性的重大理论和实践课题，需要社会法学界同人不断探索，进行理论研究和制度创新。

中国社会科学院法学研究所历来重视社会法学的研究和教学。2005 年在全国较早地成立了社会法研究室，专事社会法研究和教学。该研究室目前已成为我国社会法研究的一支重要力量，近年来在法学所和社会各界的支持下也取得了可喜的成果。作为年轻的研究室，其前景广阔、任重道远。

本书试图对社会法的一些前沿问题和重要的理论和实践问题进行分析和论证，在紧密结合我国社会法制建设与社会法学科发展状况的基础上，力求反映社会法研究的最新动态以及国内外的立法例和学说。希望本书能给读者以启迪，对我国社会法制度的完善和社会法学的发展有所助益。

本书属集体合作的成果，全书由陈甦研究员担任主编，各章的分工和作者如下。

第一章　陈甦（中国社会科学院法学研究所党委书记、研究员）、谢增
　　　　毅（中国社会科学院法学研究所副研究员）
第二章　余少祥（中国社会科学院法学研究所副研究员）
第三章　谢增毅（中国社会科学院法学研究所副研究员）
第四章　刘翠霄（中国社会科学院法学研究所研究员）
第五章　王柱国（江西财经大学副教授）、范亚峰（中国社会科学院法
　　　　学研究所副研究员）
第六章　董文勇（中国社会科学院法学研究所副研究员）
第七章　余少祥（中国社会科学院法学研究所副研究员）
书中的不足之处，请读者批评指正、不吝赐教。

编　者
2009 年 5 月

第一章　社会法基础理论研究

陈甦　谢增毅①

一　社会法概念的比较分析

尽管如同我国法治语境下的"社会法"在国外的法律体系中久已存在，但就整体而言，境外学者对于社会法的概念和理论体系，并没有作出非常明确而细致的阐释。

如果着眼于学理与立法上的普遍阐释，可以说英美国家并没有社会法的概念（social law），通常只有社会立法（social legislation）或者社会保障法的概念（social security law）。无论是在法学理论上还是立法实践上，虽然"社会立法"和社会法紧密相关，但两者并非同一概念。美国学者克拉克（Helen I. Clark）在其所著的《社会立法》（Social Legislation）一书中曾评述道："我国今天称之为'社会法'这一名词，第一次使用系与俾斯麦的功业有关，在那1880年代曾立法规定社会保障，以防止疾病、灾害、失业、年老。有些人限制其立法意义，是为着不利情况下的人群的利益，另一方面扩大其立法意义是为着一般的福利，我们今天使用这一名词必须包括这两个方面的意义。"② 《元照英美法律词典》将社会立法（Social Legislation）定义为，"是对具有显著社会意义事项立法的统称，例如，涉及教育、住房、租金、保健、福利、抚恤养老金及其他社会保障等方面"。③ 因此，"社会立法"在英美法的语境中，主要指社会保障法或社会福利法，这和大陆法系国家现在流行的社会法（social law）概念比较接近。

而在我国的法学理论与实践以及相关的社会政策中，"社会立法"概念的使用则相对不固定。有学者认为，社会立法是在寻求实质正义和社会公正的进程中的一种立法价值取向，同时也是法律变革运动的组成部分。社会立

① 陈甦，中国社会科学院法学研究所研究员、博士生导师。谢增毅，中国社会科学院法学研究所副研究员。

② 转引自王全兴《经济法基础理论与专题研究》，中国检察出版社2002年版，第715页。

③ 薛波主编：《元照英美法律词典》，法律出版社2003年版，第1267页。

法与社会法不同点在于：前者外延相当宽泛，涉及若干法律领域，本身并没有严谨的体系构造，而且这种社会立法既包含立法成果——法律制度的沉淀，也表征立法的转型；后者范围较窄，只是与民法、刑法一样的法律制度，本身属于一个法律门类，具有相对完整的体系构造，社会法属于立法成果的沉淀，而不是立法本身。① 这种观点似将社会立法作为一种立法思潮和立法理念，几乎等同于对"法律社会化"的阐释，这种阐释意义的"社会立法"和英美国家所通常理解的社会立法相差甚远。也有学者将社会立法简洁地解释为"有关社会法的立法"，即将社会立法等同于社会法，指规范劳动关系、社会保障、社会福利和特殊群体权益保障方面的法律。②

在德国，尽管存在《社会法典》，但立法者并不使用"社会法"（social law）这个概念，德国法律体系中也缺少对社会法的立法定义。"人们可以从不同的层面构造该概念，那么也可以从不同的方面解释该概念。"以前在德国，社会法常常在广义上被使用，即除了包括社会保障法还包括劳动法，那时候劳动法和社会保险法联系紧密，最初甚至将社会保险法视为劳动法的一部分。在今天的德国，狭义的社会法概念则更多地被人们所使用，即不包括劳动法，而包括社会保险、社会福利、社会救助和社会补助（例如，教育补助、生育补助以及住房补助）。③ 另有学者也指出，《德国宪法》和《社会法典》是了解和研究德国社会法的主要资源。德国从社会福利的意义上理解社会法，社会法包括社会保险、社会补偿、社会促进和社会救济。德国社会法主要指社会保障法，两个概念甚至可以通用。④ 因此，诚如我国台湾学者所言，在德国，以社会安全作为社会法之内涵与外延的见解，已受到普遍的支持。社会法几乎可与社会安全法画上等号。⑤ 有趣的是，"社会保障法"的概念在德国并没有被普遍接受。一般提到社会保障法的概念，有时是作为社会法的同义词，有时则有其他的内涵，例如，认为社会保障法只包含社会保险法。在德国，人们常常不使用社会保障法的概念而使用社会保

① 郑尚元：《社会法语境与法律社会化》，载《首届中国社会法论坛——完善社会法治，构建和谐社会（论文集）》，2006 年，第 57 页。

② 参见李林《统筹经济社会发展的几个立法问题》，载《法学》2005 年第 9 期，第 4 页。

③ ［德］贝尔恩德·巴龙·冯·麦戴尔：《德国社会（保障）法：定义、内容和界定》，载郑功成、沈洁主编《社会保障研究》，中国劳动社会保障出版社 2005 年版，第 86—89 页。

④ ［德］伍尔芬：《德国社会法概况》，载杨燕绥等编著《劳动法新论》，中国劳动社会保障出版社 2004 年版，第 281 页。

⑤ 郭明政：《社会法之概念、范畴与体系——以德国法制为例之比较观察》，载《政大法学评论》台北第 58 期（1997 年），第 375 页。

险法。①

　　在法国，对社会法的理解主要有两种：其一，广义的社会法，有关公共秩序或利益、劳动关系以及经济安全保障的法律，且不属于传统公法学所界定的研究范围都称为社会法；其二，主张社会法包括有关调整劳动关系的劳动法和有关社会保障（安全）制度的社会保障（安全）法。② 第二种观点为流行观点。因此有学者指出，法国法上的社会法是指：规范以受薪者或者独立劳动者身份出现的社会成员从事某种职业活动的行为以及由此而产生的法律后果的法律部门。③ 法国社会法体系主要包括两大部分：劳动法和社会保障法。④

　　可见，即使是在具有相似经济社会背景和法律传统的欧洲大陆，现在流行的社会法理论也没有提供统一的被普遍接受的社会法概念，社会法或者仅仅等同于社会保障法，或者等同于劳动法和社会保障法的集合。

　　相比而言，大陆法系的日本对社会法的理论曾经有较深入的探讨。由于在第一次世界大战后的日本，失业成为最为严重的社会问题，且不断壮大的劳动者为了争取和保护自身的利益，进行了维权运动，于是政府制定了有关调整劳资关系的法律，劳动法由此成为日本社会法的萌芽。日本的社会法理论分为战前阶段和战后阶段。

　　第二次世界大战前阶段学说的代表人物为菊池永夫，其观点也随着社会环境的变化不断修正，具有明显的观点时期划分。在第一时期，菊池永夫将社会法等同于劳动法，因为劳动和资本的阶级对立是这一时期社会的主要矛盾。菊池永夫将社会法定义为"调整社会的阶级均衡关系的国家法规及社会诸规范的统称"。在第二时期，菊池永夫认为社会法包括劳动法和"社会事业法"。劳动法以劳动契约关系为前提，而社会事业法，主要指对自然灾害和社会病理的救济；劳动法主要涉及如何积极改善劳动者的劳动状况，社会救济问题则是如何完善包括劳动者在内的一般无产阶级的生活状况。这种

---

① ［德］贝尔恩德·巴龙·冯·麦戴尔：《德国社会（保障）法：定义、内容和界定》，载郑功成、沈洁主编《社会保障研究》，中国劳动社会保障出版社 2005 年版，第 87 页。

② 郝凤鸣：《法国社会安全法之概念、体系与范畴》，载《政大法学评论》第 58 期（1997年），第 381 页。

③ C. 万提斯（C. Wantiez）：《社会法概论》，第 5 版，1999，p. 6. 转引自肖磊《法国社会法的概念及由来》，载史际春、邓峰主编《经济法评论》，中国法制出版社 2004 年版，第 411 页。

④ 肖磊：《法国社会法的概念及由来》，载史际春、邓峰主编《经济法评论》，中国法制出版社 2004 年版，第 411 页。

观点缘于当时日本社会立法增多对菊池永夫产生的影响，致使其将社会法界定为"以社会改良主义为理念的社会政策立法"。在第三时期，菊池永夫认为社会法包含经济法。把日本作为应对金融危机和发动战争而制定的经济管制法——经济法作为社会法的分支。社会法包括劳动法、经济法和社会事业法。菊池永夫之所以将经济法纳入社会法的体系之内，是因为在他看来，日本为应对上述金融危机和发动战争的需要所进行的经济管制立法——即经济法，具备了社会法所应有的基本特征，因此经济法可以作为社会法的分支学科。在这一时期，菊池永夫主要从范围上来界定社会法，可以称为"实证法学派的社会法学理论"。① 另一位学者加古祐二郎认为，社会法实际上是保护由处于社会的从属地位的劳动者、经济上的弱势者所组成的社会集团的利益，而并非是所有的社会集团的利益之法律规范。② 这一学说指明了社会法的主体问题和价值取向，应当说部分触及了社会法的本质，具有重要的学术价值。

第二次世界大战后至20世纪70年代以前，是日本社会法理论逐渐走向成熟的时期。学者不再仅从社会法的范围，而是从社会法的产生根源和价值目标来界定社会法，对社会法理论的研究深度提高了。代表性的学说主要有两种。一种是菊池永夫认为，社会法就是以个人利害从属于社会的整体利益为基本法理的法；其对应的是以个人的权利义务为核心的"个人法"，社会法是对建立在个人法基础之上的个人主义法秩序所存在的弊端的反省，并以对其实施社会管制为显著特征的法。另一种是著名的社会法学者沼田稻次郎认为，社会法是作为对民法的修正而存在的；由于民法学原理的贯彻和实施，激发了资本主义社会的结构性矛盾，进而对市民社会现实存在的特殊群体及社会集团的生存权构成了严重威胁，社会法便是基于社会的正义，为维护生存权而建立的法律制度。渡边祥三在沼田稻次郎的理论之上，进一步认为，作为对古典民法进行修正的社会法，是以调和具体利益的对立为基本目的的，其实质是通过确立具体的自由来限制和约束私的所有权自由。③ 沼田稻次郎先生还提出了社会法的体系，社会法包括劳动法、社会保障法、环境

---

① 王为农：《日本的社会法学理论：形成和发展》，载《浙江学刊》2004年第1期，第33—34页。

② 同上书，第36页。

③ 同上书，第37页。

法、消费者保护法和教育文化法。① 我们认为，沼田稻次郎和渡边祥三的观点是相当深刻的，已经触及了社会法的产生根源和法益目标，也指明了社会法的本质。沼田稻次郎和渡边祥三，尤其是沼田稻次郎的理论揭示了社会法的权利诉求——生存权，这不仅揭示了社会法的存在价值和现实功能，而且为社会法体系的构造确立了标准，其价值不容忽视。从上可以看出，日本的社会法理论由于社会的变革和社会立法的丰富，在理论研究的深度上胜于其他大陆法系国家。但是在近年，随着社会法各个领域日渐发展成熟，学者的研究方向乃转至诸如劳动法、社会保障等社会法各个领域的理论精细化和体系的严整化，对于社会法的基础理论与总论的研究，似乎少有措意。②

　　我国台湾地区的学者也曾论及社会法的概念和体系。史尚宽在其所著的《民法总论》中，就论及民法和社会法的关系。史尚宽认为，在自由经济竞争之阶段，经济与政治完全分离，规定经济关系之私法与规定政治关系之公法，完全明确的对立。于统制经济之阶段，渐有公私法混合之法域，而出现中间之法域，即为社会法，包括经济法和劳动法。③ 显然，史尚宽囿于当时的经济社会条件和社会法立法相对简单的客观事实，难以对社会法做更深一步的阐述。另一位著名的我国台湾地区民法教授王泽鉴深受德国学说影响，认同社会法乃社会安全法。"'民国七十八年'之'学门规划资料——法律学'由王泽鉴所执笔之'劳工法与社会法'一章，虽将此二法域并列，唯王氏已将两者予以明确区分，并将社会法定位为社会安全之法律。依王氏之说明：社会法（sozialrecht）即系以社会安全立法为主轴所展开的、大凡社会保险法、社会救助法、社会福利法（儿童、老年、残障福利）、职业训练法、就业服务法、农民健康保险法等均属社会法研究之范畴。"④ 现在，对于社会法乃泛指关于社会福利、社会保障或社会安全之法律，我国台湾地区的学者已基本接受。⑤

---

　　① 蔡茂寅：《社会法之概念、体系与范畴——以日本法为例之比较观察》，载《政大法学评论》台北第58期（1997年），第396页。

　　② 同上书，第390页。

　　③ 史尚宽：《民法总论》，中国政法大学出版社2000年版，第57页。

　　④ 郭明政：《社会法之概念、范畴与体系——以德国法制为例之比较观察》，载《政大法学评论》台北第58期（1997年），第373页。

　　⑤ 郝凤鸣：《社会法之性质及其于法体系中之定位》，载《中正法学集刊》第10期（2003年），第6页。

二　我国社会法概念的界定

自社会法概念引入我国以来，关于社会法的内容体系及社会法是法律部门还是法域，理论界一直存有争论。就以法律规范内容作为划分标准的界定结果来看，社会法就有狭义、中义和广义之分。狭义的社会法专指劳动法和社会保障法，[①] 也有学者认为劳动法不属于社会法。[②] 中义的社会法指规范劳动关系、社会保障、社会福利和特殊群体权益保障方面的法律关系的总和。这种观点为官方所确认。广义的社会法更多的是法理学范畴的概念，将社会法作为与公法、私法并列的第三法域。[③]

一些学者试图通过借助社会体制、社会问题、社会宪法、社会权利等社会学、政治学或法学的概念，界定社会法的合理范围和基本理念，由此形成了一些有代表性的学说，包括社会体制说，社会问题说，社会宪法具体化说，社会权利说等。

其一，"社会体制说"。该说认为社会法是社会体制的法律形式，社会法存在的根据是社会管理体制。由社会法架构起来的社会管理体制，包括人口管理体制、劳动管理体制、社会保障管理体制、环境管理体制、城乡建设管理体制等。[④] 从社会管理体制入手界定社会法的范围是一种有益的尝试，但该概念与国外流行的社会法概念相去甚远，而且难与行政法作出清楚的划分。

其二，"社会问题说"。该说直接突出社会法的主要功能，认为社会法是为了解决社会性问题而制定的各种有关社会法的总称，是根据国家既定的社会政策，通过立法的方式制定法律，以保障某些特别需要扶助人群的经济生活安全或是用以普遍促进社会大众的福利。将所有这些有关社会法规集合在一起，便被广泛地称为社会法或社会立法。[⑤] 该种学说揭示了社会法的功能，但又过分扩大了社会法的功能，社会问题的范围宽泛，不是社会法单独所能解决，在界定社会法的概念时，必须对主要靠社会法解决的社会问题加

---

① 陈海嵩：《经济法与社会法关系之我见》，载《中南民族大学学报》2003 年第 4 期，第 151 页。

② 郑尚元：《社会法的存在与社会法理论探索》，载《法律科学》2003 年第 3 期，第 44 页。

③ 董保华等：《社会法原论》，中国政法大学出版社 2001 年版，第 21 页。

④ 汤黎虹：《社会法通论》，吉林人民出版社 2004 年版，第 145—146 页。

⑤ 陈国钧：《社会政策与社会立法》，台北三民书局 1984 年版，第 112 页。

以限定。还有学者也注意到社会法和社会问题的关系，认为社会法与社会问题相伴而生，并随之发展。社会法立足现实的社会问题，又超越社会现实，通过立法的前瞻性，预先制定主体的行为模式来防范社会问题的出现，事先建立起一道"社会安全阀"，防范社会风险。社会法对于社会问题的调整，经历了被动矫正到主动防治的发展转变。① 此种观点虽然认识到了社会法与社会问题的互动作用，并且注意到了社会法在解决社会问题中由被动矫正到主动防止的作用变化，但对社会问题也缺乏必要的限定。

其三，"社会宪法具体化说"。该说认为，设若社会宪法是从作为公法的政治宪法中分离出来的一个部门宪法，则社会法是从传统私法中游离出来的另外一个独立的法律部门。社会法是社会宪法规范的具体化，是立法机关实施宪法规定的社会安全权的结果。② 毫无疑问，社会法的内容涉及宪法规定的社会安全权，但"社会宪法"作为一个新概念，并未得到广泛接受，"社会宪法"的内涵和外延并不清晰。

其四，"社会权利说"。认为社会法是保障公民社会权利之法。社会权是基于福利国家或社会国家的理念，防止劳资对立与贫富悬殊等各种社会矛盾与弊害，促进社会经济弱者的实质平等而形成的新型人权。③ 该说和国外的社会法学说比较吻合，将社会权利作为社会法的逻辑起点和核心范畴符合社会法的产生根源和价值追求，具有很强的说服力。

与"社会权利说"相关，近年来学者对社会法概念的研究正在逐渐深入。例如，史探径教授认为："社会法是以保护公民经济、社会、文化权利与社会整体利益相结合的内容为主旨的公、私法规范交错融合的法律领域中法律群体的统称"。④ 此概念指出了社会法的权利因素和维护社会整体利益的目标，以及社会法包含公法、私法规范的特点。郑尚元教授等认为，社会法是调整在国家保障自然人基本生活权利过程中发生的具有国家给付性的社会关系的法。⑤ 此概念突出了社会法保护公民基本生活权利以及设置国家给付义务的功能。唐政秋、李健认为，社会法是以保护社会困难群体、弱势群体和特殊群体等的基本生活权益和生存权益，促进社会和谐发展为宗旨，调

①　林嘉：《社会法在构建和谐社会中的使命》，载《法学家》2007 年第 2 期，第 1—2 页。

②　郑贤君：《社会宪法与社会法——公私法融合之一箭双雕》，载《浙江学刊》2008 年第 2 期，第 23—24 页。

③　李炳安：《社会法范畴初论》，载《福建政法管理干部学院学报》2007 年第 3 期，第 5 页。

④　史探径：《论社会法》，中国劳动社会保障出版社 2007 年版，第 7 页。

⑤　郑尚元等：《社会法的界定论》，载《中国法学会社会法学研究会 2007 年年会论文集》。

整社会保障关系、社会公益关系及慈善事业关系等社会关系的法律规范的总和。① 此概念指明了社会法的保护对象、目的和调整对象的范围。值得注意的是，后两种观点注意到了社会法和劳动法的区别，将劳动法排除在社会法之外。

从以上关于社会法概念的发展轨迹看，学者对社会法概念的研究，正在逐步从简单的界定范围向探讨社会法的价值、功能以及主体的权利义务转变，既借鉴了国外关于社会法的学说，又根据我国的实践以及国际人权法的发展，揭示社会法的内涵和外延。尽管在社会法范围的界定上稍有不同，但大部分观点几乎都认识到了社会法应以保护公民的生存权或社会权利作为核心任务，也意识到了社会法对国家给付义务的设定。值得注意的是，随着对社会法概念讨论的深入，学者也更多地注意到劳动法和社会法的关系，一些学者认为劳动法和社会法是彼此并列的法律部门，劳动法并不属于社会法。

三　社会法的起源、基础、理念和价值

在总结归纳境外社会法的概念和学说，尤其考察社会法的产生背景之后，可以对社会法的本质，进一步地作出学理上的概括。

（一）社会法的起源

社会法的产生源于社会的结构性矛盾，社会法产生的直接目的在于解决一国的社会问题和社会矛盾。相应地，社会法的内容必然体现一国所面临的主要或严重的社会问题和国家采取的社会政策。日本劳动法的诞生就充分证明了这一点。日本的社会立法是在劳工运动的推动下起步的。其完全是日本政府在严重的社会问题的压力下调和各种社会矛盾的产物。由于这样一个社会背景的影响和制约，日本最初的社会立法大多是以慈善、抚恤、安抚的面目出现的社会救济性立法。② 日本学者曾经把作为应对金融危机和发动战争需要的经济法纳入社会法之中，也说明了社会法具有明显的政策性。即使在社会法相对发达的德国，社会法的产生也是国家解决社会矛盾的产物。"当初在德国实行社会保障，其目的与其说是为工人谋取在国家中的平等权利，

---

① 唐政秋、李健：《社会法范畴和体系研究——以社会法立法为视角》，载《当代法学》2008年第3期，第18页。

② 王为农：《日本的社会法学理论：形成和发展》，载《浙江学刊》2004年第1期，第33页。

不如说是为了拯救社会和平。社会保障的诞生不是出于人道的信念，而是出于政治策略。"① 直到今天，社会法这种实用性的色彩也依然存在。例如，前西德的汉斯·F. 察哈尔教授认为："社会法可以理解成反映社会政策的法律。'社会政策'主要意味着：保证所有人的生存合乎人的尊严，缩小贫富之间的差距，以及消除或限制经济上的依赖关系"。② 因此，社会法天然具有明显的政策性和时代特征，社会法将随着社会问题的不断显现和国家采取的不同社会政策而在范围和内容上不断调整和发展。当然，尽管社会法产生的目的在于解决一国的社会问题，反映一国的社会政策，但社会法无法解决所有的社会问题，社会法主要解决贫富差距问题，解决那些需要国家给付物质帮助或者通过国家的制度安排保障公民的生存和发展的社会问题。

（二）社会法的基础

社会法的产生应包括物质财富的增长、国家职能的转变、权利意识的觉醒以及公平观念的深入等诸多方面。社会财富的增加是社会法产生的前提，"作为大家的共同财产只应当为大家的共同福利服务"。③ 没有一定的物质基础，社会法就不会单凭一个虚幻的理念而产生。但是，仅仅有物质基础，社会法也不会自发的产生。国家职能向需要并有利于社会法产生与发展的方向转变，也是社会法形成与发展的重要政治基础。没有国家职能的扩大和转变，没有国家作为主体的参与，社会法既不可能产生，更不可能发展。社会权利观念也是福利国家形成过程中的重要动力，"社会权利在有些福利国家是实施大规模社会再分配的根据"。④ 社会公平正义思想和社会连带思想也是社会法产生的重要思想基础，特别是罗尔斯的正义理论以及法国学者提出的社会连带责任理论，为社会法的发展提供了重要的理论基础。⑤ 因此，社会法的基础是多样态的社会存在和运行机制的有机综合体，包含物质基础、政治基础、法律基础和文化基础等。

---

① 德国技术合作公司、中国劳动和社会保障部：《中德劳动和社会法合作文集》（1996—1999），第 44 页。

② ［德］汉斯·F. 察哈尔：《德意志联邦共和国的社会法》，载《外国法译丛》1984 年第 3 期，第 1 页。

③ ［德］马克思、恩格斯：《马克思恩格斯选集》第 3 卷，人民出版社 1995 年版，第 730 页。

④ 周弘：《福利的行政化与政治化》，载《中国人口科学》2007 年第 3 期，第 10 页。

⑤ 林嘉：《社会保障法的理念、实践与创新》，中国人民大学出版社 2002 年版，第 137—142 页。

（三）社会法的理念

社会法有其独特的理念。尽管社会法形成于市场经济体制机制中，并且与市场经济体制机制中占主导地位的民法相辅相成。社会法的理念与民法理念并不冲突，但是，其秉持的内涵却是对完全贯彻自由平等的民法理念进行了修正。

近代民法以保障商品的所有关系和交换关系为己任，从完全自由、平等的抽象人格出发，不过多地眷顾人与人之间在社会上和经济上的差异，以尊重私有财产权、契约自由和过失责任为基本法理。然而，"出现在近代市民法的'人'的概念，乃是一种脱离实存的、具体的、经验的人类，而以拟制构想的抽象人格为对象的虚幻产物"。① 民法原理构成了近现代民法的制度内核，在维护和促进市场经济发展中起到了巨大的作用。但是毋庸讳言，以抽象人格确定具体行为规范的民法理念的运用，虽然以地位平等、机会均等、优胜劣汰的机制实现了社会发展，但是，却不能消除这种机制可能导致的弱肉强食、两极分化的社会结果，契约自由的贯彻也因当事人实力、地位和能力的差异而走向实质的契约不自由，而且先天的差异和后天的差别将使一部分弱势群体在自由竞争中面临生存危机。为了矫正单纯以民法理念建构市场经济法律制度的局限性，形成了一种更为广泛地正视社会现实、尽可能以具体人类为规范对象、追求社会实质公平的全新法律思维，而基于这种思维的具体立法以及法理论则被称为社会法。这种转变可以说是从近代法到现代法、从市民法到社会法的一大原理转换。② 与民法原理不同，社会法充分考虑人在生理条件、经济实力、生存能力、社会地位、谈判能力、缔约能力的差异，追求人与人之间具体的实质的自由、平等和独立，通过对具体权利的保障实现社会公共利益的增进。同时，社会法体现了国家的干预、参与，体现了国家的一种积极角色和作用，与民法的当事人意思自治、国家充当"守夜人"角色的理念不同。基于上述理念，社会法也就具有制约私权、防止私权滥用的功能。菊池永夫认为，社会法具备三个特征：其一，公共性——与私人的意思相比，社会法处于公共管制的优势地位；其二，混合

---

① 蔡茂寅：《社会法之概念、体系与范畴——以日本法为例之比较观察》，载《政大法学评论》台北第58期（1997年），第391页。

② 现代法研究会编：《现代的法学》，法律文化社1966年版，第151页以下。转引自蔡茂寅《社会法之概念、体系与范畴——以日本法为例之比较观察》，载《政大法学评论》台北第58期（1997年），第392页。

性——社会法并非是私法与公法的并存产物，而是其两者相互渗透形成的混合形态；其三，限制性——社会法对私权的行使附加了社会义务，体现了对私权的必要限制。① 因此，社会法的产生是对民法理念的修正和超越，也是对民法充分实施的保障。正如德国联邦劳动和社会部长罗伯特·布鲁姆所言，"自由和社会保障是同胞姊妹，没有社会保障，个人就没有安全感，谈何自由"。② 德国的学者们也认为，可以把社会法理解为消除社会不公平现象和促进平等待遇的法律，其内容覆盖了《劳动法》、《社会保障法》、《租房补助法》。社会法的主要特征：在原来私有权利上增加了公法管理内容。③ 可见，社会法既来自私法又超越私法，追求实质平等和社会正义。有学者将社会法的理念归纳为：社会本位理念、实质正义理念和共同福利理念。④ 我们对此观点表示赞同。这些理念使社会法区别于其他法律部门，决定了社会法存在的目的和价值。

（四）社会法的价值

社会法以保护社会弱势群体的合法利益为主要目标，以保护公民生存的基本人权为自己的价值追求。社会法的产生源于社会矛盾使特殊社会群体和社会集团的生存权受到威胁，社会法正是为了维护其生存权而产生，因此，弱势群体尤其是经济上的弱势群体是社会法关注的焦点。在一定意义上，我们甚至可以认为，保障弱势群体的生存权是社会法产生的根源和存在的目的。无论是劳动法还是社会保险、社会救助、社会福利等社会保障制度，无不针对社会弱势群体的生存需求。社会法"以解决与经济生活相关之社会问题为主要目的，借以安定社会并修正经济发展所造成的负面影响，提供每一个社会成员适当基本生活条件，以利充分发展自我并维系其人格尊严"。⑤ 在日本，"以维持这种社会经济弱者阶层的生存及其福利的增进为目的的诸

---

① 转引自王为农《日本的社会法学理论：形成和发展》，载《浙江学刊》2004 年第 1 期，第34 页。

② ［德］伍尔芬：《德国社会法概况》，载杨燕绥等编著《劳动法新论》，中国劳动社会保障出版社 2004 年版，第 281 页。

③ 同上书，第 282 页。

④ 刘光华：《论社会法的基本理念》，载林嘉主编《社会法评论》，中国人民大学出版社 2007年版，第 3—21 页。

⑤ 郝凤鸣：《社会法之性质及其于法体系中之定位》，载《中正法学集刊》第 10 期（2003年），第 7 页。

法律在学术上按体系分类，称为'社会法'，并试图加以体系化"。① 在德国，作为社会法主体的《社会法典》的功能如下：促证人们享有具有人格尊严的生活、为发展个性（特别是年轻人）创造平等的前提条件；保护家庭并促进和谐；保护择业自由和获取劳动保障；克服偶然性生活困难。② 可见，保障弱势群体的基本生活条件，维护其人格尊严，是社会法的主要宗旨。当然，随着社会的发展，社会法也不再仅仅满足于经济上弱势群体的生存权的保障，对人的发展权的保障和人的尊严的维护越来越突出，例如，教育、医疗、住房保障显然超出了一般生存权的保障范围。总之，如果说最初的社会法只是为了调和阶级矛盾，调和不同利益主体之间的冲突，带有明显的工具色彩或者功利主义，随着时代的进步和发展，社会法中的权利因素不断增强，社会法正是承载着保障公民的人权尤其是诸如公民的就业、社会保障、安全、健康等社会性的权利，而获得旺盛的生命力以及广阔的发展前景。同时，社会法在维护公民基本权利的同时，也为国家设定了一种积极的义务，国家负有提供社会福利的义务。例如《德国宪法》第 20 条规定："德意志联邦共和国是民主的、社会福利的联邦制国家。"联邦宪法法院一贯的司法解释为，福利国家即国家负有提供社会福利的义务。③ 因此，现代的社会法不仅具有制约私权，防止私权滥用的功能，也有制约公权，防止公权滥用或者缺位的功能。社会法体现了国家和公民之间的权利义务关系，从这个意义上讲，社会法的完善也是国家走向宪政和法治的重要内容。

在社会法的价值上，学者的观点正趋于一致，例如，有学者认为，社会法的价值基础包括：平等与效率、实质公正和形式平等、社会弱势群体利益与公共利益、社会福利与社会发展等。④ 还有学者认为，社会法的核心价值范畴主要包括，生存权、社会安全、社会正义和社会和谐。⑤ 尽管对社会法价值的表述稍有不同，但保护公民的生存权和弱势群体利益、维护社会公共利益、促进社会的公平正义、推动社会和谐与发展，应是社会法的应有

---

① ［日］星野英一：《私法中的人》，王闯译，载梁慧星主编《民商法论丛》第 8 卷，法律出版社 1997 年版，第 186 页。

② ［德］伍尔芬：《德国社会法概况》，载杨燕绥等编著《劳动法新论》，中国劳动社会保障出版社 2004 年版，第 282 页。

③ 同上书，第 281 页。

④ 吕世伦、马金芳：《社会法的几个基本理论问题研究》，载《北方法学》2007 年第 6 期，第 13 页。

⑤ 李炳安：《社会法范畴初论》，载《福建政法管理干部学院学报》2007 年第 3 期，第 7 页。

之意。

四　社会法的定位

（一）"第三法域"还是"独立部门"

有关社会法的定位，是在法律逻辑意义上，解决社会法在整个法律体系中的结构定性问题。当前关于社会法的定位主要有两种观点：其一是，认为社会法是公法、私法之外的"第三法域"；[①]　其二是，认为社会法是"独立的法律部门"。[②]"第三法域"的观点侧重于描述社会法的法律属性，亦即社会法不具有传统的公法或者私法的典型特征，而具有公法和私法融合的特征。"独立部门"观点则侧重说明被称为"社会法"的法律的调整范围，亦即社会法具有特定的调整对象和价值目标。社会法属于公私融合之法或"第三法域"，应不成问题。但社会法是否等同于"第三法域"，或言之，公法、私法、社会法这种"三分法"是否科学，值得推敲。

我们并不主张把社会法作为公法、私法之外的"第三法域"。现在的法律已经很难找到纯粹的公法或者私法了，公法私法化或者私法公法化已经是法律的普遍现象了，只不过有些法律部门的公法性质更强烈一些，例如，宪法、行政法；有些法律部门的私法性质更强烈一些，例如，民法、商法；有些法律部门同时具备公法、私法的特点，例如，经济法、环境法。因此，要从公法、私法之外刻意划分出第三法域，是相当困难的。而且，现在几乎所有的法律部门都将社会公共利益作为自己的法益目标或价值之一，公法、私法都在一定程度上"社会法化"了，在公法、私法之外划分出社会法，并不符合法律的现状和趋势。"公法私法化"和"私法公法化"本身，就说明所有的法律都呈现出一种公私融合的状态或者趋势。因此，将社会法作为公法或者私法之外的第三法域，并无太大必要。现在的法律需要甄别的只是哪些法律的公法性质更强烈一些，哪些法律的私法性质更强烈一些，或者在同一法律部门中公法规范和私法规范如何相互配合。例如，劳动法被许多学者认为是社会法的典型或具备公私融合的性质，但是在德国，按照学者的观点，劳动法从体系上可分为个人劳动法、集体劳动法和劳动保护法，个人劳

---

① 董保华等：《社会法原论》，中国政法大学出版社 2001 年版，第 21 页。
② 郑尚元：《社会法的存在与社会法理论探索》，载《法律科学》2003 年第 3 期，第 43 页。

动法包括劳动合同法、解聘保护法、患病期间薪金的继续支付、给予特殊人群如孕妇、未成年人的母亲、残疾人等的特别工作条件和保护措施；集体劳动法主要包括集体合同法和企业劳资法和职工参与决策法；作为个人劳动法和集体劳动法的补充，社会福利和技术性的劳动保护法则对劳动强度和技术上的劳动安全问题作出规定。有趣的是，德国学者认为："个人和集体劳动法范畴的法规统称为劳动私法。关于技术上和社会福利的劳动保护则不属于劳动私法，而是属于公法的范畴"。[①] 因此，可以看出，尽管劳动法包含公法和私法的规范或者具备公法私法融合的特征，学者还是倾向于从公法或者私法的角度，来分析或者分解劳动法，而不是简单的将其作为公法或者私法之外的第三法域。从某种意义上，在公法、私法越来越融合的背景下，再"寻找"或者归纳出所谓的"第三法域"，不但是不可能的，也是不必要的。

在我国，将社会法作为与民商法、经济法、行政法等传统的法律部门并列的法律部门，不仅具有现实的制度依据，而且也具有重要的理论意义。随着经济的发展，社会问题和社会矛盾将更为突出，尤其是社会弱势群体的生存和发展面临许多挑战，需要国家加强社会领域的立法，以保护经济上的弱势群体，维护他们的基本生存权和发展权，促进经济和社会的协调发展。传统的法律部门，例如，民商法和经济法主要调整一国范围内的经济活动，民商法侧重于保护公民的民事权利，经济法主要侧重于规范国家干预经济和维护市场秩序的经济管理活动；宪法和行政法主要规范国家的政治活动，规范公权力的运行，保护公民的政治权利。传统的法律部门虽然对社会生活和文化生活也给予调整和规范，但系统而持续的制度关注是远远不够的。社会领域的各项事务同样需要系统的法律予以调整和保护，公民政治权利和民事权利之外的权利（可以称之为"社会权利"）的保障，也需要新的结构严整、体系完备的法律部门加以保护。这是社会法作为独立法律部门出现的客观必然性。

特别是在我国的社会主义法律体系的建设实践中，将社会法作为法律部门也得到立法机关的认同。2001 年 3 月，李鹏委员长在九届全国人大四次会议上指出，根据立法工作的需要，初步将有中国特色的社会主义法律体系划分为七个法律部门，即宪法及宪法相关法、民法商法、行政法、经济法、社会法、刑法、诉讼与非诉讼程序法，同时又将社会法界定为调整劳动关

---

① 中华人民共和国劳动和社会保障部法制司、德国技术合作公司中国法律改革咨询项目编著：《中德劳动与社会保障法：比较法文集》，中信出版社 2003 年版，第 81—82 页。

系、社会保障关系和社会福利关系的法律。2003 年 4 月，吴邦国委员长在十届全国人大二次会议中指出，中国特色社会主义法律体系主要由宪法和宪法相关法、民法商法、行政法、经济法、社会法、刑法、诉讼与非诉讼程序法七个法律部门组成。① 十届全国人大法律委员会主任委员杨景宇将"社会法"解释为，"规范劳动关系、社会保障、社会福利和特殊群体权益保障方面的法律关系的总和。社会法是在国家干预社会生活过程中逐渐发展起来的一个法律门类，所调整的是政府与社会之间、社会不同部分之间的法律关系"。② 立法机关对法律体系的概括以及对社会法作为法律部门的承认，一方面源于对社会法理论的认识不断深化；另一方面也源于我国社会法体系化内容的不断丰富。将社会法作为法律部门，而不是第三法域，既符合社会法理论研究的最新成果，也与目前境外通行的社会法学说相合，更是符合我国的立法理念和立法实践。如果将社会法作为第三法域，看起来是提升了社会法的层次，将社会法置于与公法和私法相等的地位，而实际上，这不过是在旧有的理论知识体系背景下对社会法进行形而上描述的结果，使社会法脱离了具体的法律体系建设实践。如果将法制建设中的活生生的社会法继续描述为与公法、私法并列的第三法域，将无法在具体的立法实践中得心应手地构建社会法自身的规范体系，社会法将只能继续浮化为一种法律性质或者法律理念的学术描述，最终将有损于社会法作为具体规范体系的存在价值，有损于社会法在社会实际生活中的制度生成。

（二）社会法与劳动法之关系

我国的立法机关将社会法界定为，"规范劳动关系、社会保障、社会福利和特殊群体权益保障方面的法律关系的总和"，显然认为劳动法属于社会法的一部分。但是如上所述，在近年来的学者论述中，主张劳动法不属于社会法的观点越来越多。支持这种观点的主要理由是：社会法和劳动法产生于不同的历史时期、两者产生的社会基础以及调整对象、调整方法等有所不同。③ 社会法承担矫正功能、保护公益和扶助弱者，主要通过对社会公共组织设定权利和义务，来发挥具体职能；劳动法主要对劳资双方的劳动关系予以规制，创设劳资双方的权利、义务，确立劳动关系，还谈不到矫正；同

---

① "全国人大网站"，www. npc. gov. cn（2003 年 4 月 26 日）。

② "全国人大网站"，www. npc. gov. cn（2003 年 4 月 25 日）。

③ 郑尚元：《社会法的存在与社会法理论探索》，载《法律科学》2003 年第 3 期，第 44 页。

时，劳动者作为弱势群体只是相对的弱势群体，而老年人、妇女、未成年人、残疾人等是绝对意义上的弱势群体，因此，如果将劳动关系作为社会法的范畴之一，将会改变社会法调整的社会关系的同质性或同类性。① 还有学者认为，作为一种经济权利，劳动权是经济民主而非经济自由的体现，与旨在促进个人基本生活保障的社会安全有很大不同，因此将劳动法排除在社会法之外。②

我们认为，劳动法和社会法的关系非常复杂，但有一点是肯定的，就是两者的关系极为紧密，难以在制度形式上截然分开。劳动法起源于19世纪初期的欧美"工厂立法"，"工厂立法"在一定程度上对劳动者提供了保护，但这些立法的通过与工人阶级长期的斗争有关，是工人们为了维护自身的生存权利而进行权利斗争的结果。从社会保障法的起源看，英国最早的《济贫法》通过征税为无力谋生的贫民发放救济，建立了由政府提供就业保障和财政补贴的做法，其主要目的也是为了保护贫民的生存。在19世纪末、20世纪初，德国建立的具有现代社会保障制度标志的社会保障制度，就是主要针对工人而建立起来的工伤、失业、养老、生育等社会保险制度。可见，从法律产生的根源上，劳动法和社会保障法具有相似的背景和立法宗旨，两者均为了保护工人或贫民的生存权。从调整内容看，劳动法主要涉及工作场所，侧重于调整雇主和工人的关系，但工人的社会保险问题也是劳动法的重要内容，工人的养老保险、医疗保险、失业保险、工伤保险、生育保险等，既是劳动法的重要内容，也是社会保障法的重要内容。"社会保障"的形成过程反映了国家支持目标的一个沿革概况：从有条件的保险——局限于参保工人——到"为所有贫困和需要帮助的社会成员提供保护的社会保护制度"。③ 可见，劳动法和社会保障法在调整内容上存在很大的交叉范畴，两者难以截然分开。现代劳动法除了调整雇主和雇员的日常关系之外，更是加入了就业促进、反就业歧视、解雇保护、工作时间、休息休假、安全卫生等制度内容。这些保护雇员的就业权、生存权和健康权的制度内容，与社会保障制度中国家为那些需要帮助的群体提供物质帮助及其他帮助的制度内容，可谓异曲同工。可见，劳动法不仅仅调整雇主和雇员之间的关系，其社

---

① 唐政秋、李健：《社会法范畴和体系研究——以社会法立法为视角》，载《当代法学》2008年第3期，第19页。

② 郑贤君：《社会宪法与社会法——公私法融合之一箭双雕》，载《浙江学刊》2008年第2期，第23—24页。

③ P. Waton, *Social Security Law of the European Communities*, Oxford：Mansell 1980, p. 1.

会性非常明显。因此，从调整内容看，劳动法和社会保障法亦难以分开。从调整方法看，尽管劳动法更侧重于以调整雇主和雇员关系的方式来实现立法宗旨，但政府在其间的作用日益明显，政府在促进就业，干预大规模裁员、个体和集体合同的履行、确保工作场所的安全和卫生等方面，也发挥了日渐重要的作用。尽管社会保障法更突出通过发挥政府作用的方式实现立法宗旨，但雇主和雇员也参与社会保险法律关系之中，雇主和雇员都必须尽到相应的义务，也就是说，调整雇主和雇员之间的关系也是实现社会保障法的重要方式。例如，英国学者在界定社会保障法的内涵时就充分考虑到劳动关系的意义，认为需要考虑社会保障概念的内涵，不仅要包括国家提供的福利，还要包括私人保险发展的程度，尽管私人保险部门要受国家的监管。从某种意义上讲，这一直是英国社会保障制度的一部分，因为雇主和雇员共同向社会保险缴费。① 因此，从调整方法看，劳动法和社会保障法亦很难区分。

　　因此可以说，像法国通行的认识与做法那样，将社会法界定为劳动法和社会保障法不无道理。在很长一段时期内，法国社会保障法一直附属于劳动法。虽然社会保障法的发展最终使其脱离了劳动法的框架限制，但是社会保障法仍然保持在针对社会风险保护问题上与劳动法的联系。诸如，源于集体协议的有关失业保险和补充退休保障制度协议的达成，必须遵循劳动法上关于集体协议方面的规定；对受薪者报酬问题的审查，只能涉及由雇主从工资中提取的作为分摊金的部分；再者，在医疗保障方面，津贴是同时来自于社会保障机构和雇主两个方面。② 可见，劳动法和社会保障法两者属于你中有我，我中有你的关系，在制度的实质内容和表现形式上，都是难以截然划分的。

　　因此我们认为，劳动法和社会保障法的同质性大于异质性，两者的共性大于个性，两者都可以而且应当归属于具有更大包容性的社会法概念之中。特别是对于旨在建立覆盖城乡、覆盖职工和非职工居民社会保障体系的中国而言，只有将劳动法和社会保障法作为一个整体考虑，才能协调处理职工居民和非职工居民、城市和农村的各项社会保障制度，有效整合劳动法和社会保障法。这就是说，在我国，只有将劳动法和社会保障法置于同一个法律体

---

　　① ［英］内维尔·哈里斯等：《社会保障法》，李西霞等译，北京大学出版社2006年版，第16页。

　　② 肖磊：《法国社会法的概念及由来》，载史际春、邓峰主编《经济法评论》，中国法制出版社2004年版，第413—414页。

系中，也就是置于社会法体系中，才能够建立相互兼容、相互协调、相互支撑并且能够充分发挥各自功能的劳动法和社会保障法。

五　社会法理论和体系的建构路径：社会权利

目前，社会法基础理论研究正在逐渐深入，随着这种理论研究的深入过程，有关社会法基本理论的分歧正在逐步缩小，共识逐步扩大。因此也可以说，当前社会法基础理论的研究正在处于逐渐取得较大范围共识的点上。尽管学者们对社会法的概念、起源、基础、价值、理念的表述稍有不同，但对社会法本质的理解正在逐步走向一致，只是在社会法调整对象的表述上稍有不同。

目前需要寻求一种分析方法，建构社会法的体系，使社会法的理论和体系更具说服力。要建构社会法体系，必须寻找并确立适当的逻辑起点。如果我们把社会权利作为社会法体系的逻辑起点，社会法体系的清晰性和协调性便得以展现。社会法作为旨在保护弱势群体的生存权和发展权的法律，应该将社会权利引入社会法的范畴，以社会权利作为社会法的核心概念，既可以提升社会法的理论性，又可以提升社会法的正当性，而且以社会权利为核心范畴构造社会法的体系，就可以将涉及公民住房权、教育权、健康权、安全权等保护公民社会权利的法律纳入社会法的范围之中，从而丰富并健全社会法的体系。① 许多学者赞同社会权利的概念及其对社会法体系的建构功能，例如有学者认为，社会权是社会法的逻辑起点和核心范畴。②

按照人权学者的普遍观点：关于公民权利的主要强调点，在于不受国家干预的自由，而关于经济、社会和文化权利的要素，则要求国家提供保护和援助。③ 显然，传统的私法部门不能有力地保护公民的经济、社会、文化权利，因为在私法的建构理念与作用机制中，主要奉行国家不干预的政策，贯彻平等、意思自治的原则；传统的公法部门也难以充分保障公民的经济、社会、文化权利，因为宪法和行政法等公法部门主要规范国家的权力运行，保护公民的基本权利特别是政治权利。因此，对于公民的经济、社会、文化权

---

① 谢增毅：《社会法的概念、本质和定位：域外经验与本土资源》，载《学习与探索》2006 年第 6 期，第 97 页。

② 李炳安：《社会法范畴初论》，载《福建政法管理干部学院学报》2007 年第 3 期，第 6 页。

③ A. 艾德、A. 罗萨斯：《经济、社会和文化权利：世界性的挑战》，[挪] 艾德等：《经济、社会和文化的权利》，黄列译，中国社会科学出版社 2003 年版，第 5 页。

利的法律保护，不可能单纯依靠传统的公法或者私法部门来解决。正如有学者指出的那样，社会基本权，又可称为社会权，或者社会权利（social rights），它是宪法赋予国家的积极作为义务。① 而社会法具有的保障公民生存权利和发展的理念以及强调政府的支持、参与，与经济、社会、文化权利的保护机制正相吻合。因此，社会法自然也就担负起保护公民的经济、社会、文化权利的重任。

《经济、社会、文化权利公约》中所包含的经济、社会、文化权利，通常被人权法或者宪法概括为"社会权利"。例如，在欧洲的人权文件中，规定了公民经济和社会权利的公约就名为《欧洲社会宪章》（《European Social Charter》）。② 当然，"社会权利"一词主要是学者的概括，"社会权利"一词直接在法律文件中使用并不多见。1989 年欧共体专门制定了《工人基本社会权利宪章》，使"社会权利"一词直接出现在人权文件的文件名称中。该宪章的内容涉及了广泛的社会权利，诸如就业和报酬、改善生活和工作条件、社会保护、自由结社和集体谈判、职业培训、男女同等待遇、工人的协商和参与、工作场所的健康和安全保护、儿童和青少年保护、老年人保护和残疾人保护。因此，对于"社会权利"的外延，可以参考该宪章的规定。值得注意的是，《欧盟联盟条约》指出，成员国确认尊重"1961 年 10 月 18 日在都灵签订的《欧洲社会宪章》以及 1989 年共同体《工人基本社会权利宪章》所规定的基本社会权利（fundamental social rights as defined in the European Social Charter signed at Turin on 18 October 1961 and in the 1989 Community Charter of the Fundamental Social Rights of Workers）"。可见，《欧洲社会宪章》以及共同体《工人基本社会权利宪章》所规定的权利，已经被官方概括为"社会权利"并被广泛接受，"社会权利"具有了相对固定的内涵和外延。因此，"社会权利"作为国际人权法中的一个通行概念，可以用来指代经济、社会、文化权利，同时"社会权利"的主要内容更侧重于经济和社会权利。例如有学者认为，所谓社会权利，即通过国家对经济社会的积极介入而保障的所有人的社会或经济生活的权利。传统的社会主义宪法中的社会权利，主要包括劳动权、休息权、生存权、退休人员生活保障权、受教育

---

①　郑贤君：《论宪法社会基本权的分类与构成》，载《法律科学》2004 年第 2 期，第 3 页。

②　欧洲理事会成员国于 1950 年 11 月 4 日签署了《欧洲人权公约》后，为进一步努力保障公民的社会、经济权利，由咨询议会和部长委员会通力合作制定了《欧洲社会宪章》，并于 1961 年 10 月 18 日在都灵举行的欧洲理事会成员国会议上通过。该《宪章》仅规定了公民的经济和社会权利，没有包括文化权利。

权等多项内容；现代资本主义宪法中的社会权利，主要包括生存权、受教育权、劳动权、劳动者的结社自由权及劳动者的团体交涉和争议权等。① 在英国，社会权利（social rights）主要指劳动权利和社会保障权利。②

一些日本学者对社会权的揭示，可以让我们更容易地理解社会法和社会权利或者社会权的关系。例如有日本学者认为，社会权就是"基于福利国家或社会国家的理念，为使任何人都可以获得合乎人性尊严的生存，而予以保障的所有权利的总称"。社会权的形成就是"为了解决资本主义高度发达下，劳资对立与贫富悬殊等各种社会矛盾与弊害，防止传统的自由权保障流于空洞化，谋求全体国民特别是社会经济弱者的实质自由平等，而形成的新型人权"。③ 可以看出，日本学者在论述社会权利的产生原因和价值时，与论述社会法的产生根源与目标是何等相似。

综上所述，可以得出的结论是：既然经济、社会权利等"社会权利"必须依靠社会法的保护，社会法也具有保护此类权利的调整机制，则将社会权利的概念引入社会法，并作为社会法的核心概念和法益目标则是顺理成章之事。社会法和社会权利是内在统一，相伴而行的。

六　以社会法推动社会建设——社会法的发展机遇

随着我国经济社会的不断发展，中国特色社会主义事业的总体布局，更加明确地由社会主义经济建设、政治建设、文化建设三位一体，发展为社会主义经济建设、政治建设、文化建设、社会建设四位一体，社会建设被摆在更加突出的位置。胡锦涛同志在党的十七大报告中指出，社会建设与人民幸福安康息息相关，必须在经济发展的基础上，更加注重社会建设，着力保障和改善民生，推进社会体制改革，扩大公共服务，完善社会管理，促进社会公平正义，努力使全体人民学有所教、劳有所得、病有所医、老有所养、住有所居，推动建设和谐社会。十七大报告还指明了社会建设的主要任务和基本内容，包括：1. 优先发展教育，建设人力资源强国；2. 实施扩大就业的战略，促进以创业带动就业；3. 深化收入分配制度改革，增强城乡居民收

---

① 林来梵：《从宪法规范到规范宪法》，法律出版社 2001 年版，第 178—179 页。

② Simon Deakin, Social Rights in a Globalized Economy, in Labor Rights as Human Rights, edited by Philip Alston, Oxford University Press, 2005, p. 35.

③ 转引自竺效《"社会法"意义辨析》，载《法商研究》2004 年 2 期，第 64 页。

入；4. 加快建立覆盖城乡居民的社会保障体系，保障人民基本生活；5. 建立基本医疗卫生制度，提高全民健康水平；6. 完善社会管理，维护社会安定团结。在这些社会建设的任务中，除了社会管理和安定团结的任务主要依靠行政法完成之外，社会建设的其他各项任务的基本内容和社会法息息相关，社会法也可以应当在社会建设的推进过程中，特别是法制保障方面，发挥核心的作用。社会主义"四位一体"建设事业中的"社会建设"以及和谐社会的构建，不仅要依靠传统的公法、私法部门加以保障和推进，更要加强社会领域的立法加以推进和保障。就法制保障而言，"经济建设"主要依靠民商法、经济法等法律部门的推进和保障，"政治建设"主要依靠宪法、行政法等公法部门的推进和保障，"文化建设"主要依靠文化立法加以推进和保障，"社会建设"则要求加强社会领域的立法，尤其是推动"社会法"的制度完善和理论创新。只有通过社会法的完善，才能实现"使全体人民学有所教、劳有所得、病有所医、老有所养、住有所居"的目标；使接受教育、劳动报酬、医疗保障、养老保障、最低生活保障、住房保障真正成为公民法律上的权利，并清楚地界定国家和政府提供这些公共产品的义务和责任及其范围。社会建设的各项任务的确定与实施，也为社会法的制度建设和法理研究，提供了丰富的政策依据和实践需求。

在社会建设中，除了发挥政府的作用外，还应当充分发挥不同主体的作用。在法律实施机制的主体方面，社会法体现了三方原则，需要国家、企业、个人共同参与。典型的是劳动法的"三方机制"，雇主代表、雇员代表和政府代表共同参与劳动问题的解决。除了政府在社会法的实施中发挥主导作用，社会法的主体制度有待进一步完善，特别是培养专业化的社会工作者。目前根据 2006 年人事部、民政部发布的《社会工作者职业水平评价暂行规定》，社会工作师（social worker，简称"社工"）被赋予了重要的角色。根据该规定，社会工作师指适用于在社会福利、社会救助、社会慈善、残障康复、优抚安置、卫生服务、青少年服务、司法矫治等社会服务机构中，从事专门性社会服务工作的专业技术人员。社工将在社会法的实施中发挥重要作用，如何进一步完善社工的各种制度，合理的塑造社工的权利义务，是完善社会法主体、推进社会法的科学实施、实现社会法各项目标的重要内容。

社会法是一个新兴的法律学科，相关概念和理论有待深入研究，可以肯定的是，对社会问题、社会政策、社会建设、社会权利和社会法关系的进一步研究，将是未来社会法发展的重要课题，是社会法得以建立自己的理论架构和学科体系的基本内容。

第二章　公共利益保护理论研究

余少祥①

在本质上，社会法是以公共利益为存在前提的，它要求法律必须兼顾各种不同的利益，这也正是公共利益的内在要求。目前，公共利益保护已广泛体现在世界各国各类法律当中，而且正成为社会法关注的越来越重要的内容。作为社会法的重要内容之一，本文拟对公共利益的前沿理论作一个系统梳理分析，以更好地促进社会公共利益的法律保护。

一　公共利益理论概述

（一）公共利益的概念特征

1. 公共利益如何定义

作为近几十年广为流行的概念，目前，学界在对"公共性"和"公共利益"的定义与解释上，仍然争论不休。② 何谓公共利益？我国台湾地区学者陈锐雄说，这一概念因"非常抽象，可能言人人殊"。③ 另一个我国台湾地区学者陈新民认为，公共利益概念的特别之处"即在于其内容的不确定性"，主要是"对利益形成和利益价值的认定无法固定成型"；同时，享有公共利益者的"范围难以确定"，因此"公共一词无法完全清晰定义"。④ 美国学者库珀也说："要想给出一个能得到理论界或实际工作者公认的'公共利益'定义，是不可能的。"⑤ 然而，更为科学并符合法治实践的态度是：公共利益与社会公共利益属同一概念，对公共利益进行定义不仅是可能的，而且是必需的，因为对公共利益概念内涵与外延的界定，"直接影响着相关

---

①　余少祥，中国社会科学院法学研究所副研究员。

②　［美］库珀：《行政伦理学》，张秀琴译，中国人民大学出版社 2002 年版，第 72 页。

③　陈锐雄：《民法总则新论》，台北三民书局 1982 年版，第 913 页。

④　陈新民：《德国公法学基础理论》（上），山东人民出版社 2001 年版，第 184 页。

⑤　Cooper. Terry L, *The Responsible Administrator*, 3rd ed, San Francisco: Jossey – Bass Publisher, 1990, p. 68.

法律制度的设计与司法实践的发展"，① 是一个不容回避的重大问题。公共利益究竟如何定义？通过对相关文献进行梳理，可以大致归纳出以下五种学说。

（1）不存在说。这种观点认为，社会生活中有个体利益或集团利益，而所谓"公共利益"是不存在的。以布坎南为代表的公共选择理论从理性经济人的假设出发，运用经济学方法研究政府过程，得出了公共政策的利益取向是个人利益的观点。他认为："如果认为国家代表着社会的公共利益，那是一种无知"，"除了个人目标之外，根本就不存在什么社会目标和国家目标"；② "我们认为根本就不存在公共利益这种东西"，"对公共利益的说法我是不赞成的"。③ 杜鲁门认为，集团利益才是真正的政治生活，"在用集团概念来解释政治时，我们不必考虑全都包括在内的利益，因为它们都不存在"，"公共利益是一个神话"。④ 罗斯则说，"所有人类的需要都是通过个人来体验的，社会的福利就等于其成员的福利"，⑤ 人类社会不存在自己本身的需要和利益，社会福利观和公共利益为"幻想"。⑥ "不存在说"中最有影响、最著名的是"阿罗不可能定理"。20 世纪 60 年代，美国学者阿罗在解决"投票悖论"的难题中，用数学公式和纯理论推理的形式，论证了社会福利函数的不可能性。他在人是理性的、个人偏好排序是固定的、其选择能达到帕累托最优的前提下，得出结论为：不可能存在一种能够把个人对 N 种备选方案的偏好次序转换成社会偏好次序，并准确表达社会全体成员各种各样个人偏好的社会选择机制。⑦ 他说："如果我们排除效用人际比较的可能性，各种各样的个人偏好次序都有定义，那么把个人偏好总和成为表达社会偏好的最理想的方法，要么是强加的，要么是独裁性的。"⑧ 阿罗认为，由于个人偏好无法汇聚成社会的需要和偏好，社会福利函数存在的依据被否定，因此用社会福利函数表示的公共利益无从谈起，公共利益不可能存在。⑨

① 王太高：《公共利益范畴研究》，载《南京社会科学》2005 年第 7 期。
② 张彩千等：《公共利益：公共政策的出发点与最终归宿》，载《前沿》2005 年第 1 期。
③ 同上。
④ David B. Truman, The Government Process, New York：Alfred A. Knopf, p. 5.
⑤ ［丹麦］罗斯：《走向现实的法理学》，哥本哈根 1946 年出版，第 295 页。
⑥ 张文显、李步云：《法理学论丛》第 1 卷，法律出版社 1999 年版，第 394 页。
⑦ ［美］斯蒂芬·埃尔金等：《宪政新论》，周叶谦译，三联书店 1997 年版，第 34 页。
⑧ 薛冰：《个人偏好与公共利益的形成》，载《西北大学学报》2003 年第 4 期。
⑨ Arrow. K. J, Social Choice and Individual Values, Yale University Press, 1963, p. 59.

（2）私人利益总和说。这种观点承认公共利益的存在，但认为公共利益是一种个人利益的总和。如方法论个体主义（methodological individualism）主张，公共利益必须以个体利益为基础，并最终落实到个体利益之上。用数学公式来表达，公共利益应该是个体利益的某个函数：$U = f（u1 + u2 + ……， + un）$，其中公共利益 U 通常被称为社会效益或社会效用（utility）函数，个体利益（ui；$i = 1，2，3……，n$）被称为个人效用函数，n 即公共利益的计算过程中所包含的个体总数。斯密提出，进入市场中利己的个人受价格机制的引导，依照利益最大化原则行事，彼此之间展开竞争，其结果带来的是意想不到的收获，即社会财富的增加，从客观上增进了社会福利和公共利益。他说："各个人都不断努力为他自己所能支配的资本找到最有利的用途。固然，他所考虑的不是社会利益，而是他自身的利益，但他对自身利益的研究自然会或毋宁说必然会引导他选定最有利于社会的用途。"[1]在斯密看来，个人的理性选择自动会达到个人未预期的结果，公共利益的实现是作为实现个体利益的副产品而产生的，[2] 这就是所谓"自动公益说"。功利主义者边沁将公共利益理解为某种"共同体利益"，认为共同体"是个虚构"，而共同体的利益"是组成共同体的若干成员的利益的总和"，"不理解什么是个人利益，谈共同体利益便毫无意义"。[3] 托马斯·潘恩说："公共利益是每个个人利益的总和"，"它是所有人的利益，因为它是每个人的利益；因为正如社会是每个个人的总和一样，公共利益也是这些个人利益的总和"。[4] 在我国，也有学者提出类似观点，认为"在私法上，市民利益最大化，即为社会公共利益"。[5]

（3）公民全体利益说。这种观点认为，公共利益是公民中的整体利益而不是局部利益，是普遍利益而不是特殊利益。按照现代主流经济学的标准模型，个人利益用个人效用函数表示，公共利益用社会福利函数表示。"社会福利函数"是一种社会偏好或社会排序，它以全体社会成员的个人偏好为基础，对与大家利益相关的、可供选择的各种事物和各种社会安排进行优劣排序，如果这一社会福利函数存在，这种秩序能够排出，则这当中体现的

---

① ［英］斯密：《国民财富的性质和原因研究》（上），郭大力等译，商务印书馆1981年版，第25页。

② 同上书，第26页。

③ ［英］边沁：《道德与立法原理导论》，时殷红译，商务印书馆2000年版，第58页。

④ ［英］史蒂文·卢克斯：《个人主义》，阎克文译，江苏人民出版社2001年版，第46页。

⑤ 郑少华：《社会法：团体社会之规则》，http：//www.cnki.net/index.htm。

便是公共利益。① 这种理论类似于代数中提取公因式，即公共利益来源于个人利益又独立于个人利益，是全体成员享有的普遍的利益。我国台湾地区学者城仲模说，"公共"之意具有"广泛社会一般利害之性质"，② 而"公益"多意味着超越个人范围，"共通于社会全体"之利益。③ 学者张千帆认为，公共利益"是组成社会后整体突变而形成的利益，具有整体性和普遍性的特点"，④ 但他认为公共利益不能脱离个体利益而独立存在，因为公共利益"是个人利益的某种组合，并最终体现于个人利益"，⑤ 正如不存在超越个人的社会和国家一样，超越每个个人的"公共利益"也是不存在的。

　　（4）大多数人利益说。这种观点认为，公共利益不一定是全体社会成员的利益，社会中大多数人的共同利益也是公共利益。1984 年，德国学者 C. E. 劳斯霍德（C. E. Leuthold）在《公共利益与行政法的公共诉讼》一文中，将公共利益界定为"任何人，而不必是全体人们的利益"，并提出了"地域基础"理论，将一定的地域空间作为界定"人群"的标准，将公共利益界定为"相对空间内关系人数的大多数人"的利益。⑥ C. E. 劳斯霍德（C. E. Leuthold）认为，这个空间通常以地区为划分、且多以国家组织为单位，地区内的大多数人的利益就足以形成公共利益。至于在地区内居于少数人的利益，则称之为个别利益，个别利益必须屈服于大多数人的平均利益。⑦ 据此，C. E. 劳斯霍德（C. E. Leuthold）不认为公共利益的界定权应该掌握在公众或代表公众的代议机关手里，而是认为行政机关和司法机关均有界定公共利益的权力。克鲁斯克等在《公共政策词典》中将公共利益界定为"社会或国家占绝对地位的集体利益而不是某个狭隘或专门行业的利益"，认为公共利益"表示构成一个整体的、大多数人的共同利益"，"它基于这样一种思想，即公共政策应该最终提高大家的福利而不只是几个人的福利"。⑧ 美国学者林布隆在《决策过程》中也表达了同样的思想，认为在大多数情况下，"公共利益"仅代表着社会多数人的利益，它是"构成一个政

---

① 樊纲：《渐进改革的政治经济分析》，上海远东出版社 1996 年版，第 76 页。

② 城仲模：《行政法之一般法律原则》（上），台北三民书局 1994 年版，第 101 页。

③ 同上书，第 103 页。

④ 张千帆：《"公共利益"是什么》，载《法学论坛》2005 年第 1 期。

⑤ 同上。

⑥ 陈新民：《宪法基本权利之基本理论》（上），台北三民书局 1992 年版，第 137 页。

⑦ 陈新民：《德国公法学基础理论》（上），山东人民出版社 2001 年版，第 184 页。

⑧ ［美］克鲁斯克等：《公共政策词典》，唐理斌等译，上海远东出版社 1992 年版，第 30 页。

体的绝大多数人的共同利益"。① 而主张"公民全体利益说"的我国台湾地区学者城仲模也认为，公共利益"共通于社会全体"是一种理论上的"应然"，其本质在于"大多数社会团体的整体利益，但并非真正的整体利益"。②

（5）目的性价值说。这种观点认为，公共利益是一种抽象的目的价值，就像真理、正义、公平等一样，很难具体描述。弗德罗斯认为，公共利益既不是个人利益的总和，也不是人类的整体利益，而是一个社会通过个人的合作而产生出来的"事物价值的总和"。③ 对此，哈耶克有典型论述，他承认"在某种意义上"公共利益是"所有私人利益的总和"，但对于如何把所有的私人利益集合起来"又是一个无法解决的难题"。④ 他说："'公共利益'关涉社会每个成员的利益，它在一定程度上往往是作为一个目的性价值出现的，而何谓公共利益的最终目的和价值却难以要求全体社会成员就此达成共识"；⑤ "人们常常错误地认为，所有的集体利益都是该社会的普遍利益；但是在许多情形中，对某些特定群体之集体利益的满足，实是与社会普遍利益相悖离的"。⑥ 在《法律、立法与自由》中，他将公共利益称为"普遍利益"（a general interest），认为普遍利益"乃是由那些被我们认为是法律规则的目的的东西构成的，亦即整体的抽象秩序；这种抽象秩序的目的并不在于实现已知且特定的结果，而是作为一种有助于人们追求各种个人目的的工具而存续下来"，⑦ 因此，公共利益只能定义为"一种抽象的秩序"，"作为一个整体，它不指向任何特定的具体目标，而是仅仅提供最佳渠道，无论哪个成员都可以将自己的知识用于自己的目的"。⑧ 在"普遍利益"问题上，哈耶克并没有抱住自由主义的立场不放，而是认为"私法允许个人去追求他们各自的利益"，但"通过限定个人行动的方式"可以最终有助于实现普遍的利益。⑨

① ［美］林布隆：《决策过程》，朱国斌译，上海译文出版社1998年版，第27页。
② 城仲模：《行政法之一般法律原则》，台北三民书局1997年版，第156页。
③ ［美］博登海默：《法理学》，邓正来译，中国政法大学出版社1998年版，第298页。
④ ［英］哈耶克：《法律、立法与自由》，邓正来等译，中国大百科全书出版社2000年版，第2页。
⑤ 范进学：《定义"公共利益"的方法及概念诠释》，载《法学论坛》2005年第1期。
⑥ ［英］哈耶克：《法律、立法与自由》，邓正来等译，中国大百科全书出版社2000年版，第9页。
⑦ 同上书，第2页。
⑧ ［英］哈耶克：《经济、科学与政治》，冯克利译，江苏人民出版社2000年版，第393页。
⑨ ［英］哈耶克：《法律、立法与自由》，邓正来等译，中国大百科全书出版社2000年版，第211页。

从以上的简要梳理中可以看出，其何谓公共利益，确实"言人人殊"。但是本文认为，公共利益是一个可以被认识并可以用概念界定的客观存在。首先，公共利益是存在的。阿罗"不存在论"看似逻辑严谨，无懈可击，但它将公共利益看做是"无差别个人需求的简单加和"并用数学方法推导证明公共利益的"不存在性"，是机械的、片面的，也暴露了经济学走向工具主义后的重大局限。① 其次，公共利益的属性范围是可以相对界定的。所谓公共利益，即在一定社会条件下或特定范围内不特定多数主体利益相一致的方面，其中不特定多数主体既可能是全体社会成员，也可能不是全体社会成员，而利益范围既包括经济利益，也包括正义、公平、美德等抽象价值。

2. 公共利益的基本特征

（1）几组需要区别的概念

第一要区别公共利益与"共同利益"。共同利益也是多数人的利益，"而多数人则可能是两个人、少数几个人或更多人、绝大多数人甚至是所有人"，因此，它"可能具有私人性质，也可能具有公共性质，这取决于作为共同利益基础的利益关系的本质属性"。公共利益与共同利益的本质差别在于社会性与公有性，尽管共同利益具有公共利益的某些属性，但绝不能简单地在概念上将共同利益和公共利益等同起来，② "共同利益并不一定是公共利益"。③

第二要区别公共利益与"社会利益"。公共利益与社会利益的界限，在于社会利益具有功利性和排他性，因此，它不一定代表公共利益的要求。庞德将利益分为个人利益、公共利益和社会利益，认为公共利益"涉及一个政治上有组织的社会生活的要求或需要或希望，并断定为是这一组织的权利"，社会利益即"以文明社会中社会生活的名义提出的使每个人的自由都能获得保障的主张或要求"，④ 社会利益的内容包括一般安全的利益、一般道德中的利益、社会资源的保护、一般进步中的利益等。⑤

第三要区别公共利益与"集团（体）利益"。所谓集团或集体，是由单个个体基于一定的目的组织起来的团体，其利益和价值取向具有很强的特殊性。相比之下，公共利益是各种各样集团或集体利益中具有共性部分的综

① 薛冰：《个人偏好与公共利益的形成》，载《西北大学学报》2003 年第 4 期。
② 王景斌：《论公共利益之界定》，载《法制与社会发展》2005 年第 1 期。
③ 陈庆云：《公共管理基本模式初探》，载《中国行政管理》2000 年第 8 期。
④ ［美］庞德：《通过法律的社会控制》，沈宗灵等译，商务印书馆 1984 年版，第 41 页。
⑤ ［美］博登海默：《法理学》，邓正来译，华夏出版社 1987 年版，第 141 页。

合，是集团或集体利益中具有公共性和普遍性的利益。

第四要区别公共利益与"国家利益"。国家利益一般指基于国家权力、主权或领土而产生的利益，从利益的内容上看，国家利益是有限的，因此与公共利益不能等同。公共利益不单单是国家利益，也包括某些社会利益，也有学者认为"公共利益是上位概念，社会利益与国家利益同为并列的下位概念"，① 这些都是需要进一步讨论的问题。

（2）公共利益的属性特征

第一，主体数量的不确定性。公共利益的主体是不特定的多数人或全体，如公共图书馆并不是所有的人都会进去，但它对所有的人都开放。布坎南等否定公共利益的存在，就是因为其主体不能确定。他说："在能够恰当地把集体行动当做私人行动的一种替代而加以评估之前，必须指明最终的决策权威。是某种简单多数行使控制呢，还是必须在达成完全的意见一致的基础上作出集体决策？或者是存在专一的统治阶级或群体？"② 这里的"不特定多数"类似于社会法上的"社会"，既可能包括"全体社会"，也可能只是"部分社会"。如社会保障法规定最低生活保障，并不是针对特定的个人或特定的群体，社会中不特定的任何人，只要收入没有达到相应标准，都可能进入"低保"，这是不确定的、动态的过程，它面向所有社会成员，任何人都可能因为破产、失业或其他原因跌落到这张大网里。公共利益中的"公共"不是单指个人、社会团体、社会组织或少数人组成的群体，而是所有人中不特定的多数人或全体成员。基于这种"公共"概念所形成的制度建构理念，也称"开放性原则"。

第二，实体上的共享性。公共利益在实体上可以共享但不能分割，它不能为某些人独占而排除他人享有，即"公共利益所具有的数量不能像私人利益那样划分，不能由个人按照他们的偏爱多要一点或少要一点"。③ 萨缪尔森说："与来自纯粹的私有物品的效益不同，来自公共物品的效益牵涉到对一个人以上的不可分割的外部效果。"④ 安德森说，确定公共利益的方法之一就是"寻找普遍而又连续不断地为人们共同分享的利益，根据它的特点，我们将其称之为公共利益"。⑤ 他认为，亚当·斯密划分的"有益的公

①　颜运秋：《公益诉讼理念研究》，中国检察出版社 2002 年版，第 17 页。

②　［美］布坎南等：《同意的计算》，陈光金译，中国社会科学出版社 2000 年版，第 5 页。

③　茅于轼：《中国人的道德前景》，暨南大学出版社 1997 年版，第 64 页。

④　［美］萨缪尔森等：《经济学》，高鸿业等译，中国发展出版社 1992 年版，第 1194 页。

⑤　［美］安德森：《公共政策》，唐亮译，华夏出版社 1990 年版，第 224 页。

共事业"是国家采取行动的范围，不应严格地解释为"公益事业"，因为"其中的损失不能分摊"。① 可见，公共利益在享有上和损失上都是不能分割的。

第三，道德上的正当性。任何公共利益在道德上都是正当的，没有不正当的公共利益，这也是判断公共利益的一条基本标准。李普曼（Lippmamn）说，当人们能看得清楚，想得合理，行不偏私且乐善好施时，他们所选择的就是公共利益。② 美国学者皮文睿认为，"益是和公联系在一起的，涉及的是与公众的利害关系，关系到他人的利益，所以，公平（fairness）或公正（justice）等词组就表达无私的意思"，③ 即公共利益本身具有公正、公平、正当性含义。

第四，内容上的独立性。公共利益来源于个人利益又独立于个人利益，它具有独立的利益形式，如社会公德、消费者利益、自然资源与生态环境、城乡公共设施、社会保险与社会福利等。

第五，实践上的非营利性。公共利益最后一个基本特征是"非赢利性和共同福利性"，即"任何公共利益服务的提供者不得从中赚取好处"，"如果一项事业是以赢利为目的的，即使该项服务客观上有助于社会公共利益总量的增进，也不能作为'公共利益'来认定"。④ 美国学者埃尔金据此明确提出，"可以确定的是，人们指望公用事业更像一个国家机构而不是更像一个私人公司那样行事。不能仅仅按照经济利益的支配而任意专制地减少或放弃服务或者改变其运作方式"。⑤

3. 公共利益的分类学说

（1）根据公共利益的性质分类。德国学者罗曼·斯克奴（Roman Schnur）认为，"公共"的概念可以分为两种：一种是公共性原则，即开放性，任何人都可以进入，不封闭也不专为某些个人所保留；另一种是国家或地方自治团体等所设立、维持的设施所掌握的职务，因国家设施的存在及所为的目的是为了公共事务。⑥ 据此，他将"公益"分为"主观公益"和"客观公益"，所谓主观公益是"基于文化关系之下，一个不确定之多数所

① ［美］斯蒂芬·埃尔金等：《宪政新论》，周叶谦译，三联书店1997年版，第133页。
② Lippmamn, *The Public Philosophy*, Boston, Little Brown, 1995, p. 42.
③ 夏勇：《公法》第1卷，法律出版社1999年版，第109页。
④ 范进学：《定义"公共利益"的方法及概念诠释》，载《法学论坛》2005年第1期。
⑤ ［美］斯蒂芬·埃尔金等：《宪政新论》，周叶谦译，三联书店1997年版，第133页。
⑥ 陈新民：《德国公法学基础理论》（上），山东人民出版社2001年版，第185页。

涉及的利益", 而客观公益是"基于国家社会所需的重要之目的及目标, 即国家目的"。① 另一位德国学者 (F. J. Neumann) 在《在公私法中关于税捐制度、公益征收之公益的区别》中, 也将"公益"分为两种: 一种为主观的公益, 即基于文化关系而形成的利益; 一种是客观的公益, 是基于国家目的和任务而形成的公益。② 沃尔夫等则将公共利益区分为"事实性的公共利益"和"客观性的公共利益", 认为事实性的公共利益是指国家主体的事实性利益, "有时以决议或公众意见的形式直接表现出来, 但通常由共同体的机构公职人员阐明"; 客观的公共利益是指经正确认识的共同体利益, 如和平的社会秩序的维护, 人类尊严和名誉的保护, 占有权、财产权和从事法律行为的权利等, 这种公共利益是作为法律发现和立法行为基础的抽象原则。③

　　(2) 根据公共利益的形式分类。社群主义者认为, "公共之善"有非物化和物化两种形式, 非物化的形式主要体现为"各种美德", 物化的形式即通常所说的"社会公共利益", 其中, 社会公共利益又分为产品形式和非产品形式。④ 非产品形式的社会公共利益有三个特征: 第一, 这种利益同样为全体社会成员享有; 第二, 这种利益一般性的有利于许多与之相关的人; 第三, 它还涉及某些基本的人际原则, 如诚实、无私奉献等。莱兹将公益区分为"偶然的公益"和"内在的公益", 认为"如果一个城市的供水网络不允许每一个家庭掌握开关, 那么该城的供水问题就事关公益", 但是, 它只是"一种偶然的公益", 而社会生活的"普遍的互惠特点"是内在的公益。⑤ 所谓"内在的公益", 莱兹又称"共同利益", 是指"在一个承认公益的社会中其社会成员之间非排他地享受利益"。⑥ 他说: "如果说, 有任何公益具有内在的价值的话, 那么, 某些共同利益应该是首选之物。"在莱兹看来, 承认共同利益具有内在价值与相信人道主义是完全一致的, "原则上, 它与以权利为基础的道德理论并无矛盾"。⑦ 学者潘小娟等主编的《当代西方政治学新词典》, 将公共利益解释为公众追求的"公共善"的物化形式, 并将它分为两类: 一类是"非产品形式的公共利益", 另一类是"产品形式的公共利益", 认为产品形式的

　　① 陈新民:《德国公法学基础理论》(上), 山东人民出版社 2001 年版, 第 185 页。
　　② 陈新民:《宪法基本权利之基本理论》(上), 台北三民书局 1992 年版, 第 137 页。
　　③ [德] 沃尔夫等:《行政法》第 1 卷, 高家伟译, 商务印书馆 2002 年版, 第 326 页。
　　④ 俞可平:《社群主义》, 中国社会科学出版社 1998 年版, 第 56 页。
　　⑤ 夏勇:《公法》第 2 卷, 法律出版社 1999 年版, 第 412 页。
　　⑥ 同上书, 第 413 页。
　　⑦ 同上书, 第 414 页。

公共利益是"各种各样的社会福利"，而非产品形式的公共利益主要指社群中"所共同追求的价值、原则和精神上的共同理念"。①

（3）根据公共利益的内容分类。庞德在利益三分法的基础上，根据公共利益的内容，将其划分为以下类型：①一般安全中的利益，包括防止国内外侵略的安全和公共卫生的安排；②社会制度的安全，如政府、婚姻、家庭及宗教制度等；③一般道德方面的社会利益；④自然资源和人力资源的保护；⑤一般进步的利益，特别是经济和文化进步方面的利益；⑥个人生活中的社会利益，这种利益要求每个人都能够按照其所在社会的标准过一种人的生活。② 亨廷顿则根据公共利益的不同内涵，将公共利益分为三类：一是把公共利益等同于"某些抽象的、重要的、理想化的价值和规范"；二是把公共利益看做"某个特定群体或多数人的利益"；三是把公共利益看做是"个人之间或群体之间竞争的结果"。③ 无论何种分类标准，都反映了公共利益的内容和范围是十分广泛的。

（二）公共利益的理论渊源

1. 语义考略

从语源学上看，英文 public 一词有两个来源：一是希腊词 pubes，英语意思是 matruity（成熟、完备）。在希腊语中，pubes 的含义是身体、情感或智力上的双成熟，尤其指人们超越自我关心或自我利益而关注和理解他人的利益。二是希腊词 koinon，英语中的 common 就来源于这个词，意指 care with（关怀）。可见，public 的语源学意义更强调一种共同的、集体的关怀。④ 按照马修斯的分析，"公共"一词所蕴涵的成熟和超越自我己私的意义，"既指一种事情，比如公共政策；也指一种能力，譬如执行政策、理解自他关系、知晓自己行为对他人的影响、关心他人利益等"。⑤ "利益"的英文表达为 interest，本意为"利息"，在中世纪是用来表示债权人对利息的要求是正当的，后来作为个人与社会的一种关系体现被广泛应用到经济和社会生活之中。实际上，19 世纪 40 年代以前，公共利益（public interest）的概念在西方国家用得并不普遍，那时的普遍用语是"公共善"（the common

① 潘小娟等：《当代西方政治学新词典》，吉林人民出版社 2001 年版，第 124 页。
② ［美］博登海默：《法理学》，邓正来译，华夏出版社 1987 年版，第 141 页。
③ ［美］亨廷顿：《变革社会中的政治秩序》，李盛平等译，华夏出版社 1988 年版，第 12 页。
④ 李春成：《公共利益的概念建构评析》，载《复旦学报》2003 年第 1 期。
⑤ 同上。

good）或"公共福祉"（public welfare）。美国内战后，那种认为可以脱离甚至超越公共体成员个体利益的公共利益观念被逐渐摈弃，取而代之的观念是：公共利益不是个体利益正当性的裁判标准，也不能作为人类美德培养的基础，而且，从根本上说，共同利益来源于私人利益，而不是私人利益的构成因子。在这种背景下，public interest 开始取代 the common good 成为我们讨论政治共同体的"善"的关键词。① 在德语中，最常被使用、与公共利益含义相近的词是 offentlichesintresse（公益）和 gemeinwolh（民众福祉）。汉斯·莱弗尔认为，offentlichesintresse 与 gemeinwolh 的内涵与外延并不相同，两者的位阶有高下之分，offentlichesintresse 的层次较低，而对彼此冲突的 offentlichesintresse 进行协调，并分列高低后所得到的一种"特别更高层次的利益"，即 gemeinwolh。另一位学者尤尔则认为，gemeinwolh 与 offentlichesintresse 是否同义，会因着重点不同而结果不同，对其不同点不能一般概括而论，只能在个别法律中去探讨。② 总之，在不同时期、不同语境中，公共利益的概念和含义是有一定差别的。

2. 理论来源

公益理论的发展在西方具有完整的脉络，从思想史的角度可以分为五个历史时期。

（1）古希腊时期。在古希腊，公共利益是与正义观念联系在一起的。苏格拉底说，"正义关乎公众，是整体的一个特质"，"正义必须触及每一个人"。③ 柏拉图将正义改造为理想国里统摄一切的原则，他说，正义的人不会与别的正义的人竞争，也不会在他们"共认最重要的事情"上竞争，因为"由正义的人构成的统治集团将会是团结一心的"，④ 它将更好地服务公共利益。亚里士多德以法治取代了柏拉图的"哲学王"统治，提出"所有公民都参与制定与执行法律"，因此，追求良好生活的最好办法是"合力找到众议咸同的要点"，即"自由人的做法，是先从众人已经共通之处着手"。⑤ 在《政治学》开篇，他说："公民集体的确是完美的。"⑥ 他将正义分为三种，认为"普遍的正义是政治学上的正义"，"政治学上的善就是

---

①　李春成：《公共利益的概念建构评析》，载《复旦学报》2003 年第 1 期。

②　王太高：《公共利益范畴研究》，载《南京社会科学》2005 年第 7 期。

③　［美］麦克里兰：《西方政治思想史》，彭淮栋译，海南出版社 2003 年版，第 46 页。

④　同上书，第 50 页。

⑤　同上书，第 84 页。

⑥　［美］卡尔·弗里德里希：《超验正义》，周勇等译，三联书店 1997 年版，第 25 页。

'正义'，正义以公共利益为依归"。① 根据亚里士多德的理论，"城邦不能独为一人而存在，而且，使城邦为一人所治，其治将不会止于公共事务"，"一切皆为公共所关"②。在亚里士多德看来，人类社会本身就是善的，人类组成社会的目的就是为了善业，即社会公共利益。他说，"每种社会团体的建立，都是为了完成某种善业"，③ 国家是最高的社团，其目的是实现"最高的善"，这种最高的善在现实社会中的物化形式就是公共利益。④ 可见，亚里士多德最高"善"的理论为人类共同幸福提供了实现的机会，并使公共利益成为一个社会必需的、一元的抽象价值和全体社会成员的共同目标。

（2）古罗马时期。在古罗马，对公共利益理论发展具有重大贡献的是斯多葛学派。斯多葛学派继承了古希腊的城邦理论，认为政治就是"众人共理城邦之事"，⑤ 人不仅有自我保全的冲动，而且有引导他"趋向不断扩大的团体生活"的社会冲动，这就是"大同的"国家⑥。在大同国家，只有一种法律、一种权利，道德是区别公民的唯一尺度、唯一标准，由此"理性要求我们把公共福利、共同的善置于个人利益之上，我们于必要时要为它而牺牲自己，因为实现共同的善，就是完成了我们真正的任务，保全了真正的自我"。⑦ 和伊壁鸠鲁学派一样，斯多葛学派重视对同胞的厚意、友谊、仁慈和兄弟之情，并将这种同情心"扩及全人类"。不同的是，伊壁鸠鲁将其理论建立在利己主义的基础上，即"除非同周围的人和平相处，否则人们不会幸福"；斯多葛学派则提倡"爱邻本身就是善，同胞不是使人幸福的单纯的手段"，"就我而论，同胞本身就是目的"。⑧ 斯多葛学派已将公共利益提高到"理性"的高度，指明了公共利益的道德基础，并坚持公共利益高于个人利益。

（3）中世纪的公益学说。中世纪是欧洲思想史上承前启后的重要时期，公共利益理论也由此得到进一步继承和发展。政府的目的是什么？马基雅维里说，"统治者的统治身份来自被统治者的同意"，君王依法为治是为了

---

① ［古希腊］亚里士多德：《政治学》，吴寿彭译，商务印书馆 1983 年版，第 148 页。
② ［美］麦克里兰：《西方政治思想史》，彭淮栋译，海南出版社 2003 年版，第 85 页。
③ 俞可平：《社群主义》，中国社会科学出版社 1998 年版，第 55 页。
④ 胡建淼等：《公共利益概念透析》，载《法学》2004 年第 10 期。
⑤ ［美］麦克里兰：《西方政治思想史》，彭淮栋译，海南出版社 2003 年版，第 102 页。
⑥ ［美］梯利：《西方哲学史》，葛力译，商务印书馆 2003 年版，第 121 页。
⑦ 同上书，第 122 页。
⑧ 同上书，第 123 页。

"谋求全体的利益",而不是以力为治而"谋暴君一人之利"。① 托马斯·阿奎那认为,"法是或应该总是为公共福利而颁行的",它是作为人类行为原则的理性的表现。② 在其法理学中,"jus"(法)和"lex"(法律)是被区分开来的,jus 是正义之法意义上的法,而 lex 则具备四个特征,这些特征一起"构成了著名的法的定义",即法是"旨在维护公共福利的理性的命令,由照管该社会的人颁布",因此,法的三个最主要的特征是"具有理性,旨在服务于公众和公开化"。③ 他说,由于规定"公共福利"是属于法的事,这种普遍的正义可以被恰当地称为法的正义,因此"依据这种正义,一个人将使源于几种善德的行为与法律相协调"④,且在这些善德中,不仅普遍的或法的正义卓越超群,具体的正义也同样如此,"不仅品行正直的人本身,而且其他人也都从其善行中受益"。⑤ 托马斯·阿奎那与亚里士多德一样,坚持用法治和正义理论来阐述公共利益思想,认为正义是一种使得人们为其同伴着想的善德,如同所有的善德一样,表明了一种理性规则(regula rationis);这种正义的善德可能是普遍的,也可能是具体的,"后者具有看得见的具体利益或权利,而前者则与公共福利或总体利益相关联"。⑥ 因此,"从某种意义上说,所有源自其他德行的行为可能都与正义有关,因为它们有助于公共福利或公众利益"。⑦

　　(4)自然法学的公益理论。近代以后,公共利益理论在社会契约论和政府学说中得到了极大的提升和发展。洛克认为,在建立政府过程中,同意也往往意指"某种共识",⑧ 公民全体组成政治社会,通过共同的政治权力来保障自己的利益,主要是"公共利益",当然也包括"个人原子式的利益总和"。卢梭认为,人们一旦缔结了社会契约,建立了共同体"国家",这种"合意"或"公意"便具有了独立地位,也就形成了共同利益,进而在政治生活中演变为"公共利益"。在卢梭看来,"公意"是永远公正的,它只是着眼于公共利益而非所有人的利益。他说:"唯有公意才能够按照国家

① [美]麦克里兰:《西方政治思想史》,彭淮栋译,海南出版社 2003 年版,第 195 页。
② [美]卡尔·弗里德里希:《超验正义》,周勇等译,三联书店 1997 年版,第 25 页。
③ 同上书,第 27 页。
④ 同上书,第 30 页。
⑤ 同上书,第 31 页。
⑥ 同上书,第 30 页。
⑦ 同上。
⑧ [美]麦克里兰:《西方政治思想史》,彭淮栋译,海南出版社 2003 年版,第 275 页。

创制的目的，即公共幸福，来指导国家的各种力量；因为，如果说个别利益的对立使得社会的建立成为必要，那么，就正是这些个别利益的一致才使得社会的建立成为可能。"① 不仅如此，卢梭还提出了一个"普遍意志"的概念，认为"普遍意志"和"社会契约"创造了新的被动时称为"国家"、主动时称为"主权者"的"新的道德实体",② 因此，人如果要过社会生活，"自由的某种缩减是必要的"。但卢梭又认为，我们不能有反对国家的权利，因为"一个一切倚决于其公民之普遍意志的政府，不会愚蠢到作出任何有违全体利益的事，因为全体人民一旦集会，政府——一种由全体意志授予权力的代表——就停止存在"。③ 事实上，这不过是卢梭的社会契约理论的一个假设而已，其实，国家利益并不等同于公共利益，甚至可能异化为"市民社会"的对立物。孟德斯鸠的公益理论既不同于霍布斯，也不同于卢梭，其立论基础不是"公意"，而是"善意"和"美德"。他说："自然促使人走向美德，走向善意与利他。"④ 在《波斯人信札》中，他讲到一个著名的关于特罗格洛迪人（Troglodytes）社会组织的寓言故事，用以反对霍布斯的"人与人的关系"就像"狼与狼的关系"一样的自然假说。根据霍布斯的阐述，如果自然有意使人变成"由自私自利的动机发动的机器"，人类就不可能有社会生活，要共同生活，人之行事就必须"符合美德"。⑤ 这种美德是"对国家的爱"，是"对共和国所代表的平等与勤俭具备自我牺牲的热情"，因此，"共和政府健全与否，一个很好的判断标准是私有财产与公共富裕",⑥ 即如果大家同心为公，公库充实，公职人员在选举中就不会受到"私有财富"的腐化，从而更好地维护公共利益。

（5）德国古典哲学的公益理论。19 世纪以后，公共利益理论被提升到哲学高度在德国古典学说中得到进一步发展。康德的道德规律有一个基本法则是善良意志，即个人"不能不顾别人的幸福"，因为"如果那种行为普遍起来，有一天他本人就会受到无情的待遇"，而他必定不会希望"成为无情的社会中的成员"。⑦ 在康德看来，如果人人遵守理性的规律，"就会产生一

---

① ［法］卢梭：《社会契约论》，何兆武译，商务印书馆 1980 年版，第 35 页。
② ［美］麦克里兰：《西方政治思想史》，彭淮栋译，海南出版社 2003 年版，第 296 页。
③ 同上书，第 307 页。
④ 同上书，第 363 页。
⑤ 同上书，第 364 页。
⑥ 同上书，第 370 页。
⑦ ［美］梯利：《西方哲学史》，葛力译，商务印书馆 2003 年版，第 463 页。

个有理性的人类社会"，也就是说，绝对命令隐含地统率一个"完善的社会"，其中必然含有"唯理的精神领域的理想"。① 但康德将公共利益归结为"一个全智、全善和全能的神"，即"上帝"，最终走进了基督教神学的死胡同。费希特继承了康德的道德本体论，认为只有理性才能满足"人类道德本性的要求，使人类生活有价值和意义"。② 他肯定个体的意识，还肯定"一个实在的普遍的基质"的存在，认为"没有这种普遍的生命过程"，就没有个人，因此"时、空、因果秩序是绝对的基质在人类意识中的显现"，"如果没有普遍的自我，它就不能存在"。③ 费希特在这里所要表达的意思是，道德生活不是孤立的"个人生存"，而是"社会生活"，因此每一个人"都应该为公共福利而牺牲自己尘世的财产，只有靠公共福利才能实现终极的目的"。④ 新唯心主义者谢林进一步阐述了这一思想，认为宇宙理性不仅表现在自然和个人中，也表现在"人类制度和历史、权利或法、道德或良心以及习惯和伦理的义务"之中；⑤ 个人在社会上有了丰富的经验以后，"他知道向往公共事业"，于是实在和理想实现了同一，即"个人的理性视宇宙理性为己有，个人放弃他的主观性，使他个人的理性服从宇宙理性"。谢林将宇宙理性解释为表现于"民族精神、人民意识和民族心智"之中的"德行"，⑥ 实际是一种公共道德和公共利益的哲学表述。

二 公共利益的社会性特征

（一）公共利益在社会法中的地位

恩格斯说，历史从哪里开始，思想进程也应当从哪里开始，而思想进程的进一步发展不过是历史过程在抽象的、理论上前后一贯的形式上的反映。弗里德曼说："构成法律的是要求，即真正施加的社会力量。"⑦ 大约 17 世纪始，公共利益就取代"共同善"成为法律和政治共同体讨论中的关键词，其主要含义：一是将它作为"平衡多方利益关系、实现和平公共秩序的一

① ［美］梯利：《西方哲学史》，葛力译，商务印书馆 2003 年版，第 464 页。
② 同上书，第 480 页。
③ 同上书，第 484 页。
④ 同上书，第 488 页。
⑤ 同上书，第 517 页。
⑥ 同上书，第 518 页。
⑦ ［美］弗里德曼：《法律制度》，李琼英等译，中国政法大学出版社 1994 年版，第 359 页。

种诉求"；一是"对个体私人利益的促进和保护"，即主观为己，客观利公。① 进入 20 世纪后，以 1919 年《魏玛宪法》为标志，社会法成为国家为实现社会政策而制定的诸如劳动法、消费者权益保护法等法律的总称。在英国，类似的法律被称为"社会安全法"；在美国，则被称为"社会福利法"；在法国，"凡是有关公共秩序或利益、劳动关系以及经济安全保障的法律，并且不属于传统公法学所界定的研究范围的"，都称为社会法。② 应该说，承认公共利益在社会生活中的重要地位和作用，以社会立法来确认或形成客观的公共利益，已成为现代国家的普遍做法。

拉德布鲁赫将社会法的特征归结为四个方面：一、考量表面上平等的人格概念背后不同的、基于社会地位而产生的个别性，即社会强者与社会弱者的差别；二、对社会弱者的保护及对社会强者的约束；三、国家介入公共领域；四、谋求法律形式与法律现实的调和。③ 其实，这四个特征归纳起来还是两层意思，一是对社会弱势群体的保护，二是对公共利益的保护，因为对弱者的保护本身就包含对强者的约束和社会调和。英国社会学家麦基弗在《社群：一种社会学的研究》中提出，社群必须建立在成员的共同利益之上，社群的主要特征便是公共善或公共利益，作为最复杂的社群，社会当然也是建立在人们共同追求的价值和利益之上，社会的主要特征便是社会公共利益。④ 因此，社会法和社会公共利益保护是人类社会生活之所以必要和可能的前提条件，是现代政治生活的基石。

我们认为，社会法有两大主要任务：一是保护社会弱势群体，二是保护社会公共利益。公共利益保护已广泛体现在我国各类法律之中，⑤ 而且正成为社会立法越来越关注的重要内容。不仅如此，在行政和司法中，公共利益

---

①　郑传东：《现代行政伦理视角下的公共利益探析》，载《前沿》2005 年第 5 期。

②　竺效：《"社会法"意义辨析》，载《法商研究》2004 年第 2 期。

③　同上。

④　俞可平：《社群主义》，中国社会科学出版社 1998 年版，第 46 页。

⑤　例如，宪法第十条第三款规定：国家为了公共利益的需要，可以依照法律规定对土地实行征收或者征用并给予补偿。行政许可法第一条规定：为了规范行政许可的设定和实施，保护公民、法人和其他组织的合法权益，维护公共利益和社会秩序，保障监督行政机关有效实施行政管理，根据宪法，制定本法。民法通则规定：民事主体签订合同，从事民事活动，不得违反社会公共利益，违反社会公共利益的民事行为无效。著作权法第四条第二款：著作权人行使著作权，不得违反宪法和法律，不得损害公共利益。合同法第七条规定：当事人订立、履行合同，应当遵守法律、行政法规，尊重社会公德，不得扰乱社会经济秩序，损害社会公共利益。在商业银行法、外资企业法、中外合作经营企业法等法律中，都有类似的"不得损害社会公共利益"的规定。

也是公共机构行使职权、司法机关作出判决的重要标准和理由。郑尚元教授认为，"随着市民社会与政治国家在现代社会经济发展过程中的融合，社会公益事业将越来越受到重视"，"公益事业法属于社会法的重要组成部门，是社会法法律体系的构成之一"，① "无论社会公共体还是个人举办公益事业，形成的社会关系都应由社会法调整"。② 董保华等认为："私法以个人利益为本位，通过市场调节机制追求个人利益最大化以及交易安全；公法以国家利益为本位，通过政府调节机制追求国家利益最大化以及国家安全；社会法以社会利益为本位，通过社会调节机制追求社会公共利益最大化以及社会安全"。③ 总之，社会法在保护弱势群体和维护公共利益方面正发挥越来越重要的作用，且从根本上说，保护社会弱势群体，保持社会稳定、协调发展，也是保护社会公共利益的一种体现。

（二）公共利益保护的社会法原则

1. 倾斜保护原则

（1）倾斜保护是社会法的基本原则。社会法不同于公法和私法的一个重要特征是，它实行的是倾斜保护而不是平等保护，因为社会公正不是天然的，有时候需要通过后天"校正"来获得，如对弱者的保护，对劳工群体的保护，对公共利益的保护等。人的天赋和生理情形是与生俱来的，也是有差别的，如果不看到这些差别而单纯要求对所有人一视同仁，无疑也是不公正的。社会法就是以后天弥补的方式（差补原则），以法律的形式向这些人倾斜，以弥补和矫正实质意义的不平等。市民社会不是万能的，也并非一个自足的体系，在市场和整个市民社会原则失效的地方，就是政治国家起作用的地方。认可公共利益和某些弱势群体权利的优先权、倾斜权是合理的，是矫正实质意义不平等的必要举措，而这一任务既不能由传统的公法来承担，也不能由传统的私法来承担，只能由介于两者之间的新兴的社会法来承担。

（2）公共利益倾斜保护原由。从立法上看，世界上大多数国家的法律法规都认可公共利益的存在和优先性地位。有学者认为："在协调不同利益群体的关系时，有一个标准是必须确认和使用的，这即是对社会公共利益的确认。只有以维护社会公共利益为相互接受的基本条件，才能找到他人受

---

① 郑尚元：《社会法的存在与社会法理论探索》，载《法律科学》2003 年第 3 期。
② 同上。
③ 董保华等：《社会法——对第三法域的探索》，载《华东政法学院学报》1999 年第 1 期。

益、自己也受益的重合线和结合点"。① 法国学者迪韦尔热说，当法律或非法律得到公认的价值标准"确认两方是平等的"，而事实上一方的影响要大于另一方，那么法律就存在着脱节。② 因此，法律的衡平性、利益的多元化和复杂化，决定了社会法必须以公共利益为起点和归宿，"个人由此应承认这样的约束是服务于他的更高利益，因而应自觉自愿地接受这些约束"。③ 在美国，立法机关有权控制和规制对"某种公共用途"有影响的商业，即当商业影响"某种公共利益"时，立法机关就享有类似的权力。④ 从行政上看，公共利益是行政权力介入权利领域的唯一途径，也就是说，公权力只有以公共利益的名义才能介入私权领域，"政府作为公共利益的保证人，其作用是弥补市场经济的不足，并使各经济人所作决策的社会效应比国家干预之前更高"。⑤ 目前，世界上大多数国家都确定"公共利益"是土地征收制度的基本前提之一，也就是只有在出于公共利益的情况下，国家才有可能发动土地征收权，这也是防止公共权力无限扩大而损害私人财产权益的一种关键措施。从司法上看，法院追求的乃是"最公平的、或最符合公共利益的判决"。⑥ 卡多佐说，尽管宪法规定财产不允许受到侵害，但财产"不能不受对共同福利至关重要的法律之规制"，因此，只要是企业"影响了某种公共用途"，法院就有这种规制的权力。⑦ 在美国，公共利益在司法上的优先原则已为一些判例所确认，如1930年著名的布英克里案中的法院判决。⑧

　　（3）不能忽视的相反观点。当然，认为公共利益并不必然优于个人利益的观点也是长期存在着的。孟德斯鸠说，公共利益不是始终处于优先地位，在财产所有权问题上，如果"个人利益应该向公共的利益让步"，那就

①　郑俊田、本洪波：《公共利益研究论纲》，载《理论探讨》2005 年第 6 期。

②　［法］迪韦尔热：《政治社会学》，杨祖功译，华夏出版社 1997 年版，第 112 页。

③　夏勇：《公法》第 1 卷，法律出版社 1999 年版，第 68 页。

④　［美］卡多佐：《司法过程的性质》，苏力，商务印书馆 1998 年版，第 52 页。

⑤　［美］波斯纳：《法律的经济分析》，蒋兆康译，中国大百科全书出版社 1997 年版，第 29 页。

⑥　［美］斯蒂芬·埃尔金等：《宪政新论》，周叶谦译，三联书店 1997 年版，第 107 页。

⑦　［美］卡多佐：《司法过程的性质》，苏力，商务印书馆 1998 年版，第 53 页。

⑧　1930 年，美国联邦广播委员会拒绝了对 KFKB 电台许可的延展，因为这个电视台是布英克里医生使用和控制的，他用这个电视台来实现自己的个人利益，电台 3/4 的时间都在播出"医疗问答"节目。联邦广播委员会认为布英克里此举侵害了患者的健康和安全，并因此损害了公共利益。不久，布英克里以广播法第 29 条禁止审查制原则为由将联邦广播委员会告上法庭，但上诉法院最终驳回了他的诉讼请求。

是"荒谬背理之论"，① 公共的利益永远是"每个人永恒不变地保有民法所给予的财产"，②"在公共利益的问题上，公共利益绝不是用政治性的法律或法规去剥夺个人的财产或是削减哪怕是它最微小的一部分"，在这种场合，"必须严格遵循民法，民法是财产的保障"。③ 埃尔斯特认为，政府可能将广泛的自由裁量权用于"排他主义"的目的，它会仅仅"为了增进某些个人的利益而侵犯另外一些个人的权利"，而且在"促进经济增长、扩大军事上的成功或达到其他受托实现的目标的过程中，可能决定要公民自由或政治自由为之让路"，但是，从通过侵犯个人权利而促进"一般利益"的任何数量的个案中，都不能得出这样的结论：只要出于一般利益的需要，任何一种侵犯权利的习惯做法都会产生同样的效果。④ 自由主义者普遍主张"权利优先于权力"，甚至不承认公共利益的存在。施密特说，"法治国"的主要目标是要保护公民的个人自由不受国家权力的侵害。⑤ 他给自由主义的宪法确立了一个"分配方面"的原则，即"只要谈到国家，那就必须以个人自由的领域的存在为先决条件"，也就是说，个人自由在原则上"是无限的"，而国家权力在这个领域的干预"是有限的"。⑥ 他说，所有对个人私人领域的国家干预都应当被视为例外，而且在原则上是"有限的、适度的，并普遍受调整的例外"。⑦ 因此，国家干预必须证明其合理性。我国学者范进学提出，在市场经济和权力分化的时代，在民法是公民私人宪法价值取向的背景下，政府的一切活动"必须优先保障公民个人的权利和利益"，"即使公共利益这种集体产品的提供或组织，也必须遵循个人权利或人权保障优先的原则"，因为"公共利益的本质和最终价值不是虚无缥缈的和虚幻的乌托邦理想，而是事实上确实能够为社会所有成员体验与感受到的一种实在益处"，"如果为了'公共利益'可以舍弃个人权利或人权的话，那么这种公共利益的行为就颇令人怀疑，其价值则更令人反思"。⑧ 这种观点表明，对于公共利益的强调，不能超过必要的合理的限度，否则，超过合理限度的"公共

---

① ［法］孟德斯鸠：《论法的精神》（上），张雁深译，商务印书馆1982年版，第34页。
② ［法］孟德斯鸠：《论法的精神》（下），张雁深译，商务印书馆1997年版，第189页。
③ 同上书，第190页。
④ ［美］埃尔斯特等：《宪政与民主》，潘勤等译，三联书店1997年版，第5页。
⑤ 同上书，第120页。
⑥ 同上书，第121页。
⑦ 同上。
⑧ 范进学：《定义"公共利益"的方法及概念诠释》，载《法学论坛》2005年第1期。

利益"已然不再是应然意义上的公共利益。由于我国曾有过长期片面强调"公共利益"而忽视公民权利的社会实践，对公共利益的价值及其实现方式持理性态度，则尤为必要。

2. 利益平衡原则

（1）利益平衡是法律的基本原则。卡多佐说，最基本的社会利益之一是"法律应当统一并且无偏私"。① 庞德将"利益"作为其理论核心，认为"法律的功能在于调节、调和与调解各种错杂和冲突的利益"，法律或法律秩序的任务或作用在于"承认、确定、实现或保障利益"。法律秩序通过以下办法实现自己的目的：a. 承认某些个人的、公共的和社会的利益；b. 确定应予以承认的利益，并通过司法或行政活动加以实现；c. 力求保障在划定范围内所承认的利益。② 法律要实现社会利益平衡，必须确认利益主体的平等地位。只有确立利益主体的相互平等，各利益主体才有相互协商、妥协的可能，这是法律的基本前提。卡多佐说："当一致性变成压迫的一致性时，一致性就不再是好东西了。这时，对称性或确定性所服务的社会利益就一定要通过平衡和公道或其他社会福利的因素所服务的社会利益来保持平衡。"③ 从实践过程看，国家通过立法和行政手段调整各种利益诉求的"最终目的还在于保障利益平衡"，④ 特别是利益矛盾产生时，主体之间的自愿合作通常难以进行，这时合作就需要建立在外在的强制因素之下，法的存在正是这种外在因素的表现形式。可见，法律担当着化解矛盾冲突、促进社会和谐的基本职责，它通过行为规范的形式将公共利益和个人利益的合理分配确定下来，并通过国家强制力保证其实施，从而使两者协调一致。

（2）社会法中的利益平衡原则。美国学者克拉克说："我们今天之所谓社会立法，这一名词第一次作用与俾斯麦的贡献有关。他在 1880 年，曾为防备劳工遭受疾病、伤害、残废、老年等意外事故而立法。后来，有些人限制其意义是为处于不利情况下人群的利益而立法；另外一些人则扩大其意义为一般的社会福利立法。我们使用这个名词应该包含这两者的意义。"⑤ 进入 20 世纪后，由于各类社会问题日渐突出，社会矛盾日益激化，社会形势的发展要求国家协调和处理这些矛盾，平衡社会不同群体的需求，"这种国

① ［美］卡多佐：《司法过程的性质》，苏力译，商务印书馆 1998 年版，第 69 页。
② ［美］庞德：《法理学》第 3 卷，美国西方出版公司 1959 年版，第 16 页。
③ ［美］卡多佐：《司法过程的性质》，苏力译，商务印书馆 1998 年版，第 70 页。
④ 沈宗灵：《法理学》，上海人民出版社 1990 年版，第 61 页。
⑤ 刘如：《社会政策与社会立法》，五南图书公司 1985 年版，第 66 页。

家介入社会，公权力介入私权利，表现在法律领域中就是私法的公法化和公法的私法化，并随之产生一系列公权力与私权利边缘化的社会性的立法"。① 日本学者菊池永夫认为，社会法是"规范社会的阶级均衡关系的国家法规及社会的诸规范的统一名称"，"在这里，社会是指近代资本主义经济制度下的社会。而阶级的均衡关系，则是从劳动与资本的阶级对立中产生的，并且与资本主义的各个发展阶段相适应，其均衡常在更新"。② 有学者提出，社会法"含有最多的社会主义的意蕴"，它"有助于实现社会和谐，协调公权力和私权利、公共利益和个人利益以及个人利益相互间的冲突，有助于促进每个人的全面发展"。③ 夏勇教授认为，从法学的角度来看，应通过把社会利益转化为多种社会群体和个人在制度上可以提出要求的权利，通过加强关于社会保障的法律制度，来保护和平衡社会利益关系，"这个使命，主要由在传统的公法和私法之间新出现的一个叫做'社会法'的学科来承担"。④ 因此，社会法的主要任务是化解社会矛盾，平衡各种社会利益，它以市民社会为根基，以法治为原则，以程序为核心，以政府和非政府组织为主要途径，较好地协调公益与私益的关系，从而达到增进整个社会福利的目的。

三　公共利益保护的法理分析

（一）公共利益是人类社会基本价值原则

1. 公共利益的道德基础

公共利益作为法律和社会法基本原则，具有深厚的道德基础。早期功利主义者葛德文认为，"道德是考虑到最大限度的普遍福利而确立的行为准则"，因此，"任何行政当局可以推行的唯一公正的法令也必须是最符合公共利益的"。⑤ 杰弗逊将人的社会本性归因于一种与生俱来的"道德意识"，提出是个人的道德意识"使社会成为他的自然归宿"。⑥ 他说，在这种"道德意识"中，有一种由道德选择能力和对他人幸福与生俱来的同情心构成

---

①　吕世伦等：《根本法、市民法、公民法和社会法》，载《求是学刊》2005 年第 5 期。
②　王方农等：《社会法的基本问题：概念与特征》，载《财经问题研究》2002 年第 11 期。
③　吕世伦等：《根本法、市民法、公民法和社会法》，载《求是学刊》2005 年第 5 期。
④　夏勇：《依法治国——国家与社会》，社会科学文献出版社 2004 年版，第 71 页。
⑤　［英］葛德文：《政治正义论》第 1 卷，何慕李译，商务印书馆 1980 年版，第 81 页。
⑥　［美］汤普森：《宪法的政治理论》，张志铭译，三联书店 1997 年版，第 121 页。

的天生的正义感，使得社会生活"既可能又有益"，因为"这种对正义的意识使得个人对他人的幸福以及他作为其中一部分的整个社会共同体感到关切"，这种固有的正义感即"一个井然有序的"社会的"第一要素"，也是个人幸福的必要成分。① 在公共道德与人类生活问题上，米尔恩认为，"满足无时不在无处不有的共同道德原则所提出的特定要求，是每一个人类成员的义务"。② 莱兹认为，不同的个人或群体处于同一社会关系和社会地位的情形下，由于客观的相互依赖关系，而有普遍的共同需求，这些共同需求便构成公共利益的基础；根据普遍道德，"任何处在困境中的人都有获得帮助权，任何可以提供帮助的人都负有这样去做的义务"；③ "普遍道德要求把诚实对待运用于全人类，包括一切陌生人和外国人，而不仅仅是邻居和国民伙伴"。④

2. 公共利益的理性基础

从社会学的角度看，每一个社会都存在"为理性所一致同意"的行为准则，这些准则"为个人所接受并被视为不仅对于他自身，而且对于其他人都有约束力的"。⑤ 有学者认为，公共利益是"凝结着无数个自我的共同偏好的价值追求"，而这种泛化的他人的态度之所以能够形成，源于我们在社会中形成的理性，"这种社会化的理性，不仅使我们能够洞察到我们基于共同的社会背景和人类的类本质而共同珍视某些重要的价值，而且使我们明智地看到这些对于个人来说至关重要的价值目标单靠个人的努力是无法实现的"，"理性的能力还赋予了我们在自身之外设计自己的能力，为了有效实现自己的要求、作出让步而适应他人的要求和社会的要求，正是这种妥协与互惠的能力使共同体的一致的观点与态度能最终的形成，使凝结这种一致性的社会公共利益的存在成为可能"。⑥ 根据康德的观点，公共利益的理念离不开对人的价值、尊严、自由以及人们之间的平等的肯定和尊重，以人为目的，以每个有理性的公民为目的，是公共利益的价值所在。因此，作为社会生活原则，"社会责任要求每一个共同体成员在维持和推进共同体利益方面

① ［美］汤普森：《宪法的政治理论》，张志铭译，三联书店1997年版，第122页。
② 夏勇：《公法》第1卷，法律出版社1999年版，第256页。
③ 同上书，第258页。
④ 同上书，第262页。
⑤ ［英］詹宁斯：《法与宪法》，龚祥瑞等译，三联书店1997年版，第233页。
⑥ 丁延龄："论社会公共利益概念的法律界定"，http：//www.cnki.net/index.htm。

发挥作用"。① 社会公共利益体现的是人类的共同价值和追求，它和人类大同理想一样，"实质在于全人类的和谐"，② 因为"自由不可能存在于那些没有稳定秩序的地方，在那里，自由有随入混乱的危险，而秩序也不可能存在于那些没有自由的地方，在那里很容易导致残暴的强制"。③ 正是在这个意义上，库珀说："尊重人类尊严的义务与不尊重人类尊严的可怕后果是分不开的。"④

　　3. 公共利益的价值基础

　　公共利益是表示某种"普遍利益"，即"确信有益于社会中每个人的某种价值观念"，⑤ 如正义、正当等价值范畴一样，因此，调整各种利益，均衡各种需求，解决各种纠纷，创设各种机制，制定各种规范，都离不开公共利益的基本价值准则。作为一种价值标准，公共利益与人类行动尤其是法律的"目的合理性"和"价值合理性"密切相关，在哲学的意义上，它是事物和人的一种存在形态，对于社会治理体系而言，公共利益本身就是实质。我国台湾地区学者陈新民说，现代的民主理念，系以公益作为国家各种权力行为的合法性理由，"因此，公益是一种价值的概念，由人类纯粹喜、恶之取舍升华到为规范国家制度以及国家行为之目的所在"。⑥ 不仅如此，公共利益还是一个与正义观念紧密相连的概念，这一点我们在探讨公共利益理论起源的时候已经作了论述，由于"对正义的关注产生了某些激情，这种激情有时使人们很难有意地计较他们自身的利益，无论这种利益可能是什么"，"它也产生了一些热心公益的事例，因为对正义的关注也是对一般的美好事物的关注"。⑦ 夏勇教授认为，宪法和人权之所以能够并行相济，共同促进人类的进步，是因为"它们蕴涵和维系着人类社会的一些基本价值，如公正、平等、自由、秩序、安全、互助等，并因比得以维护和增进人类正义"；⑧ 同样道理，公共利益之所以成为人类社会基本价值准则，因为它本身就是正义。

---

① 夏勇：《公法》第 1 卷，法律出版社 1999 年版，第 256 页。

② 夏勇：《人权概念起源》，中国政法大学出版社 2001 年版，第 180 页。

③ ［德］艾哈德：《来自竞争的繁荣》，祝世康等译，商务印书馆 1983 年版，第 215 页。

④ ［美］库珀：《行政伦理学》，张秀琴译，中国人民大学出版社 2002 年版，第 24 页。

⑤ ［美］林布隆：《政策制定过程》，朱国斌译，华夏出版社 1988 年版，第 29 页。

⑥ 陈新民：《德国公法学基础理论》（上），山东人民出版社 2001 年版，第 205 页。

⑦ ［美］斯蒂芬·埃尔金等：《宪政新论》，周叶谦译，三联书店 1997 年版，第 65 页。

⑧ 夏勇：《朝夕问道——政治法律学札》，三联书店 2004 年版，第 141 页。

（二）公共利益是法律的目的

"公共利益"一直是法学中极为重要的概念，无论在中国还是西方，也无论是在学说还是判例上，它一直被作为一般法律所追求的基本目标。利益法学派代表人物赫克说，利益是法律产生之源和归宿所在，法律关系也就是利益关系，利益的内容可以表述为"潜在性法律关系"的内容，而公共利益不过是公益主体对应于公益对象潜在的权利义务关系而已。"法作为法治国家统治社会的公器，只能追求对于社会大众而言的'公共'的利益，而不是任何特定私人的利益"。① 有学者认为，公共利益是法律的基础，也是最高的法律，"法律应当为公共利益服务，法律如果只为少数人的利益服务，或者侵犯公民财产、损害个人权利，它就是不公道的；任何一种制定法，只要它不利于公共利益的实现，人们就可以根据公共利益对之加以改进；而任何一种行为，只要是有利于公共利益的，就是符合道德的"。② 因此，法律不能考虑国家一方的利益，也不能仅仅照顾个体一方的利益，而应当同时照顾具有独立利益形式的社会公共利益。

恩格斯在《论住宅问题》中，从社会生产和交换需要的角度论述了国家和法的公共管理性质。他说："在社会发展的某个很早的阶段，产生了这样一个需要：把每天重复着的生产、分配和交换产品的行为用一个共同规则概括起来，设法使个人服从生产和交换的一般条件，这个规则首先表现为习惯，后来便成了法律。随着法律的产生，就必然产生出以维护法律为职责的权力——公共权力，即国家。"③ 尽管马克思和恩格斯坚持认为国家和法是"阶级统治"的工具，却并没有完全否认其"公共管理"职能。尤其是现代国家，立法既然是一种"公共产品"，必然要具备广泛的民主性和公益代表性，而公共利益作为法律用语，在不同国家、不同层次的法律中均有体现。张千帆认为："公共利益是包括私法在内任何法律的追求目标，因为法律作为一种由公权力产生的统治社会的'公器'，必然以公共利益为归属"；"在现代民主国家，任何具有正当性的法律都必须是为了社会的'公共利益'，而不是为了任何特定私人的利益而制定的"。④ 也有学者认为，公共利益必

---

① 张千帆：《"公共利益"是什么》，载《法学论坛》2005年第1期。
② 戴涛：《公共利益悖论及其解构》，载《法治论丛》2005年第2期。
③ ［德］马克思、恩格斯：《马克思恩格斯选集》第2卷，人民出版社1972年版，第538页。
④ 张千帆：《"公共利益"的构成》，载《比较法研究》2005年第5期。

须通过法律手段才能得到最终保障。奥地利学者默克在 1919 年发表的《国家目的及公共利益》一文中提出，唯有用法律形式表现出来的国家目的，才属于公共利益，因此，只有将国家目的"法制化"，才完成其为公益的过程。① 汉密尔顿说："每部政治宪法的目的就是，或者说应该是，首先，为统治者获得具有最高智慧来辨别是非和最高道德来追求社会公益的人；其次，当他们继续得到公众信托时，采取最有效的预防办法来使他们廉洁奉公。"②

（三）公共利益是政府和公共政策的主要目标

1. 政府的目的与公共利益

任何一个社会，如果没有利益的内在一致性，就失去了其存在的基本条件，因此，"无论是在国家还是在个人之间，利益的一致是最可靠的纽带"。③ 从实践过程看，公共利益对一个共同体的维持具有十分重要的意义，它是一个共同体存在的基础。从历史上看，公共组织及与之相联系的公共权力和公共管理实践都不是凭空产生，它是由公共需要和公共利益决定的，只有依赖公共组织运用公共权力、进行公共管理实践，才能满足这种需要和利益。

不管具体的政府如何对待公共利益，政府的存在总是与公共利益有关，即使有的政府的目的与行为却是在损害公共利益。亚里士多德认为："依绝对公正的原则来判断，凡是照顾到公共利益的各种政体就都是正当或正宗的政体，而那些只照顾统治者们的利益的政体就都是错误的政体或正宗政体的变态（偏离）。"④ 但是，人们总是希望从正面看待政府维护公共利益的动机与能力。卢梭认为，建立于社会契约之上的国家和政府乃是一种"公共人格"，其活动的意志是一种"公意"，这种"公意"反映了全体人民的"共同利益"；⑤ 政府应该为实现公共利益而存在，公共政策必须服务和增进公共利益，这是对政府行为最基本的约束性义务和责任。⑥ 休谟说，自由政府的目的就是为公众谋利益，即政府作为公共利益的代表者，其任务是"服

---

① 陈新民：《宪法基本权利之基本理论》（上），台北三民书局 1992 年版，第 138 页。
② ［美］埃尔斯特等：《宪政与民主》，潘勤等译，三联书店 1997 年版，第 377 页。
③ 赵成根：《民主与公共决策研究》，黑龙江人民出版社 2000 年版，第 112 页。
④ ［古希腊］亚里士多德：《政治学》，吴寿彭译，商务印书馆 1965 年版，第 132 页。
⑤ ［法］卢梭：《社会契约论》，何兆武译，商务印书馆 1996 年版，第 135 页。
⑥ 同上书，第 72 页。

务和促进公共利益"。^① 英国学者韦德认为，政府本身不是目的而是手段，政府除了人民的利益以外没有自己的利益，因此，公共行政人员必须坚持道德化价值取向，以维护公共利益而不是维护自身团体利益为己任。^②

政府是通过公共政策的制定与实施的方式，来实现其维护公共利益的职能的。在英美法系中，公共利益是公共政策（public policy）制定的核心内容，它是指"被立法机关和法院视为与整个国家和社会根本有关的原则和标准，该原则要求将一般公共利益（general public interest）与社会福祉（good of community）纳入考虑的范围，从而可以使法院有理由拒绝承认当事人某些交易或其他行为的法律效力"；在大陆法系国家，与"公共政策"相关的概念是"公共秩序"，也称"公序良俗"，但对于公共政策与公共利益是否为相同概念，学者观点各异。^③ 现代公共行政理论强调政府管理的公共性质，认为政府是社会公共利益的代表，政府行为的价值取向理所当然是社会公共利益。如美国学者赫林认为："我们必须把联邦行政机构看成是一个整体，它必须发展成为执行公共利益政策和促进总的社会福利事业的机构"，^④"公共利益就是指导行政管理者执行法律时的标准"。^⑤ 但公共利益不能简单归结为政府利益，它"在本质上是非人格化的利益，是不特定多数人的利益"。^⑥ 我国台湾地区学者萧武桐说，"公共行政既然多了'公共'两字，就必然要涉及'公共利益'、'平等'、'自由'、'公道'等抽象概念"，他将公共行政的"公共哲学"概括为三层含义：一是民主体制下为公共利益服务，以公共意志与公共价值为行政决定的论证；二是在行政程序上行政裁量权的公众取向；三是为提倡社会公平观念的公共行政理论。^⑦

2. 政府治理与公共利益

（1）传统治理理论与公共利益。从洛克的《政府论》开始，到18世纪中后期，以美国联邦宪法诞生为标志，传统治理理论日渐成熟。从《联邦党人文集》可以看出，联邦党人与反联邦党人之间的辩论主要集中在公民美德、利益集团和政治压力在治理过程中所起的不同作用上。在公共利益保

---

① ［美］安德森：《公共决策》，唐亮译，华夏出版社1990年版，第222页。
② ［英］韦德：《行政法》，楚建译，中国大百科全书出版社1997年版，第27页。
③ 韩大元：《宪法文本中"公共利益"的规范分析》，载《法学论坛》2005年第1期。
④ 彭和平等：《国外公共行政理论精选》，中央党校出版社1997年版，第56页。
⑤ 同上书，第58页。
⑥ 陈奎元等：《宪法和宪法修正案辅导读本》，中国法制出版社2004年版，第204页。
⑦ 萧武桐：《公务伦理》，智胜文化事业公司2002年版，第46页。

护问题上，两者表现出明显的一致。与汉密尔顿的性恶论相对，反联邦党人有一个著名的富有生气的原则是"公民美德"或"公共幸福"，他们认为，政府的成绩要由"致力于公益而不是角逐私利的公民们"来决定，政府的首要任务是保证"发扬必要的公益精神"。反联邦党人相信"分权"，认为只有在小的团体中有可能发现和发展"不自私和致力于真正的自由赖以建立的公共利益"，而"参加政府是一项积极的公益，它提供一种在其他地方找不到的幸福"，① 因此，人们从道德上应该相信那些与人民接近的、当地选出来的代表不会违背人民的利益。麦迪逊说，健全的治理不能依赖传统的公民美德和公共利益的概念来保证防止党派专政，"应采取最有效的预防措施使这些人保持其美德并继续享有公众的信任"②，这就是其所谓"正当程序"。麦迪逊相信，如代议制等将保证"人民的代表可以自由地参加讨论和辩论的程序，公共利益将从这种程序中出现"，③ "一个积极的、决策型的政府如果是为公共利益服务的，它就不会是专制的"。④ 耶特也充分肯定代议制在维护公共利益中的重要作用，他说，要想"有财产的人们得到自由和幸福"，只需要"人民有足够的代表"，他们"不受任何东西的制约和影响，而只受共同利益的影响"⑤ 可见，在传统治理理论中，公共利益居于公共治理的核心地位。

（2）现代治理理论与公共利益。现代国家，公共利益仍是政府政策的核心，政府不可能也不应该按照利润最大化的原则去运作它所拥有的资源，这是政府与企业最本质的区别，它只能以效率为手段而不是作为最终目的。20 世纪 90 年代以来，西方国家重新探索国家和社会公共事务的管理模式，打出了"良好治理"的旗号，使治理理论成为目前学术界最流行的理论之一。根据现代治理理论，政府与其他组织的运行逻辑是："以谈判为基础，强调行为者之间的对话和协作，以便更好地提供公共物品和服务来促进公共利益更好的实现。"⑥ 这是因为，在实现公共利益方面，不仅市场会失灵，政府同样会失灵，因此，多元化管理构成的网络管理体系会促进公共物品和

---

① ［美］斯蒂芬·埃尔金等：《宪政新论》，周叶谦译，三联书店 1997 年版，第 217 页。
② 同上。
③ 同上。
④ 同上书，第 38 页。
⑤ ［英］维尔：《宪政与分权》，苏力译，三联书店 1997 年版，第 103 页。
⑥ ［英］格里斯托克：《作为理论的治理：五个论点》，载《国际社会科学杂志》1999 年第 2 期。

服务的优质供给和公共利益的更好实现。休斯特将公民与政府的关系看成是一种"委托—代理"关系，他说，"公民同意推举某人以其名义进行治理，但是必须满足公民的利益"，因此，"公民与政府形成了责任机制"。① 按照休斯特的理论，政府必须对公民的需求作出积极的反应，并采取积极、有效、公平的措施来满足公民的需求和利益，回应性越大，善治的程度越高，则公共利益得到保障的程度越高。美国学者丹哈特提出，"公共行政人员必须建立一种集体的、共同的公共利益观念"，并试图将"重新肯定公共利益在政府服务中的核心地位"视为其理论的核心原则之一。② 赫林说，"'公共利益'就是指导行政管理者执行法律时的标准"，它是"一个词语性的符号，目的在于把统一、秩序和客观性引入行政管理之中"。③ 由此，有学者认为，如何有效地代表和实现公共利益，"取代保护公民权利和自由"，成为民主治理的首要目标。④

（四）　公共利益保护是普遍权利的必然要求

1. 从普遍权利到公共利益

在权利理论中，公共利益由普遍权利产生，或者说，公共利益是普遍权利的必然结果，保护公共利益是保障普遍权利的必然要求。要理解权利理论中公共利益的生成过程，需要解决相互关联的三个问题：第一，是否存在普遍权利？夏勇教授认为，罗马人在创造万民法的过程中，形成了比较成熟的"人类共同权利"概念，"这种共同权利也就是普遍权利"；⑤ 英国学者米尔恩曾提出，从一种"低限道德"来推求"普遍权利"。⑥ 所谓普遍权利，又称"自然权利"或"本性权利"，也就是"人权"，⑦ "作为普遍权利，人权意味着，所有的人类成员，不论在种族、阶级、信仰、肤色、财富、性别、国籍、智识、能力等方面有何差异，皆一律平等，拥有人之作为人的同等的尊严和价值"。⑧ 可见，普遍权利不仅存在，而且具有一定的实体内容。第

---

① 俞可平：《治理与善治：一种新的政治分析框架》，载《新华文摘》2001 年第 12 期。

② ［美］丹哈特：《新公共服务》，丁煌译，中国人民大学出版社 2004 年版，第 40 页。

③ 彭和平等：《国外公共行政理论精选》，中央党校出版社 1997 年版，第 58 页。

④ 赵成根：《民主与公共决策研究》，黑龙江人民出版社 2000 年版，第 49 页。

⑤ 夏勇：《人权概念起源》，中国政法大学出版社 2001 年版，第 83 页。

⑥ 同上书，第 252 页。

⑦ 同上书，第 140 页。

⑧ 同上书，第 180 页。

二，从普遍权利到普遍利益如何可能？根据夏勇教授的权利理念，"在权利的构成里，利益是第一个要素"，①"不论权利客体是什么，对权利人来说，它总是一种利益。离开利益，权利就空无所有"。②他认为，"在资本主义商品经济里，形式上存在某种普遍利益"，"利益的共同性决定了利益要求或主张的某种共同性"。③由此，我们可以推定，权利是一种利益的反映，普遍权利就是普遍利益。第三，普遍利益如何成为公共利益？从内涵上看，普遍利益大于并覆盖公共利益，普遍利益在一定的条件下或一定空间范围内就是公共利益。比如，保护人权是对普遍利益的保护，在一定程度也是对社会公共利益的保护，因为"人权在主张人类一律平等时，实际上已经为处理人类关系提供了一个共同的准则"，而"已经相互认同的人类不可能不按照某种共同的准则行事"，"人权本身就是一个共同准则"。④我国台湾地区学者陈新民认为："对基本权利的保障，是国家公共利益所必需"，"保障人民基本权利皆可认为合乎公益之需求"。⑤因此，从普遍权利推导出公共利益，不仅是可能的，而且是现实的，公共利益是普遍权利的逻辑结果和必然产物。卡尔·弗里德里希说，基本权利和公共利益的真正问题，"不在于这些权利对于公共利益来说是绝对的还是相对的，而在于这些权利中是否有一些权利优先于其他权利"，⑥用权利话语表达即：普遍权利优于个人权利，普遍利益优于个人利益。

　　2. 公共利益对基本权利的限制

　　公共利益与基本权利之间居于相互限制的态势中，公共利益对基本权利的限制则居于矛盾的主要方面，或者说，公共利益处于原则上的优先地位。路易斯·亨金说，"在特定的时间和特定的环境下，每项权利实际上都可能让步于某种公共利益"，⑦因此，"即使是宪法第一修正案所规定的自由，尽管它们是用一些表面上绝对性的术语来表达的，也可能服从于人民代表所确定的公共利益，至少要服从于那些非服从不可的公共利益"。⑧从实践中看，

---

①　夏勇：《人权概念起源》，中国政法大学出版社 2001 年版，第 125 页。

②　同上书，第 54 页。

③　同上书，第 126 页。

④　同上书，第 180 页。

⑤　陈新民：《宪法基本权利之理论基础》，台北元照出版公司 1999 年版，第 155 页。

⑥　［美］卡尔·弗里德里希：《超验正义》，周勇等译，三联书店 1997 年版，第 108 页。

⑦　［美］路易斯·亨金：《宪政·民主·对外事务》，邓正来译，三联书店 1996 年版，第 142 页。

⑧　［美］路易斯·亨金等：《宪政与权利》，郑戈等译，三联书店 1996 年版，第 6 页。

以"公共利益"作为公民基本权利的限制是各国宪法通例，"公共利益"与"法律保留"分别构成了限制基本权利的实质要件和形式要件。根据张翔的研究，对于"公共利益"与基本权利限制的关系，有两种不同的理解，"一种是把公共利益作为外在于基本权利的限制，另一种理解是把公共利益看作基本权利的内在限制，也就是基本权利按其本性的自我规定"，分别称为"外在限制说"和"内在限制说"。①"外在限制说"认为，公共利益乃是基本权利之外的对基本权利的制约，即宪法所保护的利益除了以基本权利为内容的个人利益之外，还包括公共利益，"二者是两种不同的法益"；在个人利益与公共利益发生冲突的时候，需要立法者加以协调和平衡，"这在某些情况下就表现为立法者为了实现公共利益而对基本权利加以限制"；由于公共利益是不同于个人利益的法益，"公共利益对基本权利的限制就是从外部对基本权利的限制"。②"内在限制说"又称"本质限制说"，认为公共利益对基本权利的限制是由基本权利的性质产生的，是存在于基本权利自身之中的限制。③

公共利益对基本权利限制的法理是：对个人基本权利的保护并不意味着可以滥用权利。科斯提出了一个对个人基本权利"合理的妨害"的观点，④即在一定限度内，因社会公共利益需要而损害个人资产是合理的，因为个人利益与社会利益有一致性。博登海默认为，公共利益"意味着在分配和行使个人权利时决不可以超越的外部界限，否则全体国民就会蒙受严重损失"，⑤其所谓外部界限是指"赋予个人权利以实质的范围本身就是增进公共利益的一个基本条件"。⑥突出了公共利益对公共权力的制约作用。卡尔·弗里德里希说，"在19世纪的发展进程中，人们逐渐认识到这些（个人）权利并非是绝对的，一成不变的"，⑦而那些"由进步力量大力提倡的公民的自由权，似乎常常超出了个人及其私人利益"。⑧进入20世纪以后，"包括自决权在内的公民自由权不仅要与更古老的个人权利相竞争，而且还

---

① 张翔：《公共利益限制基本权利的逻辑》，载《法学论坛》2005年第1期。
② 同上。
③ 同上。
④ ［英］科斯：《社会成本问题》，载《法律与经济学》1960年第3期。
⑤ ［美］博登海默：《法理学》，邓正来译，中国政法大学出版社1998年版，第317页。
⑥ 同上。
⑦ ［美］卡尔·弗里德里希：《超验正义》，周勇等译，三联书店1997年版，第91页。
⑧ 同上书，第92页。

要受到罗斯福《四大自由》的公告中所提出的、战后多部宪法以及联合国《世界人权宣言》中所具体规定的自由的挑战"，这些新的自由是具有经济和社会性质的权利，其特点是包含了集体的尤其是政府的职责，主要有：社会安全的权利、工作的权利、休息和休假的权利、受教育的权利、达到合理的生活水准的权利、参与文化生活的权利，甚至包括诉诸一种保证这些权利的国际秩序的权利。[①] 因此，把这些社会权利详尽地写进名副其实的宪法中，"乃是各种团体和少数民族为平等和自由而长期斗争的结果"。[②]

四　公共利益与个人权利的冲突与协调

（一）社会公共利益与个人权利的冲突理论

德国学者哈特穆特·毛雷尔说，公共利益和个人利益有时相互一致，有时相互冲突。[③] 博登海默说，社会公共利益是一种独立的利益形态，它并非所有社会成员利益的总和，社会成员的利益有时与公共利益产生冲突，且不同成员间的利益也会产生冲突，甚至侵害和危及公共利益。[④] 在市场经济中，经济主体的偏私性和追求利益最大化的倾向，也可能会带来违背社会公德、贫富两极分化、破坏生态环境等有损公共利益的行为。社会法理论中公共利益的实现目标与实现方式，主要是个人权利与公共利益的协调。而要实现个人权利与公共利益的协调，首先要理解和把握个人权利与公共利益的对立或冲突。目前，关于个人权利与公共利益相互冲突的结构形态与处理模式，主要有两种理论观点，即"个人权利本位论"和"公共利益本位论"。

1. 个人权利本位论

这种观点认为，在公共利益和个人权利的矛盾冲突中，个人权利居于主要地位。目前，这种观点又分为两种不同派别，即在主张以个人权利为本位前提下，一派承认公共利益的相应地位，另一派则根本不承认公共利益的存在。

（1）承认公共利益存在的个人权利本位论

这一派观点认为，个人权利不必让位于公共利益，其理论基础是人的自

---

① ［美］卡尔·弗里德里希：《超验正义》，周勇等译，三联书店1997年版，第94页。
② 同上书，第96页。
③ ［德］毛雷尔：《行政法学总论》，高家伟译，法律出版社2000年版，第40页。
④ ［美］博登海默：《法理学》，邓正来译，华夏出版社1987年版，第297页。

私和自由本性。亚里士多德说："凡是属于多数人的公共事物常常是最少受人照顾的事物，人们关怀着自己的所有，而忽视公共的事物；对于公共的一切，他至多只留心到其中对他个人多少有些相关的事物。"① 这段话深刻地说明了人的自私自利的本质。功利主义是个人权利本位论的典型代表，认为个人权利是公共利益的基础，损害了个人权利也就损害了公共利益，实际上是把个人权利推到了至高无上的极端地位，即唯有个人权利是现实的利益，不能为他人幸福而牺牲个人自己的幸福。古典自由主义者斯密提出，如果个人都去追求自己的利益，那么社会公共利益就可以最大化，经济学家奥尔森将其归纳为"经济学第一定律"，即"有时，每当一个个体只谋求他或她自身的利益时，群体的理性结果会自动产生"。② 意思就是，当私人平等交易的时候，并未损害对方的利益，这种交易对双方都是有利的，而对第三人也没有损害。但奥尔森认为，有时候"第一定律"是站不住脚的，因为"无论每个个体如何努力追求自己的利益，社会的理性结果最终不会自动产生，只有依靠指路的手或适当的机构才能带来具有集体效率的结果"，③ 这就是其所谓"经济学第二定律"，即私人利益之间也存在矛盾和冲突，并可能损害到公共利益。奥尔森还提出了一个"集体行动的困境"观点，认为除非一个集团中人数很少，或者除非存在强制或其他某些特殊手段以使个人按照他们的共同利益行事，"有理性的，寻求自我利益的个人不会采取行动以实现他们共同的或集团的利益"，④ 这实际是个人权利本位的折射和反映，也是忽视社会公共利益的结果。

　　黑格尔认为，市民社会是个人追逐私利的领域，是一切人反对一切人的战场，并且也是私人利益与公共利益冲突的舞台，因为"在市民社会中，每个人都以自身为目的，其他一切在他看来都是虚无"，⑤ "市民社会的市民，就是私人，他们都把本身利益作为自己的目的"。⑥ 因此主张用政治国家来控制市民社会。从现实情况看，提倡个人权利本位论的主要是自由主义思想家，如美国经济学家阿尔钦认为，在现代社会，人们必须对生产资料拥

---

① ［古希腊］亚里士多德：《政治学》，吴寿彭译，商务印书馆 1965 年版，第 48 页。

② 盛洪主编：《制度经济学》，北京大学出版社 2003 年版，第 353 页。

③ 同上。

④ ［美］奥尔森：《集体行动的逻辑》，陈郁等译，上海人民出版社 1995 年版，第 2 页。

⑤ ［德］黑格尔：《法哲学原理》，范扬等译，商务印书馆 1961 年版，第 197 页。

⑥ 同上书，第 201 页。

有可靠的、可以让渡的私有权，① 即国家只要明确私人产权保护原则，私人就可以使财产的价值发挥到最大化，使财产在流转过程中的附加值得以实现。哈耶克承认公共利益的优先地位，但认为"只有在公共收益明显大于个人因正常期望受挫而蒙受的损害的情形中，才能允许对私域予以上述必要的干预"。② 罗尔斯则提出，每个人都拥有一种基于正义的不可侵犯性，"这种不可侵犯性即使以社会整体利益之名也不能逾越"，因此，"正义否认为了一些人分享更大的利益而剥夺另一些人的自由是正当的，不承认许多人享有的较大利益能绰绰有余地补偿强加于少数人的牺牲"。③

一些个人权利本位论者认为，在实践中，公共利益总是被利用的概念，各利益群体总是试图利用公共利益的概念来使其自身利益合法化和正当化，其"内涵常常被那些有着相关的自身利益，而且又握有话语权、能施加其影响力的人界定"。美国学者皮文睿说，"权利向利益这一词语的转化的结果通常有利于国家行为和侵犯个人的行为"，而"任何人都不能简单地将多数人的利益转变为优于个人权利的集体的或团体的权利"。④ 罗金斯说，由于公共政策包含着一种选择，它们常常引起争论，所以不得不以"公共利益"的名义来辩护。⑤ 由此，夏勇教授提出，"缺乏个别化的利益，就缺乏对公权者享有权利的依据和基础。而且，公权者就可以充分地、甚至随意地依据实有的或臆测的社会利益、公共利益对社会成员享有支配和管制的权力"，⑥ "如果公共的利益、社会的整体利益绝对包容、压倒个体利益——无论是出于怎样的历史必然性和现实必要性，那么，个体便很难享有什么权利，因为在这个时候，落实到个体的主要是以职责和责分为表现形式的义务，与义务相对应的权利者则是通常作为公共利益或社会利益代表者的公权者"，⑦ 反对用公共利益之名行侵害个人权利之实。

（2）不承认公共利益存在的个人权利本位论

这一派观点认为，个人权利是唯一的实在，公共利益只是一种"借口"

---

① ［美］科斯等：《财产权利和制度变迁》，胡庄君等译，上海人民出版社 1994 年版，第 167 页。

② ［英］哈耶克：《自由秩序原理》，邓正来译，三联书店 1997 年版，第 276 页。

③ ［美］罗尔斯：《正义论》，何怀宏译，中国社会科学出版社 1988 年版，第 3 页。

④ 夏勇：《公法》第 1 卷，法律出版社 1999 年版，第 107 页。

⑤ ［美］罗金斯：《政治学》，林震等译，华夏出版社 2002 年版，第 32 页。

⑥ 夏勇：《走向权利的时代》，中国政法大学出版社 2000 年版，第 641 页。

⑦ 同上书，第 640 页。

而已，在实体上并不存在。古希腊的色拉西马可斯说，强者的利益就是正义，即使这利益被公开宣布是"人人的利益"，① 实际上，强者"不会明白宣布他们所说的正义其实是他们自己的利益"。② 激进功利主义提出，没有什么公共群体，有的只是原子式的个人的偶然的伫立，除了可以由私人利益相加所得出的利益之和，不存在什么公共利益，因为每一个人都是经济人、市场人，每个人都会把所有己身之外的一切换算成自我利益，传统的公共利益的观念只是一种浪漫主义的乌托邦，一种借口，一种骗人的幌子而已。查尔斯·林布隆认为："严格地说来，人人共享的利益也许并不存在，存在的只是各种各样的局部利益"。③ 美国学者阿罗则明确宣称，凝结着共同偏好的社会公共利益"是不可能的"。④

理性选择学派认为，政府也是"经济人"，天生具有追求自身利益的倾向。缪勒说："同样的人怎么可能仅仅因为从经济市场转入政治市场之后就由求利的自利者转变为'大公无私'的利他者呢？这是绝不可能的事！"⑤ 有学者将政府的利益概括为三种形式，即整个政府组织的利益、政府工作人员的利益和地方和部门的利益，认为政府一旦形成，其内部的官僚和整个官僚集团将会不断寻求自身的利益，如大量的寻租和腐败现象，已经彻底打破了"政府无私"和"自动公益"的神话。休斯说："政治游戏者有他们自身利益这一点也是无可争辩的。"⑥ 熊彼特认为，国家的主要任务是保护私有财产，"不存在什么全体人民能够同意或通过理性论证的力量能够同意的被出色地决定的共同的幸福那样的东西"，因为，"对不同的个人或集团而言，共同的幸福势必意味着不同的东西"，⑦ 因而只要一个社会存在着价值上的分歧，作出不同价值选择的个人和集体势必具有不同的关于"共同幸福"的观念。布坎南说，政府中的公务人员也是"经济人"，⑧ 也有自我利益最大化的倾向，根据这一原则，"个人必须要像预计或期望那样，追求增进他

---

① ［美］麦克里兰：《西方政治思想史》，彭淮栋译，海南出版社 2003 年版，第 41 页。

② 同上书，第 42 页。

③ ［美］查尔斯·林布隆：《政策制定过程》，朱国斌译，华夏出版社 1988 年版，第 27 页。

④ 薛冰：《个人偏好与公共利益的形成》，载《西北大学学报》2003 年第 4 期。

⑤ ［美］缪勒：《公共选择理论》，杨春学等译，中国社会科学出版社 1999 年版，第 59 页。

⑥ ［澳］休斯：《新公共管理现状》，载《公共行政》2003 年第 2 期。

⑦ ［美］熊彼特：《资本主义、社会主义和民主主义》，吴良健译，商务印书馆 1999 年版，第 314 页。

⑧ ［美］布坎南：《自由、市场和国家》，吴良健译，北京经济学院出版社 1988 年版，第 5 页。

们自己的利益，即狭义的以纯财富状况衡量的自己利益"。①

2. 公共利益本位论

这种观点认为，在个人权利与公共利益的矛盾冲突中，公共利益居于主要地位。根据公共利益在这一矛盾中的地位不同，公共利益本位论也分为两种不同派别，一派认为公共利益居于绝对决定地位，另一派认为公共利益居于相对优先地位。

（1）公共利益决定论

这一派观点认为，公共利益高于一切，个人权利必须无条件让位于公共利益。公共利益决定论在实践中常常是有害的，因为：其一，公共利益决定论忽略了个人权利合理存在的必要性和重要性，常常会导致侵害甚至是无视个人权利合理存在的结果；其二，在对"公共利益"缺乏科学认识和合理界定的前提下，强调公共利益决定论，会产生严重的既损害个人权利又损害真正的公共利益的后果；其三，即使在维持真正的公共利益的情形下，公共利益决定论也会导致对合理程序安排的忽略和对个人权利适当补偿的吝啬。

在我国，公共利益决定论在20世纪中后期曾强烈地影响着社会的政治经济生活，并给国家可正当约束权力提供了理论基础，即国家限制或克减个人权利"不单单是出于绝对紧急状况的理由，还可出于为社会利益服务的任何理由"。② 其理论模型是，国家利益就是公共利益，国家利益高于一切，在公共利益与个人利益的矛盾运动中，"公共利益是矛盾的主要方面，占据着支配地位"。③ 但是在有关公益问题的实践中，如果片面强调国家利益高于一切，则会产生在公益行政上用权无度，程序恣意，以及严重侵害个人权利的后果。例如，我国的一些地方政府借维护"公共利益"之名，行保护"商业利益"之实，实质上侵害了公民个人权利。特别是在房地产开发中，"现在普遍的情况是，部分地方政府将原来就有居民的土地转让给开发商，开发商在这块土地上开发出高级住宅出售……这不是公共利益的需要，这是开发商利益的需要"，因此，"在'为社会公共利益'的名义下，私权被剥夺了，增加的却是开发商的利润"。④ 作为一个并不奇怪的极端例子，在湖南嘉禾市的城镇拆迁中，很多干部因未能配合上级拆迁计划而丢职，甚至夫

① ［美］布坎南：《自由、市场和国家》，吴良健译，北京经济学院出版社1988年版，第23页。
② 夏勇：《公法》第1卷，法律出版社1999年版，第67页。
③ 叶必丰：《行政法的人文精神》，湖北人民出版社1999年版，第78页。
④ 王景斌：《论公共利益之界定》，载《法制与社会发展》2005年第1期。

妻离婚，法院为此强制执行，公安局为此抓人，"简直成了人们常说的'鬼子进村'"，[①]但政府有关部门却告诉人们，这个拆迁建设项目，"是体现科学发展观和以人为本的龙头项目"，"充分体现了全县人民的意志和利益"。如此维护"社会公共利益"，则公民个人权利何以保障？有关资料显示，我国"几乎一切征地项目都搭乘'公共利益'的便车，各种经营活动也都是以公共利益的名义进行"。[②]根据16个省（自治区、直辖市）国土部门对各类建设项目用地调查，"征地项目不仅包括交通、能源、水利等基础设施，工商业、房地产等经营性项目征地占到总量的22%，学校、企业用地也占到13%。东部某省会城市的项目用地中，真正用于公共利益的不到10%，大量的是经营性用地"。[③]公共利益概念被滥用的情况由此可见一斑。

（2）公共利益优先论

这一派观点认为，在个人权利与公共利益的矛盾运动中，公共利益处于相对优先地位。西塞罗说，公益是与私益相对立的，"公益优于私益"。洛克将公共利益看成是一种"特权"，是超越个人利益的。所谓特权，指"没有法律规定，为公众福利而自由裁量的权力"，即执行机关被委以"没有法律规定，有时甚至是违反法律规定而依照自由裁量，为公众谋福利的权力"。[④]洛克认为，"当统治者为了公共利益行使特权时，这些活动不管以何种形式看待，都被认为是正义的事"。[⑤]在我国古代，儒家承认社会中存在私人利益，但私人利益并非属于个人而是属于群体——家庭、世系或社会。按照孔子的观点，人生于社会之中，不会单独发达，个人依赖于群体的和谐和力量。[⑥]因此，儒家一向轻利重义，轻个体权利而重整体利益。"子罕言利"，在孔子看来，义与利是区分君子与小人的试金石。他说："君子喻于义，小人喻于利。"《孟子》曰："王何必曰利？亦有仁义而已矣！王曰，何以利吾国，大夫曰，何以利吾家，士庶人曰，何以利吾身，上下交征利，而国危矣。"在个人权利与公共利益问题上，还有一些类似观点：《韩非子》曰，"私义行则乱，公义行则治"；《淮南子》称，"公正无私，一言而万民齐"；《朱子语类》云，"官无大小，凡事只有一个公"。意思是，治理之道

① 评论文章：《可疑的"公共利益"》，《新闻周刊》2004年5月24日。
② 沈岳峰等：《土地征用中的公共利益解析》，载《国土资源》2004年第5期。
③ 同上。
④ ［英］洛克：《政府论》（下），叶启芳等译，商务印书馆1997年版，第101页。
⑤ 同上。
⑥ 夏勇：《公法》第1卷，法律出版社1999年版，第63页。

在于正确处理公私关系，即公正无私，不徇私情，个人应该服从整体，私益应该服从公益。从思想史角度看，公益优先论一直贯穿于人类历史的始终。

从现代国家法律实践看，公共利益总是处于被优先保护的地位。在英国，根据普通法，在公路上的任何地方集会"都是妨碍公共利益"的行为，都可以被提起刑事控告；① 集会则意指"为讨论公共利益问题或者为了表达对这些问题的意见"而举行的聚会。② 在美国的司法判决中，公益征收的"公用的含义"也越来越宽泛。③ 尤其是对外交往中，当一项国会法令或行政行为侵害到个人权利而法院"确实进行司法审查"时，法院会援用"各种平衡个人权利与公共利益的原则"，结果通常是"对个人权利的贬损和对公共利益的夸大"。④ 由此，路易斯·亨金说："在对外交往事务方面，个人权利相对来说很少被提及，而公共利益未经有意义的审查便被过分服从，其重要性也被夸大。"⑤ 如知识产权是与"技术开发—产业—消费者组成的市场结构相对应的一种权利"，⑥ 根据世界贸易组织的《知识产权协议》，知识产权为"私权"，其直接和主要目的旨在保证个人权利的充分实现。但法律对知识产权的规制是考虑权利人和相对人双方利益衡量，并在一定程度优先保护公共利益。在著名的南非医药生产者协会诉南非政府的专利权案件中，⑦ 法院查明南非政府关于《药品和相关物品控制修正案》大部分有争议的条款是基于世界知识产权组织（WIPO）的法律文本草案制定的，是保障

① ［英］詹宁斯：《法与宪法》，龚祥瑞等译，三联书店 1997 年版，第 188 页。

② 同上书，第 189 页。

③ 在密执安州最高法院对 Poletown 一案的判决中，该法院维持了政府对底特律某街区的整体征用。该计划是按照通用汽车公司的说明而实施的，估计的公共费用是 20 亿美元，通用公司的费用估计是 800 万美元，其目的是"使通用汽车公司及其提供的岗位留在底特律"，其主要理由是"这样做将构成一种'公共收益'"。参阅［美］埃尔斯特等《宪政与民主》，潘勤等译，三联书店 1997 年版，第 286 页。

④ ［美］路易斯·亨金：《宪政·民主·对外事务》，邓正来译，三联书店 1996 年版，第 144 页。

⑤ 同上书，第 152 页。

⑥ ［日］富田彻男：《市场竞争中的知识产权》，廖正衡等译，商务印书馆 2000 年版，第 1 页。

⑦ 南非约 1/4 的人口为艾滋病毒携带者，平均每天有 1700 人被感染。由于所有关键治疗药品均处于专利保护之下，其价格是通用其他药品价格的 4—12 倍。1997 年，南非政府通过了《药品和相关物品控制修正案》，规定南非卫生部长有权使用平行进口和强制许可。不久，美国就将南非列入其特别 301 条款调查名单，并威胁对其实施贸易制裁。1998 年 2 月，南非医药生产者协会和 39 个跨国医药公司对南非政府提起诉讼，称该修正案第 15C 条违反了 TRIPS 协议和南非宪法，侵犯了其知识产权和财产权。

和维护公共利益的行为，其时正值南非面临严重的公共健康危机，其间有40万人因无力支付昂贵的治疗费用死于艾滋病。在这种背景下，在法院的压力下，协会和39家跨国公司于2001年撤回了起诉，并自发降低药价，捐赠相关药品。① 可见，在知识产权和公共利益的冲突对立中，公共利益居于一定的优先地位。

（二）公共利益与个人权利的协调

1. 公共利益与个人权利协调的理论基础

（1）个人权利与公共利益相互制约

前述我们讨论了公共利益对个人权利的制约，实际上，个人权利与公共利益是相互制约的。因此，要理解和把握公共利益对私人权利的适当限制，不是否定私人利益和个人权利，而是"应当避免重新把'社会'当做抽象的东西同个人对立起来"。② 科塞认为，从社会学意义看，冲突也是有益于社会的。他说："冲突经常充当社会关系的整合器。通过冲突，互相发泄敌意和发表不同的意见，可以维护多元利益关系的作用。冲突还是一个激发器，它激发新的规范、规则和制度的建立，从而充当了利益双方社会化的代理者。"③ 有学者提出，利益的不平衡或冲突需要法律用公平和正义作为价值判断加以调整，由于资源实质上也是全社会的，其"最终利用的目的应该为全社会的利益服务，人人都应该分享到社会发展的成果"，④ 故个人权利对公共利益亦具有制约作用。哈耶克说："如果所有的人发现根据某种互惠对等原则而使特定群体的集体利益得到满足，对于他们来说，乃意味着一种大于他们不得不为此承担的税赋的收益，那么只有在这种情形下，一种集体利益才会成为一种普遍利益。"⑤ 从法治角度看，法治的主要特点在于"在承认和保护个体权利的前提下，通过设立、配置或调整个人与个人、个人与社会之间的权利与义务关系来谋求社会的有序发展"，⑥ 因此法治的基本目标应该是，确保个人权利、公共利益及各种权利关系的协调发展，促进

---

① 李秋容：《个人利益与公共利益的博弈与平衡》，载《电子知识产权》2004年第7期。

② ［德］马克思、恩格斯：《马克思恩格斯全集》第4卷，人民出版社1979年版，第122页。

③ ［美］科塞：《社会冲突的功能》，孙立平等译，华夏出版社1989年版，第144页。

④ 任立民等：《论我国现行法律中的公共利益条款》，载《南华大学学报》2005年第1期。

⑤ ［英］哈耶克：《法律、立法与自由》，邓正来等译，中国大百科全书出版社2000年版，第5页。

⑥ 夏勇：《人权概念起源》，中国政法大学出版社2001年版，第179页。

社会公平和正义实现。为此，政府不仅要积极提出公共问题的解决方案，而且有责任确保个人利益在实质上和程序上都与公共利益保持一致。根据哈贝马斯的沟通理论，如果法律关系主体双方能真诚协商，积极参与对话，则两者之间就比较容易达成一致。德沃金反对以个人为中心的权利理论，也反对一般利益至上，强调对两者进行选择和折中，其结合点就是"平等"。可见，个人权利与公共利益相互协调不仅是必要的，而且是可能的。

（2）个人权利与公共利益相互依存

①公共利益离不开个人利益。托马斯·潘恩说："公共利益不是一个与个人利益相对立的术语。"① 在市场经济中，社会联系以物的联系为基础，这时的个体与整体、个体性与整体性、自由与秩序就成为并存的两个原则。根据黑格尔的阐述，市民社会的两个原则，一个是"普遍性形式"，另一个是"具体的人作为特殊的人本身就是目的"，② 这两个原则并存，因此整体平衡不是以否定人的个性自由为前提，而是以个体的自由竞争和创新为前提。有学者认为，公共利益是以个人利益为出发点和归宿的，它不是凌驾于个人利益之上不能分解和还原的终极利益，而是存在于个人利益之中、由个人利益组成的派生的复合利益。这种利益，只有能够有助于绝大多数人的生存和发展时，才具有实际的意义，才是一种真正的利益。③ 从立法上看，法的普遍性决定了只有普遍性个体利益才能获得法律形式，个别化的个体利益因其不具有普遍意义而不为法律所许可。一般来说，法律对个体追求个别化的个体利益的行为并不干涉，只是在它损害到其他人的正当需求时，法律才会对之加以限制。普遍性的个体利益在获得法律形式之后，便具有了"公共利益"的性质，一旦某种"个人利益具有社会普遍性"，就会成为"社会的公共利益而不仅仅是个人利益"。④ 因此，公共利益无法脱离个人利益而存在，公共利益的实现依赖于个人利益的追求和实现，是以充分肯定个人利益为前提的。

---

① ［英］史蒂文·卢克斯：《个人主义》，阎克文译，江苏人民出版社 2001 年版，第 46 页。

② 石元康：《市民社会与现代性》，见《经济民主经济自由》，三联书店 1997 年版，第 202 页。

③ 戴涛：《公共利益悖论及其解构》，载《法治论丛》2005 年第 2 期。

④ 王太高：《公共利益范畴研究》，载《南京社会科学》2005 年第 7 期。德国学者莱斯纳认为，有三种利益可以升级为公共利益：a. 不确定的多数人的利益；b. 具有某些性质的利益就等于公共利益，如保障私人的生命及健康；c. 可以透过民主的原则，对于某些居于少数的特别数量的私益，使之形成公共利益。参阅陈新民《德国公法学基本理论》，山东人民出版社 2001 年版，第 200 页。

②个人利益离不开公共利益。首先，个人利益与社会公共利益并非完全对立。庞德举了一个著名的例子：某甲控诉某乙偷了他的手表，要求归还原物，或给予相应的赔偿。这时，某甲的主张是以维护个人物质利益和私有财产权为基础的，但另一方面，这种要求也是与保障所有权的社会利益、社会关系相一致的，因为某乙的行为既破坏了某甲的私有财产权，也破坏了社会公共秩序，因此，当某甲通过控告使检察官对某乙提起公诉时，某甲的主张就是以保障所有权的社会公共利益的名义提出的。① 正如凯尔森所说："维护私人利益也是合乎公共利益的。如果不然的话，私法的适用也不至于托付国家机关。"② 其次，个人利益的实现不能完全脱离公共利益。没有脱离个人的抽象的社会，也不存在超越所有个人利益之上的抽象的公共利益，个人利益与公共利益是统一不可分的，犹如百川之于大海，独木之于森林。马克思说："共同利益就是自私利益的交换，一般利益就是各种自私利益的一般性"，"共同利益恰恰只存在于双方、多方以及存在于各方的独立之中"。③根据阿玛蒂亚·森的分析，阿罗"不可能定理"只证明了在决策信息缺乏情况下公共利益的不可能性，随着个人获得信息的增加，人们对持续获益的途径会有更清楚的理解，达到社会理性选择的可能性也会不断增加，因此，只有顾及他人的需要、偏好才能很好地实现个人利益，只有利他因素成为经济理性的应有之义，个人利益与公共利益之间的理论通道才能被打通。由此可见，国家和社会的生存发展依赖于个体成员的生存发展，如果没有私人利益和个体利益，不仅众多的个人无法生存，社会的生存发展也是不可能的；同样，个体的存在依赖于社会和国家，公共利益和国家利益在一定程度上是满足社会成员发展需要的利益。

2. 社会公共利益与个人权利协调的制度构建

如何实现社会公共利益与个人权利的协调，这又是一个"言人人殊"的问题。古典自由主义者斯密承认公共利益与个人权利不可分割的内在一致性，但他没有回答和解决公共利益的形成机制问题，而是使用"自动"的概念来解释个人权利之间可能发生的冲突。也有学者从道德、制度、习俗文化等来讨论公共利益与个人权利的协调问题。其实，在公共利益实现、公共

---

① 沈宗灵：《现代西方法律哲学》，法律出版社 1983 年版，第 75 页。

② ［奥］凯尔森：《法与国家的一般理论》，沈宗灵译，中国大百科全书出版社 1996 年版，第 232 页。

③ ［德］马克思、恩格斯：《马克思恩格斯全集》第 46 卷，人民出版社 1979 年版，第 197 页。

利益与个人权利协调中，道德、制度、习俗文化等的作用只是一个方面，更主要的方面是立法、行政和司法的保障作用，因为"在较为具体的层面，公共利益的界定属于一个宪法分权问题，是由立法机关、司法机关和行政机关共同分享的"。① 由于公共利益没有一个通过立法者制定的可以"适用于所有情况的普遍标准"，具体标准应该由行政机关予以确定，只有在出现争议之时，法院才会通过司法解释或司法实践逐案决定，② 从这个意义上，现实生活中公共利益的最终确认权，应该在司法机关而不是行政机关。

（1）公共利益与个人权利协调的立法保障

①必要性分析。雷蒙德·马克（Raymond Marks）说，公共利益并不是一种"一致同意"，而是一种利益平衡，政策产生于社会的利益总和，实际上大部分是私人利益，这些私人利益必需为了公共利益而相互平衡，故法律规制需要考虑"现在的消费者利益和未来的、潜在的消费者利益"，即这种平衡"不仅在于现实的群体之间，还存在于潜在的群体之间"，公共利益并非必然代表实质意义的平等。米尔斯在《权力精英》（The Power Elite）一书中描述了美国利益集团的一些运作情况，发现美国少数的权力精英以其狭隘的政治经济利益左右政府的重大决策，而一般大众，特别是穷人、黑人等的权益被忽视。③ 威尔逊认为，汉密尔顿的精英集团"构成了一种特别危险的'特殊利益群体'"，这一群体的活动必须公之于众并加以制约。④ 在立法体制上，森斯坦提出，分权制可以"减少议员们追求其个人利益而不是公共利益"的可能性，即便把这类规定与多数主义政治的运作隔绝开来，只要他们是试图保证"政府为了公共的利益而行事"，那人们也会认为它们是民主的。⑤ 因而一项义务的设定或一种利益的差别分配"必须从公共的角度看"是站得住脚的，立法必须"能在某种程度上表明它是对某种公共价值的回应"，而不仅仅是或者干脆不能是"赤裸裸的利益集团的交易"。⑥ 在森斯坦看来，立法活动不是一种人们企图满足其消费选择的过程，"献身于公众利益而不是追求个人利益被理解为公民美德，是政治参与的生命渊源"。⑦

---

① 郑贤君：《"公共利益"的界定是一个宪法分权问题》，载《法学论坛》2005 年第 1 期。
② 同上。
③ ［美］罗金斯：《政治学》，林震等译，华夏出版社 2002 年版，第 64 页。
④ ［美］汤普森：《宪法的政治理论》，张志铭译，三联书店 1997 年版，第 105 页。
⑤ 同上书，第 374 页。
⑥ 同上书，第 391 页。
⑦ 同上书，第 375 页。

森斯坦还提出，如果宗教脱离政治，那派系就不大可能围绕一个特定的问题结合起来，人们能够"为公共利益进行审议或达成相互都能接受的和解的可能性"就增加了。① 我国学者韩大元认为，为了解决现实生活中出现的公共利益的不确定性，"需要在宪法文本的范围内，合理地寻找各种利益相互协调的机制，既要强化公共利益的正当性，又要强化对个人利益的保护力度，使两者在协调中发展"，② 因为以法律形式保障公共利益，"这一方面在于法律的程序性，保证了公共利益的客观性，即民主的立法过程，使得多数人的利益得以表现；另一方面，法律的明确性，也使得公共利益的主张者，可以借此来积极地主张公益，促进公益的实现"。③ 目前，通过立法促进和保障公共利益已成为世界潮流。在美国，平衡个人权利与公共利益被视为"宪法要求"。④ 法律实证主义者凯尔森甚至认为，只有将国家目的予以法制化，才能完成"承认其为公益的过程"，而所谓公益必须获得国家承认之后"方有公益之价值"。⑤ 因此，整个法律制度不过是"公益之明文规定"而已。⑥

②现实性分析。从现实情况看，各国普遍赋予立法、司法、行政组织基于公共利益的裁量权，并使公共利益成为国家权力限制公民个人权利的合法性基础。1789 年，法国《人和公民权利宣言》提出："自由就是指有权从事一切无害于他人的行为。因此，各人的自然权利的行使，只以保证社会上其他成员能享有同样权利为限。此等界限仅得由法律规定之。"此意味着自由和权利受到社会公共利益的制约，即当人们组成一个社会并依"公意"建立政府时，就隐含着他们放弃了自己的一些自由和权利，而服从代表公共利益的政府的管理。⑦ 在英语中，与服从公共利益关联的政府征收私人财产的权力被称为"eminent domain"，字面意思为"极地"。该词由 17 世纪法学家格劳秀斯最早提出，相当于德国法上的"高权"，即至上权力。《牛津法律大辞典》将"eminent domain"直接译为"国家征收权"，认为它是"国家固有的、强制将私人财产用于公共目的的权力"，是主权国家固有的权

① ［美］埃尔斯特等：《宪政与民主》，潘勤等译，三联书店 1997 年版，第 384 页。
② 韩大元：《宪法文本中"公共利益"的规范分析》，载《法学论坛》2005 年第 1 期。
③ 胡锦光、王锴：《论公共利益概念的界定》，载《法学论坛》2005 年第 1 期。
④ ［美］路易斯·亨金：《宪政·民主·对外事务》，邓正来译，三联书店 1996 年版，第 103 页。
⑤ 陈新民：《德国公法学基础理论》（上），山东人民出版社 2001 年版，第 195 页。
⑥ 城仲模：《行政法之一般法律原则》，台北三民书局 1997 年版，第 160 页。
⑦ 李龙主编：《西方法学名著提要》，江西人民出版社 2002 年版，第 175 页。

力，给予"合理补偿"是使它"与单纯的没收相区别"，① 即公共利益与个人权利相协调的结果。法国《人和公民权利宣言》第 17 条规定："财产是神圣不可侵犯的权利，除非当合法认定的公共需要所显然必需时，且在公平而预先补偿的条件下，任何人的财产不得受到剥夺。"1804 年《法国民法典》重申权利宣言原则，并扩大公用征收适用范围，规定"任何人不得被强制出让其所有权，但因公用且受公正并事前的补偿不在此限"。② 1791 年，美国宪法修正案第 5 条规定："非经正当法律程序，不得剥夺任何人的生命、自由或财产；非有公正补偿，私有财产不得征为公用。"目前，很多国家宪法对征收征用问题都作了类似规定。不仅如此，为了促进公共利益和个人权利的协调发展，很多国家在程序上对"公共利益"目标的实现作了进一步规定，③ 目的是为了限制政府获得私人财产的能力，抵制个人财产由于政府的专断或者不公正行为而丧失，因"人们就程序问题而非目的达成共识是理解和把握公共利益的较好的一种方法，这样有助于每个人都能从中获益，而且最终则有利于公共利益的实现"。④

在美国，公共利益原则和国家规制起源于 19 世纪初，政府在颁发铁路和其他公用事业执照时常常使用"公共利益"标准。1837 年，美国高等法院支持公共利益标准（public interest standard），使"便利和必需"成为与公共利益密不可分的范畴。1866 年，美国电报业为解决私营垄断与公共服务之间的矛盾，引用一个"共同载体"（common carrier）的概念授权私营企业在公共受托人（public trusteeship）的基础上，承诺普遍服务和公平费率标准。1887 年，联邦政府颁布《州际商业法》（Interstate Commence Act），第一次在法律文本中正式采用公共利益标准。19 世纪 90 年代，公共利益原则开始成为许多大型、全国性规模产业反垄断政策的核心。不久，国会在建立联邦保留委员会（Federal Reserve Board）和贸易委员会（Trade Commis-

---

① 郑贤君：《"公共利益"的界定是一个宪法分权问题》，载《法学论坛》2005 年第 1 期。
② 李浩培：《法国民法典》，商务印书馆 1979 年版，第 72 页。
③ 如在美国，政府进行土地征收，必须进行如下程序：a. 预先通告；b. 政府对征收财产进行评估；c. 向被征收方送交评估报告并提出补偿金的初次要约，被征收方可以提出反要约；d. 召开公开的听证会，说明征收行为的必要性和合理性；e. 如果政府和被征收方在补偿数额上无法达成协议，政府送交法院处理。在法国，公益征收的程序十分复杂，并分为行政程序和司法程序两个阶段。行政法上为行政程序设定的主要环节是：a. 事前调查；b. 作出批准公用目的的行政决定；c. 被征收财产具体位置的调查；d. 由行政首长作出被征收财产可以转让的决定。对于行政机关作出的批准公共目的的行政决定及可转让的决定，相对人及其他利害关系人不服都可以向行政法院提起诉讼。
④ 范进学：《定义"公共利益"的方法及概念诠释》，载《法学论坛》2005 年第 1 期。

sion）时，也都采用了公共利益标准。① 正如威拉德·D. 罗兰（Wilard. D.
Rowland）在分析公共利益起源时所说，公共利益标准早已成为政府规制哲
学的不可分割的部分，而且被法院普遍采用，因此，在新的政策中适用该原
则不足为奇。②

（2）公共利益与个人权利协调的行政保障

① 行政保障原理。亨廷顿认为，政治制度是政治“组织与程序获得价
值和稳定性的过程”，③ 是“道德一致性与共同利益在行为上的表现”。④ 根
据亨廷顿的表述，政治制度是共同体为了调节利益冲突，维护和增进公共利
益而演化出来的一个工具，没有政治制度，人们的利益争夺就不能得到约束
或限制，社会中的利益冲突就不能得到调节，人们的政治行动就难以被疏导
到公共利益的轨道上来。因此，政治制度化意味着政治制度能被共同体成员
所认同并共同遵守，保障公共利益不受集团或个人的损害，同时与社会成员
参与政治的需要相适应。他说：“制度的利益与公共的利益是一致的”，⑤
“创造公共制度的能力，也就是创造公共利益的能力”，“公共利益就是公共
制度的利益”。⑥ 现代社群主义以社群为思考问题的出发点，强调社群对于
自我和个人的优先性，注重普遍的善和公共利益，倡导从“权利政治”转
向“公益政治”。社群主义认为，个人的自由选择能力与各种个人利益都离
不开个人所在的群体，只有公共利益的实现才能使个人利益得到最广泛的实
现，个人利益寓于公共利益之中，这是人类社会生活之所以必要和可能的前
提，也是现代政治生活的基石。行政学家盖伊·彼得斯曾提出一个“市场
式政府”和“参与式政府”的概念，认为“市场式政府”是以市场为基本
治理机制的政府，它的各个部门同市场中的私营企业没有什么两样，重视
“效率”而不是“民主”，重视“产出”而不是“公民权”，强调技术更新，
忽略行政中的人性化色彩，因而，在市场式政府中，公共利益不再是首要关
注的问题，而只是个人选择的“副产品”。⑦ “参与式政府”则不同，它以

---

① 夏倩芳：《公共利益界定与广播电视规制》，载《新闻与传播研究》第 1 期。

② 同上。

③ ［美］亨廷顿：《变革社会中的政治秩序》，李盛平等译，华夏出版社 1988 年版，第 24 页。

④ 同上书，第 13 页。

⑤ 同上书，第 25 页。

⑥ 同上书，第 26 页。

⑦ ［美］盖伊·彼得斯：《政府未来的治理模式》，吴爱明等译，中国人民大学出版社 2001 年
版，第 25 页。

新公共服务理论为指导，"将民主、公民权和公共利益的价值观重新肯定为公共行政的卓越价值观"，同时将政府行为当做公权与私权"协商"、"谈判"的过程，认为"公务员不是要仅仅关注'顾客'的需要，而是要着重关注于公民并且在公民之间建立信任和合作关系"，① 即参与式政府的行为乃是以公共利益为导向，而不是以经济利益为导向，其所要达到的公共目标也不能进入市场进行交易。可见，政府的主要目标在于实现社会公益，这是由政府的公共特性决定的。尽管政府本身有一定的利益存在，其主要职责是对全体社会成员负责，而不是把政府利益置于公共利益之上。正如夏勇教授所说："市场经济只是市场经济，市场只是社会生产生活的一个方面，市场法则在国家管理和社会生活中的作用必须严格限制在特定的范围之内，不能允许市场的利润法则践踏社会的道德法则，侵害社会公益。"② 但是，我们也应该看到，政府并不是公共利益"唯一的提供者"③，其提供者是多元的，非政府组织和公民同样可以促进和维护公共利益。

②行政保障原则。运用行政方法实现公共利益和个人权利协调的第一个原则是平衡原则。毛甘说，如果不考虑国民的私人利益，就不可能界定公共利益，因此，政府的主要目标是使被统治者和统治者、个人利益和公共利益之间保持一种"适当的利益认同"，而不是"积极地和野心勃勃地去培养国民的智慧与道德美德"。④ 路易斯·亨金确立的"平衡个人利益与公共利益"的原则是：政府在行使任何权力时，都应把"个人意见"、"个人生命"、"自由和财产"等考虑进去，但"有时公共利益可能会高于个人权利"；另一方面，"有些权利是根本的或优先的"，因此，"只有公认的紧迫性公共利益才能凌驾于其上"，⑤ "如果这种平衡的达到乃是通过忽视个人权利或者过分强调'公共利益'来实现的话，那么我们就违背了我们对忠于诸宪政原则的允诺"。⑥ 他主张对公共事务和对外政策中"公共利益"的条件进行适当限制，认为"并不是所有属于'对外政策'及那个'广泛的对外事务领

---

① ［美］康特妮·霍哲：《新公共行政：寻求社会公平与民主价值》，载《公共行政》2001年第3期。

② 夏勇：《依法治国——国家与社会》，社会科学文献出版社2004年版，第70页。

③ 世界银行：《变革世界中的政府》，中国财政经济出版社1997年版，第4页。

④ 李春成：《公共利益的概念建构评析》，载《复旦学报》2003年第1期。

⑤ ［美］路易斯·亨金：《宪政·民主·对外事务》，邓正来译，三联书店1996年版，第151页。

⑥ 同上。

域'的问题，都属于公认的紧迫性公共利益，从而高于作为'我们价值体系中的基本权利'的自由"。① 因此，平衡原则不是对个人权利的单方限制，也包括对公共利益的适当限制，目的是使两者能够依据公正、正义原则协调发展。运用行政方法实现公共利益和个人权利协调的第二个原则是矫治原则。所谓矫治原则，是政府运用公权力对自由竞争导致的损害公共利益的结果进行矫正，使个人利益和公共利益得以协调发展。利益集团多元主义试图"用利益集团间冲突后形成的妥协取代开明的和蕴藏公共精神的政策"，用利益相关者之间的妥协与共识作为公共利益的实现形式，从而使公共利益"客观化"、"可操作化"。尽管这种充满斗争和变数的利益竞争与妥协会使现有利益格局发生某些变化，其实质则是"将公共利益简化为既得利益歌剧的重复演变"，使那些社会弱者和被边缘化的群体的利益注定被这种"公共利益"的游戏规则所淘汰，造成社会上"强者更强，弱者更弱；贫者愈贫，富者愈富"。② 托克维尔认为，民主制不能最有效促进和维护公共利益，它不能"给人民提供最能干的政府"，且"人民往往把公共事务管理得一塌糊涂"。③ 由于"现代政治不是直接代表全社会的利益，而是在各自代表的多元的且充满分歧的利益集团间，按一定的程序与规则进行协调，从中发现共同利益而代表之"，④ 因此，国家需要对失衡的利益关系进行适度矫正，"在建立社会保障制度时，既要顾全社会的整体利益，也要考虑个人的利益"。⑤ 我国台湾地区学者城仲模认为，个人权利服从公共利益的前提条件是"公益所必需"。如何判断是否"公益所必需"？首先要确定由国家所保护的该项利益为"公共利益"，且能促成该公益的实现；其次要对"必要性"加以审查，即在多数可达成公益的手段中，所选择的手段是侵害程度最小的；再次要对所侵害的利益与欲保护的公益之间，要合乎一定的比例。⑥ 总之，在民主社会里，当我们处理利益关系时，对民主价值的关注固然极为重要，效率和生产率等价值观也不应当丧失，但应被置于公正、公平和公共利益这一更广泛的框架体系之中。

---

① ［美］路易斯·亨金：《宪政·民主·对外事务》，邓正来译，三联书店1996年版，第154页。

② 李春成：《公共利益的概念建构评析》，载《复旦学报》2003年第1期。

③ ［美］埃尔斯特等：《宪政与民主》，潘勤等译，三联书店1997年版，第111页。

④ 刘翠霄：《天大的事——中国农民社会保障制度研究》，法律出版社2006年版，第86页。

⑤ 同上书，第249页。

⑥ 城仲模：《行政法之一般法律原则》，台北三民书局1997年版，第177页。

（3）公共利益与个人权利协调的司法保障

①司法保障的地位。赞恩说："司法权只有一个利益，就是在公众利益和公民权利间保持公正的平衡，无论其社会地位高低，也无论他是有权势还是平民百姓。"① 本书认为，司法权既是公共利益实现，也是公共利益与个人权利协调的最后保障，因"立法者只能对此作出概括性规定，具体的判断标准则由行政机关来行使，唯在出现纠纷和冲突时，法院才予介入，对两造各执的理由进行判断"。② 普布利乌斯认为，在缺乏发动起来的、有品德的公民群体的情况下，无法保证宪法机器一定会产生符合公益的"过得去"的结果，那种所谓"开明的政治家将能够调整这些冲突的利益并使其都从属于公众利益"，无疑是一句空话，③ 即司法审查制度"不是试图限制人民"，它的任务是"防止在常规政治下滥用人民的名义"，④ 是对政府的最后监督。我国学者袁曙宏认为，如果行政机关仅仅以"公共利益"的名义而不能提供充分的法律依据来证明其所实施的限制或剥夺公民财产权的行为是合法的，则这种行为应被认定为违法和无效。⑤ 事实上，一般国家都将公共利益的最终确认权交给了司法机关，有的国家如法国还专门成立了审查公益目的的公共征收法庭和公用征收法官。⑥ 在美国，法院通常赋予公共需要以"压倒性的重要性"，在这样的平衡中，"最高法院对个人权利或公共利益并没有提供任何衡量的标准"。⑦ 路易斯·亨金说，保持个人自由与公共利益相"平衡"原则的确立，是"权利扩展"的一个不可避免的结果，以"决定个人自由与公共利益的各自范围"，尽管法院对有关经济和社会规则限制了个人自主或自由的指责"不以为然"，"但我们同立宪者一样，在原则上都认为所有政府行为都必须要能够被解释成是为了实现某种公共目的的合理手段"，因为"权利并不是绝对的，在特定的时间和特定的环境下，每项权利实际上都可能让步于某种公共利益"。⑧ 因此，公共利益的司法保障不仅是法律本身的要求，也是司法权威在实践中的反映和体现。

---

① ［美］赞恩：《法律的故事》，刘昕、胡凝译，江苏人民出版社1998年版，第383页。

② 郑贤君：《"公共利益"的界定是一个宪法分权问题》，载《法学论坛》2005年第1期。

③ ［美］埃尔斯特等：《宪政与民主》，潘勤等译，三联书店1997年版，第188页。

④ 同上书，第188页。

⑤ 袁曙宏：《"公共利益"如何界定》，载《人民日报》2004年8月11日。

⑥ 王名扬：《法国行政法》，中国政法大学出版社1998年版，第384页。

⑦ ［美］路易斯·亨金：《宪政·民主·对外事务》，邓正来译，三联书店1996年版，第103页。

⑧ 同上书，第143页。

②司法保障的途径。公共利益实现、公共利益与个人利益协调的司法途径，主要有司法审查、行政诉讼、刑事和普通民事诉讼等。这里主要介绍公益诉讼在公益保障中的地位和作用。从本质上看，公益诉讼是普通民事诉讼的一种，它起源于罗马法，是相对于私益诉讼而言的。罗马法中最早将诉讼分为公益诉讼和私益诉讼两种，规定私益诉讼的产生必须基于公民、法人或其他组织自己的或由自己保护的民事合法权利受到侵害为前提，而公益诉讼则是为了保障公众的公共利益，不论市民或法人组织都可以提起。① 意大利罗马法学家彭梵得说："人们称那些为维护公共利益而设置的罚金诉讼为民众诉讼，任何市民均有权提起它。"② 根据罗马市民法规定，公益诉讼由担任国家公职的人代表国家行使诉权，考虑到公职人员的数量有限及其积极性问题，在具有造法效力的大法官赦令中，又规定具有公民权的罗马市民可以自己的名义向法庭提起基于公共利益的诉讼，赋予公民以公益诉权。我们知道，罗马法的精神和精髓已深深融入现代西方法制之中。沿袭这一法律传统，世界上很多国家主张赋予私人、团体或国家机关以提起公益诉讼的权利，不强调当事人适格理论，即原告为了获得成为当事人的资格，必须证明其直接利害关系受到侵害。在英国，法律规定可以由法务长官代表公众提起诉讼，以倡导公众权利，阻止公共性不正当行为，而法务长官也是唯一有权代表公众提起公益诉讼之人。③ 在法国和德国，立法机关在法律中赋予民间团体提起私人诉讼的资格。美国的公益诉讼又称民众诉讼，是指当公共利益受到侵害时，法律允许无直接利害关系人为维护公共利益而向法院提起诉讼。从 1863 年的《反欺骗政府法》到后来的《谢尔曼反托拉斯法案》和《克莱顿法》，都可以看到公益诉讼的身影。目前，美国各州及联邦的制定法中明文规定可以在广泛范围内采用民众诉讼。如 1970 年密歇根州环境保护法中允许"个人即使没有证据来证明自己受到环境污染并在某种程度上利益受损，也可以提起诉讼"；不久，联邦政府修改了《纯净大气法》、《水质污染管制法》等法规，重申"违反这一条例法律中的重要规定和基准，原告没有必要证明自己受到违法行为直接侵害"。④ 作为一项制度，公益诉讼已为世界上大多数国家所采用，并在实践中发挥了越来越重要的作用。

① 周楠：《罗马法原理》，商务印书馆 1996 年版，第 886 页。

② ［意］彭梵得：《罗马法教科书》，黄风译，中国政法大学出版社 1992 年版，第 92 页。

③ ［美］哈泽德等：《美国民事诉讼法导论》，张茂译，中国政法大学出版社 1998 年版，第 101 页。

④ 刘志桢：《建立民众诉讼，保护公共利益》，载《中南民族大学学报》2004 年第 24 卷。

第三章 劳动法若干制度比较研究

谢增毅[1]

一 劳动法的适用范围：劳动关系、雇员身份之辨析

（一）劳动法的调整对象

关于劳动法的概念，国内劳动法学者主要从调整对象作出界定，例如，认为劳动法为"调整劳动关系以及与劳动关系密切联系的社会关系的法律规范总称"。[2] 民法学者史尚宽则认为，"劳动法为关系劳动之法，详言之，劳动法为规范劳动关系及其附随一切关系之法律制度之全体"。[3]

当然，仅仅将劳动法界定为调整劳动关系之法，尚无法理解劳动法的真谛。要准确深刻地界定劳动法的概念，就需要准确理解"劳动关系"的含义。关于劳动关系，目前学者通常将其概括为劳动力所有者与劳动力使用者之间在实现劳动过程中发生的关系。学者一般认为，劳动关系的特征包括：劳动关系的主体，一方是劳动者，另一方是用人单位；劳动关系必须产生于劳动过程之中；劳动关系兼有人身关系和财产关系的双重属性；劳动关系具有纵向关系和横向关系相互交错的特征；劳动关系以劳动给付为主要内容。[4] 亦有学者认为，劳动关系产生于劳动过程之中；劳动关系只能在劳动者和用人单位之间产生；劳动关系的存在，必须以劳动为目的；劳动关系既具有法律上的平等性，又具有实现这种关系的隶属性。[5] 史尚宽则认为，劳动关系谓以劳动给付为目的之受雇人和雇佣人间之关系。[6] 因此，概括而言，劳动关系从内容上看为劳动给付，这点使得劳动关系区别于加工承揽等

---

① 谢增毅，中国社会科学院法学研究所副研究员。

② 关怀、林嘉：《劳动法》，中国人民大学出版社 2006 年版，第 5 页。

③ 史尚宽：《劳动法原论》，上海正大印书馆 1934 年版，第 1 页。

④ 郭捷主编：《劳动法与社会保障法》，法律出版社 2008 年版，第 7—8 页。

⑤ 黎建飞：《劳动与社会保障法教程》，中国人民大学出版社 2007 年版，第 68—71 页。

⑥ 史尚宽：《劳动法原论》，上海正大印书馆 1934 年版，第 2 页。

以劳动成果为给予内容之民事关系；从当事人地位看，劳动关系强调当事人双方具有从属关系，这一点使得劳动关系不同于当事人地位平等之雇佣关系；从主体身份看，劳动关系乃雇员和雇主之关系。

德国学者对劳动法的定义可资借鉴。德国学者认为，劳动法是关于劳动生活中处于从属地位者（雇员）的雇佣关系的法律规则（从属地位劳动者的特别法）的总和。① 这个定义虽然简短，却指明了劳动法调整对象的本质特征及其与雇佣关系之关系。虽然劳动法是否是特别法尚可探讨，但该定义指出了劳动法的对象是处于从属地位之雇员的雇佣关系，着眼点于劳动者的从属地位，应该说比较准确了反映了劳动法的本质，具有相当的可采性。

考虑到国内外有关劳动法概念的学说，以及根据我国劳动法的制度内容与特点，将劳动法界定为"调整处于从属地位的雇员和雇主之间劳动关系的法律规范总和"，是一个更为准确适当的概念表述。

（二）雇员的定义和认定标准的比较法考察

1. 德国和日本对劳动者的认定

许多国家并没有在法律上明确雇员的定义。在德国，一般认为雇员，是基于私法上的劳动合同为获取工资而有义务处于从属地位为他人（雇主）提供劳动给付的人。② 对于雇员的概念，劳务提供者的人身依赖性仍然是实质性的内容。由此可以区分劳动关系和同样是《民法典》第611条所包含的独立的劳务关系。判断雇员身份的主要标准是人身依赖性而非经济依赖性。③ 在日本，学界一般认为，作为劳动法对象的劳动者，从事的不是一般劳动，而是具有从属性的劳动。对"劳动从属性"的理解，多数认为是"人的从属性"与"经济的从属性"的复合。"人的从属性"即"实行劳动的过程中，劳动者处于服从使用者支配的地位，同时劳动时间、地点、内容等由使用者单方决定"；"经济从属性"是指"劳动者的经济社会地位以及签订契约时契约内容的被决定性等。"多数学说还认为，"劳动从属性"是基础，是核心，在其之上还应该附加"组织的从属性"，即"从属于企业的组织体系中"。④ 可见，在大陆法系国家，对"劳动者"概念强调的重点是

---

① ［德］W. 杜茨：《劳动法》，张国文译，法律出版社2005年版，第1页。
② 同上书，第16页。
③ 同上书，第17—18页。
④ 田思路、贾秀芬：《契约劳动的研究——日本的理论与实践》，法律出版社2007年版，第77页。

其从属地位，即接受雇主指挥和控制的地位。

2. 美国对雇员身份的认定

在英美国家，通过立法和判例产生了"雇员"认定的许多原则和规则。在美国，根据《公平劳动标准法案》（*Fair Labor Standards Act*），雇员是指"被雇主雇佣的任何人"。[①] 而雇主的定义是"直接或间接的为了与雇员相对应的雇佣方的利益而行事的任何人"。[②] 法院在判例中，根据普通法的原则形成了所谓"经济现实标准"（economic reality test），在判断雇员身份时通常需要考虑以下因素：（1）受"雇主"控制的程度；（2）"雇员"对设备和材料投资的程度；（3）"雇员"分享利润和承担损失的机会；（4）工作所需要的技术的程度；（5）双方关系的持续时间；（6）"雇员"所提供的服务作为"雇主"业务不可分割的一部分的程度。[③] 当然法院在判定某一个人是否是雇员时必须综合考虑以上因素，但判断的核心标准是"控制"标准。如果一个商业机构对自然人的工作情况进行控制或有权力进行控制，可以认定劳动关系存在，如果一个商业机构对自然人的工作情况缺乏有效的、通常的控制，那么根据《公平标准法案》就难以认定"雇员"身份的存在。

在美国，与雇员相对应的概念是"独立合同人"（independent contractor）[④]。独立合同人是美国法律中的一个概念，系指与企业之间签订合同约定在自己的工作场所利用自己的设备和雇员完成特定的工作，企业支付其报酬的工作者。独立合同人不是雇员。

3. 英国对雇员身份的认定

在英国，在判例和学理中也区分雇员和独立合同人。雇员和雇主之间建立的是劳动关系（employment relationship），而独立合同人依照服务合同（contract for services）而工作。[⑤] 与美国法类似，雇员和独立合同人在保险和福利待遇、工资和税收、替代责任、安全、合同条款等方面有很大不同，特别是在就业安全权利方面，差别甚大。[⑥] 在如何判定雇主和雇员之间的劳动关系上，英国的法院也发展了类似美国的判断标准理论。法院的判断标准

---

① FLSA § 3（e）（1），29 U. S. C. A. § 203（e）（1）.

② FLSA § 3（d），29 U. S. C. A. § 203（d）.

③ Mark A. Rothstein, Charles B. Craver, Elinor P. Schroeder, Elaine W. Shoben, *Employment Law*, West, 2005, p. 331.

④ Ibid.

⑤ Ibid. , p. 23.

⑥ Deborah J. Lockton, *Employment law*, 5th Edition, Palgrave Macmillan, 2006, pp. 23—25.

包括"控制标准"（control test）、"组织标准"（organization test）以及多重标准。在早期，法院主要运用"控制标准"判断雇员的身份。该标准的基础是，雇主是否不仅可以控制工作的结果，还可以控制工作的过程。如果雇主对工作的方式和内容施加了大量的控制，则可以认定劳动关系的存在。单一的"控制标准"有时无法反映劳动关系的本质，因此，法院发明了所谓的"组织标准"，考虑产业的现实。法官认为，在劳动关系中，雇员作为企业的一部分而受雇，而且雇员的工作是企业不可或缺的一部分，但在劳务合同（contract for services）中，尽管工作仍然是为了企业而做，但并没有融入企业之中，仅仅只是附属于企业。[①] 由于单一判断标准的局限性，英国在判例中逐渐产生了"多重标准"的判断规则。法院在 1968 年的判例中确立了该标准。因此，法院在判例中形成了"控制标准"、"组织标准"、"风险标准"，与美国一样，法院仍然需要综合考虑以上因素判断雇员身份的存在。

在英国，随着各类非典型用工（atypical workers）形式的出现，从 20 世纪 90 年代开始，英国引入了"工人"的概念，试图使以往无法获得劳动法保护的许多非典型用工的工人获得劳动法的某些保护，成文法也对雇员（employee）、工人（worker）、自雇人（self-employed）进行了法律上的界定，但这些界定仍然相当宽泛需要判例加以解释。

按照《劳动权利法案（1996）》的规定，雇员指"已经签订或根据劳动合同（a contract of employment）而工作的个人"，劳动合同指"服务或学徒合同"（a contract of service or apprenticeship）。[②] 由于劳动合同是普通法上的概念，如何判断雇员的身份必须依据上述的标准进行个案的判断，成文法并没有给出具体的判断标准。根据普通法的原则通常"雇员"身份必须满足以下三个条件：第一，合同当事人之间存在"相互义务"（mutuality of obligation）；第二，存在雇主和雇员的关系；第三，合同中不存在任何与雇主和雇员关系不相符合的条款。"相互义务"通常指雇主提供未来工作的允诺以及雇员接受工作的允诺。[③]

自雇人指经营自己的业务而承担获利或亏损风险的人，该人不符合雇员或工人的概念，但其可能是其他人的雇主。

---

① Deborah J. Lockton, *Employment law*, 5th Edition, Palgrave Macmillan, 2006, pp. 25—26.
② Employment Rights Act 1996, s. 230（1）（2）.
③ A. C. L. Davies, *Perspectives on Labor Law*, Cambridge University Press, 2004, p. 84.

　　"工人"（worker）的概念是一个居中的概念，介于"雇员"和"自雇人"之间，也是英国法上非常独特的概念。依照成文法，"工人"指已经订立或依照以下合同而工作的个人：劳动合同（a contract of employment）；或者个人为另一方当事人亲自从事或履行任何工作或服务（work or services），而另一方当事人的地位依据该合同不是由该个人从事的任何职业或业务工作的客户或顾客的其他明示或默示的、（如明示）口头或书面合同。① 因此，工人的概念包含雇员的概念，但比雇员的概念宽。因此，有关保护工人的法律同样适用于雇员。英国法引入此概念的目的在于使许多非典型用工的工人可以获得劳动法的保护。按照工人的定义，某一自然人主张"工人"的身份必须满足以下三个条件：第一，合同当事人之间存在相互义务；第二，该自然人有义务亲自履行工作；第三，该自然人不是在经营某一业务。② 因此，工人的概念除了包括那些存在劳动关系的雇员，还包括那些不存在劳动关系，而又不属于自雇人的个人，这些个人处于既不雇佣他人又不受他人雇佣的状态。

　　区分雇员、工人和自雇人的意义，在于三者受法律保护的方式与程度不同。自雇人基本上不属于劳动法的范畴，不受劳动法的保护，自雇人仅受反歧视法的保护。"工人"受到反歧视法的保护并享有雇员的某些权利，包括全国最低工资、工作时间规则、在惩戒（disciplinary）或申诉（grievance）听证程序中由他人陪同、不因从事非全日制工作而遭受歧视等权利。由于成文法引入工人的概念是为了保护那些不具雇员身份，同时又不属于自雇人的群体，因此，1999 年《劳动权利法案（ERA 1999）》授予政府一项权力，即政府有权力将雇员享有的任何权利扩展到工人，③ 但迄今为止，政府并没有使用该条款。

　　从以上雇员的定义和认定标准的考察中可以发现，各国在认定雇员的标准上基本一致，都依据劳动关系的本质属性认定雇员的身份。成文法通常对雇员只有宽泛的描述，具体的认定标准则主要通过法院的判例加以确立。整体上，雇员的范围呈现一种扩张的趋势，同时为了因应非典型用工增加的现实，对于传统雇员之外的某些工人也逐渐赋予雇员的某些权利。

---

① Employment Rights Act 1996, s. 230（3）.
② A. C. L. Davies, *Perspectives on Labor Law*, Cambridge University Press, 2004, p. 87.
③ Employment Rights Act 1999, s. 23.

二　劳动合同当事人之基本权利义务

劳动关系作为一种以劳务给付为主要内容的合同，既有私法合同的属性，又渗透了诸多公法的因素。与普通的民事合同一样，当事人之间的基本权利义务乃劳动合同的核心问题。由于劳动关系不仅存在经济因素，还存在人身因素，既有私法因素，又有公法色彩，因此，劳动合同当事人之权利义务关系颇为复杂。"劳动契约内容绝非单纯只有劳工的劳务给付义务与雇主报酬给付义务两项相对的主要义务；劳雇之间根据人格属性的特质，还有一系列附随义务。"① 研究劳动合同当事人权利义务之意义在于法律不可能明定当事人所有的具体权利义务，合同当事人也难以在合同中对双方的权利义务作出非常明确的约定，因此，从劳动关系和劳动合同的性质出发，探究双方的基本权利义务，不仅可以指导立法，亦可以补充当事人之间约定之不足，使劳动合同得以顺利履行，并为当事人寻求法律救济提供理论支持。

关于劳动合同当事人之权利义务，目前国内的学者主要从我国《劳动法》及《劳动合同法》的规定出发，对其进行概括，从劳动合同本身性质出发进行的研究还稍显不足。以下从比较法的角度，结合劳动合同的性质，探讨劳动合同当事人之间的基本权利义务关系，并主要从合同履行的角度，探讨雇主和雇员的基本义务。

（一）我国现行法的规定及学理解释

我国《劳动法》第 3 条规定了劳动者的权利和义务。劳动者享有的权利包括：平等就业和选择职业的权利、取得劳动报酬的权利、休息休假的权利、取得劳动安全卫生保护的权利、接受职业技能培训的权利、享受社会保险和福利的权利、提请劳动争议处理的权利以及法律规定的其他劳动权利。劳动者的义务包括：完成劳动任务、提高职业技能、执行劳动安全卫生规程、遵守劳动纪律和职业道德。根据权利义务的关系，从劳动者的权利规定可以推断出雇主的义务包括平等对待雇员、支付劳动报酬、提供休息休假、提供劳动安全卫生保护、提供职业技能培训、提供社会保险和福利等。《劳动合同法》并没有对劳动合同当事人的基本权利义务作出规定，在"劳动

---

① 我国台湾地区劳动法学会编：《"劳动基准法"释义——施行二十年之回顾与展望》，新学林出版股份有限公司 2005 年版，第 92 页。

合同的履行和变更"中，规定"用人单位与劳动者应当按照劳动合同的约定，全面履行各自的义务"；并规定了用人单位应当支付劳动报酬、加班工资以及不得违章指挥、强令冒险作业的义务。① 这些规定基本上反映了劳动合同的性质和要求，但仍不够全面，特别是有关劳动者的劳动给付义务，仅仅规定了"完成工作任务"，至于完成过程中的义务，除了执行劳动安全卫生规程的规定外，尚缺乏全面的规定。

关于雇主和雇员的基本权利义务，目前我国学者主要依据现行法的规定加以概括。例如，认为劳动者的权利包括：工作平等权、劳动安全权、劳动报酬权、休息权、职业培训权、社会保险和福利权、提请劳动争议处理权、法律规定的其他劳动权利；劳动者的义务包括积极完成劳动任务、不断提高劳动技能、认真执行劳动安全卫生规程、严格遵守劳动纪律和职业道德、法律规定的其他义务。② 还有学者认为，劳动者权利的内容包括劳动权、劳动报酬权、休息权、劳动保护权、职业培训权、社会保险和福利权、提请劳动争议处理权。其中劳动权，指劳动者以获取劳动报酬为目的依法享有的平等就业和选择职业的权利，范围涉及职业获得权、自由择业权和平等就业权；劳动保护权指劳动者享有的保护其劳动过程中生命安全和身体健康的权利。劳动者的基本义务则包括：劳动义务，提高职业技能义务，遵守内部规章和纪律义务和遵守职业道德义务。③ 这种对用人单位和劳动者义务的概括，也主要依据《劳动法》的规定。

还有学者区分基于劳动合同所生之权利义务和劳动合同之附随义务，认为用人单位劳动合同上之权利义务即劳动报酬给付义务，用人单位劳动合同履行之指挥与管理权，用人单位之惩戒权；劳动者基于劳动合同所生之权利义务包括：劳动者的工资请求权、劳动者的工作义务、劳动者接受指挥和管理之义务。劳动合同当事人之附随义务包括劳动者附随义务和用人单位附随义务。劳动者附随义务包括不作为之附随义务即保守商业秘密之义务、竞业禁止或限制之义务、兼差限制义务、不得损害用人单位名誉之义务、不得干扰同事和妨碍工作制度之义务；积极的义务包括报告之义务、遵守职业安全卫生法律法规之义务、工作障碍或设备障碍报告及通知义务、勤勉之义务。用人单位之附随义务包括：（1）用人单位之保护义务即劳动者生命安全、

---

① 《劳动合同法》第29—32条。
② 郭捷主编：《劳动法与社会保障法》，法律出版社2008年版，第72—83页。
③ 黎建飞：《劳动与社会保障法教程》，中国人民大学出版社2007年版，第133—150页。

身体健康之保护义务、公法上之劳动保护义务、劳动者人格权保护之义务（主要为性骚扰）、妥善保存劳动者个人资料和档案义务、劳动者财产保护之义务；（2）用人单位促进劳动者发展之义务即保障劳动者上岗工作之义务、提高劳动者技能之义务；（3）平等对待之义务；（4）后合同义务。[1]该论述不可谓不详尽和周全，但仍有一些问题需要进一步深入论述，例如，区分基于劳动合同所生之权利义务和附随义务的标准，二者义务的违反将产生何种不同之法律责任，等等。当然，对于该论述中的一些内容，仍可再行斟酌，特别是其中对各种不同义务之列举似乎在层次上还需明晰，例如，惩戒权应属于用人单位"指挥与管理权"之一种，似不必单独列出；不得干扰同事和妨碍工作制度之义务，也属于用人单位"指挥与管理权"的内容之一，似不必作为附随义务之一种。再如，不得损害用人单位名誉应属一般之义务，并非专属于劳动者的义务。用人单位之公法上的劳动保护义务应属于基本义务，不应属于附随义务，否则会减损用人单位在卫生安全方面的义务。平等对待应是劳动者的一项基本权利，不宜作为一项附随义务。总之，区分基于劳动合同所产生的权利义务和附随之义务的标准难以确定，二者区分的实益并不明显。关于劳动者和用人单位之间的权利义务关系，不宜简单套用合同法上之主义务、从义务和附随义务的概念，而应充分考虑劳动合同的特殊性。

（二）雇主和雇员义务的比较法考察

1. 德国法上雇主和雇员的义务

作为大陆法系国家的典型代表，德国在民法典当中规定了雇佣合同，因此，有关雇主和雇员义务的理论颇受合同法理论的影响，尤其是合同主义务和附随义务理论的影响。在德国，雇员义务主要包括：（1）劳动的义务即提供劳动给付的义务。（2）从属义务。从属义务可以从劳动合同引申出来，也有涉及特别法或集体合同规范的。从属义务分为作为义务和不作为义务，内容主要包括两类，一类是体谅义务（忠实义务），该义务是关于体谅另一方合法利益的义务，它可能是一种积极作为或者一种不作为的义务，其法律基础是劳动合同，来源于民法典上之诚实信用原则。另一类义务称为特别从属义务，包括作为义务和不作为的义务。作为义务包括通知和报告的义务、减少损失的义务，不作为的义务包括保密的义务、言论自由的限制、禁止受

---

[1] 郑尚元：《劳动合同法的制度与理念》，中国政法大学出版社 2008 年版，第 136—153 页。

贿以及竞业禁止的义务。因此，概括而言，德国法上雇员的义务包括，劳动的义务以及忠实义务，通知和报告、减少损失、保密、言论自由的限制、禁止受贿、竞业禁止等从属义务。①

雇主义务主要包括支付工资的义务、附属义务、费用补偿和使用的义务。附属义务包括体谅义务（照顾义务）和特别的附属义务，体谅义务是雇员忠实义务的对立面，涉及的是雇主相应的体谅义务，与雇员的忠实义务内容一样。特别的附随义务包括保护的义务，即保护雇员生命和健康的义务、维护雇员人格的义务、保护雇员携带财产的义务以及保护义务之外的其他义务。费用补偿即为他人利益而工作可以要求费用补偿。使用的义务指雇员在存在劳动合同的情况下原则上享有使用请求权，即雇主不仅有义务支付工资，还有义务实际使用雇员。概括而言，雇主的义务包括支付工资，保护雇员生命和健康、维护雇员人格、保护雇员携带财产等保护和照顾义务，费用补偿，使用雇员四项主要义务。②

德国法上雇主和雇员的义务，主要来源于民法典中的雇佣契约及其民法典的其他规定。雇主的附随义务中的保护义务，则主要来源于特别法，例如《工商条例》、《商法典》、《残疾人法》、《母亲保护法》、《青少年劳动保护法》、《企业委员会法》、《雇员保护法》等。这与德国将劳动合同作为私法上的合同密切相关。③ 将劳动合同作为私法上的合同，根据合同的一般原则和民法的基本原则而产生的义务，自然也成为劳动合同当事人的义务。整体而言，德国法上雇主和雇员义务主要来源于民法典的规定以及特别法的规定，深受合同法理论的影响。

2. 英国法上雇主和雇员之义务

英国作为普通法的典型代表国家，其合同理论和大陆法系国家的合同理论显有不同。关于合同的义务一般区分为明示和默示的义务。在劳动合同中，法院认为某些条款非常重要，每一劳动合同均应包括这些条款，如果当事人在合同中没有约定这些条款，法院有权力将这些条款加入劳动合同之中，这些条款称为默示义务④。除了默示条款，当事人之间可以就彼此希望的条款进行谈判并将其纳入合同之中，但当事人之间的条款仍受到严格限

① ［德］W. 杜茨：《劳动法》，张国文译，法律出版社 2005 年版，第 58—65 页。
② 同上书，第 65—75 页。
③ 同上书，第 16 页。
④ Deborah J. Lockton, *Employment Law*, 5th Edtion, Palgrave Macmillan, 2006, p. 56.

制，主要是成文法的限制。由于默示条款不因当事人未约定而不存在，这些条款反映了劳动合同之性质以及当事人之基本权利义务。这些条款主要体现在合同的履行之中，并对当事人权利的行使构成某种限制，反映了劳动合同的独特性质。基于对合同性质的认识，在英国，雇主和雇员的基本义务主要体现为默示义务，这些默示义务主要来源于普通法的原则，又深受成文法的影响，内容丰富，颇具借鉴意义。

第一，雇主的义务

（1）提供工作的义务。在英国，先前的判例并不认为雇主有义务为雇员提供工作，但法院在判例中逐渐认识到，从事工作和薪水同样重要，因此，在某些例外情形下，雇主有义务为雇员提供工作。在随后的案件当中，法院注意到社会条件逐渐发生变化了，工作和薪水同等重要，因此，雇主有义务为雇员提供工作。① 但雇主为雇员提供义务尚未成为一项普遍的原则，主要是个案处理，但法院适用此原则的案件范围呈扩大趋势。

（2）支付工资的义务。在英国，支付工资是雇主的一项基本义务。如果当事人没有在合同中约定工资的数额，法律认为雇主有义务支付合理的工资（reasonable remuneration），法院也会评估雇员服务的价值以决定雇员的工资。②

（3）费用补偿义务（duty to indemnify）。在普通法上，对于雇主是否有义务为雇员在履行合同中所发生的费用进行补偿，还存在法律上的争论。如果双方在合同中明确约定费用的补偿，雇主自然有义务补偿费用；如果没有约定，例如，卡车司机因超载而受处罚，该费用由哪方承担，则存有疑问。有观点认为，雇主有默示义务为雇员进行费用补偿，但如果雇员可以选择以合法或违法的方式履行工作职责，而雇员却选择了违法的方式而产生了费用，例如罚款，此时雇主没有补偿费用的义务。③ 英国法上对此问题还没有非常明确而统一的做法。

（4）"推荐"（reference）的义务。尽管除非合同明确约定，雇主并没有为雇员提供推荐的义务，但在实践中，大部分雇主会为雇员提供推荐信。但雇主如果提供了推荐信，对推荐信的内容则负有义务。上议院的大部分成员认为，推荐信的推荐者就推荐信的内容负有合理注意（reasonable care）

---

① William Hill Organization Ltd. v. Tucker（1998）IRLR 313.

② Deborah J. Lockton, *Employment Law*, 5th Edtion, Palgrave Macmillan, 2006, p. 60.

③ Ibid., p. 72.

的义务。①

（5）相互尊重/信赖（mutual respect/trust）和信任（confidence）的义务。在英国法上，法律要求雇主以尊重的方式对待雇员。相互尊重的义务适用于雇主和雇员双方，这一义务尤其体现在不正当解雇中。在该类案件中，雇员通常主张雇主对待雇员的行为破坏了双方当事人保持关系所必需的信赖和信任（trust and confidence），因此主张存在"推定解雇"（constructive dismissal）而要求雇主承担责任。20 世纪 70 年代法院首先确立了雇主相互尊重的义务，之后，法院在判例中认为相互尊重义务是合同的默示条款。② 诸如，雇主告诉某一经验丰富的雇员的下属该雇员不能胜任工作，③ 雇主在没有任何证据的情况下认为雇员不适合提拔，④ 都被法院认为违反了相互尊重的义务。在新近的案例当中，法院认为雇主违反该义务属于根本性违约，并且构成"推定解雇"，⑤ 雇员可以提起要求雇主赔偿的诉求。

（6）确保雇员安全的义务。在英国，对于雇员的安全主要通过两种途径保护。一种途径是通过普通法上的疏忽理论进行保护，普通法要求雇主以"合理注意"（reasonable care）保护雇员。该义务被视为是一项合同的默示条款，对该义务的违反构成了对合同的根本违反。雇主违反该义务时，雇员可以辞职并且主张推定解雇。⑥ 除了普通法的默示条款，成文法还为雇员提供了保护。成文法主要是 1974 年《工作卫生和安全法》。普通法和成文法并行不悖，但二者的宗旨不同。普通法的主旨在于当雇员受到伤害时为其提供赔偿，而成文法的主旨在于防止伤害的发生，并且只规定了刑事责任而没有民事责任的规定，普通法和成文法相互补充。因此，雇员经常同时提起违反合同和违反成文法之诉。

第二，雇员的义务

（1）合作的义务（duty of cooperation）。在英国，法律要求雇员应善意服务于雇主并以忠诚的方式行事。在判例中，法官认为，所有合同均存在一个默示条款即雇员应该善意的服务于其雇主并促进雇主的商业利益。⑦ 在判

---

① Caparo Industries v. Dickman（1990）1 ALL ER 568.

② Woods v. W. M. Car Services（1982）IRLR 413.

③ Courtaulds Northern Textiles Ltd v. Andrew（1979）IRLR 84.

④ Post Office v. Roberts（1980）IRLR 515.

⑤ Morrow v. Safeway Stores（2002）IRLR 9.

⑥ British Aircraft Corporation v. Austin（1978）IRLR 332.

⑦ Secretary of State for Employment v. ASLEF（No. 2）（1972）2 QB 455.

例中，法院也认为公司的经理人员有义务为了促进雇主的利益实施其自由裁量权，如果雇员表示其不再善意行事，雇员将不会维护雇主的利益，此时雇主可以解雇雇员。①

（2）遵守合理合法指示的义务（duty to obey reasonable lawful orders）。遵守雇主的指示是雇员最基本的义务。以雇主要求的方式提供服务是雇员的合同对价，这一点犹如支付工资是雇主的对价一样。由于遵守指示属于雇员最基本的义务，因此，如果雇员拒绝遵守某一合法指示，依据普通法，雇主有权未经通知而解雇雇员。拒绝遵守指示表明雇员实质上已明确了不再受合同条款拘束，因此，构成了根本违约。② 但雇员并没有遵守所有指示的义务，雇员只有遵守那些合理合法指示的义务，而且，雇员有义务遵守的是"指示"（orders）而不是"请求"（requests）。在判断雇主的指示是否合理时，应看该指示是否属于雇员的合同义务。如果劳动合同对工作的义务（job duties）做了描述，则拒绝遵守这些工作义务构成合同的违反。即使合同没有明确约定，雇主仍有权要求雇员遵守与其工作主要义务（main job duties）相关的指示。在解释何为"合理指示"时，法院采取一种灵活的方式，并不拘泥于合同条款。超出合同之外的指示也可能被认定为合理的指示；相应的，如果某一指示属于合同规定的权力，法院也可能认为该指示并不合理，雇员拒绝遵守该类指示并不违反合同。除了雇主的指示必须是合理的之外，雇主的指示还必须是合法的。③

（3）运用合理注意和技能之义务（duty to exercise reasonable care and skill）。除了有义务遵守雇主的合理合法指示之外，雇员有义务在履行工作时运用合理注意和技能之义务。该义务主要有三个层次：首先，法律要求雇主以合理的注意对待雇主的财产，如果雇员的疏忽行为非常严重，雇主可以解雇雇员。其次，雇员有默示的义务以可以被接受的标准履行工作，否则构成合同义务的违反，雇主可以解除合同。再次，当雇员履行工作时疏忽大意并造成对第三人的伤害，尽管此时雇主仍要承担替代责任，但此时雇员构成了对"运用合理注意和技能"义务的违反。

（4）不接受行贿或秘密佣金的义务。雇员只应接受来自于雇主的报酬，并且负有默示义务不得接受来自于其他来源的报酬。这一义务来源于雇员负

---

① Ticehurst v. British Telecommunication plc（1992）IRLR 219.

② Deborah J. Lockton, *Employment Law*, 5th Edtion, Palgrave Macmillan, 2006, p. 103.

③ Ibid., pp. 104—105.

有善意服务于雇主的义务，由于从事雇主安排的工作而收到其他来源的收入，则与该项义务相违背。①

（5）不得泄露秘密信息的义务。法律认为，如果雇员泄露了其在工作过程中获得的秘密信息，将会损害雇主的利益，因此，雇员不泄露信息的义务不仅存在于双方关系存在期间，也存在于双方关系终止之后。

（6）竞业限制之义务。通常，雇主并不能限制雇员在空余时间从事的事情，在不影响雇主的情形之下，雇员可以从事第二份工作。但该规则存在两个例外。第一，雇员在空余时间为其雇主的竞争者工作。雇员在空余时间为雇主的竞争者工作属于违反合同的行为；同样的，雇员不得在空余时间自己开业与雇主进行竞争。第二，雇员在空余时间获得另一份工作。雇员因为从事第二份工作非常疲倦以致不能从事其主要工作，则可能构成对默示条款的违反，即违反了运用合理技能和注意从事工作的义务。②

3. 我国台湾地区雇员和雇主的义务

根据我国台湾地区法律和学理解释，雇员和雇主的义务如下：

雇员的义务。雇员的义务包括工作和忠诚的义务：（1）工作的义务。指受雇人有依约遵照指示提供劳务之义务。在劳动中，劳动者有遵从雇主指示的义务。（2）忠诚义务。忠诚义务包括不得违法兼差；守密义务；计算与返还义务，即受雇人在工作范围内所获得之一切，均应尽计算之能力返还于雇主；服从义务，即受雇人有义务服从雇主为职场安全所制定之规范。③

雇主的义务。雇主的义务包括报酬给付义务——工资义务、保护照顾义务、提供经济地位向上机会之义务、对受雇人智慧财产权之保护义务。其中保护照顾义务与受雇人忠诚义务相对，包括：（1）平等原则；（2）对雇员人格之保护；（3）对雇员财产的保护。④

（三）雇主和雇员基本义务确立的因素及其内容

1. 确立雇主和雇员基本义务考虑的因素

雇主和雇员之义务的确定需要考虑诸多因素。从已经掌握的各国和地区

---

① Deborah J. Lockton, *Employment Law*, 5th Edtion, Palgrave Macmillan, 2006, p. 106.

② Ibid. , p. 112.

③ 黄越钦：《劳动法新论》，中国政法大学出版社 2003 年版，第 173—176 页。

④ 同上书，第 176—182 页。

的规定和学说看，雇主和雇员义务的基本内容大体一致，只是义务的表述、义务之间的结构体系、义务的重点稍有不同。从根本上看，法律上对雇主和雇员义务的确定，需要考虑合同本身的内容、劳动关系本身之特殊性、劳动法的目的以及劳动权作为人权之一种的发展趋势，等等。

第一，合同的内容和目的。劳动合同的内容和目的在于雇员提供雇主所希望的劳动以获取工资报酬。因此，毫无疑问，雇主有提供工作和支付报酬的义务，雇员有提供雇主所期待的劳务的义务。由于雇员提供的仅仅是劳务，雇主的财产往往处于雇员的控制之中，且雇主承担风险，因此，雇员必须尽到勤勉义务，并且不得牺牲雇主利益追求个人劳动报酬之外的其他利益。雇员在工作中应以雇主期待的方式计算雇主利益，维护雇主的利益。

第二，雇主和雇员之间是一种具有人身关系且双方关系极为紧密的特殊合同关系。雇员通常必须在雇主提供的场所进行工作，雇员休息之外的大部分时间均在雇主场所度过，且雇员要接受雇主的指挥和管理，因此双方的相互尊重和信任至关重要。雇主和雇员均有合作和相互信任之义务。特别是劳动合同不同于一般民事合同，双方关系的持续时间非常长，双方的合同可能是终身合同，由于劳动合同属于持续性合同，双方不可能对合同的所有事项进行全面而详细的约定，而工作的内容却可能随着技术进步、雇主业务的变更随时发生变化，双方的合作和信任更显重要，因此，有必要确立双方相互尊重和信任的义务。

第三，在劳动关系中，雇员和雇主之间存在从属性，双方地位并不平衡。由于雇员仅仅提供劳务，雇主通常制定规章制度并向雇员发布指示，因此，雇员必须遵守雇主的指示。但由于雇主具有强势地位，雇主不得滥用此种权力，雇主制定的规章制度和发布的指示必须合法合理。同时由于雇主和雇员存在从属关系，雇员负有在雇主提供的场所履行劳动的义务，而雇主必须尽到照顾和保护雇员的义务，承担合同上的安全保护义务以及法律上的安全保护义务，诸如法律规定的在安全卫生、社会福利、职业培训、休息休假等方面的义务。

第四，成文法对雇员的特殊保护。由于雇员处于弱势地位，随着社会弱势群体保护理念的不断加强以及人权观念的不断深入，劳动者获得了越来越多的法律保护。为了充分地保护雇员的权益，明晰雇员受保护的方面、方法和程序，许多国家和地区通过制定法的方式建构雇员保护体制与机制，特别是在安全卫生、社会福利、职业培训、休息休假等方面加强了对雇员的保护。

2. 雇主和雇员的基本权利义务

综合以上因素，借鉴各国和地区的立法例和学说，根据劳动合同本身的给付内容和目的，雇主的主要义务包括：（1）提供工作；（2）支付工资；（3）费用补偿；（4）相互尊重；（5）安全卫生保障之义务。相互尊重之义务作为一弹性概念，可以有效调整雇主和雇员在日常工作中各种涉及人身因素之关系，保障雇员的人格尊严等利益，但内容不仅仅限于保护雇员的人格。

由于工作是劳动合同的给付内容，因此，工作本身毫无疑问是雇员的一项义务，法律所要关注的重点乃是雇员在工作过程中的义务，总结各国的立法和学说，雇员的主要义务可以概括为忠实义务和勤勉义务。忠实义务指雇员应当以善意的方式履行工作职责，维护雇主的利益，不牺牲雇主的利益谋求个人利益，具体包括：合作的义务、不接受行贿或秘密佣金、不泄露秘密信息、竞业限制等义务。勤勉义务主要指雇员应该以适当的方式履行工作，具体包括：遵守雇主合理合法指示和规章制度的义务、运用合理注意和技能的义务。运用合理注意和技能的义务是一弹性概念，可以包容大陆法系规定的雇员诸多义务，比如，通知和报告、减少损失等雇员在具体情形下所应采取的合理措施，该义务包容性大，比简单列举具体内容更具科学性。

三 劳动合同解除及经济补偿的制度分析

劳动合同的解除是劳动法的一个非常重要的问题，从《劳动法》和《劳动合同法》中有关合同解除的条文数量即可看出合同解除制度在劳动法中的地位。尽管我国《劳动合同法》对劳动合同的解除做了较为详尽的规定，但有关合同解除的理念和制度仍有待完善。以下主要从比较的角度分析主要国家劳动合同解除的条件以及与之相关的经济补偿和赔偿制度，以进一步完善我国相关之制度。

（一）英国的解雇法

1. 普通法上的非法解雇（wrongful dismissal）及合同终止

普通法并不要求雇主在解雇雇员时需要正当理由（fair reason）。[①] 普通法对雇员在合同解除程序中的保护主要是预告制度，即雇主在解雇雇员时必

---

① Deborah J. Lockton, *Employment Law*, 5th Edtion, Palgrave Macmillan, 2006, p. 252.

须提前通知，否则构成非法解雇①。雇主解雇雇员时必须给予预告期是一项原则，但法律也承认在某些情形下如果雇员的行为使得雇主可以即时解除合同，此时雇主即时解除合同并不违反合同，此种情形，称为"即时解雇"（summary dismissal）。在普通法上，关于解雇并没有特别的程序要求，只要雇主给予解雇的预告，雇员并无其他权利。对于非法解雇，雇员可以获得赔偿（damages）。

2. 成文法上的不正当解雇（unfair dismissal）

根据 1996 年《劳动权利法案》，只有连续工作满一年以上的雇员才受到不公正解雇成文法的保护。② 根据成文法，在不正当解雇纠纷中，雇主有义务证明其因法定的正当理由解雇雇员。依据《劳动权利法案》，以下属于法定的解雇的正当事由：③ 第一，能力和资格（capacity and qualifications）。能力标准指雇员没有能力（inability）从事工作，即由于任何原因不能达到可接受的标准或者由于疾病或事故使雇员无法从事以前的工作。资格，指与工作相关的任何学位、学历或其他技术或专业资格。只有合同要求雇员必须拥有此类资格，而雇员不拥有或未能拥有此类资格时，雇主才可以解雇。第二，行为（conduct）。根据判例，雇佣中的行为包括严重的旷工和迟到，不忠诚，拒绝遵守雇主合法且合理的指示，不诚实，暴力或其他斗殴以及其他不当行为。第三，裁员（redundancy）。雇主也可以"裁员"作为解雇的正当事由，但如果雇主的裁员程序不合法，也可能构成不正当解雇。第四，法律的限制。例如，某一雇员的唯一或主要职责是开车，如果不再具有开车的法定资格，雇主可以正当的解雇他。第五，其他实质性的原因。

雇员必须在被解雇后的三个月内提起不正当解雇的诉求。对不正当解雇的救济，主要依据成文法的规定而不是合同的约定。由于成文法认为雇员对其工作享有财产权利，因此，劳动法庭对不正当解雇的首要救济是"复职"（reinstatement），重新给予雇员其原有的工作；法庭在决定是否发布复职指令时，通常需要考虑雇员的意愿、雇主执行该指令是否可行、发布该指令是否公正。④ 其次是"重新雇佣"（re-engagement），给予雇员其他替代的工作；法庭可以发布指令要求雇主提供类似的工作。如果前述两种救济方式不

---

① Deborah J. Lockton, *Employment Law*, 5th Edtion, Palgrave Macmillan, 2006, p. 251.

② ERA 1996, ss. 95 (1), 230 (1), ERA 1996, s. 108 (1).

③ ERA s. 98 (1) (2).

④ ERA 1996, s. 116 (1).

可行，则给予雇员经济上的赔偿（financial compensation），根据其年龄和工作年限在一定程度上补偿其实际损失。① 如果雇主满足裁员的条件，则雇主解雇雇员的行为属于正当行为，但雇主负有支付遣散费的义务。

（二）德国的解雇法

劳动合同的终止（termination），在德国是一个非常复杂的问题，有关劳动关系终止的规范体现在《民法典》及 1969 年《不公正解雇保护法》（*Protection Against Unfair Dismissal Act*）。

民法典规定了劳动关系的通知终止期间。② 劳动关系终止的基本预告期为 4 周。雇主解雇雇员的预告期和雇员的工作时间有关，雇员的工作时间越长，预告期越长。劳动关系存续 20 年的，预告期为 7 个月。但雇主可以和临时雇员约定短于法定预告期的期间。如果雇主的雇员不超过 20 人，雇主可以和雇员约定短于法定预告期的期间，但不得少于 4 周。③ 预告通知必须为书面，否则不发生效力。④ 当然，法律允许雇主和雇员在劳动合同中约定长于法定预告期的期间。⑤《民法典》同时也规定了即时的通知终止，即合同当事人任何一方可以由于重大原因而通知终止雇佣关系，无须遵守通知终止期间。⑥

有关劳动合同解雇的主要规定体现在 1969 年的《解雇保护法》，该法主要规制不正当解雇。根据解雇保护的成文法，雇主解雇只能基于法定的合法理由。这些理由主要包括三种类型：雇员自身的原因、雇员的行为以及雇主明显的经营上的原因使得无法继续雇用雇员。雇主解雇雇员如果不具备上述理由，解雇将具有"社会不当性"（social unjustified），从而是无效的。⑦因此，合法的解雇包括与人身相关的解雇（Person-Related Dismissals）、与行为有关的解雇（Conduct-Related Dismissals）以及与经营原因有关的解雇（Dismissal for Operational Reasons）。

---

① Deborah J. Lockton, *Employment Law*, 5th Edtion, Palgrave Macmillan, 2006, p. 260.

② 《德国民法典》第 622 条，参见《德国民法典》，陈卫佐译注，法律出版社 2006 年版。

③ 同上。

④ 同上。

⑤ Stefen Lingemann, Robert von Steinau – Steinruck and Anja Mengel, *Employment and Labor Law in Germany*, Verlag C. H. Beck, 2003, p. 26.

⑥ 《德国民法典》第 626 条，参见《德国民法典》，陈卫佐译注，法律出版社 2006 年版。

⑦ Protection Against Unfair Dismissal Act, s. 1.

如果雇员对雇主解雇的决定不服，雇员必须在接到雇主解雇通知的三周内向地方劳动法院提起诉讼，劳动法院决定解雇是否有效。如果法院不接受雇主的解雇决定，法院通常不是判决赔偿金而是判决劳动关系继续存在，雇员可以继续领取工资。但如果法院认为继续维持劳动关系是不合理的，劳动法院可以要求雇主支付离职补偿金（severance pay）而终止劳动关系。如果雇员要求离职补偿金代替复职（reinstatement），离职补偿的金额标准为雇员每工作一年，支付半个月的工资，但最长不超过 12 年。在决定离职补偿的期限时，法院通常会支持年龄越大、资历越深的雇员获得更多的补偿。如果雇主要求用离职补偿金代替复职，雇主必须证明雇员的复职并不符合公司的商业利益。

（三）　美国的解雇法

"雇佣自由"（employment at will）原则一直是劳动法奉行的基本原则，根据该原则，除非合同中约定了固定期限，雇主可以以任何理由或无须理由解雇雇员。该原则自 1877 年确立以来，到 19 世纪末期一直是美国劳动法不可动摇的核心原则。该原则在 20 世纪上半世纪几乎未受到任何挑战，但有两项因素对该原则造成了一定的限制。一是 1935 年《国家劳动关系法案》赋予雇员组织、参加工会和集体谈判的权利，使得许多集体谈判协议要求雇主除非具有"正当事由"（just cause）不得解雇雇员；二是州和地方政府的雇员受到法律的特别保护，不受任意解雇（discharged arbitrarily）。[1] 因此，自由雇佣作为一项基本原则，开始受到一些例外规则的限制。

20 世纪 60 年代美国出台了一系列民权法案，雇主不得基于法律禁止的歧视性事由解雇雇员。除此之外，一系列州法院的判决也确立了雇佣自由原则的例外，限制雇主自由解雇的权利。判例确立的雇佣自由原则的例外大致包含三种类型：第一，雇主违反明示或默示的承诺。如果雇主有明示或默示的承诺，雇主不得违反承诺而随意解雇雇员。第二，违反公共政策。雇主不得基于雇员的以下行为解雇雇员：（1）拒绝从事违法行为；（2）行使某项法定的权利；（3）举报非法活动；（4）履行某项公共义务。第三，违反默示的诚信（good faith）和公正交易（fair dealing）义务。雇主解雇雇员时不得违背默示的诚信义务和公正交易义务。几乎每个州至少采纳以上的一项例外，限制雇主的解雇自由。在公共部门，联邦最高法院的判例还为其雇员提

---

① 　Deborah J. Lockton, *Employment Law*, 5th Edtion, Palgrave Macmillan, 2006, pp. 746—747.

供保护，认为雇员对其工作拥有财产利益，因此，非经正当程序该利益不受剥夺。① 此外，法院还运用侵权法理论，如果雇主的解雇行为是"故意施加精神痛苦"（infliction of emotional distress)，雇员可以以此作为解雇诉讼的诉因。自 20 世纪 60 年代以来，美国的一些州确立了该理论。②

尽管从 20 世纪 30 年代以来，雇佣自由原则受到限制，但雇佣自由作为一项基本原则并没有被撼动，有关的例外适用仍然一分严格，雇佣自由仍是美国劳动法的一项核心原则。这是美国劳动法与许多国家特别是欧洲国家显著不同之处。

（四） 从国外制度看我国劳动合同解除制度的完善

从英国、德国和美国的理论和制度看，传统的民法或合同法理论在劳动合同解除领域继续发挥作用，合同法关于合同解除及其救济的理论和制度仍然适用于劳动合同的解除，这主要是由于这些国家劳动合同来源于传统的雇佣合同，传统的合同法理论仍有适用的余地。但成文法日益注重调整劳动关系，加强对劳动者的保护，英国和德国通过专门的解雇法或解雇保护法明确了解雇的一般规则和救济方式，其基本思路是雇主的解雇必须具备正当事由，正当事由也基本相同，主要包括雇员自身的身体或能力原因、雇员的行为以及雇主经营上的原因；除此之外，雇主的解雇行为将属于不当解雇或非法解雇，雇主要承担法律责任，包括复职和经济赔偿；同时，经济赔偿有较为明确的计算方法和最高限额。关于遣散费或经济补偿，在英国，雇主在符合法定裁员条件而裁员时必须支付"遣散费"，除此之外，不管在德国还是英国，尽管解雇雇员正当事由的要求较高，特别是德国雇主解雇雇员的条件非常严格，但如果雇主的解雇行为被法院认定具备正当事由，则雇主无须承担经济补偿义务。即使在劳动保护非常发达的德国，由于雇主的经营原因导致裁员的，如果雇主的裁员行为具有社会正当性，雇主也无须支付遣散费或所谓的"经济补偿"。美国由于崇尚自由经济理念，不要求雇主解雇雇员时具备正当事由，雇主在解雇雇员时也无须承担"经济补偿"责任。因此，整体上看，遣散费或经济补偿主要适用于因雇主经营原因裁员的情形，如果

---

① Mark A. Rothstein, Charles B. Craver, Elinor P. Schroeder, Elaine W. Shoben, *Employment Law*, Third edtion, West, 2005, p. 747.

② See, Mark P. Gergen, A *Grudging Defense of the Role of the Collateral Torts in Wrongful Termination Litigation*, 74 Tex. L. Rev. 1693 (1996).

解雇是由于雇员的原因造成，雇主通常无须支付遣散费或经济补偿。

从我国《劳动合同法》第 39、40、41 条关于解雇条件的规定看，我国《劳动合同法》要求雇主解雇必须具有正当事由，这些事由与英国、德国的规定大致相同，也可概括为三种主要类型：雇员自身的身体或能力、雇员的行为以及雇主自身经营的需要。但我国有关经济补偿和赔偿金特别是经济补偿极具特色，关于经济补偿的适用范围和金额需要根据劳动法本身原理以及充分借鉴国外立法例加以完善。

四　反就业歧视法发展趋势及我国立法选择

反就业歧视越来越成为劳动法的重要内容，特别是欧盟和美国均建立了完善的反就业歧视法。由于英国是欧盟国家的重要代表，以下主要考察美国和英国反就业歧视法的发展，分析反就业歧视法的发展趋势和我国就业歧视法的完善。

（一）美国就业歧视构成要件理论

1. 就业歧视的主要禁止事由和就业歧视的类型

在美国，为了解决就业歧视问题，国会制定了一系列成文法，其中最重要者包括 1964 年《民权法案》第 7 章（Title Ⅶ of the Civil Rights Act of 1964），南北战争重建系列法案尤其是《美国法典》42 卷第 1981 条（42 U.S.C.S. §1981），1967 年《雇佣年龄歧视法案》，1973 年《康复法》以及 1990 年《美国残疾人法》。1964 年《民权法案》第 7 章是美国第一部全面禁止雇佣歧视的联邦法律。该法禁止雇主基于种族、肤色、宗教、性别或国籍实施歧视。① 整体而言，联邦法律禁止基于种族、性别、宗教、国籍、年龄和残疾实施歧视。许多州法将禁止歧视的事由扩大到婚姻状况、政治背景以及性取向。② 规定禁止歧视的事由只是反就业歧视的第一步，就业歧视的判断标准即歧视成立的构成要件是法院处理就业歧视案件、使反就业歧视法得以实施的关键内容。在成文法和判例发展的基础上，美国形成了就业歧视类型和构成要件理论。

---

① Section 701 (b), Title Ⅶ of the Civil Rights Act of 1964.

② Michael J. Zimmer, Charles A. Sullivan, Rebecca Hanner White, *Cases and Materials on Employment Discrimination*, Sixth Edition, 2003, p. 31.

根据成文法和法院判例，美国存在两种基本就业歧视类型，即"差别对待"歧视（"disparate treatment" discrimination）及"差别影响"歧视（"disparate impact" discrimination）。"差别对待歧视"，指由于种族、肤色、宗教、性别、国籍或者年龄，雇主没有像对待其他求职者或雇员一样对待作为原告的求职者或者雇员。① 因此，差别对待歧视指雇主基于法律禁止的事由，对求职者或雇员实行差别对待。1964年《民权法案》第7章明确禁止差别对待歧视。② "差别影响歧视"，指雇主的雇用措施，虽然表面上完全中立（facially neutral），但实质上会对某些受保护群体的成员产生不利影响和效果。联邦法院在1971年格里格斯诉杜克电力公司（Griggs v. Duke Power Co.）③ 一案中首次引入了差别影响歧视理论，1991年《民权法案》将差别影响歧视引入成文法。④ "差别对待"歧视和"差别影响"歧视在雇主的主观意图、原告的举证责任和被告的抗辩事由上有较大差异。

2. 美国就业歧视构成要件理论

1964年《民权法案》第7章规定，雇主基于个人的种族、肤色、宗教、性别、国籍"对任何个人实施歧视"的行为都是非法的。《雇佣年龄歧视法》也规定雇主基于年龄"对任何个人实施歧视"的行为均属非法。《民权法案》和《雇佣年龄歧视法》都在条文中使用了"歧视"（discriminate）的表述，但何为"歧视"，法律并没有给出具体而明确的定义，这一任务交由法院来完成。根据法院判例，差别对待歧视的成立要求雇主具有歧视的意图（intent），原告在主张雇主行为构成歧视时，需证明雇主具有歧视的意图或动机（motive）。差别对待歧视亦因此称为"故意歧视"（intentional discrimination）。因此，从构成要件看，差别对待歧视，指雇主基于法律禁止的事由，对求职者或雇员实行差别对待，并且具有歧视的意图或动机。在"差别对待"诉讼中，事实的核心问题是雇主的动机（motivation）。⑤ 可见，差别对待歧视的成立不仅要求雇主具有差别对待的客观行为，还需具有歧视故

---

① Furnco Constr. Corp. v. Waters, 438 U. S. 567, 577, 98 S. Ct 2943, 2949, 57 L. Ed. 2d 957 (1978).

② Section 701 (b), Title Ⅶ of the Civil Rights Act of 1964.

③ U. S. 424, 91 S. Ct. 849, 28 L. Ed. 2d 158 (1971).

④ Section 703 (k), Title Ⅶ of the Civil Rights Act of 1964.

⑤ Mark A. Rothstein, Charles B. Craver, Elinor P. Schroeder, Elaine W. Shoben, *Employment Law*, West, 2005, p. 123. 在差别对待歧视上，美国并不严格区分故意（intention）、意图（intent）或动机（motive）。

意的主观状态。

围绕如何证明雇主的歧视故意以及歧视的对象范围和方式，根据判例，差别对待歧视可归纳为"个体差别对待歧视"（individual disparate treatment discrimination）和"系统差别对待歧视"（systemic disparate treatment discrimination）两种。大致而言，前者指针对个人实施的歧视，后者指针对某一群体实施的歧视。因此，后者也被称为"故意的群体排斥"（intentional exclusion of groups）。诸如在招聘广告中声称"招聘男工"、"招聘女工"、"招聘年轻的主管"、"爱尔兰人不得申请"等，除非有合法的抗辩事由均属典型的系统差别对待歧视。① 个体差别对待歧视和系统差别对待歧视均要求雇主具有歧视故意，但二者在如何证明雇主歧视故意的举证方式上有所不同。

差别影响歧视构成要件与差别对待歧视不同，在差别影响歧视诉讼中，动机在所不问，原告在诉讼中无须证明被告具有歧视的主观故意。由于在美国，在联邦法院的就业歧视诉讼中，个人提起的差别对待歧视诉讼占绝大多数，超过90%的案件为个人歧视案件。② 而且，差别影响诉讼的案件相比故意歧视的案件要少得多，差别影响诉讼的案件并不多见。③ 因此，以下分析在美国就业歧视最典型的部分——个人差别对待歧视中，法院如何认定雇主的主观状态以及原告如何证明被告的歧视意图，以进一步明确就业歧视的构成要件理论。

根据最高法院的判例，原告主张被告行为构成差别对待歧视时，原告负有证明被告具有歧视动机的最终责任。④ 根据原告提供的证据是否可以直接表明被告具有歧视的故意，个体差别对待歧视案件可分为"直接证据"（direct evidence）案件、"间接证据"（indirect evidence）或"推论证据"（inferential proof）案件以及"混合动机"（mixed motives）案件。这种分类的标准主要是被告歧视动机的证明方式或歧视动机在行为动机中的比重。

---

① Mark A. Rothstein, Charles B. Craver, Elinor P. Schroeder, Elaine W. Shoben, *Employment Law*, West, 2005, pp. 189—190.

② J. Piette & Douglas G. Sauer, "Legal and Statistical Approaches to Analyzing Allegations of Employment Discrimination", 3 *J Legal Econ* 1, 2—3 (1993).

③ Timothy D. Loudon, "The Civil Rights Act of 1991: What Does it Mean and What is Its Likely Impact?", 71 *NEB L Rev* 304, 314 (1992).

④ Reeves v. Sanderson Plumbing Prods., 530 U. S. 133, 120 S. Ct . 2097, 147 L . Ed. 2d 105 (2000).

（1）直接证据

原告可以通过直接证据证明雇主具有歧视的故意。直接证据指表明雇佣决定作出者心理偏见的证据，即表明决定作出者歧视意图（discriminatory animus），且该意图直接作用于雇佣决定的言论、评论或行为。① 换言之，直接证据是那些无须推论或假设就足以证明歧视故意的证据。因此，直接证据必须明确，而不能模糊。判例实践中，可作为歧视故意直接证据的评论，尤其当有其他补充证据存在时，典型者包括：在性别歧视案件中，称某雇员为"讨厌女人"；② 在宗教歧视案件中，告诉女性雇员"需要一名好的基督教徒男友，教她如何变得顺从"；③ 在年龄歧视案件中，声称年龄是雇员保住工作的一项条件；④ 在种族歧视案件中，称一名鼓动种族不满的雇员为"黑人激进分子"。⑤

（2）间接证据

在证明被告具有歧视故意时，如果原告无法举出直接证据，原告可以提供间接证据。所谓"间接证据"案件，指原告表明在雇主的行为无法解释时，从雇主的行为可以推断出该行为更可能建立在歧视性的不法标准之上。⑥ 间接证据案件的经典判例是麦克道尔·道格拉斯公司诉格林（Mcdonnell Douglas Corp. v. Green）⑦。该案中，最高法院确立了法院审理间接证据歧视案件的三个步骤。第一步，原告必须证明被告基于禁止的事由对其实施了差别待遇。第二步，如果原告的举证成立，举证责任转向被告，被告必须表明其作出的不利原告的决定是为了合法的商业目的。如果成立，该合法目的可以推翻从原告证据中推论得出的不法动机。第三步，允许原告举证，证明被告陈述的理由只是掩盖歧视动机的"托词"（pretext）。法院认为，差别对待诉求的实质在于雇主基于种族、肤色、宗教、性别或国籍原因"使某些雇员相比其他雇员受到了不利的待遇"。⑧ 因此，法院认为法律并不要

① Mark A. Rothstein, Charles B. Craver, Elinor P. Schroeder, Elaine W. Shoben, *Employment Law*, West, 2005, pp. 130—131.

② Hill v. Lockheed Martin Logistics Mgmt. Inc, 354 F. 3d 277（4th Cir. 2004）.

③ Campos v. Blue Springs, 289 F. 3d 546（8th Cir. 2002）.

④ Febres v. Challenger Carribean Corp., 214 F. 3d 57（1st Cir. 2000）.

⑤ Ross v. Douglas County, Neb., 234 F. 3d 391（8th Cir. 2000）.

⑥ Furnco Constr. Corp. v. Waters, 438 U. S. 567, 98 S. Ct. 2943, 57 L. Ed, 957（1978）.

⑦ U. S. 792, 93 S. Ct. 1817, 36 L. Ed. 2d 668（1973）.

⑧ International Bhd. of Teamsters v. Unite States, 431 U. S. 324, 57 S. Ct. 1843, 52 L. Ed. 2d 396（1977）.

求雇主必须平等对待雇员，① 只要求差别对待不能建立在歧视的动机之上。因此，"核心的问题是雇主的主要动机"。原告负有最终的举证责任，证明被告的动机是非法的。② 从法院的立场看，雇主推翻原告的表面证据并不困难，但原告要证明被告具有非法的动机并不容易。

（3）混合动机

混合动机案件，是指被告作出的不利于原告的决定是不法歧视和合法因素共同作用的结果。这类案件出现在原告举证证明了被告的不当动机，而被告证明存在另外的合法因素，二者促成雇主作出决定的情形。由于合法和不法因素同时存在于雇主决策的过程，因此，此类案件称为"混合动机"案件。

最高法院在判例中解决了混合动机案件的举证责任问题。在普华诉霍普金斯（Price Waterhouse v. Hopkins）（1989）案件中，法院认为，当原告证明非法因素是雇主决定的部分动机时，如果被告能够证明，即使没有非法的动机因素，被告也会作出同样的决定，雇主则可以免责。③ 在该案中，原告证明被告拒绝原告成为合伙人具有性别成见。除了被告的不法成见，法院发现原告不能升职与其和同事相处不佳有关。由于被告证明，即使没有性别偏见，其也会作出同样的决定。因此，最高法院最终采纳了被告的抗辩理由，原告在该案中败诉。

关于此案，国会不满最高法院的判决。一份立法报告反映了国会的担忧：普华（Price Waterhouse）一案的判决，使得法律禁止的雇佣歧视可以逃避《民权法案》的制裁。该判决使 1964 年《民权法案》禁止基于种族、肤色、宗教、性别和国籍的歧视的有效性大大减小。④ 于是国会通过 1991 年《民权法案》，解决了混合动机案件中被告的责任和受害人救济范围的问题。《民权法案》第 703 条规定，只要原告证明种族、肤色、宗教、性别或国籍是雇主雇佣行为的动机因素，即使有其他因素促成该行为，被告就要承担责任。⑤ 如果被告证明在没有不当的动机因素时，被告也会作出同样决

---

① 874 F. 2d 1534（11th Cir. 1989）.

② Mark A. Rothstein, Charles B. Craver, Elinor P. Schroeder, Elaine W. Shoben, *Employment Law*, West, 2005, p. 144.

③ U. S. 228, 109 S. Ct. 1775, 104 L. Ed. 2d 268（1989）.

④ Michael J. Zimmer, Charles A. Sullivan, Rebecca Hanner White, *Cases and Materials on Employment Discrimination*, Sixth Edition, 2003, pp. 185—186.

⑤ Section 703（m）, Title Ⅶ of the Civil Rights Act of 1964.

定，则被告的责任可以减轻。① 1991 年《民权法案》的通过，表明了国会对雇主歧视故意的重视程度，只要雇主有主观故意，即使不是主观故意导致了被告的歧视行为，被告也要承担责任。

总之，由于法院的立场，许多学者也一致认为：有意识的种族或性别敌意（animus）是进行《民权法案》第 7 章权利诉求的必要条件。② 这就是美国就业歧视构成要件的基本特征。

（二）英国就业歧视构成要件理论

在英国，原则上法律禁止基于性别、种族、残疾、宗教和信仰实施歧视。性别歧视的范围很广，包括对孕妇、已婚者以及同居协议者（civil partner）、变性、性取向的歧视。从 2006 年 10 月开始，禁止歧视的事由也包括年龄。相比美国就业歧视行为类型和构成要件理论，英国就业歧视的类型相对简单。根据成文法的规定和相关理论，就业歧视主要包括直接歧视（direct discrimination）和间接歧视（indirect discrimination）。与美国存在一部综合性的反就业歧视法——1964 年《民权法案》不同，英国根据不同的禁止事由分别立法。以下以英国反歧视法中最为典型的性别歧视和种族歧视为例，说明英国就业歧视的类型和构成要件理论。有关宗教歧视和年龄歧视的规定与性别歧视和种族歧视的规定非常相似。

1. 直接歧视

直接歧视指雇员由于性别或者种族的原因受到不利的待遇（treated less favorably）。《性别歧视法》和《种族歧视法》规定了直接歧视的定义。③ 直接歧视的判断标准是原告相比另一性别或者种族的人遭受了不利待遇。例如，在种族歧视案件中，如果原告主张直接歧视存在，必须证明原告遭受了相比另一种族的人不利的待遇，而这种不利待遇的原因在于原告的种族④。至于歧视背后的动机，法院在所不问。性别歧视的判断标准亦同。在国防部诉耶利米（Ministry of Defence v. Jeremiah）（1980）案件中，雇主要求男性雇员在一家生产军需品的商店工作，这是一项肮脏的工作，工作结束之后需

---

①　Section 706（g），Title Ⅶ of the Civil Rights Act of 1964.

②　Melissa Hart，"Subjective Decision and Unconscious Discrimination"，*Alabama Law Review*，Spring 2005，p. 743.

③　Sex Discrimination Act Sec 1（1）（a），2A（1），3（1）（a），Race Relations Act Sec 1（1）（a）.

④　Sidhu v. Aerospace Composite Technology Ltd，2000，IRLR 602.

要淋浴。雇主以工作后需要淋浴会损害女性的发型为由，没有要求女性雇员从事这项工作。同时，雇主向男性雇员从事这项令人讨厌的工作支付了额外的报酬。男性雇员仍提起诉讼，认为雇主的行为构成性别歧视。上诉法院支持了雇员的主张，认为歧视者并不能用金钱购买歧视的权利，雇主的行为构成直接歧视。① 因此，雇主无恶意的动机并不能阻止歧视的成立。

在著名的詹姆斯诉伊斯特利市（James v. Eastleigh Borough Council）（1990）案件中，作为被告的该市推出一项优惠活动，凡是享受养老金者均可以免费进入其游泳池，其他人则需要交 35 便士。詹姆斯（James）夫妇都是 61 岁，但詹姆斯（James）太太可以免费进入游泳池，因为根据规定，女性从 60 岁起可以领取养老金，而詹姆斯（James）先生则不能免费进入，因为男性只有 65 岁以后才可以领取养老金。在该案当中，作为被告的市议会并没有歧视的动机，但上议院认为认定直接歧视的标准是客观的，法院运用的是"要不是"（but for）的方法。法院的推理是："要不是"被告是男性，他是否会受到不利的待遇？答案是否定的，因此，可以认定直接歧视的存在。②

该案确立了判断歧视是否存在的客观认定标准——"要不是"的方法。"要不是"的方法是法院审理案件的一个重要标准，是判断是否是由于原告的性别或者种族导致了其受到不利待遇的重要标准。在科恩诉内政部（Coyne v. Home Office）（2000）案件中，科恩（Conye）抱怨受到许多职员的性骚扰。原告的主管却告诉经理，科恩（Conye）有错，应将其调离其工作。原告的投诉在两年内并没有得到处理，最后她反而被解雇了。原告认为雇主对其投诉置之不理构成了性别歧视。上诉法院认为：如果原告的主张成立，原告必须证明"如果不是"因为她是女性，性骚扰会被调查处理，但该案无法证明被告会对受到性骚扰的男性的投诉给予更有利的待遇。原告受到的损害是由于被告没有对其投诉进行调查，但证据无法表明被告的这种行为是由于原告的性别造成的。③ 可见英国法院在歧视认定上对因果关系的重视。

2. 间接歧视

英国法律中的另一种歧视是间接歧视。以性别歧视为例，间接歧视指雇主施加了一项表面上是性别中立（gender-neutral）的规定，但使某一性别的

---

① 　Ministry of Defence v. Jeremiah, 1980, QB 87.

② 　James v. Eastleigh Borough Council, 1990, 2AC 751.

③ 　Coyne v. Home Office, 2000, ICR, 1443.

人处于一种不利的状态（at a disadvantage），而且雇主的行为在客观上没有正当理由。概言之，间接歧视关注的是雇主表面上非歧视性的做法造成"差别影响"（disparate impact）的问题。①

关于间接歧视，《性别歧视法》和《种族歧视法》都有规定。② 近年来，有关间接歧视的法律规定发生了重大变化。以性别歧视为例，依据最新的法律规定，间接歧视的成立必须符合以下条件：第一，雇主对不同性别的雇员平等的适用某项"规定、标准或做法"（provision，criterion or practice）；第二，该"规定、标准或做法"的实施，使女性雇员相比男性雇员处于特定的不利状态（at a particular disadvantage）；第三，该"规定、标准或做法"使原告本人处于不利的状态。第四，被告无法表明该"规定、标准或做法"是实现某一合法目的（legitimate aim）的适当方式（proportionate means）。在间接歧视场合，男性和女性适用同样的标准，男性受到歧视也受到法律保护。③

以上分析表明，在直接歧视中，相比美国主观主义模式，英国采取了一种客观主义的立法，在判断雇主行为是否构成歧视时，法院的立场非常明确：法院不考虑雇主的动机，只考虑行为结果和因果关系，即雇员是不是由于性别、种族、宗教、年龄等因素遭受"不利待遇"。而且，成文法直接规定"歧视"的定义，只要雇主基于法律禁止的事由，使雇员相比其他群体成员受到"不利待遇"，即构成歧视。以性别直接歧视为例，法律是这样定义性别歧视的："一个人基于女性的性别，相比他对待或将对待男性使该女性受到了不利的待遇。"④ 法律条文非常清晰的表明判断歧视的标准——相比雇主给予男性的待遇这一客观的对比项，女性受到了不利的待遇。间接歧视的判断标准也是客观的。反歧视法的条文和判例丝毫没有涉及雇主的主观状态，法院在判例中甚至明确地表明歧视的成立与否与雇主的动机无关，这与美国法院的立场正形成鲜明的对比。概言之，英国法院在判断雇主行为是否

---

① Robert Upex, Richard Benny and Stephen Hardy, *Labor Law*, Oxford University Press, 2006, p. 161.

② Sex Discrimination Act Sec 1 (2) (b), Race Relations Act Sec 1 (1A).

③ Sex Discrimination Act Sec 1 (2) (b).

④ Sex Discrimination Act 1975, Sec 1 (2). "a person discriminates against a woman if – (a) on the ground of her sex he treats her less favorably than he treats or would treat a man or (b) he applies to her a provision, criterion or practice which he applies or would apply equally to a man but – (i) which puts or would put women at a particular disadvantage when compared with men, (ii) which puts her at that disadvantage, and (iii) which he cannot show to be a proportionate means of achieving a legitimate aim. "

构成歧视时，只看行为结果和因果关系，雇主是否具有歧视的故意或动机在所不问。这是英国反就业歧视法的典型特征，体现了英国在反就业歧视法上采取一种客观主义的方法。

和英国相比，美国法中，原告必须证明被告歧视故意的判例和理论，不仅不符合很多歧视案件中雇主的主观状态，使一些缺乏主观意图的歧视行为的受害人无法获得法律救济；同时，也增加了受害人的负担，使很多受害人因为难以证明被告的歧视故意而无法获得救济。而且，由于对主观故意的固守，使得在许多场合法院对雇主歧视故意的认定过于牵强。法院也承认，证明歧视动机是关键，但在一些场合仅仅从差别对待的事实也可以推论出歧视的故意。① 有些场合法院甚至不得不违背因果关系的一般原理。因此，笔者认为，在就业歧视行为的认定上，要求雇主具有歧视的故意具有明显的缺陷，这种歧视构成要件实践和理论主要源于美国特殊的社会政治背景，不具有典型意义，并不属于先进的立法例。总之，法院的立场不仅不符合现实的真实情形，也违反《民权法案》第 7 章的立法本意。在歧视案件中，"法院要求雇员证明雇主的'不诚实'（dishonesty）以及随后要求不法歧视必须具有歧视故意从来都不是《民权法案》第 7 章所要求的，应该摒弃这一要求"。在个人或者群体诉讼中，雇主的决策过程越来越主观，其所带来的挑战表明区分有意识的歧视和无意识的歧视并没有现实可能性。② 笔者对此完全赞同。

（三）反就业歧视法的发展趋势

在评析美英两国就业歧视构成要件及其利弊以及分析未来我国如何规制就业歧视行为时，探讨反就业歧视法的发展趋势十分必要。只有明确反就业歧视法的发展趋势，才能就"就业歧视是什么"这一基本而重要的问题给出更好的答案。

1. 价值取向：矫正正义与分配正义

从立法价值看，美英两国反歧视法在歧视构成主观要件上的差异，体现了两国法律对"正义"的不同追求。尽管两国的反就业歧视法都体现了对"矫正正义"和"分配正义"的追求，但美国反歧视法具有更强烈的矫正正义色彩，英国反歧视法则具有更强烈的分配正义色彩。"矫正正义"关注的

---

① Teamsters v. United States，431 U. S. 324（1977）.

② Melissa Hart，"Subjective Decision and Unconscious Discrimination"，*Alabama Law Review*，Spring 2005，p. 791.

焦点是如何为"不当行为"（wrongful acts）提供救济，不当行为者通常具有"可谴责性"（blameworthy）。"分配正义"关注的不仅仅是对不法行为的救济，还试图保证工作和其他社会商品分配的公正和平等。① 如果反歧视法追求矫正正义，其核心功能是对歧视的受害者提供救济，而且歧视行为者通常具有可谴责性。故意的造成种族伤害是这种歧视的例证，因为这种种族排斥行为具有"不当"（wrongful）的特征。②

由于大部分根据美国 1964 年《民权法案》第 7 章提起的诉讼，涉及差别对待歧视诉求（雇主存在歧视故意），而不是差别影响歧视诉求（雇主并不必然存在歧视故意），因此，矫正正义是《民权法案》第 7 章的主要价值。③ 英国反歧视法更强调行为的结果而不是导致损害结果的行为的"不当"或可谴责性，法律的功能更侧重于分配正义，而不是矫正正义。而且，在行政机构的功能中，英国有关的行政执行机构拥有更多的权力，包括调查、发布通知、制定行为守则等制定规则的权力，其积极推动平等就业权实现的功能更为明显。美国的相关机构（平等就业机会委员会，EEOC）的主要作用是帮助受害人提起诉讼，并没有充分的制定规则或规章的权力，其积极推动平等就业权实现的功能并不明显。这一点也体现了美英两国反歧视法在追求"矫正正义"和"分配正义"目标上的差异。

2. 立法目标的变迁：从反歧视到保护平等

从美国和欧盟尤其是欧盟反就业歧视法的发展趋势看，在价值取向上，反就业歧视法在追求"矫正正义"的同时，越来越注重"分配正义"的价值，在实体内容上，反就业歧视法正逐渐从反歧视向保护平等权的方向发展。

在欧盟，传统上的法律保护侧重于"反对歧视"（against discrimination），为了实现该目标，禁止雇主基于某些个人的特征实施差别对待。对"不歧视"（not discriminating）的强调可以概括为一种消极义务。近来的法律发展试图通过积极义务来补充消极义务：法律要求相关行为者通过具体的措施来"防止歧视"（combat discrimination）。这种变化也体现在用语上——从"非歧视"（non-discrimination）到"平等"（equality）。欧盟的法律和政

---

① Julie Chi – hye Suk，"Antidiscrimination Law in the Administrative State"，*University of Illinois Law Review*，2006，p. 407，p. 412.

② Ibid.，pp. 412—413.

③ Ibid.，p. 423.

策也见证了这一趋势。① 除了立法内容的变化，从 20 世纪 70 年代欧盟制定性别平等法以来，欧盟关注的焦点越来越集中在法律的有效性，即"确保现实的充分平等"。在欧盟，法律和现实之间差距的一个典型表现是有关男女同酬的问题。尽管相关的立法和判例已经过去了大约 30 年，女性的平均工资仍然只有男性平均工资的 84%。② 因此，欧盟通过法律改革确保法律规定的平等权得以真正实现。欧盟不仅通过改革平等法使个人诉讼更为容易，例如举证责任的转移，等等。更为重要的是，除了方便个人诉讼，欧盟立法试图引入其他机制，例如，2000 年的《种族待遇指令》和 2002 年修改后的《平等待遇指令》要求成员国必须建立促进平等待遇的独立机构。③ 该类机构不仅应帮助个人提起诉讼，还必须具有从事研究和提出独立政策建议的职能。修改后的《平等待遇指令》还要求成员国鼓励雇主采取积极的措施促进平等。④ 欧盟一系列的改革似正朝着追求一种"主动的平等观念"（proactive equality concept）的方向发展。⑤ 这种"主动的平等观念"不仅强调对受害人的救济，更强调如何推进就业平等权的实现及其现实有效性。

事实上，即使在美国，反就业歧视法的功能也不再仅仅为遭受歧视的受害人提供救济，法律也越来越致力于推动就业平等权的实现。例如，1991 年《民权法案》引入差别影响歧视，更注重行为造成的歧视影响，而不是行为人的主观动机。1990 年《美国残疾人法》引入雇主合理调适（reasonable accommodation）义务。根据该法，雇主以和对待非残疾人相同的标准对待残疾人是不够的，在适当场合，雇主必须采取扶持性措施（affirmative steps），使残疾人可以从事他们的工作。⑥ 雇主不仅负有消极的不得歧视的义务，而且负有为残疾人创造合理条件方便残疾雇员从事工作的积极义务。

---

① Mark Bell, "Equality and the European Union Constitution", *Industrial Law Journal*, September 2004, p. 251.

② The European Economic and Social Committee and the Committee of the Regions: "Annual Report on Equal Opportunities for Women and Men in the European Union 2002", COM (2003) 98 at 19.

③ Article 13, Racial Equality Directive (Council Directive 2000/43); Article 8a, Revised Equal Treatment Directive (Council Directive 2002/73).

④ Article 2 (5), 8a (4), Revised Equal Treatment Directive.

⑤ Mark Bell, "Equality and the European Union Constitution", *Industrial Law Journal*, September 2004, p. 252.

⑥ Section 102 (b) (5), Americans with Disabilities Act of 1990.

　　3. 平等权保护与国家作用的强化

　　随着平等价值地位的日益凸显，各国除了在法律内容上不断扩大反歧视的范围、更加注重对平等权的积极促进外，也充分发挥行政机构在反就业歧视和推进平等权上的作用，国家在反就业歧视和保护平等权方面的作用越来越突出。这也是反就业歧视和平等保护法的一个新趋势。

　　美国和英国都设立了反就业歧视和促进平等权的行政机构，尽管两者的权力和作用有所不同。美国 1964 年《民权法案》设立了平等就业机会委员会（Equal Employment Opportunity Commission，EEOC）①。受"矫正正义"宗旨的影响，该机构的主要宗旨是为具有种族歧视动机、可责难的行为受害人提供救济，法案并不期待或允许该机构积极推进平等权的实现。因此，法律授权该机构通过调解处理雇主和雇员之间的个人争议；法律赋予 EEOC 的权力非常有限，没有赋予其发布禁止令的权力。② 1972 年，国会扩大了EEOC的权力，允许其向雇主提起"模式或惯例"群体歧视诉讼。③ 尽管该法使得 EEOC 向雇主提出指控和调查变得更为容易，但并没有赋予 EEOC 行政执行的权力。④ 而且，虽然 EEOC 可以发布解释《民权法案》第 7 章的指引，但该等指引并没有拘束力。⑤ 值得关注的是，1964 年《民权法案》之后的一些反就业歧视法律，开始赋予 EEOC 一定的制定规则的权力。1990年《美国残疾人》赋予 EEOC 发布规章执行该法有关雇佣规定的权力，⑥ 1967 年《雇佣年龄歧视法》也允许 EEOC 发布规则和规章执行相关规定，⑦ 尽管 EEOC 发布的规则或规章并不必然被法院所采纳。

　　与美国相比，英国行政机构的作用更为明显。在英国，行政机构有权力执行 1975 年《性别歧视法》、1976 年《种族关系法》和 1995 年《残疾歧视法》的规定。平等机会委员会（EOC）、种族平等委员会（CRE）和残疾权利委员会（DRC）都有权力对雇主开展正式的调查，并且可以发布"不歧视通知"（non-discrimination notices）。与美国 EEOC 不同，英国这些委员会

---

　　① Section 705, Title Ⅶ of the Civil Rights Act of 1964.

　　② Julie Chi – hye Suk，"Antidiscrimination Law in the Administrative State"，*University of Illinois Law Review*，2006，p. 438.

　　③ Equal Employment Opportunity Act of 1972，42 U. S. C. §2000（e）2，3（2000）.

　　④ H. R. Rep. No. 92—238（1972），reprinted in 1972 U. S. C. C. A. N. 2137，2145.

　　⑤ Julie Chi – hye Suk，"Antidiscrimination Law in the Administrative State"，*University of Illinois Law Review*，2006，p. 441.

　　⑥ Section 106，Americans with Disabilities Act of 1990.

　　⑦ Section 9，Age Discrimination in Employment Act of 1967.

可以根据调查结果在法庭审理之前发布具有法律约束力的"不歧视通知"。① 而且，这三个委员会都可以像 EEOC 那样，对雇主提起民事诉讼。② 除了起诉和发布强制通知权力外，成文法赋予平等机会委员会和种族平等委员会发布"行为守则"（codes of practice）的权力。③ 这些守则通常都包括消除歧视和促进平等的实用指南。在诉讼中，行为守则可作为证据采纳，法庭在作出决定时应考虑行为守则的规定。④ 因此，相比美国 EEOC 的规则或规章，英国行政机构发布的行为守则具有明确的效力。

可见，英国的行政机构在反对就业歧视、推进就业平等方面发挥了更大的作用。最近一个值得关注的变化是：由于三个委员会独立运作、过于分散招致了批评，英国政府决定成立一个统一的平等权促进机构——"平等和人权委员会"（Commission for Equality and Human Rights，CEHR）。CEHR 由 2006 年《平等法》（Equality Act 2006）所创设，继承已有三个委员会的所有工作，并享有已有三个机构的所有权力，⑤ 从 2007 年 10 月起运行。CEHR通过整合人才和资源，将负有更大义务推进平等权的实现，充分贯彻执行平等和人权保障的社会政策。⑥ 2006 年《平等法》明确了该委员会在促进平等和多样性上的职责。该委员会的职责不仅在于消除歧视，更主要的职责在于促进平等的实现，包括执行平等权保护的立法，提高人们的平等和尊重多样性的意识，鼓励有利于平等和多样性的良好行为，促进机会平等，给予残疾人弱势群体优惠待遇，等等。⑦

综上所述，不断扩大禁止歧视的事由，在实体法上从单纯的反歧视向积极促进平等的方向发展，行政机构在反就业歧视和促进平等上的作用更为积极和直接，法律更充分的体现"分配正义"的价值追求，这是英国和欧盟平等立法的发展趋势，也是反就业歧视和平等立法值得关注的动向。

---

① Sex Discrimination Act, 1975, Sec 57（1），67（2）；Race Relations Act, 1976, Sec 48（1）；Disability Rights Commission Act, 1999, Sec 3, 4.

② Sex Discrimination Act, 1975, Sec 71（1）；Race Relations Act, 1976, Sec 62（1）；Disability Rights Commission Act, 1999, Sec 6（2）.

③ See Sex Discrimination Act, 1975, Sec 56A（1）；Race Relations Act, 1976, Sec 47（1）.

④ Sex Discrimination Act, 1975, Sec 56A（10）；Race Relations Act, 1976, Sec 47（10）.

⑤ See the website of CEHR, http：//www. cehr. org. uk/content/purpose. rhtm（last visited on 4 - 13 - 2007）.

⑥ See the website of CEHR, http：//www. cehr. org. uk/content/overview. rhtm（last visited on 4 - 13 - 2007）.

⑦ See, Equality Act 2006, Section 8.

（四）就业歧视是什么——我国的立法选择

考察美英两国反就业歧视法的差异以及反歧视法的发展动向，可以发现：时至今日，平等越来越成为社会政策的重要内容，对平等权的保护已经远远超出了"主观主义"模式，超出了这种模式侧重对具有主观恶性的歧视行为的受害人提供救济的狭隘目标。例如，在欧盟，对平等的追求尤其是性别平等，已成为欧盟社会政策的核心以及最为发达的支柱（pillar），并且成为成员国变化的催化剂。[①] 我国的相关反歧视立法也应关注这些最新的立法趋势，可以借鉴欧盟和英国的模式，采取客观主义歧视构成要件理论，扩大反歧视的范围，更加关注平等权的实现。在摒弃美国主观主义歧视构成要件判例和理论的同时，可以合理吸收美国的有益经验，对就业歧视的类型和判断标准作出正确的规定。

从形式上看，美英就业歧视的类型理论差异不大，差别对待歧视相当于直接歧视，差别影响歧视相当于间接歧视。而且，判断雇主行为是否对某群体的个人或该群体造成歧视，通常都需要将该群体与其他群体相比较，考察该群体的个人或该群体是否受到了不利的待遇。[②] 两国歧视类型理论的主要差别在于雇主的主观状态，其中英国的分类方法简单明确，成文法对直接歧视和间接歧视进行直接而明确的定义，而且定义主要来源于欧盟成文法，具有大陆法系成文法的特点，[③] "直接歧视"和"间接歧视"的称谓也通俗、明了。因此，英国有关歧视类型的规定和理论更适合中国。建议未来我国制定反就业歧视法时借鉴英国的立法例，在立法中将歧视分为直接歧视和间接歧视两大类，并以判断标准的形式对其进行定义。

关于就业歧视的构成要件，鉴于上文分析的美国主观主义就业歧视构成

---

① Catherine Barnard, *EC Employment Law*, Third Edition, Oxford University Press, 2006, p. 297.

② Mark A. Rothstein, Charles B. Craver, Elinor P. Schroeder, Elaine W. Shoben, *Employment Law*, West, 2005, p. 143.

③ 英国反就业歧视法律的出台和不断发展，外在的推动力主要来自于欧共体和欧盟的立法。1976 年欧共体关于"实施男女平等待遇原则"的指令（Council Directive No. 76/207），要求各成员国在就业的各个方面实行男女平等的原则。成员国应在就业准入、职业培训和晋升、工作条件等方面贯彻男女平等原则。目前欧共体或欧盟专门涉及反歧视的指令主要包括：1975 年有关"适用男女同酬原则"的《75/117 指令》，1976 年有关"实施男女平等待遇原则"的《76/207 指令》（2002/73 指令修改了该指令），2000 年有关"实施种族和民族出身（racial or ethnic origin）平等待遇原则"的《2000/43 指令》，2000 年有关"建立就业和职业平等待遇一般框架"的《2000/78 指令》。欧共体或欧盟的指令极大地推动了英国反就业歧视法的发展。

要件理论和实践的缺陷以及反歧视法的发展趋势，我国应采用英国的做法，在认定歧视时，不必要求雇主具有主观故意，而应以行为结果和因果关系作为歧视的构成要件。只要雇员因为法律禁止的事由受到相比其他群体雇员不利的待遇，雇主就应该承担责任。雇主故意与否不影响就业歧视的成立。尽管歧视行为的成立不要求雇主具有歧视故意，但在歧视行为法律责任的设计上，可以考虑歧视行为者的主观状态。当雇主实施歧视行为具有故意时应加重其责任，增加对受害人的救济力度，赔偿金额可以包括精神损害赔偿或者惩罚性赔偿。当雇主缺乏故意时，以补偿受害人实际经济损失为主。

五　劳动争议处理的理念与模式

《劳动争议调解仲裁法》在广泛的争论中，于2007年12月29日由全国人大常委会通过，2008年5月1日开始实施。该法通过之前，学者对如何完善我国劳动争议处理程序展开热烈研讨，提出了种种劳动争议的处理模式。《劳动争议调解仲裁法》坚持劳动争议处理的基本模式——"先裁后审"，在仲裁环节对部分案件实行有条件的"一裁终局"。以下分析我国劳动争议处理应有的理念以及模式选择。

（一）建立特殊劳动争议处理制度的必要性

在许多国家和地区，劳动争议并不适用普通的民事争议处理程序，劳动争议并不由普通的法院直接审理，许多国家和地区都在法院之外建立专门的劳动争议处理机制。建立特殊的劳动争议处理制度的必要性何在？对这一问题的准确回答，是正确选择适合我国的劳动争议处理模式的理论前提。建立特殊劳动争议处理制度的必要性，主要源于劳动关系的特征、劳动纠纷的特点以及劳资双方地位的相对不平衡。

第一，通过法院之外的程序解决劳动纠纷，有利于减少雇主和雇员之间的对立，保持劳资双方的良好关系。众所周知，劳动关系不同于普通的民事关系，雇员通常必须在雇主提供的场所——工作场所提供服务，雇员必须接受雇主的指挥和监督，双方的关系极为密切，保持双方良好的合作关系至关重要。如果争议动辄诉诸法院，则会破坏双方的友好关系或加剧双方的对立。尤其在有关劳动工资、社会保险、就业歧视、劳动关系的不当解除等争议中，雇主和雇员的劳动关系可能继续维持，如果双方的关系不佳或者破裂，雇主和雇员之间的劳动关系就难以维持了，这对双方均不利。特别在集体纠纷案件中，如果争议的结果不是通过和解达成而由法院的判决产生，当其中一方不满法院的判决时，雇主和雇员的关系可能受到严重影响。由此，有必要建立诉讼之外的纠纷解决程序，使劳资双方通过气氛较为友好的方式解决彼此的纠纷。

第二，劳动关系中雇主和雇员的实力和地位并不平衡，通过特殊争议解决方式可以在一定程度上减少这种不平衡。许多劳动争议发生后，在争议未解决前，雇员可能无法正常工作，雇员会面临工资、社会保险和其他待遇等损失，雇主的损失在多数场合则相对较小。因此，一旦劳动争议发生，雇员的不利地位非常明显。例如，在诉讼中，雇员由于经验和实力的差异，在举证责任、诉讼费用等方面往往处于劣势地位。同时，由于劳动争议标的通常不大，雇员往往无法或不愿聘请律师，而雇主可以依靠自身强大的经济实力，聘请有经验的律师代理案件。此外，由于诉讼对雇主的影响通常并不大，雇主往往可以承受上诉等复杂的审理程序，甚至故意采用"马拉松"的诉讼策略使雇员不堪重负，而雇员由于面临经济损失的风险，往往不堪纠纷的久拖不决，希望尽早结束案件争议，早日获得稳定的工作关系。总之，劳动案件如果适用普通的诉讼程序，尽管争议双方均费时费力，但雇员在诉讼程序中的不利地位更为明显。因此，通过建立诸如免费的调解服务或简易的仲裁程序，可以加速案件纠纷的解决速度，降低雇员的经济损失，减轻雇员在诉讼程序中相对于雇主的不利地位。

第三，通过设立特殊法庭或者其他纠纷解决方式，可以减少法院受理案件的数量。由于劳动关系是一种相当广泛的社会关系，劳动者数量众多，劳动纠纷案件数量庞大，如果全部劳动纠纷直接进入法院，不仅对雇员不利，法院也不堪重负。以我国为例，根据劳动和社会保障部的统计，2006 年全年各级劳动争议仲裁委员会受理劳动争议案件 44.7 万件，比上年增长9.9%。[①] 在劳动争议诉讼中，2005 年，全国各级人民法院审结劳动争议案件 121516 件，诉讼标的金额 23.7 亿元。[②] 2006 年，全国各级人民法院审理审结劳动争议案件 179637 件，诉讼标的金额 31.89 亿元。[③] 可见，劳动争议案件的标的虽然不大，但劳动争议案件不仅数量多，而且案件数量增长速度快，如果所有劳动纠纷案件直接由法院审理，法院受理案件的数量将会大幅

---

① 劳动和社会保障部、国家统计局：《2006 年度劳动和社会保障事业发展统计公报》。
② 《最高人民法院工作报告》，2006 年 3 月在十届全国人大第四次会议上。
③ 《最高人民法院工作报告》，2007 年 3 月在十届全国人大第五次会议上。

增加。

　　第四，设立特殊的争议解决机制，可以增强裁判者、仲裁者或者调解人的专业性。在特殊的争议解决机制中，可以让具有劳资关系专业知识和经验的人士参与解决纠纷。由于劳动纠纷涉及劳动关系的各个环节，具有雇主经验的雇主代表和具有雇员经验的雇员代表参与纠纷解决，可以使争议处理机构更清楚的了解双方的分歧和诉求所在，使双方争议得到及时解决。反之，如果案件由普通的法院直接受理，法院往往会运用私法自治的民法原理或合同法原理对案件进行审判，可能会忽视劳动法的特殊原理及其对劳动者的特殊保护，由此达不到合理解决劳动纠纷的制度宗旨与要求。在普通法国家，由于普通法的原则和劳动成文法往往不同，普通法的判决往往不符合成文法的立法宗旨。在我国，由于法院的民事审判庭同时受理劳动案件和其他民事案件，法官容易运用民事审判的思维裁判劳动案件，这也容易造成审判效果的不理想。因此，建立特殊的劳动争议处理机制，可以增强劳动纠纷处理机构的专业性。

　　第五，建立特殊的争议解决机制，可以减少或者避免普通法院审理涉及敏感政治问题的案件，有利于维护法院的权威性和自主性。这一点在英国体现得很明显。[①] 在英国，劳动争议案件常常是一个敏感而复杂的问题。由于劳工政策经常被视为政府政策的一部分，法院在劳动争议案件中的立场，可能使法院陷入敏感的政治问题之中，并使法院作为中立裁判者的形象受损。诸如雇主解雇工人是否正当，工会组织要求提高工资是否合理，工人是否有理由举行罢工，雇主的工资制度是否合理，女性雇员的平均工资低于男性是否合理等问题，都可能涉及敏感的政治问题。法院并不乐意介入此类案件。

　　概言之，劳动争议处理制度体现了国家的公共政策目的，这种公共政策不仅仅有利于提高经济效益，例如，保持劳资双方的合作关系，减少诉讼成本和其他经济损失，帮助雇员尽快稳定工作关系，同时也有利于减少劳资双方关系的不均衡，使雇员在传统争议解决机制中的不利地位得到一定程度的矫正。基于此种政策目的，建立劳动争议解决机制的思路应是尽量通过非诉讼程序，使案件得以通过成本较低、速度较快的方式得到解决，避免劳动案件直接进入法院。这是建立特殊劳动争议解决方式的基本理念，也是我国选择合适的劳动争议解决模式应坚持的原则。

---

　　① Huge Collins, K. D. Ewing and Aileen McColgan, *Labor law: Text and Materials*, Hart Publishing, Oxford and Portland, Oregon, 2005, p. 24.

（二）劳动争议处理制度的比较考察

1. 英国的劳动争议处理制度

劳动法庭

在英国，处理劳动纠纷的司法系统包括劳动法庭（employment tribunal）以及普通法法院（common law courts）。劳动法庭主要审理涉及成文法创设的权利的纠纷；涉及合同和侵权的纠纷，则主要由法院审理。大部分的个人起诉雇主侵犯其法定权利或者违反法定标准的案件都属于劳动法庭的管辖范围。劳动法庭的结构是"三方（Tripartite）结构"。案件通常由三名裁判者审理：（1）主席，通常由出庭律师（barrister）或事务律师（solicitor）担任，主席由上议院大法官（Lord Chancellor）任命；以及（2）两名非专业成员（lay members），该两名成员从雇主组织和雇员组织推荐的两个专门小组的成员中选出。① 律师之外的两名成员参与法庭的目的是使法庭成员具有实践知识以及劳资关系的实际经验。和其他法庭一样，劳动法庭也希望用一种非正式、避免烦琐的程序快速解决纠纷，劳动法庭也尽力促成当事人的和解。当事人对不服劳动法庭判决中的"法律问题"可以上诉到劳动上诉法庭（Employment Appeal Tribunal）。和劳动法庭一样，劳动上诉法庭也采取三方的结构，即裁判人员由雇主代表和雇员代表的非法律专业人士以及高等法院或者上诉法院的法官组成。②

实践中法院在劳动法中仍然继续扮演重要角色。除了继续保留在集体劳工行动中发布禁令的权力外，法院还作为不服劳动上诉法庭裁决的最终上诉法院。当事人可以基于劳动法庭审理案件时的"法律错误"（error of law），将判决结果上诉到上诉法院，而后到英国的上议院。接受上诉的权力，使得法院有机会对赋予工人权利的成文法提供一种权威的解释，法院也可以对劳动法庭起到监督作用。③

2. 劳动调解

1975 年，英国政府设立了独立的劳动争议调解机构——"咨询、调解与仲裁服务局"（Advisory，Conciliation and Arbitration Services，ACAS）。④

---

① Employment Tribunals Act 1996, Sec 4.

② Deborah Lockton, *Employment Law* (Fourth Edition), Palgrave Macmillan, 2003, p. 12.

③ Huge Collins, K. D. Ewing and Aileen McColgan, *Labor law: Text and Materials*, Hart Publishing, Oxford and Portland, Oregon, 2005, pp. 31—32.

④ See, http://www.acas.org.uk.

ACAS 将建立自己的使命表示为："通过提供独立和中立的服务来防止和解决争议，建立和谐的劳资关系，以促进组织的运行和效率。"① ACAS 的内部领导机构为由国务大臣任命的 1 名主席和 9 名普通成员组成的"三方理事会"（tripartite council）。② 尽管 ACAS 每年必须向国务大臣提交其活动的年度报告，③ 但法律特别明示 ACAS 在履行其职责时独立于政府的指示。④ 可见，ACAS 具有准司法机构的特点。ACAS 不仅进行调解，还可以向争议的当事人就改善劳资关系提出意见，因为，按照法律规定，ACAS 负有推动劳资关系改善的法律义务。⑤

依据成文法的规定，调解程序适用于提交到劳动法庭的大部分类型的案件。当劳动争议提交劳动法庭后，劳动法庭将向 ACAS 转送当事人的诉讼文件的副本。⑥ 事实上，ACAS 在许多涉及个人劳资纠纷中，例如，不公正解雇、歧视、平等报酬、工资保护、违反合同、最低工资和工作时间的纠纷中具有强制的调解功能。ACAS 还为已经发生或者可能发生的"工会纠纷"提供调解服务。"工会纠纷"包括雇主和工人之间以及工人和工人之间涉及工会组织、集体协议或集体行动等的纠纷。⑦

《2002 年雇佣法案》（Employment Act 2002）引入了法定最低申诉程序（Minimum Statutory Grievance Procedure）。"申诉"（Grievance），指雇员针对雇主已经采取或者将要采取的行动要求双方协商解决分歧的救济方式。⑧ 法定最低申诉程序要求雇员向雇主提交书面申诉，雇主在合理的时间考虑之后必须邀请雇员开会。⑨ 如果雇员不满雇主的决定，雇员可以行使上诉的权利，要求召开第二次会议。⑩ 法定最低申诉程序在许多场合属于强制程序。在绝大多数的涉及个人劳动法定权利的争议中⑪，如果雇员没有向雇主提交

---

① ［英］琳达·狄更斯、［英］聂尔伦编：《英国劳资关系调整机构的变迁》，英中协会译，北京大学出版社 2007 年版，第 29 页。

② Trade Union and Labor Relations（Consolidation）Act 1992，Sec 248.

③ Trade Union and Labor Relations（Consolidation）Act 1992，Sec 253（1）.

④ Trade Union and Labor Relations（Consolidation）Act 1992，Sec 247（3）.

⑤ Trade Union and Labor Relations（Consolidation）Act 1992，Sec 209.

⑥ The Employment Tribunals（Constitution and Rules of Procedure）Regulations 2004（SI 2004/1861）Schedule 1，para 21.

⑦ Trade Union and Labor Relations（Consolidation）Act 1992，Sec 218.

⑧ The Employment Act 2002（Disputes Resolution）Regulations 2004（EADRR 2004），Reg 2.

⑨ Employment Act 2002，Schedule 2，paras 6，7.

⑩ Employment Act 2002，Schedule 2，paras 11，12，13（1）（2）.

⑪ Employment Act 2002，Schedule 4.

书面申诉，且给予雇主 28 天回复时间，雇员不能直接向劳动法庭起诉。①

（三） 德国的劳动争议处理制度

在德国，劳动法院（labor courts）是解决个人和集体劳动纠纷的主要机构。劳动法院依据 1953 年的《劳动法院法》而设立。根据有关劳动事项的法院程序法，联邦劳动法院（Federal Labor Court）是唯一拥有创制劳动法规则的权力的法院。因此，尽管德国属于大陆法系国家，但劳动法院的判决是劳动法的重要渊源。

在德国，目前共有从事一审的劳动法院 123 家，从事二审的劳动法院 19 家，二审劳动法院受理对事实和法律问题的上诉。联邦法院位于其他法院之上，只受理对法律问题的上诉。一审劳动法院中，由一名职业法官以及两名非专业的法官组成审判庭负责案件的裁决，两名非专业法官来自于雇主和雇员代表。二审劳动法院受理对一审劳动法院裁决的上诉，也由一名职业法官和两名来自于雇主和雇员代表的非专业法官组成审判庭。联邦劳动法院有 10 个审判庭，每个审判庭由 3 名职业法官和两名来自于雇主和雇员代表的非专业法官组成。② 从劳动法院法官的产生形式看，劳动法院具有强烈的行政色彩。但是，和职业法官一样，非专业法官并不代表所在的机构，而是独立参与案件的裁决。

劳动法院在解决劳动争议特别是个人劳动纠纷方面发挥了全面的作用，劳动法院对雇主和雇员之间的法律纠纷享有排他的管辖权，包括劳动合同关系是否存在，劳动合同解除后的法律义务以及和劳动关系相关的侵权问题。而且 1957 年修改后的《劳动法院法》改变了民事法院程序的一般规则，使劳动法院可以提供一种便利、及时和费用低廉的程序。劳动法院首先使用调解程序，由审判庭的主席主持，大约有三分之一的案件当事人达成和解。如果当事人无法达成和解，法院将进入审判程序。劳动法院也对所有的集体争议拥有广泛而排他的管辖权。但集体纠纷案件和个人纠纷案件适用不同的程序。③

① Employment Act 2002, Sec 32.

② Blanpain, Bisom‑Rapp, Corbett, Josephs, and Zimmer, *The Global Workplace: International and Comparative Employment Law: Cases and Materials*, Cambridge University Press, 2007, p. 429.

③ Ibid., pp. 429—430.

（四）日本的劳动争议处理制度

日本并没有专门受理劳动诉讼的特殊法院，劳动诉讼也没有特殊程序。但在法院之外，日本建立了许多机构负责劳动纠纷的处理。2001 年日本组建了卫生、劳动和福利部，在该部之内，设立了许多局负责劳动法的实施。该部还在全国设立了 47 个地方劳动局（Prefectural Labor Bureaus）以执行法律。该部内部还设立了劳动标准局（Labor Standards Bureau）负责实施相关劳动法律设定的劳动标准。除了中央政府设立的行政机构，地方政府还设立了劳动办公室（Labor Office），劳动办公室负责为个人和集体纠纷提供咨询、调解以及其他行政支持。①

除了行政机构，日本还在中央设立了"中央劳动关系委员会"（Central Labor Relations Commission），在地方设立了"地方劳动关系委员会"（Local Labor Relations Commissions）专门负责处理集体劳动纠纷。这些委员会是独立的行政委员会，由数量相等的雇主、雇员和公众利益的代表组成。委员会的基本功能包括两项：（一）通过调停、调解和自愿性的仲裁处理集体劳动纠纷；（二）当雇主出现不公正的劳动行为（unfair labor practice）时，负责裁决不公正劳动行为案件并发布救济的命令。为了加强个人劳动纠纷的调解，2001 年日本通过了《个人劳动争议处理法》（*Individual Labor Disputes Resolution Law*），赋予地方劳动局在解决个人劳动纠纷上更大的权力。该法允许地方劳动局参与个人劳动纠纷的解决。为了帮助纠纷当事人找到适合的纠纷解决途径，日本在全国建立了 250 个咨询处，提供类似"一站式"的服务，为劳动问题提供一般性的指引和咨询。② 而且，《个人劳动争议处理法》还授权地方劳动局的主任（Director of Local Labor Bureau）为涉及个人纠纷的劳动者、求职者和雇主提供指引和建议，并设立由学术专家组成的"争议调整委员会"（Dispute Adjustment Committee），在当事人请求时对劳动纠纷进行调解。③

（五）我国香港特别行政区的劳动争议处理制度

我国香港特别行政区并没有专门针对劳动纠纷的专门法院，但重视案件

---

① Takashi Araki：*Labor and Employment Law in Japan*，The Japan Institute of Labor，2002，pp. 12—13.

② Ibid. , p. 14.

③ See，Individual Labor Disputes Resolution Law，July 2001.

的调解和仲裁，并且对案件在法院的上诉进行了限制。香港地区将调解作为一部分案件仲裁的前置程序，仲裁也是案件提交到法院的前置程序。香港法律规定，凡到小额仲裁处申诉的案件，必须经过劳资关系科调解，未经调解的不予受理。① 劳资审裁处受理的案件，虽然没有规定必须强制调解后才予受理，但该处受理的案件约 80% 是经劳资关系科调解不成后转送的，只有 20% 左右的案件当事人直接申请仲裁。小额仲裁处和劳资审裁处受理仲裁申请后，在审理过程中，仍然注重调解。只有确实不愿调解或调解不成的，才予裁决。② 香港还建立了案件在法院审理程序中的上诉限制机制。如《劳资审裁处条例》规定：任何一方不满审裁处的裁断、命令或裁定，而其理由是该裁断、命令或裁定：（1）在法律论点上有错，或（2）超越审裁处的司法管辖权范围，则可向高等法院的原讼法庭申请上诉许可。原讼法庭对申请上诉许可的案件，不可推翻或更改审裁处对事实问题作出的裁定，或收取其他证据。当事人如对原讼法庭的决定不服，还可向上诉法庭申请上诉，但所上诉的问题，必须是上诉法庭认为其上诉涉及对公众具有普遍重要性的法律问题，否则不予许可。③《小额薪酬索偿仲裁处条例》也作了类似的规定。④因此，香港的做法保留了当事人将不服仲裁裁决中的法律问题起诉到法院的权力，但当事人起诉到法院之后，只有涉及重大法律问题的案件才能上诉到上级法庭。香港的劳动争议处理机制的目的是尽量使案件通过法院之外的程序解决，促进案件的及时解决。

综上可以看出，许多国家和地区都在普通的民事争议处理程序之外建立了特殊的劳动争议处理机构和程序，英国和德国分别建立了专门处理法定权利纠纷的劳动法庭和劳动法院，英国、日本和我国香港地区都有专门的调解机构负责案件的调解，英国和我国香港地区建立了案件在审理程序中的上诉限制机制，英国和德国的劳动法庭和劳动法院以及日本的调解机构都注重引入三方机制，发扬民主。总之，从这些国家和地区的经验看，劳动争议解决制度的核心理念是尽量使劳动纠纷通过普通民事法院之外的其他途径解决，注重调解，尽量为当事人提供一套便捷、费用低廉和民主的纠纷解决程序。

---

① 香港《小额薪酬索偿仲裁处条例》第 14 条。

② 王国社：《内地与香港劳动争议仲裁制度比较研究》，《现代法学》2004 年第 3 期，第 71 页。

③ 香港《劳资审裁处条例》第 32、35、35A 条。

④ 香港《小额薪酬索偿仲裁处条例》第 31、32、33 条。

（六）我国劳动争议处理模式的选择

目前社会各界对现行劳动争议解决模式——"先裁后审"，仍存在很大争论。批判者的主要理由是，劳动争议处理程序包括仲裁和诉讼程序，相比普通民事案件只经过法院审理程序，案件的处理环节过多，影响受害人获得及时救济，因此主张废除仲裁程序制度。但是，上文的分析充分表明，劳动争议需要特殊的处理程序，并不适合由法院直接审理，这是由劳动纠纷本身的特点所决定的。而且，相比英国及其他国家和地区的劳动争议处理程序，我国的劳动争议处理程序并不复杂。例如，在英国，大量的涉及个人法定权利案件的纠纷当事人可以获得的救济途径依次为：雇主内部的申诉程序→调解机构的外部调解→劳动法庭→劳动上诉法庭→上诉法院→上议院，程序不可谓不复杂。但立法在普通民事法院程序之外设立其他的争议处理程序，意图并不在于使劳动纠纷都穷尽所有的程序，而是尽量使纠纷在法院之外的简易程序得以解决。因此，不能简单地认为我国的"先裁后审"体制过于烦琐，主张废除劳动仲裁程序的观点，是一个轻率而不符合劳动法律制度宗旨与特点的观点。

有些学者提出"或裁或审"的主张。"或裁或审"又有两种方案，一种方案是劳动争议发生后，对仲裁或诉讼的选择，完全取决于当事人的意思自治，进入仲裁前双方必须有仲裁协议，而且仲裁或诉讼各自终局，不服仲裁的不得向法院起诉。另一种方案主张对案件进行合理分流，部分案件强制适用仲裁，另一部分案件则由当事人自行选择仲裁或诉讼，仲裁也需有仲裁协议，而且仲裁也实行一裁终局。其实，这两种方案并不可取，在这两种方案中，都存在由当事人选择仲裁或诉讼的问题，会导致相当部分的案件直接进入法院，这并不符合劳动案件的特点。尤其雇主可能出于自身强大的实力，更倾向于诉讼而不愿订立仲裁协议，这对劳动者并不利。两种方案的共同缺陷还在于：两种方案均实行仲裁终局制度，剥夺了当事人的诉权，不符合司法最终解决的原则；而且，由于当事人可以选择仲裁或诉讼，可能造成类似的案件在法律适用上的差别。因此，对案件实行"或裁或审"制度，不符合劳动纠纷案件的特点，不符合我国经济社会的现实状况，也不符合国际上的惯例。

撇开我国劳动仲裁机构的结构和程序本身的不足看，"先裁后审"模式的优点也是明显的。这种模式，通过仲裁的前置程序避免劳动案件直接进入法院，同时，仲裁程序相比诉讼程序更为简化，有利于案件的及时解决，且劳动仲裁机构实行"三方原则"具有专业优势和民主性，符合劳动争议案件本身的特点。而且，这种模式保留法院作为对仲裁程序的监督和补充，保留了当事人的诉讼权利，符合司法最终解决的原则。因此，"先裁后审"具有相当的合理性，根本未到要考虑废除的境地。只是我国"一裁二审"程序中的二审体制过于烦琐，没有建立案件向二审法院上诉的限制机制，可能使部分案件经历"一裁二审"的较长程序。目前，我国一部分仲裁后的案件进入法院主要是由于仲裁机构本身的结构、仲裁程序不完善和仲裁水平不高等原因造成的。

调研发现，先裁后审这一基本框架不仅符合劳动纠纷特点的要求，而且实践中许多案件在仲裁程序就得到解决，说明仲裁程序作为一种相对于诉讼更为便捷的方式在解决劳动纠纷中发挥了应有的作用。以贵州某城市 A 辖区为例，该区 2003—2007 年仲裁机构受理的案件中，当事人不服仲裁起诉到法院的案件比例只有 18.09% （见表 3 - 1）。

表 3 - 1　贵州某城市 A 辖区 2003—2007 年仲裁机构受理的案件起诉到法院的情况

年度	仲裁机构受理的案件数	确认劳动关系	劳动报酬、经济补偿	订立、履行、变更、解除劳动合同	社会保险	工作时间休息休假	合计	案件起诉到法院的比例（%）
2003	62	—	2	4	4	2	11	17.74
2004	163	—	5	9	8	4	26	15.95
2005	89	5	3	5	3	2	18	20.22
2006	185	7	6	6	8	3	30	16.22
2007	131	5	3	8	10	3	29	22.13
合计	630	17	19	32	33	13	114	18.09

基于上文分析，可以肯定地认为，我国《劳动争议调解仲裁法》坚持"先裁后审"这一基本体制，值得肯定，这种体制既符合劳动案件本身的特点，又能够充分利用现有的机构和资源。

（七）《劳动争议调解仲裁法》的主要进步

针对现行劳动争议解决制度存在劳动争议耗时过长、申请仲裁时效过短、劳动争议调解薄弱等问题，《劳动争议调解仲裁法》强化调解、完善仲裁、加强司法救济，及时妥善处理劳动争议。《劳动争议调解仲裁法》对劳动争议调解仲裁制度，作了进一步完善和规范，取得了重大的制度建设进步。

一是规定部分案件实行"一裁终局"。为防止一些用人单位恶意诉讼以拖延时间、加大劳动者维权成本，《劳动争议调解仲裁法》在仲裁环节实行有条件的"一裁终局"，即追索劳动报酬、工伤医疗费、经济补偿或赔偿金，不超过当地月最低工资标准十二个月金额的争议，以及因执行国家的劳动标准在工作时间、休息休假、社会保险等方面的争议，劳动者对仲裁裁决不服的，可以向法院提起诉讼；用人单位不服仲裁裁决的，则不能提起诉讼，只能依据法定事由向法院申请撤销仲裁裁决。这意味着在这类劳动争议中，如果劳动者在法定期间不向法院提起诉讼、用人单位向法院提起撤销仲裁裁决的申请被驳回，仲裁裁决为终局裁决，裁决书自作出之日起发生法律效力。这一制度安排赋予劳动者和用人单位在仲裁和诉讼中的不同权利，向劳动者适当倾斜，意在加速劳动争议的解决。

二是延长了申请劳动争议仲裁时效期间。按劳动法的规定，当事人应当在劳动争议发生之日起 60 日内，向劳动争议仲裁委员会提出书面申请。60日这一时间过短，在实践中，一些劳动者往往因超过时效期间而丧失了救济机会。为更好地保护当事人尤其是劳动者的合法权益，《劳动争议调解仲裁法》将申请仲裁的时效期间延长为一年。

三是缩短了劳动争议仲裁审理期限。按劳动法的规定，仲裁裁决一般应在收到仲裁申请的 60 日内作出；如案情复杂，经法定程序批准可延期 30 日。为提高效率，《劳动争议调解仲裁法》缩短了仲裁裁判时限，规定应当自受理仲裁申请之日起 45 日内结束；案情复杂需要延期的，经劳动争议仲裁委员会主任批准，可以延期并书面通知当事人，但延长期限不得超过 15 日。

四是更加合理地分配举证责任。由于劳动者在用人单位提供的场所工作并且接受用人单位的指挥和管理，许多证据由用人单位保管，因此，《劳动争议调解仲裁法》对一般的民事证据规则作了变通，作为一项举证责任的原则性规定，规定当事人对自己提出的主张，有责任提供证据；同时考虑到用人单位掌握和管理着劳动者的档案等材料，因而又特别规定，与争议事项有关的证据属用人单位掌握管理的，用人单位应当提供，不提供的应承担不利后果。

五是加强了劳动争议调解。为了保持当事人之间的友好关系，减少当事人解决纠纷的成本,《劳动争议调解仲裁法》用专章规定了调解。当事人可以到企业劳动争议调解委员会、依法设立的基层人民调解组织、在乡镇街道设立的具有劳动争议调解职能的组织申请调解。而且,因支付拖欠劳动报酬、工伤医疗费、经济补偿或者经济赔偿金事项达成调解协议,用人单位在协议约定期限内不履行的,劳动者可以持调解协议书依法向人民法院申请支付令。人民法院应当依法发出支付令。这一规定提升了调解的法律效力,有利于提高当事人申请调解的积极性。

六是完善了劳动仲裁程序和规则。《劳动争议调解仲裁法》对仲裁的申请和受理、仲裁庭的组成、仲裁员的回避、仲裁程序中的鉴定问题、当事人在仲裁程序中的质证和辩论、仲裁庭先行调解等,都作了系统而明确的规定。

七是减少当事人解决纠纷的经济成本。《劳动争议调解仲裁法》规定,劳动争议仲裁不收费,劳动争议仲裁委员会经费由财政予以保障。《劳动争议调解仲裁法》的这一规定,减轻了劳动者维权的经济负担,这将鼓励劳动者利用法律程序维护自身的合法权利。

(八)《劳动争议调解仲裁法》面临的挑战及对策

1. 部分案件"一裁终局"的利弊评析

《劳动争议调解仲裁法》在仲裁环节实行有条件的"一裁终局",即追索劳动报酬、工伤医疗费、经济补偿或赔偿金,不超过当地月最低工资标准十二个月金额的争议以及因执行国家的劳动标准在工作时间、休息休假、社会保险等方面的争议,劳动者对仲裁裁决不服的,可以向法院提起诉讼,用人单位不服仲裁裁决的,不能直接提起诉讼,只能依据法定事由向法院申请撤销裁决,仲裁裁决被撤销的,当事人才可以起诉(第47、48、49条)。这意味着在这类劳动争议中,如果劳动者在法定期间不向法院提起诉讼、用人单位向法院提起撤销仲裁裁决的申请被驳回,仲裁裁决为终局裁决,裁决书自作出之日起发生法律效力。由于实践中很多用人单位恶意利用仲裁和诉讼的双重程序拖垮劳动者,加大劳动者维权成本,这一制度有利于防止一些用人单位恶意诉讼损害劳动者利益。因此这一制度作为应对目前我国用人单位滥用诉权,克服部分劳动案件久拖不决问题的权宜之计具有一定的合理性。但这一制度面临许多理论困境。

第一,这种体制赋予劳动者诉权,却在一定程度上限制了用人单位的诉权,造成了诉权的不平等,在法理上很难自圆其说。尽管用人单位可能滥用诉权，而且用人单位在劳动关系中通常处于强势地位，但劳动者也可能滥用诉权，劳动关系中劳资关系的不平衡并不是限制用人单位诉权的充足理由。第二，部分案件实行"一裁终局"直接限制了用人单位的诉权，不符合国际上的通行做法。在许多国家和地区，当事人不服劳动争议处理专门机构的裁决时通常可以向法院起诉，但诉讼的内容限定为"法律问题"，而且只有具有重大影响的案件的当事人不服一审法院判决时才可以上诉到上一级法院。例如，上文提及，在英国，当事人可以就不服劳动法庭判决中的法律问题上诉到劳动上诉法庭，不服上诉法庭裁决的，当事人也可以基于法庭审理案件时的"法律错误"将判决结果上诉到上诉法院，案件最后可向英国上议院上诉，但上议院受理的上诉案件仅限于涉及重大法律问题的案件。我国香港也建立了类似的限制机制。这种限制机制，一方面，允许当事人向法院起诉，维护了当事人的诉权，另一方面，当事人起诉到法院的内容限定为法律问题，有利于避免劳动争议专门机构和法院之间对事实的重复认定，有利于加快案件的解决，同时只有涉及重大法律问题的案件可以上诉到上级法院，也有利于大部分案件的及时解决。这种限制机制合理平衡了当事人的诉权和案件快速解决的目标，当事人至少可将案件的法律问题起诉到一级法院，较为合理。我国不区分法律问题和事实问题，只有法院撤销了仲裁裁决，用人单位才可以将案件起诉到法院，用人单位的诉权大大受到限制。而且《劳动争议调解仲裁法》规定的此类案件的范围相当宽泛，涉及劳动报酬、工伤、合同的解除、工作时间、休息休假、社会保险，会严重限制用人单位的诉权。与过度限制用人单位将仲裁裁决起诉到法院的诉权相反，我国却缺乏当事人将案件上诉到上级法院的限制规定，劳动者拥有"一裁二审"的权利，用人单位撤销仲裁裁决后也拥有"二审"的权利，由于法院的审理程序是最为复杂的程序，可能造成案件的久拖不决。第三，我国确立的这种限制诉讼的案件类型和标准过于简单化。标的小的案件并非一定简单，标的大的案件并非一定复杂，标的小的案件可能涉及复杂的法律问题，简单以标的额作为标准并不科学。诸如，劳动合同的解除、工作时间和加班工资的计算、社会保险的问题非常复杂，这类案件过度限制用人单位的诉权并不合理。第四，由于用人单位可以起诉到法院的案件标的受到限制，可能会造成劳动者为了适用该程序，减少自己的诉求金额，反而不利于劳动者主张自己的正当权利。第五，我国劳动仲裁员的素质有待提高，过宽的限制用人单位的诉权，排除了法院对仲裁裁决的监督，难以保证仲裁的质量。

因此，更为合理的做法是赋予劳动者和用人单位平等的诉权，当事人都可以将仲裁裁决中的法律问题起诉到法院，但只有涉及重大法律问题的案件当事人可以上诉到上级法院。这种机制一方面坚持了诉权的平等，另一方面也更为合理地平衡当事人诉权保护和案件及时解决的双重目标。《劳动争议调解仲裁法》确立的限制机制过于偏向劳动者，也不符合国际上的通行做法。

2. 劳动调解的强化与调解组织的完善

由于调解不仅程序简单，而且有利于保持雇主和雇员的友好关系，因此，调解正在成为劳动纠纷解决的一种主要方式。从上文分析也可以看出，各国都极为重视调解在解决劳动争议中的作用。《劳动争议调解仲裁法》强化了劳动调解，用专章规定了调解，规定当事人可以到企业劳动争议调解委员会、依法设立的基层人民调解组织、在乡镇、街道设立的具有劳动争议调解职能的组织申请调解（第10条）。但与英国和我国香港地区的体制不同，我国的劳动调解并非必经程序，当事人可以不经调解直接申请仲裁。笔者认为，这种选择性的调解程序尽管与有些国家和地区将调解作为强制性程序的做法不同，但却与目前我国劳动调解组织不完善，劳动调解人员整体素质不高的现状相符。目前我国劳动争议调解组织和人员的现状尚不足以将劳动调解作为必经程序。

目前，我国许多地方在乡镇、街道、社区甚至更大的范围设立了劳动争议调解组织。① 目前调解组织存在的主要问题是，基层调解组织的设立比较随意，而且基层调解组织受理调解的纠纷范围很宽，很多调解人员并没有专业知识，而劳动纠纷日益复杂，因此，除了基层人民调解组织外，建议由有关部门对乡镇、街道甚至区域性的劳动争议调解组织的设立进行统一管理，确实提高劳动争议调解组织的能力。特别是《劳动争议调解仲裁法》生效后，调解协议被赋予了更高的法律效力，该法第16条规定："因支付拖欠劳动报酬、工伤医疗费、经济补偿或赔偿金事项达成调解协议，用人单位在协议约定期限内不履行的，劳动者可以持调解协议书依法向人民法院申请支付令。人民法院应当依法发出支付令。"劳动调解组织的权威性增强。因此，劳动争议调解组织调解的正确性对于确保法律的顺利实施，维护当事人之间的公平正义具有重要意义。目前，我国应抓紧建立劳动调解员的资格要

---

① 例如，遵义市红花岗区2007年10月在遵义市高新技术产业园区挂牌成立了全省首家区域性劳动争议调解委员会，负责指导园区内各企业劳动争议调解委员会的工作，对园区内的劳动争议进行调解。

求，提高劳动调解的质量。待劳动调解组织完善、劳动调解员素质普遍提高时，可以借鉴英国和我国香港地区建立强制性的调解程序，尽量使案件在正式的仲裁和诉讼程序之外通过调解程序加以解决。尽管仲裁机构也可以进行调解，但外部的调解机构由于专事调解业务，富有经验，可以提高调解的成功率；而且专门调解机构的调解也可以避免仲裁的复杂程序，比进入仲裁程序之后由仲裁机构的先行调解更为便捷和高效。

３．劳动仲裁机构面临的挑战及其完善

根据《劳动争议调解仲裁法》，由于劳动调解不属于强制程序，且部分案件实行"一裁终局"，因此，仲裁机构成为劳动争议解决的主要机构，劳动仲裁机构的完善也成为我国劳动争议处理机制的主要内容。

《劳动争议调解仲裁法》对仲裁的申请和受理、仲裁庭的组成、仲裁员的回避、仲裁程序中的鉴定、当事人在仲裁程序中的质证和辩论、仲裁庭先行调解等作了明确的规定。但该法却回避了一个重要的理论问题：劳动争议仲裁委员会的性质。该法第19条规定，劳动争议仲裁委员会由劳动行政部门代表、工会代表和企业方面代表组成。劳动争议仲裁委员会下设办事机构，负责办理劳动争议仲裁委员会的日常工作。第18条规定，国务院劳动行政部门依照该法有关规定制定仲裁规则。省、自治区、直辖市人民政府劳动行政部门对本行政区域的劳动争议仲裁工作进行指导。由于实践中，各级劳动争议仲裁委员会的办事机构（办公室）和劳动行政部门的劳动仲裁处（科）合署办公，且办事机构负责劳动争议仲裁委员会的日常工作，因此，我国劳动争议仲裁委员会的行政色彩非常强烈。尽管各级劳动争议仲裁委员会有来自于工会和企业方面的代表，但由于这些委员大多属于兼职，难以参与案件的直接仲裁，因此我国的劳动仲裁机构实际上成为劳动行政机关的一个部门。即使现在有些地方成立了实体性的劳动争议仲裁院，由于劳动争议仲裁院的人事和经费不独立，实际上也摆脱不了作为劳动行政部门下属机构的地位。因此，从《劳动争议调解仲裁法》的相关规定看，我国劳动争议仲裁委员会的性质不清，其行政化的色彩依旧浓厚，应该加以完善。

随着《劳动争议调解仲裁法》的实施，我国必须增加劳动仲裁员的数量，提高仲裁员的素质，并完善劳动仲裁机构的结构。第一，要努力增加仲裁员的数量。随着该法的实施，劳动仲裁不再收费（第53条），当事人申请仲裁的时效由60天延长到1年（第27条），加上当事人可以口头申请仲裁（第28条），且案件仲裁期间由60天缩短为45天，案件的数量已经大幅增加,① 必须增加仲裁员的数量。第二,要建立仲裁员的资格准入制度,提高仲裁员的素质。特别值得重视的是,随着《劳动争议调解仲裁法》的生效,有些案件实行"一裁终局",由于这类案件仲裁机构的裁决具有终局效力,不再由法院监督,仲裁机构裁决正确与否将直接影响法律的正确实施,仲裁人员的法律水平和仲裁技巧极为重要。劳动仲裁机构作为法律规定的强制性劳动纠纷解决机构,其作出的裁决对当事人具有法律约束力,具有准司法机构的特征,因此,仲裁人员应该具备严格的资格条件,对仲裁员的资格要求应参考法官任职的某些条件。笔者建议国家规定统一的劳动仲裁员资格,设立统一的资格考试,考试合格方能担任仲裁员。第三,目前仲裁程序中"三方机制"尚未落实,如何贯彻这一原则也是当前应该着力解决的问题。由于劳动纠纷不同于一般的民商事纠纷,标的通常较小,吸引仲裁机构之外的工会代表、企业家代表以及专家学者参与劳动仲裁难度较大。目前可以由各级工会和企业组织建立仲裁员库,参与复杂案件的仲裁。复杂案件的标准由三方确定,只要是符合标准的案件,必须由三方代表组成仲裁庭裁决,以此来保证仲裁的客观公正。简单的案件可由一名仲裁员独任仲裁。为鼓励工会、企业代表和专家学者的参与,应建立兼职仲裁员的报酬制度并应将费用列入财政预算。

---

① 例如,广东省 2008 年 1—6 月全省各级劳动仲裁机构受理劳动争议案件数是 2007 年同期的 3 倍,已达到 2007 年全年处理总数的 107%,仅 5 月份与 2007 年同比增长 250%,增幅超过 100% 的地级以上市有 11 个。参见《裁审协调 广东迈出第一步》,《人民法院报》2008 年 7 月 20 日。

第四章　社会保障法基础理论研究

刘翠霄①

一　社会保障制度的起源

明确社会保障制度的起源与沿革，对于社会保障制度概念和特征的界定、责任主体的确定、制度的建立和完善等，具有至关重要的意义和作用。一直以来，学界通常认为，社会保障制度是工业化的产物，是国家通过二次分配对经济社会采取的干预措施，旨在缩小市场经济下出现的贫富差距，减少贫困，维护社会稳定。但是近年来，有学者对社会保障制度的起源提出了新的看法，也是值得关注的。

1. 社会保障措施与人类社会相伴而生

有学者认为，社会保障制度是人类社会的自我保护措施，所以，自人类社会产生之日起，社会保障制度也随之产生。其依据是：第一，原始社会具有高度的不确定性，人们的理性所及不仅十分有限，而且可以称得上是愚昧，所以保障是第一需要，制度的主要功能是保障；第二，原始社会的组织制度具有同一性，即家庭＝社会国家，也就是只有单一形式的保障组织；第三，组织内的规则是非正式的，是最早的人类道德规范，但是非常严厉、残酷，否则就会被破坏，人类就会失去基本的生存条件，也就不会有今天的人类，而这些非正式规则的目标指向，就是劳动成果的平均分配，以满足部落群体大部分成员的基本生存需要。这些规范是此后人类历史中社会正义这一意识形态的最初来源，成为支配非市场力分配，特别是社会保障分配的社会意识形态力量。

从社会保障的制度作用来说，封建社会较奴隶社会后期而言甚至是落后的。持此观点的学者甚至指出，早期资产阶级经济学家（如韦伯）对中国封建社会由政府提供的管理规范的保障制度大加赞赏和羡慕，认为中国是当时的福利国家。魏丕信虽然不赞同这种看法，但他还是指出，与近代以前的

---

① 刘翠霄，中国社会科学院法学研究所研究员。

欧洲国家相比，明、清中国政府把人民特别是农民的物质福利，作为国家要解决的头等重大问题。①

从制度建构的动机与本质来看，我国在清王朝时期，虽然已制定了比较完善的社会救济法规，具有一定的社会保障的功用，但是，这时的社会救济充其量是居高临下的统治者对于穷人的施舍行为。由于受封建官僚体制和经济发展水平的制约，那些社会救济制度不可能得到切实的实施，遇有灾年，民生凋敝，饿殍载道的现象非常普遍。因此，中国封建社会的社会保障措施，不是人们在遭遇贫困时能够从国家获得救助的权利，不能与现代政府制定的社会救济制度相提并论。

2. 社会保障制度是工业化的产物

学者们通常认为，社会保障制度的建立与资本主义工业化相联系。在资本主义进入工业化社会的早期，传统的家庭、民间慈善机构以及工人们自发成立的互助组织，在预防和保障生活风险中已经不能起到根本和普遍的保障作用。这是因为：（1）许多体力劳动者的收入只能满足生活中最迫切的需要，让他们从微薄的收入中省出一些钱储蓄起来，以备不测和养老，是非常困难，甚至是根本不可能的。更为不幸的是，由于生活和劳动条件恶劣、生活水平低下，疾病、残疾更容易光顾那些没有储蓄能力的贫困的体力劳动者，个人和家庭抵御生活风险的能力越来越差，以至于无能为力。在进入工业化社会和城市化社会以后，由于就业的机会和条件，使得子女不得不离开父母和家庭，由此使得家庭赡养和互助的功能呈弱化趋势。（2）互助会是一个集体内的成员组织起来共同抵御生活风险的形式，虽然它较之个人和家庭具有较强的抵御能力，但是，一个集体经济能力的有限和集体中成员遭遇风险大小的不可预测性，使得互助会的保障能力非常有限。（3）救济往往取决于施舍者的收入和心情的好坏，带有明显的偶然性和随意性，而且这种带有自愿性和随意性的救济不可能惠普所有贫困人口。由于贫困者需要表示求助甚至乞求，才能激发人们的慷慨行为，所以贫困者在接受救济时，个人尊严会受到伤害。（4）政府介入的有限性，使得救济措施是统治者对于穷人的施舍行为，而不是贫困者应当获得救助的权利。

英国政府虽然在1601年颁布了济贫法，但是，政府不是通过济贫法承担起对于穷人的救济责任，而是通过法令迫使每个有劳动能力的人尽量去工作，在此基础上仍然无效，方可考虑救济的问题。但是，英国济贫法的颁布

---

① 以上参见谢圣远《社会保障发展史》，经济管理出版社2007年版，第253—258页。

表明，在从传统的农业社会向工业化社会转型的过程中，英国统治阶级意识到贫困和失业对其统治的威胁，并且采取某些措施来缓和这些社会矛盾，表明统治阶级对于政治和经济的考虑多于伦理的考虑，意识到社会结构和生产方式的变动使得旧有的保障方式无法正常运转。① 因此，政府必须承担起解决劳动者因老年、疾病、伤残、失业等生活风险引起的贫困问题，社会保障的责任历史性地落在国家肩上。②

人们之所以把英国济贫法的颁布当做社会保障的发端，主要原因在于中世纪末期至资本主义早期相当长一段时间内，西方初创的各民族国家并未立即干预人们的经济生活，而是由家庭和互助组织提供保障，互助组织的产生是家庭保障不足的结果，而当家庭与互助组织保障出现不足时，国家才承担起了保障社会成员生活风险的责任。同样，人们把社会保险制度的产生归结于产业革命也是不能成立的。一方面，具有划时代意义的德国社会保险制度的建立，其本质还是民间的，包括资金来源和管理等，都是由民间组织在操作，国家只是把民间组织的做法上升为国家的法律规定；另一方面，产业革命仅仅是外部条件，它是指一系列技术变革引起的从手工劳动向动力机器生产的重大飞跃，强调的是生产物质技术方面的重大革命，与社会保险制度的建立没有直接的联系。③

3. 现代意义的社会保障制度以国家介入为本质特点

现代意义上的社会保障制度的建立，是以 19 世纪工业化为契机，以 1883 年德国社会保险立法为发端的。按照罗斯福的观点，社会保障是大机器生产的需要。④ 在此之前若干世纪，基于圣经关于利他主义的道德教义而实施的扶贫救弱举措，以及英国在 1601 年伊丽莎白一世时期实行的、通过强迫无业游民从事苦役性劳动来解决他们的最低生存需求的"济贫法"，都不能算作是社会保障制度。德国于 1883—1889 年相继颁布的几个社会保险法是当时世界上最完备的工人社会保障计划。随后其他国家纷纷效仿，开始各自的济贫法改革或开拓各自的社会保障业务，从而使压抑性的济贫法让位于更为人道的公共援助和社会服务项目。

由国家出面，通过立法实行以社会保险为核心的社会保障制度，为那些

---

① 和春雷主编：《社会保障制度的国际比较》，法律出版社 2001 年版，第 4 页。

② 刘翠霄：《什么是社会保障?》，《私法》2004 年第 8 卷。

③ 参见谢圣远《社会保障发展史》，经济管理出版社 2007 年版，第 253—258 页。

④ 参见顾俊礼主编《福利国家论析——以欧洲为背景的比较研究》，经济管理出版社 2002 年版，第 248 页。

具有雇佣关系的人们的生活风险提供保护，从而避免了民间和工人组织提供保障的有限性和随意性。国家以立法的形式为人们的生活风险提供保障，包括规定了对待那些无依无靠的人的援助措施，表明国家通过社会保障法，赋予人们在遭遇生、老、病、死、残等事件时能够获得国家保护的权利。通过国家权力将保险的方法运用于社会领域，是社会保障制度与传统生活风险保障形式最根本的区别。

具有强制性的社会保险计划，采用了让劳动者、企业和政府共同承担风险的方式。英国在 20 世纪初刚建立起社会保障制度时，政府以增加烟、酒、汽车、汽油税收的办法，筹集提供社会保障待遇所需资金，从而开创了以国家财政手段保证社会保障得以顺利实施的先河。① 1948 年制定的国民保险法，强制国民参加社会保险，而且要缴纳国民保险费。德国社会保险法所规定的，所有的受保险人缴纳相同比例的社会保险费，所表现出的公民的公平权利和自我保险特征，以及由国家承担起保护公民的社会和经济安全的责任，是社会保障与传统生活风险保障形式的又一大区别。

社会保险以具有雇佣关系的职工为核心。19 世纪末德国的社会保险立法的受益者不是全体公民，也不是最需要救济的贫民，而是所有的雇佣劳动者。可见，在德国俾斯麦时期，国家并没有承担起社会保障的全部责任，而是把相当一部分责任留给个人、社会和家庭。德国在 1957 年 7 月才通过颁布《农民老年救济法》，建立了农民养老金制度；1972 年才建立了农民医疗保险制度。因此，早期社会保障制度是为有雇佣关系的雇员、工薪人员设立的。《贝弗里奇报告》提出的对全体公民实施全面的社会保障计划，其实现也是 1946 年以后的事情。在这期间，社会保险以单项制度方式出台，没有形成全国性的整体制度。而且，这些法律只适用于有正常工资收入的工人，而大批没有正常收入的工人以及农民都不在保障之列，因而是很不完整的制度。

社会保障制度具有安全性和可靠性。社会保障制度在建立初期标准是比较低的，以能够保证人们的最低生活需要为目标。例如，英国 1906 年颁布的教育法规定，学校为贫困家庭的儿童提供免费膳食；1908 年的养老金法规定，国家为年满 70 岁、年收入低于 21 英镑的老年人提供每周 5 先令的养老金；而 1946 年的国民保险法规定，16 岁以下儿童，每人每周可得 6.85 英镑的儿童津贴，不问家庭收入多少，退休者每周可领取国家基本养老金

---

① 李琮主编：《西欧社会保障制度》，中国社会科学出版社 1989 年版，第 187 页。

57.3 英镑。① 1995 年国民保险养老金待遇，受保险人为每周 58.85 英镑，受供养的成年人每周为 35.25 英镑。② 尽管早期社会保障制度只是为了满足人们的最低而不是最基本的生活需要，但是国家以法律的形式为人们的生活风险提供保障，就使得这种保障具有安全性和可靠性。

通过社会保障制度的实施，实现社会公平。初次分配造成的贫富差距，可以通过社会保障这种国民收入再分配的方式加以缩小。对于社会上少数没有劳动能力的弱势群体，基于人道主义和宪法规定的基本生存权，应当给予帮助。市场经济下经常出现的结构性失业，如果得不到相应的救助，将会影响社会安定和劳动力再生产以及正常的消费需求。政府作为有能力组织和实施国民收入再分配的主体，可以从社会公平的立场出发，通过实施社会保障制度这种再分配的方式，使社会公平得以实现。

国家和政府是社会保障制度的责任主体。这不仅表现在国家通过立法规范社会保障事业，依法组织、管理和实施社会保障计划，更为重要的是政府对社会保障负财政上的最终责任。各项社会保险资金主要通过受保险人缴纳保险费筹集，但是，在社会保险基金入不敷出时，政府予以财政补贴，而社会福利和社会救济所需费用，则全部由政府财政承担。

在这里，我们看到，在实现了工业化、建立了市场经济的社会，国家的职能发生了变化，已由过去的管理者变为现在的服务者，在政府为国民提供服务的过程中，其中一个重要的措施就是通过制定社会保障法律制度，进行国民收入的再分配，增大社会福利。社会保障制度建立以来的实践表明，它是社会选择的结果。

国家公共事务的决策者，之所以将社会保障制度作为治理国家经济生活的一项制度，是因为社会保障制度是现代社会不可或缺的重要制度。（1）社会保障制度是社会稳定器。社会经济的运行不仅需要以效率为目标的动力系统，而且需要以社会公平为目标的稳定系统，以缓和各种社会矛盾，纠正偏离社会总福利的行为，提高社会的整合程度。因此，在任何一个社会，在一定时期经济资源总量一定的情况下，政府在进行宏观资源配置时，绝不会把所有的资源都投入到能够产生经济效益和实现经济增长的领域中去，而是将其中的一部分投入不形成现实生产能力而是用于消费的社会保障领域中去。社会保障首先具有社会安全网和社会稳定器的作用。（2）社

---

① 李琮主编：《西欧社会保障制度》，中国社会科学出版社 1989 年版，第 187、193 页。

② 孙炳耀主编：《当代英国瑞典社会保障制度》，法律出版社 2000 年版，第 49 页。

会保障制度能够减少贫困。在社会公平这一目标下，国家通过社会保障进行国民收入再分配，使得由于各种原因处于社会不利地位的人们得以补偿并重新投入运行，缩小人们之间的收入差距和减少贫困人口。（3）社会保障制度能够促进经济发展。社会保障制度作为一个重要的经济制度，对经济运行具有调节功能。当经济不景气的时候，失业者的增多，使得社会保险费收入减少而社会保障支出增加，在这种情况下，社会保障待遇的提供，因增加了人们的购买力而刺激和推动经济复苏；当经济繁荣的时候，就业人数的增加和贫困人口的减少使得社会保险费和国家税收增加，人们的货币收入相对减少，由此抑制了人们过旺的消费需求，避免通货膨胀发生。社会保障制度的产生是社会生产力发展到一定程度，在经济结构变化进而引起社会结构变化过程中，形成的以社会公平为目标、具有促进经济发展和维护社会稳定功能的制度系统。

二　社会保障制度的理论基础

社会保障制度的形成与完善，不仅是一个国家政策的现实选择，也具有雄厚的理论基础。社会保障制度的理论基础，主要反映在经济学、政治学、法学等学科的论著中。

（一）社会保障制度据以确立的政治法律理论

任何一个社会的社会制度，如宪法、法律等，都会对社会中每一个人的生活选择产生影响，而该社会的社会制度是受一定的政治理论和经济理论的影响和引导，才得以确立的。一定的政治理论和经济理论都旨在提供一些原则，使人们在不同的社会安排之间作出选择。对西方发达国家社会保障制度的建立产生过深刻影响的政治法律理论，主要有自由意志理论、自由主义理论、社会连带理论、社会主义理论和人权理论。

1. 自由意志理论

自由意志理论者的代表人物，主要有"自然权利"的自由意志论者诺齐克，以及"功利主义或经验主义"的自由意志理论者哈耶克和弗里德曼。

（1）自然权利的自由意志理论

诺齐克认为，每个人都有权利分配自己劳动的报酬，他将此称之为"财产正义"。他赞成最弱意义的国家，即"守夜人式的国家"，这类国家的权力受到严格限制，否则，国家干预在道德上就是错误的。这种国家只为个人和财产提供保护，而没有合法的分配作用，诺齐克将税收当做偷窃，因为税收是从人们的合法所得中抽取一部分钱。

（2）经验主义的自由意志理论

经验主义的自由意志理论者认为，国家干预的错误不在于道德，而在于它减少了整体福利。哈耶克的理论有三个要点：个体自由的重要性；市场机制的价值；社会公正的事业不仅无效果，而且有害。他的核心观点是，平等会减少或破坏自由。他认为，市场是有益的，它既保护了个体自由，又保护了它本身的经济利益。社会公正的目的将会导致个人自由的破坏，因为个人地位越依赖政府行为，政府则要努力实现一些分配公平的计划，也就更加控制不同个体的地位。福利国家是一种高压机构，在中央计划控制下，通过政治和经济力量的混合，压抑自由和个人主义，因而可能导致极权主义，与在市场体制下经济和政治的分离形成鲜明的对照。它也引起低效率，因为在免费或津贴价格下，需求是过度的，并且政府垄断是与竞争相隔离的，政府必须为这种税收的扭曲效应提供资金。因此，只要社会公平的信仰统治着政治行为，这个过程将离集权体制越来越近。弗里德曼认为，以私有财产和竞争市场为基础的自由社会很可能对收入进行不公平的分配，有限的国家行为通过提供某些公共产品而适当地解救贫困，这对于文明社会是必不可少的。但是，政府没有分配的功能，因而没有基于减轻贫困，而提供某些公共产品的功能，对政府应该采取严格限制的措施。①

2. 自由主义理论

自由主义的理论被当做"中间道路"，它与自由意志论者的理论区别在于，它认为，资本主义比任何其他体制更有效；尽管有效，但是从贫穷和不平等的角度来说，它也有较大的成本；政府能够弥补这些损失。按照自由主义的理论，资本主义和政府行为的联合使效率和平等最大化。自由主义的理论来源于功利主义的理论和罗尔斯的社会公正理论。

（1）功利主义理论

功利主义源于20世纪初期的"新自由主义"。功利主义的目的是对物品进行分配，以便使社会成员的总效用达到最大化。总福利的最大化包括两层含义：物品必须被有效地生产和分配时必须按照公正的原则。功利主义者追求平等，并认为由国家进行重新分配是正确的。他们认为，政策不仅在功

① ［英］尼古拉斯·巴尔：《福利国家经济学》，郑秉文等译，中国劳动社会保障出版社2003年版，第49—51页。

利主义的基础上制定，而且对相互依赖的哪些形式是允许的，哪些形式是不允许的作出判断。

（2）罗尔斯的社会公正理论

罗尔斯认为功利主义存在下列缺陷：第一，它只考虑最大限度地满足人们的愿望这一总量，而没有看到这一总量在个人之间如何分配的问题。其结果是，只要能促进社会整体的利益，这一理论就允许不平等地对待少数人或牺牲他们的利益。因而是不公正的。第二，这一理论只考虑"幸福"的量的问题，而不考虑"幸福"的质的问题。它既不考虑人们的欲望是什么，也无法解决相冲突的欲望之间孰先孰后的问题。① 在批判了功利主义理论的谬误之后，罗尔斯系统地阐述了自己的正义学说。

罗尔斯认为，立法的主要目的是社会公正。公正有两层目的：在道德层面上，因为公正本身的特性，它是人们所渴望的；在制度层面上，只要制度被认为是公正的，它们就会继续存在下去。罗尔斯所说的公正原则包括：第一，这些原则不是针对某一具体情况，而是对一般性质和关系的表述，因而具有一般性。第二，这些原则在适用上必须具有普遍性。第三，这些原则必须由选择各方公开确认，因而具有公共性。第四，这些原则必须能够调整各种冲突的要求和主张。第五，这些原则应具有最高权威性。罗尔斯认为："对制度的改造优先于对个人的改造，对制度的道德评价，优先于对个人道德的评价。"人们首先要决定一种社会制度是否合乎正义，然后才决定个人的道德准则，决定个人必须承担的义务和职责。离开制度空谈个人的道德修养和完善，就会造成苛求或盲从。② 罗尔斯认为，要保证结果的公平性，还需要采取客观、公正程序。完善的程序正义是公平的划分标准和实现公平分配的程序。只有满足程序正义，才能保证其内容的合理性。③

3. 社会连带理论

法国著名的法学家狄骥创立了社会连带主义法学，这种理论认为，人在社会中结成一种既分工又合作的关系，它叫"社会连带关系"，是人类社会的基础，随着社会的发展而发展。人的社会性主要表现为人与人结成一种既有分工又有合作的纽带关系。人们能够认识这种关系，并从而产生两种感觉：社交的（或连带的）感觉和公平的（或个人自由的）感觉。社交的感

---

① 徐爱国等：《西方法律思想史》，北京大学出版社 2002 年版，第 319 页。
② 魏新武：《社会保障世纪回眸》，中国社会科学出版社 2003 年版，第 78 页。
③ 徐爱国等：《西方法律思想史》，北京大学出版社 2002 年版，第 321 页。

觉使人们感觉到自己不能离开社会，不能破坏社会连带关系，必须在一定的社会中生活。公平的感觉是个人自由的自觉意识，人作为人，既具有社会性，又具有个性，而对其个性的认识和尊重，使他感觉到自己在社会中的存在和应享有的待遇，感到自由，感到得其所哉。狄骥进一步将正义分为两种：赏罚公平和交换公平。所谓赏罚公平是指一个人合理地享有应得的报酬和地位的感觉，他说："一切人都有这样的感觉：每一个人对他在社会集团中所完成的工作必须按比例获得一种工资，换句话说，一切个人在集体中必须有一种与他所处的地位或他所服务的相适应的地位。——这就是如同亚里士多德一样所了解的公平，而神学者则称它为赏罚的公平。"所谓交换公平，是指社会交换中的公平之感。它要求"在价值和服务的交换之中尽量持有价值和服务的交换之间的平等"。狄骥认为，正义感是产生法律的重要前提条件之一，他说："一种法律规则永远是建立在一种社会需要之上，建立在一定时期人们自觉意识上所存在的公平感之上，不符合公平的一种规则，永远也不是一种法律规则。"①

德沃金曾提出过"社会三种模式说"，其中第三种为具有"连带性质"的政治社会，只有当人们承认"他们的命运以某种强有力的方式连在一起"时，人们才是真正政治社会的成员。德沃金指出，连带社会使全体公民的责任特殊化：每个公民尊重他所处的社会的现有政治安排中的公平和正义的原则；它使这些责任充满个人性质，规定不得抛弃任何人，无论是好人还是坏人都共同生活在政治社会中；连带关注的基本原理是，人人都有价值，人人都必须得到平等的关注。②

在早期资本主义社会，流行一种社会达尔文主义，这种个人独立的意识将每个人都看做是自己命运的主宰，因而它虽然有反封建的意义，但也蕴涵着每个人必须对自己的生活状况负责。于是，贫穷的人、残疾人这些不幸运者的处境，被看做是由个人的缺陷造成的。直到20世纪初，人们才普遍认识到，生活在社会中的人是互相依赖的，一个人面临的问题也许并不是由他自身造成的。20世纪二三十年代的大萧条，进一步用放大的方式暴露了市场机制的缺陷：任何人都可能陷入无助的地步，而责任不完全在于他们自己。这时人们终于普遍认识到，对于一些个人解决不了的问题，家庭有时也

① 严存生：《论法与正义》，陕西人民出版社1997年版，第101—105页。
② ［美］德沃金：《法律帝国》，李常青译，中国大百科全书出版社1996年版，第189—191页。

帮不上多少忙。现代社会的核心家庭规模太小，难以照顾和养活患病、残疾、年老体弱和失业的家人，个人和家庭不可能抵御所有风险，有些风险必须社会化。[1]

4. 社会主义理论

（1）民主社会主义者的理论

民主社会主义者对于社会主义目标能否在市场秩序内实现，没有达成一致意见。于是，一些思想家主张混合经济，即把私人企业和国家干预混合在一起。这是因为他们看到资本主义体制中两大变化：其一，现代政府在经济生活和其他领域中都担任着重要角色；其二，优秀企业家已大幅度减少了，现代企业的所有权已被分散并且和管理权分开。资本主义已经被"驯服"，最终的混合经济完全与社会主义的目标相吻合，即对政府而言，在商品、收入和权利的分配上，它起到了积极的作用。

在英国，以乔治·萧伯纳等为代表的民主社会主义费边学派，于1889年首次出版了《费边论丛》，系统地阐述了该学派的观点。其一，社会改革是渐进的，只能通过群众心理缓慢地、逐渐地向着新的原则转变，改革才能逐步实现。他们要求一切重大变革必须是民主主义的、渐进的、合乎道德、合乎宪法的，和平的变革，竭力反对用革命的暴力推翻资本主义。其二，他们的社会主义，在经济上是"市政社会主义"和合作社，即认为只有扩大市政当局对煤气、电力、自来水等企业和其他公用事业的所有权，加强政府对私人企业的管理，就是实行市政社会主义。其三，"消灭贫困，合理分配收入"。他们认为，社会主义关心的中心问题是平等问题，而平等的实现有赖于公平合理的分配。只要社会存在收入分配不公，就不免在人们之间筑起鸿沟，而导致社会各种动乱。因此，将国有化看作改变所有制和使生产者摆脱处于受束缚状态的主要措施。

民主社会主义的观点与马克思主义学说针锋相对，而与凯恩斯的经济学说非常接近，因为后者承认资本主义经济的运行不可能趋于自动均衡，在资本主义社会，确实存在收入分配不公和食利者阶层等不合理现象，从而要求国家进行干预。这样，费边学派的国有化措施和凯恩斯的经济政策在英国殊途同归，使得英国政府采取管理资本主义的特殊方式，即采取"混合型经济"和"福利国家"的政策目标。[2] 民主社会主义者认为，制度的变化已大

---

[1] 胡鞍钢等主编：《第二次转型国家制度建设》，清华大学出版社2003年版，第282页。

[2] 魏新武：《社会保障世纪回眸》，中国社会科学出版社2003年版，第89—90页。

大减少了资本主义的罪恶，使市场体制更符合社会主义的目标。

（2）马克思主义者的理论

马克思主义思想的中心内容是：经济、政治和社会结构主要是由生产方式决定的，资本主义的生产方式不仅导致经济组织的特殊模式，而且不可避免地导致社会阶级和政治权利的一种特别的和不平等的结构。马克思认为，在资本主义社会，拥有财富或独立生产手段的资本家与靠出卖劳动力而获得收入的工人是不可能平等的，拥有较多权利的极少数人通过榨取剩余价值进行剥削，进而分享较大份额的劳动成果。因此，对于不人道的资本主义制度，马克思的态度是"完全抛弃而不是改革"，不是主张实行私有企业和国家干预的混合经济，因为资本家和工人之间的矛盾是内在的和不可避免的。

按照马克思的观点，"社会总产品首先应当做有关维持生产和扩大再生产的三项扣除，即：第一，用来补偿消费掉的生产资料的部分。第二，用来扩大生产的追加部分。第三，用来应付不幸事故、自然灾害等的后备基金或保险基金。"剩下的总产品在作为消费资料分配前还要扣除，"第一，和生产没有关系的一般管理费用。第二，用来满足共同需要的部分，如学校、保健设施等。第三，为丧失劳动能力的人等等设立的基金。总之，就是现在属于所谓官办济贫事业的部分"。① 有学者认为，马克思所说的第三项基金，即是国家社会保障基金。② 有学者则持完全相反的看法，认为马克思所说"官办济贫事业"与社会保障是两码事，济贫是一种慈善行为，而社会保障是公民应当享有的一项权利。③ 马克思在没有看到德国社会保险制度的建立时就与世长辞了，他所说的"基金"究竟指社会保障基金还是社会救济基金，我们应根据社会保障制度发展的历史进程，以及马克思所说的"基金"的功用和实现机制，进行分析和确定。

对于福利国家，马克思主义者认为，它是统治阶级交付的一种赎金，是处理经济和社会问题的表象而不是原因，由于它支持了资本主义制度，因而它是有害的。他们还认为，在福利国家，国家不是中立的仲裁者，也不是仅仅为了资产阶级利益而存在，它是对来自工人阶级和资产阶级压力的一种回应：对于工人阶级，它满足其需要和扩展其权利；对于资产阶级是加速其资本积累。在马克思主义者看来，福利国家的作用是矛盾的，"它既体现了增

---

① 马克思：《哥达纲领批判》，人民出版社 1997 年版，第 12 页。
② 刘燕生：《社会保障的起源、发展和道路选择》，法律出版社 2001 年版，第 22 页。
③ 魏新武：《社会保障世纪回眸》，中国社会科学出版社 2003 年版，第 91 页。

加社会福利，发展个人权利，增加社会对市场力量盲目性作用的控制趋势；同时，它又体现了镇压和控制人们，使他们适应资本主义经济要求的趋势"。①

5. 人权理论

现代社会对权利性质的认识经历了一个漫长的过程。以自然人性的假设为前提的自然权利论，阐述的是基于人性平等的道德权利论。道德权利论以自我中心主义的态度建构个人与社会、公民与国家的权利关系，这就使得自然权利论不可避免地包含利己主义的成分，即：人人都享有天赋的自由、平等权利，不受约束的自由和自主地寻求个人需要的满足是实现个人权利的保证。既然人生而平等、自由，人们就不能容忍一部分人因为地位、财产、收入或其他社会原因过着优裕的生活，而另一部分人遭受贫穷和饥饿，由此就产生出人道主义和利他主义的道德要求。社会福利与福利权利的理念正是出自人道主义的考虑。自然权利论中包含的自我中心的利己主义和人道主义的利他主义这两种道德观上的对立，在其他经济、政治、社会、文化因素的作用下，产生出两种截然相反的现代权利理论，即个人（自由）主义的消极权利理论和集体主义的积极权利理论。前者否认任何福利权利，主张福利完全由自己负责的自由主义，认为最大限度的个人自由是个人福利的最有力保障，完全的市场经济使每个人都能发挥自己的能力来使自己幸福，任何为了福利的需要而限制市场自由的做法都是不能容忍的，放任自由的市场和"守夜人"式的国家是保护个人自由的最好方式。后者则认为，社会应当采取有效措施促进人的权利的发展，以使个人的福利得到最有效的保护，避免市场失灵损害个人权利，主张福利由社会负责的集体主义，认为权利是关乎人的福利的概念，它只能存在于由人们的相互关系构成的社会中，存在于那些规范人们行为的社会规则中，因而必然与集体联系在一起。然而，这两种对立的现代权利理论有一个共同点，那就是从自然权利抽象地、脱离现实社会地看待个人和权利的形而上学的人性论立场，转变为从现实社会本身的结构，从具体的社会人性的立场看待权利。权利理论形态由人道主义向公民权利的转变，为社会福利由慈善救济向制度福利演变提供了理论依据。②

公民权利是一个逐渐演变的过程，在英国，它最初的形态是法律权利，

---

① ［英］尼古拉斯·巴尔：《福利国家经济学》，郑秉文等译，中国劳动社会保障出版社2003年版，第61、67页。

② 钱宁：《从人道主义到公民权利》，《社会学研究》2004年第1期。

表现为 18 世纪对人身自由的保护，包括言论、思想自由及接受公平的司法审判的权利；19 世纪公民权利主要表现为政治自由权，包括公民的选举权和被选举权；20 世纪公民权利表现为社会权利，包括养老、医疗、教育、住房等基本生活保障权，以使人人能过上体面有尊严的生活。为人们提供社会保障旨在缩小社会贫富差距、消除贫困、促进人在社会与文化上的全面发展，以最大限度地体现社会公平。可见，公民权利的实现依赖于人的社会权利的确立和实现，而社会权利是以社会福利的实现为基本目标的普遍人权的表达。1948 年联合国大会通过的《世界人权宣言》与 18 世纪的《人权宣言》的根本区别在于，前者既包括与公民的政治活动和刑法程序有关的消极权利，也包括关系到国家对于个人积极义务的社会和经济权利，而后者只包括不受他人干涉的自然权利。《世界人权宣言》要求国家或社会履行对于公民的福利责任，以保障福利权利这一公民基本权利的实现。它表明，人们的社会福利，仅仅靠人道和慈善是不能保障的，它必须通过法律制度对人们之间权利义务的确认，建立起个人与国家或社会的一种确定的权利义务关系来加以保障。① 社会福利不能从超越于社会的自然权利中获得，而只能从个人与社会的互动关系中获得，从社会原因上寻找消除贫困、贫富差距的措施，实现社会平等和社会公正。在公民权利理念下，个人对国家有了社会福利的要求权，而国家必须依法履行对于公民的社会保障责任。人权理论和实践的发展，使得人是社会中一切经济、政治、文化活动的目的这一问题更加清晰，即人类的一切活动和努力都旨在使人们的生活不断得到改善，使人得到全面发展。

（二）社会保障制度据以确立的经济理论

社会保障是一种再分配的制度，它追求的是公平或至少是某种程度的公平，是政府干预市场分配结果的一个手段，因此它首先是一种经济制度，是经济学家长期的研究对象。经济学家的经济理论中包含的社会保障思想，是社会学家和法学家了解和分析各个国家社会保障制度建立和发展的历史轨迹的理论基础。没有经济学家有关社会保障经济理论的启迪，不了解各个国家社会保障制度确立的经济理论背景，我们就无法了解同样是发达国家的美国和英国为什么社会保障制度会有那么大的差异，也不能从不同国家的社会保障制度的建构中获得有益的经验和借鉴，从而使我们进行的对策性研究成果

---

① 《中国人权百科全书》，中国大百科全书出版社 1998 年版，第 783 页。

不能在我国社会保障制度的健全和完善中发挥应有的作用。

自 18 世纪末以来，相继产生了多种经济理论，对欧美国家以及其他国家社会保障制度的建立和发展产生过重大影响。

1. 国家干预主义理论中的社会保障思想

（1）以施穆勒、布伦坦诺为代表的德国新历史学派

19 世纪初期，德国还是比较落后的资本主义国家，为了保护和发展德国民族经济，以对抗英法等发达资本主义国家推行的经济自由主义理论和政策，德国历史学派应运而生。19 世纪 70 年代形成的新历史学派是由 40 年代的旧历史学派演变而来的，它与旧历史学派的显著区别之一是，它非常强调伦理道德因素在经济生活中的地位和作用，它所主张的国家福利的社会保障思想，对于德国首先在世界上建立社会保险制度，产生了重大影响。

新历史学派的代表人物认为，德意志帝国面临的最严重的社会经济问题是劳工问题，而劳资冲突是一个伦理道德问题，是劳资双方在感情、教养和思想上的差距引起的对立，而不是经济利益上的对立，因而不需要通过社会革命来解决。也就是说，不需要打破现存的关系，而只要对工人进行教育，改变其心理和伦理道德观念，填平两者在理想、精神和世界观方面的深渊，就可以解决问题。他们主张国家至上，认为在进步的文明社会中，国家的公共职能应不断扩大和增加，凡是个人经过努力不能达到的目标，都应当由国家来实现。国家应通过制定劳动保险法、社会救济法等法律直接干预经济生活，自上而下地实行新的社会改革，负起"文明和福利"的职责，就能缓和劳资矛盾。这些既反对"经济自由主义"又反对"马克思社会主义"的主张被俾斯麦政府所接受，成为德国制定一系列社会保险法的理论依据。[①]

（2）以凯恩斯理论为代表的福利经济学说

福利经济学将福利分为个人福利和社会福利，认为个人福利的总和构成社会福利。经济福利是指可以直接或间接用货币来衡量的社会福利。福利经济学是社会保障制度建立的重要理论根据，它的代表人物及其思想主要有：

一是亚当·斯密的微观经济福利学说。亚当·斯密是古典政治经济学的完成者。斯密认为，工资劳动者的社会生活状况是影响社会的重要因素，所以，应当给工资劳动者以较充足的劳动报酬。因为"充足的劳动报酬既是

---

① 郑秉文等主编：《社会保障分析导论》，法律出版社 2001 年版，第 18 页；和春雷主编：《社会保障制度的国际比较》，法律出版社 2001 年版，第 20 页；李珍主编：《社会保障理论》，中国劳动社会保障出版社 2001 年版，第 39 页。

财富增加的结果，又是促进劳动力增长的原因"。"劳动报酬优厚，是国民财富增进的必然结果，同时又是国民财富增进的自然征候。反之，贫穷劳动者生活维持费不足，是社会停滞不前的征候，而劳动者处于饥饿状态，乃是社会急速退步的征候。"斯密的这些观点表明他主张国家保障劳动者的生活状况，并指出保障劳动者基本生活与经济发展是相辅相成的。①

　　二是庇古的微观经济福利学说。20世纪初，以探讨个人和组织之间的交换过程的微观经济学家，以"社会应当为最大多数人提供最大限度幸福"的价值判断为宗旨，研究如何使一些人的福利增加，同时又不使另一些人的福利减少，从而逐步地使社会总福利增加的问题。这种被称做微观经济福利学说的代表人物，是近代经济学家庇古。被称为福利经济学之父的英国经济学家庇古以边际效用价值论为基础，主张政府干预再分配或第二次分配，以增加社会福利。在他1920年出版的巨著《福利经济学》中，主张用经济学"作为改善人们生活的工具"，"要制止环绕我们的贫困和肮脏、富有家庭有害的奢侈，以及笼罩许多穷苦家庭朝不保夕的命运等罪恶。"在庇古看来，为增进社会福利，一个社会就要在两个方面作出努力：一是为增加社会福利就必须增加国民收入量，而要增加国民收入量，就必须使生产资源在各个生产部门中的配置能够达到最优状态；二是由政府向富人征收累进所得税和遗产税，然后将这笔财富以补贴方式转移给穷人，那么社会的总福利就会增大，因为穷人对于一定数量和质量的货币或商品的满足程度，大于富人对于同等数量或质量的货币和商品的满足程度，这种转移将成为扩大社会经济总福利的途径。庇古的只有将转移的财富更多地用于穷人的教育、培训、医疗卫生和营养，而不是用于改变购买力水平，这种财富的转移才能增加社会总福利的命题，是主张国家干预国民收入分配并使收入均等化的开创性理论。②

　　在以上理论分析的基础上，庇古提出了一系列实施社会保障计划的准则与措施：第一，福利措施应当不以损害资本增值和资本积累为宗旨，否则就会减少国民收入和社会福利；第二，无论实行直接转移收入还是间接转移收入措施，都要防止懒惰和浪费，以便做到投资于福利事业的收益大于投资于机器的收益；第三，反对实行无条件的补贴，最好的补贴是"能够刺激工

---

① 刘燕生：《社会保障的起源、发展和道路选择》，法律出版社2001年版，第22页。

② 李琮主编：《西欧社会保障制度》，中国社会科学出版社1989年版，第148页；李珍主编：《社会保障理论》，中国劳动社会保障出版社2001年版，第68页。

作和储蓄"的补贴，在提供补贴时，应先确定受补贴者自己挣得生活费用的能力，再给予补贴。否则，就会使某些有工作能力的人完全依靠救济。庇古首次将社会福利与国民收入联系在一起，又将社会保障发展与国民经济发展联系在一起，从而使充分就业、经济安全等福利国家的目标具有全社会的性质，因而他的理论对于英国福利国家的形成产生了重要的推动作用。①

三是以帕累托、萨缪尔森等为代表的新微观经济福利学说。20世纪40年代，西方经济学在批判和吸收庇古旧福利经济学的基础上形成新福利经济学，亦即现代西方福利经济学。新微观经济福利学派提出，任何一种经济政策的改变都会使一方得益而另一方受损。要使该项经济政策符合福利增长的原则，就必须首先确保受损的一方得到充分的补偿，而与此同时，社会上的其他成员的状况则由此项政策而得到了充分的改善。新微观经济福利学派主张的实质，是在有限程度上调整分配政策，以达到增进福利的目的。他们认为，最大福利的内容是经济效益，而不是收入的均等分配。当资源得到最适度的配置时，经济就是有效率的，因而才能达到最大社会福利，这就是福利经济学的核心概念"帕累托最优"。微观经济福利理论为国家制定福利政策和创立福利设施，提供了测量经济效益的理论基础。例如，萨缪尔森认为，在一定的收入分配条件下，社会福利的最大化就在于个人对各种不同配合的选择，个人的自由选择是决定个人福利最大化的重要条件，而社会福利又总是随着个人福利的增减而增减。因此要使社会福利最大化，政府应当保证个人的自由选择，进行合理的收入分配。② 在这一理论基础上，西方国家的一些具体的福利措施，就采取了以现金福利代替实物福利的做法，以便人们能够根据自己的爱好选择消费，从而扩大满足程度，增进福利。这就是在当今西方各国的福利政策中现金补贴被普遍应用的原因所在。萨缪尔森认为，资本主义国家的发展趋势是，政府和私人在经济方面同时发挥作用，由此形成混合型经济。这种混合型经济并不意味着向公有制的过渡，而是从私人经济向以社会福利为重点的公私混合型经济的过渡。在这种理论基础上建立起来的福利国家，则有相当分量的公有制经济，以及在这些国家中的社会党人，像不倒翁一样的、相对长期的、稳定的执政党地位。③

---

① 郑秉文等主编：《社会保障分析导论》，法律出版社2001年版，第20页。

② 李琼主编：《西欧社会保障制度》，中国社会科学出版社1989年版，第149—151页；李珍主编：《社会保障理论》，中国劳动社会保障出版社2001年版，第70—73页。

③ 魏新武：《社会保障世纪回眸》，中国社会科学出版社2003年版，第85页。

四是凯恩斯的有效需求理论与国家干预思想。凯恩斯的理论体系是资产阶级经济学中影响最大的经济理论和政策体系。其理论形成的历史背景是：1929—1933 年资本主义世界发生了严重的经济危机，失业问题严重，社会动荡不安，当时占统治地位的新古典经济学说有关资本主义制度可以通过自动调节实现充分就业的理论，不仅不能解释也不能解决资本主义经济危机所带来的社会问题。在这种情况下，凯恩斯指出，有效需求不足是发生经济危机和严重失业的根本原因，认为只有依靠国家对于经济的干预和调节，刺激有效需求，才能使资本主义经济实现充分就业。1936 年，凯恩斯发表了他对资本主义世界有深远影响的《就业、利息和货币通论》一书，凯恩斯的基本观点是：社会就业量取决于包括"消费需求"和"投资需求"在内的"有效需求"。所谓"有效需求"，就是商品总供给价格和总需求价格两者达到均衡状态时的总需求。在这种情况下，生产和就业也达到了均衡状态，就业也达到了"充分就业"水平。他指出，资本主义社会所以发生周期性危机，造成大量的"非自愿性失业"和贫富悬殊现象，就是由于有效需求不足造成的。因此，必须放弃自由放任原则，而由国家直接干预社会的经济活动。国家干预的方式是，由政府采取财政金融措施，扩大政府财政开支，借以建立人为的补充需求。在出现生产能力过剩，对有支付能力的需求相对缩小时，国家就不惜实行财政赤字政策，通过增加社会福利开支、举办公共工程等措施，作为政府刺激消费和扩大开支的手段。在这里，增加社会福利开支，实行社会保障制度，就是国家干预国民收入再分配的一种表现形式。①凯恩斯正是从所谓有效需求不足和市场机制无法使经济达到充分就业均衡的论断，推导出只有依靠国家干预才能使资本主义经济实现充分就业的政策性结论。

凯恩斯理论，尤其是有效需求理论是现代社会保障制度建立的理论基石之一。因为他认为，国家对社会福利领域的干预有助于增加消费倾向，实现宏观经济的均衡。其作用的机理是，社会保障收入在经济萧条时增加缓慢，而支出增加迅速；在经济繁荣时，收入增加迅速，而支出增加缓慢，社会保障的这种收支一快一慢的运动就会自发地作用于社会总需求，从而具有调节和缓和经济波动的自动稳定器的作用。②凯恩斯的宏观经济理论从资本主义经济大危机到第二次世界大战以后很长时期占据主导地位，成为社会保障领

---

① 魏新武：《社会保障世纪回眸》，中国社会科学出版社 2003 年版，第 84 页。
② 郑秉文等主编：《社会保障分析导论》，法律出版社 2001 年版，第 21 页。

域的里程碑，是第二次世界大战以后社会保障制度在世界范围普遍建立的直接推动力。

（3）以蒂特穆斯为代表的干预主义社会福利理论

19世纪，英国社会主义者矿产主罗伯特·欧文，由于为自己雇佣的工人提供高过当时普通水准的福利设施和工资待遇，为工人兴建住宅和工人子弟学校，而使得阶级冲突淡化、生产效率提高。欧文的做法给第二次世界大战以后的西方社会主义者和社会民主主义者以极大的启迪，他们认为，暴力革命和无产阶级专政本身并不是社会目标，因此它们作为实现社会平等目标的手段业已过时。认为像欧文那样，通过调整分配，增加工人福利，同样可以改善工人的生存环境和促进社会发展。于是他们放弃关于社会主义理想本身是否正确的争论，而集中精力探讨实现社会主义的途径。他们主张民选的国家应当通过制定各种社会福利政策对经济和社会生活进行有效干预，以达到消灭剥削、消除社会不平等的目的。

20世纪中叶，自称是社会主义者的蒂特穆斯认为，所谓社会福利问题应当也只能是，"当我们这个社会变得富裕起来以后，我们社会的成员是否应当在社会、教育和物质方面更加平等？"这就是蒂特穆斯的社会主义价值观。他认为，经济的增长不一定能够自然而然地解决社会上的贫困问题，也没有任何事实能够证明自由市场经济可以消除人间的歧视和屈辱，能够提高人类的福利。事实是，人的选择的自由依其社会地位而异，因此如果不是通过国家干预来改造社会，而是片面地强调发展市场经济，就是"坏的冒险"。①

2. 经济自由主义理论中的社会保障思想

（1）以美国拉弗、罗伯茨等为代表的供应学派

供应学派是20世纪70年代在美国兴起的反对凯恩斯主义的需求理论、而注重供给理论的一个学派。供应学派认为，70年代的问题在于投资率减少，技术进步放慢，生产率下降，总之是由于供应不足引起的。而供应不足的原因在于凯恩斯主义人为地刺激消费。他们认为，社会福利旨在维持个人所得水平，使个人具有消费能力，不致因不幸遭遇而挨饿，而不管其是否工作或储蓄。当人们认为依靠失业补偿金生活胜于工作时，社会福利制度实施的后果则是"鼓励那些不工作的人，打击在工作的人"。而且社会福利制度使那些想改善自己的生活以致最后摆脱依赖社会福利的人的愿望永远不得实

---

① 李琼主编：《西欧社会保障制度》，中国社会科学出版社1989年版，第158—160页。

现。[1] 他们认为社会保障制度应当这样设计：既能帮助真正需要帮助的人，又能给那些正在工作的人以最大激励。只有当人们从事工作和储蓄，进而提高全国的资本存量时，才有国家财富的分配可言。

（2）以美国社会学家帕森斯为代表的功能主义与社会福利学说

帕森斯是20世纪功能主义的代表人物，他认为，一种运行有效的社会系统应具备的功能有四种：第一，适应功能，它使社会系统能适应环境的变化而生存并满足其成员的基本需要；第二，目的功能，任何有效的社会系统都必须有共同的目标，都必须对如何实现这些目标有一致的观点；第三，潜在维持功能，这是任何一种社会系统赖以持久生存的价值观念，它能产生适当的动力使该社会系统完成其既定目标；第四，整体功能，社会系统据此功能协调系统中各组成部分，阻止反常行为发生，保证内部的完整和团结。根据上述基本理论，功能主义认为，社会福利事业的发展不能仅仅解释为慈善事业在现代工业社会的发展，还应当被看做是社会系统逐步完善其功能以适应变化了的社会需求的过程。英国在第二次世界大战以后建立的国民保险制度，正是1905年济贫法在新的政治结构中的完善，因为只有这样的制度能够解决英国当时的社会矛盾和问题。

戴维斯、莫尔、莫顿等社会学家发展了帕森斯的理论，他们认为，社会要保证给不同职位的人以不同的报酬，使不平等制度化、规范化，只有这样才能保护人们向上发展追求的动力。如果以消除贫困为目标的社会福利不断增高，将会使人们宁愿坐享清福，也不愿意参加劳动。因此在建立社会安全网、推行公共援助计划、提高穷人的生活水准的同时，要采取非平均主义的社会保险政策，让那些对社会贡献大、缴纳社会保险费多的人能够享受较高的福利待遇。由于功能主义注重研究社会稳定的因素，力图消除社会异化的现象，保持社会的完整性，因而是一种保守主义的社会理论。[2]

3. 新自由主义经济理论中的社会保障思想

自从福利经济学和福利国家论产生以来，就有一些经济学家对其所主张的政府承担全面责任的社会福利思想提出不同或反对的见解，特别是20世纪70年代中期以来，欧美发达国家的经济陷入"滞胀"，高福利日益成为各

---

① 李珍主编：《社会保障理论》，中国劳动社会保障出版社2001年版，第52—54页；李琮主编：《西欧社会保障制度》，中国社会科学出版社1989年版，第155页。

② 李琮主编：《西欧社会保障制度》，中国社会科学出版社1989年版，第161—163页。

国沉重的财政负担，直接导致了福利经济学和福利国家论的危机，凯恩斯主义国家干预理论地位受到动摇。一些经济学家在反思了福利经济学和福利国家论的缺陷以后，依据不同的立场，提出了不同的改革主张。其中影响最大的是新自由主义经济学（新保守主义经济学）。

新自由主义经济理论的代表人物，当属德国被称做"经济奇迹之父"的路德维希·艾哈德。他主张限制国家干预经济的权力，确保市场自由竞争和生产资料的私人所有，在竞争的基础上，将市场自由原则和社会均衡原则结合起来。按照他的经济理论，市场的力量是社会进步的基础，但社会安定又是使市场充分发挥作用的保证。因此，必须实行"根据市场经济规律进行的，并以社会为补充和社会保障为特征的经济制度"，亦即社会市场经济。社会市场经济一方面主张国家干预，但这种干预又区别于社会主义国家的管制。社会市场经济所要的是国家有限干预下的自由竞争，通过国家适当干预来维持正常的竞争秩序，以自由竞争来实现经济繁荣。他认为，在自由放任的市场经济中，贫富对立是一种普遍的现象，社会市场经济与自由放任市场经济的根本差别就在于，前者追求的目标是消灭贫富之间的差距和对立，使全体国民都享受到社会发展所带来的成果。为此，不仅要在经济利益和经济权力方面实现最大限度的公平，而且要实行经济人道主义，使人们在丧失劳动能力或遭遇不幸而生活陷入困境时能够获得保障。但是他反对福利国家的口号，他认为，现代国家应当不断地增加社会福利，但有效的社会福利计划必须以不断增加国民收入为前提。在国民收入没有大幅度增加的情况下，用增加社会福利支出的办法来提高大众福利，其后果事与愿违。在国民收入不增加的情况下，增加福利支出，将会埋下通货膨胀的隐患，使得社会福利成为无源之水。而且高福利会销蚀人们的工作热情和进取精神，破坏经济发展。因此，社会市场经济所要实现的大众福利并不是以收入分配公平为目标的再分配政策，也不是由政府不断增加福利支出来实现的，而是通过发展生产来实现的。①

新自由主义经济学的代表人物，还有美国的弗里德曼、哈耶克、芒德尔、布坎南等人。新自由主义认为福利国家的弊端是，首先，它对个人自由构成了威胁。福利政策是由少数政府官员和专业人士制定的，这些政策不能很好地反映选民的福利意愿，而是满足了决策人士的个人效用最大化，比如

① 李珍主编：《社会保障理论》，中国劳动社会保障出版社 2001 年版，第 59—60 页；李琼主编：《西欧社会保障制度》，中国社会科学出版社 1989 年版，第 210 页。

追求获选，因此人们的自由和责任遭到了削弱。其次，导致经济运行效率低下。经济运行效率低下是由于决策者为追求政治目的而提供过剩福利，导致一些人工作积极性不高造成的。再次，对经济具有破坏力。因为高福利导致高税收，使得企业不愿意多投资和创造价值，资本积累和竞争动力不足。最后，对社会发展具有破坏力。高福利助长了人们的懒惰和依赖思想，销蚀人们的自强、自立和自我负责的精神。他们认为，社会保障领域应实行市场化和自我负责，降低国家的作用，建立人们的自我保障意识，同时，家庭也要为其成员的福利承担责任。具体而言：第一，社会保障只提供基本生活保障，即保护社会底层的居民不因初次分配或市场力量而处于不利地位时陷入困境；第二，在保障资金的来源上，企业和个人应当承担主要的责任，国家只是在个人收入和财富不足时才介入；第三，在社会保障的管理上，主张民营化、私有化、市场化，即将国家原来在社会保障上的职责改由私人机构承担，并按市场化规律运作。弗里德曼认为："现在的多数福利项目本来就不该实行。如果没有这些项目，许多依赖于这些项目的人就会变成自立的个人而不是受国家保护的人，这在短期内对有些人可能显得很残酷——但从长远看这要人道得多"。因此，弗里德曼认为，社会福利政策应是"临时性的"，是消除和减少社会冲突的社会措施和政治机制，是保护财产权、预防暴力行为的权宜之计。并要求对福利国家的理论和实践进行全面地审判。①

新自由主义经济学在 20 世纪 70—80 年代由于更适合当时经济发展的需要而成为一些国家的官方经济学，但由于其忽略了市场失灵的情况，例如，失业率增加和贫富悬殊加大等，而被决策者逐渐放弃，继而采用新自由主义和凯恩斯主义相结合的策略对本国的社会保障制度进行改革。

4. 马克思主义理论中的社会保障思想

（1）马克思主义理论中的社会保障思想

1848 年，欧洲爆发了社会主义运动的高潮，马克思和恩格斯的《共产党宣言》在这个时候出版发行。《共产党宣言》宣称，工人阶级通过科学社会主义取得战胜资本主义的胜利是不可避免的。马克思认为，由于在经济上占统治地位的阶级利用手中的经济实力使自己上升为政治上的统治者，并利用政治权力维护其经济剥削。资本主义国家机器就是维护资产阶级经济和政治统治的工具，因此工人阶级必须打碎旧的国家机器，实行社会主义公有制和无产阶级专政，人民的福利需求才能取代资本的积累而成为生产的目的。

---

① 李珍主编：《社会保障理论》，中国劳动社会保障出版社 2001 年版，第 295—296 页。

在这里，马克思剖析的是 19 世纪传统的自由资本主义的特征。可是，马克思在没有看到德国社会保险制度的建立时就与世长辞了，所以，他不可能论及通过社会保障的方式医治资本主义社会贫穷弊病的问题。

到了列宁时期，社会保障制度已在欧洲各国建立起来。当时沙皇俄国40% 的城镇人口中有约 17% 的雇佣劳动者能够获得国家提供的社会保险待遇，社会保险费由雇主和雇员按比例分担。① 列宁针对当时工人承担社会保险费的情况，提出尖锐的批判："雇佣工人以工资取得的那一份自己创造的财富，非常之少，刚能满足最迫切的需要。因此，无产者根本不能从工资中拿出一些钱储蓄，以备在伤残、疾病、老年丧失劳动能力时，以及与资本主义生产方式紧密联系的失业时的需要。因此，在上述各种情况下对工人实行保险，完全是资本主义发展的整个进程决定的改革。"② 列宁在 1912 年俄国社会民主工党第六次布拉格全国代表会议上指出，"最好的工人保险形式是国家保险，这种保险是根据下列原则建立的：（1）工人在下列一切场合（伤残、疾病、年老、残疾；女工还有怀孕和生育；养育者死后所遗寡妇和孤儿的抚恤）丧失劳动能力，或因失业失掉工资时国家保险都给工人以保障。（2）保险要包括一切雇佣劳动及其家属。（3）对一切保险者都要按照补助全部工资的原则给予补助，同时一切保险费用都由企业主和国家承担。（4）各种保险都由统一的保险组织办理。这些组织应按区域或被保险者完全自理的原则建立"。③ 列宁的主张是对资本主义社会保险制度责任分担原则的彻底否定。很明确，在十月革命后建立起苏维埃共和国，实行的是完全不同于西方资本主义国家的社会保障制度，即"国家保险"，而劳动者不尽任何义务的社会保险制度，这一社会保障制度为以后建立的各个社会主义国家所效仿。

（2）现代马克思主义者的社会保障理论

第二次世界大战以后，在西方各工业化国家，政府在经济社会生活中的作用发生了巨大的变化，包括实行福利国家政策。现代马克思主义者约翰·沙维对福利理论进行了新的探讨。他认为，福利国家的产生主要是社会主义运动的成果，尤其是社会民主主义政府的功绩。福利国家的形成主要由三个因素促成：第一，工人阶级反抗剥削的斗争取得了一定的成功；第二，工业

---

① 魏新武：《社会保障世纪回眸》，中国社会科学出版社 2003 年版，第 91 页。
② 《列宁全集》第 27 卷，人民出版社 1959 年版，第 398 页。
③ 《列宁全集》第 17 卷，人民出版社 1959 年版，第 449 页。

资本主义需要有更适宜其发展的环境，特别是更高水平和技能的劳工队伍；第三，资产阶级已经意识到必须为政治局势的稳定付出某些代价。他指出，如果就其给社会带来的安全与平等的效果而言，福利国家政策确实使资本主义制度发生了巨大变化。德国马克思主义者克劳斯·奥佛认为，发达的资本主义社会中贫穷和富足并存，而福利国家的到来并没有改变这种状况，福利国家绝不代表资本主义社会的结构性改变，当国家向下层阶级表示家长式关怀时，结社的工商业从国家的福利政策中获得了更大比例的好处，因为中上等阶层总是能设法享受更高的社会福利和更好的社会服务。总之，由于社会福利政策有益于资本主义经济的有效平稳发展，有益于资产阶级的社会控制，有益于阶级矛盾的缓和与社会秩序的稳定，因此发展社会福利的建议总是由统治阶级首先提出。现代马克思主义者对资本主义福利国家政策的分析是深刻的，由此也可以看出，现代马克思主义注重研究资本主义国家的功能性发展。①

　　上述各种理论为各个国家社会保障制度的建立提供了理论支撑。100 多年来的社会保障立法及其实践证明，在建立起社会保障制度的国家，社会福利制度不仅是给穷人撒下的最后一张安全网，而且也是给现存制度撒下的最后一张安全网。社会保障制度成为社会主义者、劳工、激进的改良者以及维护现存制度的明智之士共同关心的问题，为以后政治上的协商一致奠定了基础。但是，由于各国社会保障制度确立的理论基础不同，甚至相同的理论对不同国家社会保障制度的影响程度不同，因此，即使在相同的经济制度和相似的经济发展状况下，各国社会保障制度仍然存在着巨大的差异。

三　社会保障制度的类型

　　各个国家的不同党派、不同政治力量和利益集团，在国家和社会承担不承担以及如何承担社会保障的责任上，历来就有不同主张。而各党派的社会保障政策，都是以一定的经济、政治学说为其理论依据。西欧各国有两种主要的政党和社会政治思潮：保守主义的和社会民主主义的。而上述的社会改良理论和保守主义的理论，又依附于各相应政党，成为他们确立本国社会保障政策的理论依据。虽然各国社会保障制度的立法及其内容有差异，甚至是很大的差异，但是，按照政府对社会保障制度干预程度，学界将国际范围的

---

①　李琮主编：《西欧社会保障制度》，中国社会科学出版社 1989 年版，第 167 页。

社会保障制度分为以英国、瑞典为代表的福利型社会保障制度；以德国、法国为代表的保险型社会保障制度；以美国为代表的保障型社会保障制度；以及后起的智利民营强制性储蓄积累式养老保障制度和新加坡国营强制性储蓄积累式养老保障制度几种类型。

（一）　以国家干预主义理论为基础建立起的福利型社会保障制度

1. 英国社会保障制度的建立

（1）英国社会保障制度奠基时期

在19世纪末，英国在进行社会改革的过程中，出现了费边社会主义和新自由主义两种对英国社会保障制度产生重要影响的政治思想。费边社会主义从资本主义外部，新自由主义从资本主义内部，对当时的社会制度进行了批判，并且提出了自己的社会福利主张。前者认为改革只不过是通往社会主义的阶梯，后者则认为通过改革来完善资本主义。这两种政治思想在英国社会保障制度形成的过程中，通过利益集团之间的激烈斗争，最终成为政府决策的依据。

1906年，深受费边社会主义影响、标志英国工人运动进入新高潮的工党成立，该党以费边社的渐进社会主义理论为指导思想，把解决社会贫困，保证充分就业等纳入它们的纲领之中。工党日益发展壮大，成为推动实行社会改良的主要力量。当年，在工党的支持下，信奉新自由主义的自由党取代了执政20年的保守党而上台执政。自由党政府一上台，就颁布了一系列的社会保障法。例如，1906年的教育法、1908年的养老金法、1911年的国民保险法，国民保险法是当时最重要的社会保障法。它规定，所有工资收入者都应参加医疗保险；规定建筑、造船等7个就业状况不佳的行业参加失业保险，这些行业的失业者可以领取失业救济金。在20世纪最初的10年里，自由党政府通过一系列社会法令，使原来由慈善机构和群众性的互助互济组织承担的救助贫困人口的责任开始转化为国家责任。英国政府通过增加所得税和征收烟、酒、汽车、汽油等间接税的办法，筹集社会保障资金，从而在世界上开创了以国家财政手段保证社会保障得以实施的先河，[①]并且为英国成为福利国家奠定了基础。

成立于1884年的费边社是研究社会改良理论的知识分子团体，他们的社会福利主张是：个人必须为社会工作，为公益献身，社会作为回报必须保证

---

①　和春雷主编：《社会保障制度的国际比较》，法律出版社2001年版，第33页。

个人的自我实现。社会中的人应在平等的基础上保持协作关系，贫富不宜过分悬殊，贫困不仅是个人的事，而且也是社会的事，因为社会这个有机体的一部分遭到削弱，势必损害整个有机体的效率，摆脱贫困，过上具有人的尊严的生活是每个人的权利，必须保证每个国民的最低生活标准。政府是一个理想的、可以用来为社会服务的工具，政府有责任采取各种手段，包括某种形式的财富再分配来达到调整市场制度造成的不公正的目的。产生于 19 世纪末 20 世纪初的英国新自由主义的社会福利主张是：在人类社会中，贫困者并不是无能的、不负责任而懒惰的弱者，他们是倒运的人。广泛存在的贫困是社会财富分配不公的结果，其根源是人力和资本的浪费以及机会的不均等。改革的目标应是在社会和个人之间有一种互换的责任和义务，即个人有勤奋工作的义务，社会有为公民提供获得文明生活手段的责任。国家虽无权干预个人对财产的处置，但并不意味着私有财产神圣不可侵犯，国家为了保证所有公民都有公平获得自己那份财产的机会，有权和有责任对个人财产权进行干预。① 这些理论和思想不仅为 1906 年上台的自由党政府制定大量的社会保障法规提供了理论基础，而且为未来建立福利国家提供了理论准备。

从 1906—1945 年自由党执政期间，英国颁布了一系列社会立法，尤其是在 1911 年 12 月 16 日通过了《失业保险法》，这一世界上第一个全国性的和强制性的失业保险法，也是英国第一项直接涉及普通的身体健康工人生活的社会保险政策。1911 年通过的《国民保险法》，是自由党在执政期间最伟大的贡献。因为在 1911 年之前，除了济贫法所涉及的一点医疗服务以外，大多数的医疗保健均为自费，部分人通过互助会解决医疗费用问题。1911年的国民保险法通过以后，参加保险的人在生病时每周可获得最低收入。在 20 世纪的最初 10 年里，英国政府通过一系列社会法令，使原来由慈善机构和互助组织承担的社会保险责任开始转化为国家责任。20 世纪 30 年代发生在西方资本主义世界的经济危机，使英国的各种社会问题达到了极其尖锐的程度。1936 年，凯恩斯发表的《就业、利息与货币通论》否定了 19 世纪的自由放任主义，提出国家干预经济，主张在社会有效需求不足的情况下，扩大政府开支，增加货币供应，实行赤字预算以刺激国民经济，达到增加国民收入，实现充分就业的目的。② 本质上是新自由主义经济理论延伸的凯恩斯

---

① 和春雷主编：《社会保障制度的国际比较》，法律出版社 2001 年版，第 28 页。

② 李琮主编：《西欧社会保障制度》，中国社会科学出版社 1989 年版，第 188 页；顾俊礼主编：《福利国家论析——以欧洲为背景的比较研究》，经济管理出版社 2002 年版，第 6 页。

理论，对当时英国政府的经济政策产生了巨大影响，为英国在第二次世界大战以后建立福利国家提供了理论依据。

（2）英国福利国家的建立

在凯恩斯国家干预主义理论的影响下，在社会保障的历史上具有划时代意义的《贝弗里奇报告》提出：为了确保充分就业，企业应该充分运作而且能够销售它的产品。鉴于此，所有的公民都具有足够的消费能力，是最为重要的。因此，公共权力机构应采取适当的规划，同那些可以引起消费能力降低甚至消失的因素作斗争，失业自然是首当其冲需要消灭的因素。此外，由于风险防备不应是或主要不是个人的任务，而是国家的任务，社会保障是国家经济不可分割的组成部分。疾病这一领域也相当重要，为了确保人人就医，医疗卫生应该国有化。贝弗里奇强烈主张，公共权力的责任是通过扩大财政收入，增加社会福利支出以刺激有效需求；再通过由它所决定的对国民收入的再分配，满足每个人的需求，由此给予人们名副其实的安全感。①

发表于1942年的《贝弗里奇报告》被称做贝弗里奇革命，它的革命性主要表现在：它把社会福利作为社会责任确定下来；它把救济贫困的概念由原来的救济贫民，改变为保障国民的最低生活标准，对于达不到国民最低生活标准的公民，社会有责任为其提供救济。《贝弗里奇报告》主张，实现这些目标的办法，是建立以社会保险为核心的社会保障制度。贝弗里奇的观念和理论体现在他提出的社会保障六项原则上：管理责任统一原则、区别对待原则、全面和普遍性原则、生活资料补贴标准一致原则、保险费标准一致原则、补贴必须充分原则。这六项原则成为日后英国福利国家建立的基石。②

1946年，执政的工党以《贝弗里奇报告》为基础，颁布了一系列社会保障法：1946年颁布了国民保险法、国民医疗保健法、住房法和房租管理法，1948年颁布了国民救济法。以后，经过多次的修改和补充，到了20世纪80年代，英国建立起了真正的"从摇篮到坟墓"的社会保障制度。第二次世界大战以后，随着英国的经济迅速发展，不仅19世纪末大量存在、20世纪30年代依然存在的赤贫现象基本不复存在，而且人们对于"贫困"有了新的理解和解释，人们的社会观念在发生着巨大变化，进一步提出了生活的质量问题。在这些观念的影响下，英国通过制定社会保障法，使社会福利

---

① ［法］让－雅克·迪贝卢：《社会保障法》，蒋将元译，法律出版社2002年版，第22页。
② 顾俊礼主编：《福利国家论析——以欧洲为背景的比较研究》，经济管理出版社2002年版，第6页。

能够覆盖全社会公民基本生活需求的方方面面。原来由家庭和社会慈善机构担负的任务，由国家承担了起来，人们生活的基本需求实现了社会化保障。战后以来，虽然有时也有罢工和冲突，但总地来说，英国的社会是稳定的，这与其社会保障制度的实施是分不开的。[①] 英国建立起的供给型社会保障，以高度集中和税收资助占很大比例为特点，被誉为"福利型社会保障制度"。

2. 瑞典社会保障制度的建立

（1）瑞典早期社会保障制度的建立

1917 年，瑞典改良主义的社会民主党就已进入资产阶级政府。1932 年经济大危机时期成立了社会民主党政府，之后社会民主党独立或联合执政达 44 年之久。这是因为，面对 20 世纪 30 年代的经济大危机带来的大量失业和经济萧条，传统经济学不仅束手无策，而且受到了普遍质疑。而瑞典学派提出的实行国家干预，推行消除失业和通货膨胀的经济政策使国家走出萧条的经济主张反被采用。[②] 从 20 世纪 30 年代起，瑞典的经济学家就一直在探讨从资本主义和平过渡到社会主义的问题。19 世纪末 20 世纪初，瑞典著名经济学家克努特·维克塞尔就提出收入再分配的主张，他认为，资本主义的生产制度是优越的，因为自由竞争能够有力地促进生产发展，促进资源的合理配置。但是，资本主义经济中各阶层的利益并不总是和谐一致的，而是会发生抵触的，财产分配的不公平就很能说明这一点。因此他说："我们一旦认真开始把经济现象看做一个整体，并为这个整体寻求增进福利的条件，就必然为无产阶级的利益进行考虑。"他主张，改革当时的经济制度，改善无产阶级的状况，增进全社会的福利。他提出，扩大公共经济成分，由国家实行再分配政策，以弥补由于根据生产要素边际生产力进行初次分配时造成的收入不平等，缩小人们之间的贫富差距，提高整个社会的总效用。[③] 维克塞尔的福利再分配和宏观管理理论，是瑞典福利制度建立的理论基石。

（2）瑞典福利国家的建立

第二次世界大战以后，尤其是 20 世纪 60 年代以来，瑞典学派代表人物阿萨·林德伯克对该学派的经济理论作出了重要贡献。他认为，瑞典战后的经济制度，既不属于资本主义制度，也不属于社会主义制度，而是一种特殊的经济制度，即自由社会民主主义制度。自由社会民主主义制度的内容是：

---

① 李琮主编：《西欧社会保障制度》，中国社会科学出版社 1989 年版，第 186—197 页。

② 李珍主编：《社会保障理论》，中国劳动社会保障出版社 2001 年版，第 114 页。

③ 同上书，第 41 页。

在政治上保留西方的民主制度，在经济上实行国有化、福利国家、市场经济三者相结合的制度。瑞典学派的学者认为，一个理想的社会应当把福利普遍给予社会的成员，使人人得到幸福。在此学说的影响下，瑞典的做法与英国有所不同，与德国的差别就更大。英国的国民保险法规定，年满 16 岁且已就业的公民，必须参加国民保险，缴纳国民保险金，才能享受到国民保险待遇，国民保险居于社会保障制度的首位，其次是各种福利待遇，再次才是社会救济。德国的社会保险制度是德国社会保障制度的核心和主要内容，只是在人们不能从社会保险中获得待遇或者社会保险待遇不能满足其基本生活需求时，才通过社会救济的途径为他们解决生活问题。而瑞典的做法与其他国家正好相反，贫富一视同仁，并且无须缴纳保险费，就可以在规定的年龄领取基本年金。在基本年金制度建立近半个世纪以后，瑞典才设立了与薪资水平挂钩的等级年金，政府对具有辅助性质的等级年金不予财政补贴。瑞典社会保障制度所体现的平等，是超过乃祖德国、乃师英国的。

（二）以新自由主义经济理论为基础建立起的保险型社会保障制度

1. 德国早期社会保障制度的建立

19 世纪初期，相对落后的资本主义德国的经济学家，用旨在保护和发展德国民族经济的保护主义或国家干预主义，对抗英法等发达资本主义国家推行的经济自由主义理论和政策，德国的历史学派在这样的背景下于 40 年代应运而生。19 世纪 70 年代，新历史学派形成，它主张的国家福利思想对德国社会保障制度的建立产生了很大影响。新历史学派的代表人物施穆勒等人认为，国家的责任不仅是维护社会秩序和国家安全，还是集体经济的最高形式，是公务机关。在进步的文明社会中，凡是个人努力所不能达到或不能顺利达到的目标，都理应由国家实现。1872 年，在爱森纳赫会议的开幕式上，施穆勒讲到，我们虽然不满意现在社会的状况，深感改良的必要，但我们不主张打破现存的关系，而是要改革经济主张和现有生产形态及各个社会阶级现存的教养和心理状态，并以此为我们的出发点。

新历史学派主张国家至上，国家直接干预经济生活，负起文明和福利的职责。他们主张由国家来制定社会保险法、孤寡救济法等，自上而下地实行经济和社会改革。① 这些主张被俾斯麦政府接受，成为德国率先建立社会保

---

① 顾俊礼主编：《福利国家论析——以欧洲为背景的比较研究》，经济管理出版社 2002 年版，第 5 页；李珍主编：《社会保障理论》，中国劳动社会保障出版社 2001 年版，第 38—39 页。

障制度的理论依据。当时，俾斯麦已意识到："只有现在进行统治的国家政权采取措施方能制止社会主义运动的混乱局面，办法是由政府去实现社会主义的要求中看来合理的并和国家及社会制度相一致的东西。"他说："社会弊病的医治，一定不能仅仅依靠对社会民主党进行过火行为的镇压，而且同时要积极促进工人阶级的福利。"德皇威廉一世也表示，关心工人阶级的福利，使那些需要帮助的人得到应有的帮助和更多的保障，"是皇帝的义务"。于是在 1883 年、1884 年和 1889 年，德国分别制定了世界上第一部疾病保险法、工伤保险法、养老保险法，在 1911 年，又将这三部法律汇编成《帝国保险法》，并一直沿用至今。[1] 德国的社会保险制度是由雇主和雇员共同缴纳法定比例社会保险费，以筹集社会保险资金的责任分担型社会保险制度。

2. 德国现代社会保障制度的建立

以艾哈德等人为代表的新自由主义经济学家的经济理论，是现代德国经济政策的主要指导思想。他们认为，市场的力量是社会进步的基础，而社会安定则是使市场充分发挥作用的保证。为此，不仅要在经济利益和经济权力方面尽可能做到公平，而且要实行"经济人道主义"，让人们在失去劳动能力或遭到意外困难时生活仍有保障。因此，必须实行"根据市场经济规律进行的，并以社会为补充和社会保障为特征的经济制度"，即社会市场经济。在这种经济政策下，对于自由竞争的市场经济所产生的种种弊端，特别是贫富悬殊、两极分化以及由此引起的社会矛盾，需要通过国家调节手段加以纠正。国家调节，一方面对占财政收入最大比重的所得税，通过累进税制实行再分配；另一方面通过财政转移支付来实现国民收入的再分配。联邦政府接受了艾哈德的建立社会市场经济的主张，并以它作为国内经济政策的指导思想。[2] 20 世纪 60 年代后期，凯恩斯主义也被采纳，于是新自由主义与凯恩斯主义相结合的"总体调节"的市场经济政策得以确立。

在此期间，社会民主主义思想的影响和社会民主党的推动，也对德国社会保障制度的建立发挥了一定的作用。社会民主党是德国历史最悠久、人数最多的大党，是推动德国社会前进的主要政治力量之一。它奉行的基本理论和政治纲领是社会民主主义。1951 年，在法兰克福成立大会上通过的《民主社会主义的目标和任务》，是社会民主党阐述自己理论纲领的主要文件。

---

① 和春雷主编：《社会保障制度的国际比较》，法律出版社 2001 年版，第 39 页。
② 李琼主编：《西欧社会保障制度》，中国社会科学出版社 1989 年版，第 210 页。

该文件主张，在政治上保障"民主、自由、平等"的人权，在经济上要"充分就业，增加生产，提高生活水平，实行社会保险与收入和财产的公平分配"，实现"政治民主、经济民主与文化民主"的民主社会主义制度。社会民主党的纲领和政策，在相当程度上代表工人阶级和广大中产阶级的利益和愿望，因而赢得他们在政治上的支持。1959 年，社会民主党在《歌德斯堡纲领》中，将民主社会主义的理论变为党的纲领和政策，指出"每一个公民在年老、丧失就业能力或自力谋生能力或者在家庭供养人死亡时，都有权从国家得到一笔最低限度的养老金"，每个病人的"医疗措施必须从经济上得到充分的保证"，"必须通过个别照顾和社会救济措施来充实普遍的社会福利事业"，把实现符合"人的尊严"的"社会保障制度"作为党的社会责任。① 1969 年，社会民主党在大选中获胜，在其上台执政期间，德国的社会保障事业得到了空前的发展。

（三）以经济自由主义理论为基础建立起的保障型社会保障制度

1. 美国早期社会保障制度的建立

美国是典型的以经济自由主义为理论基础建立起社会保障制度的国家。美国在南北战争至 20 世纪初的工业化时期，社会各方面的竞争非常激烈和残酷。这个时期一些新科学方法的应用对美国社会保障制度的形成和发展产生了重大影响。首先是英国社会哲学家亚当·斯密自由放任主义的理论，这一理论和新教有关劳动是神的旨意、不劳动是罪人的理论具有高度一致性，它们都十分强调劳动及经济自立的意义，这就为攻击济贫法提供了武器。斯密认为，为了穷人的利益而向富人征税是不道德的，是对财产权"自然权利"的侵害。在这种思潮的影响下，公众对于穷人的态度发生了根本改变。人们不再把贫穷看做是遭受不幸的结果，因而社会不应当承担责任；贫穷是个人失误的产物。这种观念被社会广泛接受，在这种观念的影响下，资格不及原则得到了社会的广泛支持，获得帮助者的生活水平不能高于那些获得最低工作报酬的自食其力的劳动者的生活水平，穷人的生活变得更加悲惨。在新教伦理、自由主义经济学的影响下，当时的美国人认为，贫困的存在天经地义，维护穷人利益的政府干预只能导致更加缺乏效率的经济制度。这些保守主义的社会政治思潮，在美国社会保障制度形成的过程中成为重重障碍，从殖民地时代开始，美国便具有自由的传统，而自由正是保守主义存在的

---

① 　李琼主编：《西欧社会保障制度》，中国社会科学出版社 1939 年版，第 210—212 页。

基础。

保守主义在美国具有更强烈的经济自由主义的色彩，是典型的美国式世界观。保守主义的政治逻辑是：凡是社会和市民能解决的问题，政府就不必干预；凡是地方政府能解决的问题，中央政府就不必干预。在经济政策方面，保守主义一方面反对大政府、高税收和对经济运转的过多管制和干预，反对以平等和福利为目的的收入再分配；另一方面，极力维护个人自由和市场自由。这些观念反映在社会福利上则认为，遵循传统的价值观，以家庭自我保障为基础，以私营机构帮助、个人自愿捐款的社会慈善事业为补充，通过市场经济的调节，社会成员就可以得到最有效的发展。充分的社会保障制度将导致个人对于国家的依赖，这不仅滥用了纳税人的财富，而且会逐步削弱受助者的谋生能力。政府不应该通过提供社会保障待遇让受助者过上体面的生活，只有在出现了社会力量无法克服的困难时，政府才应该提供救助。①

美国早期的社会保障制度的萌芽主要体现在各州的社会立法中，主要涉及工资、工时、工伤、女工和童工的劳动保护等方面，各州的立法差异很大，直到"新政"时期才统一起来。这个时期社会保障制度的特点是，"职业福利"处于社会保障制度的核心。新政以前，美国没有国家出面组织的社会保障制度，保障是企业与职工之间的一种契约关系，国家主要负责社会救济事务。1929—1933 年的经济大危机是美国历史上最为严重的一次。在此期间，失业人数剧增，工人和城市居民陷入极度贫困之中。仅 1932 年，美国就有 3400 万人无任何收入来源，占全国人口 28%，尤其是老年人几乎濒于绝境。② 由于美国当时的生活保障是以职业福利为核心的，因此，在企业破产、工人失业、工资下降的情况下，美国基本上就是一个没有保障的社会了。在大危机面前，一直持保守主义观点的，是美国社会中坚力量的中产阶级所坚信的个人应对自己命运负责的观念，被大危机击得粉碎。人们逐渐认识到，个人的困境不完全是因为个人的因素造成的，人们所处的这个社会的制度有问题。残酷的现实使得人们的传统的以自由主义为导向的理念发生了动摇，人们开始寻求国家在个人努力不能发挥作用的领域中应当承担的责任。

---

① 和春雷主编：《社会保障制度的国际比较》，法律出版社 2001 年版，第 47 页；［美］威廉姆·H. 怀特科等：《当今世界的社会福利》，法律出版社 2003 年版，第 163 页。

② 李珍主编：《社会保障理论》，中国劳动社会保障出版社 2001 年版，第 102 页。

1933 年罗斯福总统上台。上台伊始，罗斯福政府颁布了一系列法令，有关社会福利的法令超出了原来职业福利的范围，在美国建立了"福利"与"国家"之间的联系：第一，政府直接出面通过公共工程建设解决失业问题。1938 年工程署为 380 万人提供了就业机会，相当于当时失业人数的1/3。这项举措的重要意义在于它维持了美国"职业"与"福利"之间的传统联系，保护了美国人的基本价值观念；第二，1935 年美国颁布了《社会保障法》，这是由政府组织的社会保障制度。美国的《社会保障法》建立了养老金制度、失业保险制度、社会救济制度，建立了雇主和雇员分别缴纳社会保险费制度；保障的范围不宽，对权利享有者的条件限制比较严格。1939年在对《社会保障法》进行修改时，在社会救济项目中增加了住房补贴和教育补贴的规定。

1935 年的《社会保障法》虽然在一定程度上加强了国家对于公民的责任，但仍然坚持公民福利主要应由公民自己解决的信念，尽可能让市场发挥作用，对通过社会保障政策进行社会财富再分配的需求给予了限制，这充分体现了美国人的价值观和具体国情。在新政以后、第二次世界大战以前的若干年里，美国各州先后建立了比较完善的社会保障制度，例如，1943 年，除了密西西比州之外，其他州都建立了由雇主承担赔偿责任的工伤保险立法；从 1934 年开始，除了亚拉巴马等三个州以外，其他所有的州都颁布了社会救济法；1937 年，有 18 个州建立了公共福利厅；到了 1943 年，几乎所有的州都建立了社会福利管理机构——劳工厅。[①]

2. 美国现代社会保障制度的建立

第二次世界大战以后，在西欧各国开始建立福利国家的时候，美国的民主党也进行了建立福利国家的尝试。1949 年，杜鲁门总统连任以后，提出了一个"公平施政"的纲领，此外，他还提出了"国民医疗保险方案"。杜鲁门的这些政策实际上也是肯尼迪总统的"新边疆计划"和约翰逊总统的"伟大社会"计划的主要内容。可以说，在这三位民主党总统的治国纲领中，体现出与西欧福利国家政策相似的思路。杜鲁门的"公平施政"纲领在国会受到坚决抵制，20 世纪 50 年代，美国的社会保障基本上没有进展。杜鲁门的"国民医疗保险"方案受到以"美国医师协会"为代表的利益集团的反对，最终被议会否决。之后，再也没有一个总统提出过面向全体公民

---

① 顾俊礼主编：《福利国家论析——以欧洲为背景的比较研究》，经济管理出版社 2002 年版，第 249—250 页。

的社会保障方案。约翰逊决心对美国社会进行全面的变革。在社会保障政策方面，1965 年，他推动国会通过了面向 65 岁以上老人的《医疗保障计划》、面向低收入阶层的《医疗补助计划》、对全国中小学的《教育补贴计划》、对高等学院的《贷款和奖学金计划》，向低收入家庭发放津贴的《扩大公共住房计划》等。①

自 1935 年以来，经过 60 余年的发展和完善，美国的社会保障已经形成全面、系统、多样化制度体系，保障项目达到 300 多个，政府在社会保障中的作用也在不断加强。但是，由于在指导思想上是以维护再生产（适当干预经济）、强调个人责任、激发个体自身积极性为出发点和价值取向，因此，政府在社会保障资金上承担的责任要比福利国家政府轻得多，给付的条件比福利国家严格得多，给付水平比福利国家低得多（美国的养老金给付水平是世界上最低的国家之一，养老金的工资替代率为 44%，甚至低于许多发展中国家；美国至今没有针对在职劳动者的医疗保险，大部分公民的医疗保险以商业保险为主）。政策的制定者和部分国会议员也不断强调，美国社会保障是自我维持、自我发展的事业，尽管如此，在收不抵支时，政府仍要承担最终的财政责任，但是，政府拨款的目的不是为了增加国民的福利，而是为了保持现行制度的继续与稳定，从而为经济和社会的发展提供稳定的社会环境。② 此后，"伟大社会"的构想贯穿于美国整个 20 世纪 70 年代，从尼克松时期、福特时期到卡特时期，没有一届政府偏离"伟大社会"这一社会改革纲领所确定的路线，政府为建立"伟大社会"，对就业、福利、教育和发展等进行了广泛地干预。但是，由于保守主义的反对，美国的社会保障制度远远落后于欧洲。到 1980 年，只有大约一半的美国人能享受到社会福利制度不同程度的照顾。③ 在被公认为世界第一大经济强国的美国，其社会保障确实不能算是一流的水平。尽管如此，美国的一些经济学家对目前社会保障的有限公平仍颇有微词，主张国家应退出社会保障领域，不再对社会财富实行再分配，认为社会保障应私有化。

1981 年，当里根就任美国总统，就对美国的社会保障制度开始大幅度改革。改革的主要内容是：在 1983 年，对领取老残遗嘱保险金而收入过高

---

① 顾俊礼主编：《福利国家论析——以欧洲为背景的比较研究》，经济管理出版社 2002 年版，第 250—252 页。

② 李珍主编：《社会保障理论》，中国劳动社会保障出版社 2001 年版，第 104—109 页。

③ 顾俊礼主编：《福利国家论析——以欧洲为背景的比较研究》，经济管理出版社 2002 年版，第 251 页。

的人征收所得税，税款划拨保险基金；从 1990 年起，领取津贴的条件由具备 10 年纳税年限提升为 20 年；退休年龄由 65 岁提高到 66 岁；1983 年的削减抚养未成年子女家庭补助的计划，使 40 万家庭中的 50% 失去资格；减少联邦对于州的医疗补助；1981—1987 年间，用于住房的援助从 319 亿美元降到 94 亿美元。里根削减计划的 70% 左右，影响到年收入低于 2 万美元的 48% 的家庭。即使这样，在里根看来，这将极大地减轻纳税人的不合理负担，而不会对需要帮助的人造成损害。在对社会保障事业的管理上，将联邦政府的管理项目改由联邦、州、地方三级政府分开管理，里根认为这可以扩大州和地方的自主权，消除管理上的官僚主义，提高社会保障管理效率。①

当欧洲福利国家陷入困境时，人们对美国福利制度有了新的认识，认为它促进了美国经济的发展，与欧洲福利制度相比，各有独到的优势。美国作为第一经济大国，而没有建立起一流的社会保障制度，与其经济结构、文化传统、历史发展过程有着密切的关系。最主要的原因有二：一是美国的社会文化历来崇尚自由胜于追求平等，人们要求建立体现社会公平的社会保障制度的呼声没有欧洲那么强烈。在 20 世纪六七十年代，虽然美国人对平等的要求有所上升，但民主党政府还是通过减少贫困现象，而不是通过大范围的社会再分配来实现社会平等。美国拥护社会保障制度的人士，使用良知、道德、同情心来论证建立社会保障制度的必要性，这与将人们的社会权利看做是天赋权利的西欧国家的社会保障制度倡导者，在观念上是有很大区别的。② 二是美国国富民强，个人有足够的收入去储蓄和投保，因而自发的保障方式仍占有相当重要的地位。③ 即使这样，美国的部分社会保障专家还认为，美国现有社会保障制度对经济造成了不利影响，应当私有化，减弱或者消除社会保障再分配功能，让市场决定个人生活，以便为经济持续发展提供良好的条件。④ 这表明，美国社会保障制度实现社会公平的作用是十分有限的，而以经济效益为核心的理念还在继续。

3. 日本社会保障制度的建立

与自下而上建立起社会保障制度的欧美国家不同，日本的社会保障制度是自上而下、由政府推进而建立起来的，是典型的国家中心主义的社会保障

---

① 李珍主编：《社会保障理论》，中国劳动社会保障出版社 2001 年版，第 55 页。
② 顾俊礼主编：《福利国家论析——以欧洲为背景的比较研究》，经济管理出版社 2002 年版，第 261 页。
③ ［法］让－雅克·迪贝卢：《社会保障法》，蒋将元译，法律出版社 2002 年版，第 60 页。
④ 李珍主编：《社会保障理论》，中国劳动社会保障出版社 2001 年版，第 119 页。

制度。这是因为：第一，工业化在日本的实现虽然也使日本的社会和家庭结构发生了巨大的变化，但是，由于传统文化的影响，家庭在社会生活中依然发挥着重要的作用，政府也将倡导和鼓励家庭的社会功能作为政府社会政策的重要内容。第二，日本资本主义工业的迅猛发展，也造就了一支庞大的工人阶级队伍，但是，与欧美不同，日本的工人阶级从来就没有成为政治生活中独立的政治力量，因而难以对政府社会政策的决策产生影响。第三，日本虽然建立了代议制政治体制，但是，公民的参政度低，民众意志几乎不能对政府决策产生直接影响。在这样的政治、社会环境下，日本的社会保障制度只能是政府意志的产物。[①]

日本是东亚国家、地区最早建立资本主义的国家，也是最早建立社会保障制度的国家。与西欧各国不同，日本的养老保险首先为公务员设立，表明了日本工人阶级力量的薄弱。从1875—1944年，建立了以具有雇佣关系的雇员为核心的工人养老、医疗保险。然而，这时的社会保险还不是工人应有的权利，而是国家对于公务员和工人的一种恩赐。第二次世界大战以后，出于迅速恢复经济、稳定社会秩序的需要，从1948—1953年，日本先后颁布了有关生活保障、儿童福利、残疾人福利、失业保险、工伤保险等法规。美国占领当局停止发放日本军人的养老金，作为对日本应承担的战争责任的惩罚，这使得一大批日本军人及其家属的生活陷入贫困。这个时期的社会保障制度实际上是美国占领当局为了应付当时混乱局面，而参照美国的社会保障制度制定的一些济贫措施。20世纪50年代中期，日本的经济迅速增长，为日本建立全面的社会保障制度提供了雄厚的物质基础，于是政府在1957—1961年推出了"全民皆年金"（养老保险）和"全民皆保险"（医疗保险）的计划，实现了再分配与经济增长并重的发展战略。推动这项战略计划出台的政治背景是，日本的社会保障计划在1955年就提上了政府的议事日程，但保守的自民党政府对此持冷漠态度，在1956年参议院选举中，左翼在野党议席增至1/3以上，形势迫使自民党政府在1957年的财政预算中增加社会保障支出的比例，才使得社会保障成为政府重要的经济政策。[②]

由上可以看出，在世界范围的社会保障制度建立的过程中，各种政治经济思潮对不同国家社会政策的取向和决策，起到了推波助澜的作用。在最早实现工业化的英国，其社会保障制度的建立起先是在自由主义的主导下、而

---

① 郑秉文等主编：《当代东亚国家、地区社会保障制度》，法律出版社2002年版，第21页。

② 同上书，第22页。

后是在国家干预主义影响下逐步发展起来的；而以德国等为代表的大陆国家，其社会保障制度的形成受新自由主义经济理论的影响，但是，与当时社会民主主义的推动也是分不开的；在美国，整个社会保障制度的建立过程受到了以经济自由主义为主流的社会福利观念的影响。在这三种思潮下发展起来的各具特点的社会保障制度，对社会保障制度在全球的发展产生了深远影响。

以上分析，只是基于某种政治经济理论中社会福利思想在某个时期对某个国家社会保障制度的建立产生比较大的影响而进行的。事实上，欧美各国社会保障制度的建立，是多种政治经济理论综合作用的结果。尤其是在20世纪70年代以后，当欧洲经济发展出现滞胀时，政府和社会各界首先从给国家财政带来沉重经济负担的社会保障制度进行检讨，认为过多的国家干预是阻碍经济发展的主要因素之一，因而需要对具有再分配性质的社会保障制度在项目和标准上进行适当削减，以提高社会的经济效率，促进经济发展。在美国，与欧洲国家相比的重经济效率、轻社会公平的社会保障制度带来的贫富悬殊，和由此导致的社会秩序不安定，也迫使克林顿总统选择"第三条道路"，通过提高人们的社会福利待遇，进一步是高社会公平程度，稳定社会秩序，促进经济发展。

此外，一个国家社会保障制度模式的选择，也取决于该国的历史文化传统和价值观念，是一个国家经济、政治、文化、社会、历史等综合因素作用的结果，某种政治和经济理论只是其中一个不可或缺的重要因素。比如，我们似乎觉得，在被誉为"福利国家"的西欧各国，社会保障制度非常相似，但是仔细分析起来，就会发现它们各具特色，差异很大。这一方面由于各国对"社会公平"有不同的理解，另一方面则由于各国社会保障的历史发展进程是不一样的。更为重要的是，虽然各国的社会保障政策和具体做法相互产生着影响，但是在吸收和借鉴别国的经验时，总是放在本国的国情下予以考虑。也就是说，由于各国历史条件不同，社会问题的类型及其严重程度也不一样，这就决定了各国在解决社会问题过程中的立足点、侧重点不同，从而形成了欧洲各国在社会保障制度建设方面明显的国别特色，使福利制度在欧洲呈多样化态势。

福利国家的发展虽然与一个国家的社会经济发展、产业结构和社会结构的变迁，政治制度的沿革以及社会意识形态的进步成正比例，但是这些因素在不同国家以及这些国家的不同发展阶段所起的作用是不同的。如果这些国家的权力集中程度以及工人阶级的组织状况有所不同，社会保障制度的模式就会有所不同。在所有建立了社会保障制度的国家，人们看到带有规律性的一个现象是，实行民主制的国家在实行现代社会保障制度方面晚于集权制国家。这是因为在民主制的国家里，对于涉及千家万户利益的社会保障制度所采取的政府行为，取决于各利益集团之间的利益平衡，取决于代议形式及其组织完善程度。由于政治斗争的需要，一些工人党团，如美国的劳联产联，英国的朋友会，德国的社会民主党，最初都是反对社会保障计划的，而第一次世界大战以前的德国和俄国的大企业主，却是支持社会保险计划的。在实行集权制的国家里，国家的利益被看做高于特殊集团的利益，因而世界上第一项社会保险计划，却是在德意志帝国而不是在其他民主国家首先建立。

（四）其他类型的社会保障制度

20 世纪 70 年代中期以来，欧洲福利国家的经济陷入"滞胀"，高福利是各国沉重的财政负担，成为阻碍这些国家经济发展的一个重要因素，因而一些经济学家就对福利经济学主张的政府全面承担社会保障责任的社会福利思想，提出了不同甚至反对的意见。在各种不同的经济学派别中，最有影响的是新经济自由主义学说。新自由主义认为，福利国家有诸多弊端，它不仅成为决策者通过高福利承诺而达到追逐政治目的的工具，而且助长了一些人的懒惰和依赖思想，消磨了人们的进取精神，尤其是高税收影响储蓄，进而影响企业主的投资热情，最终阻滞和破坏经济发展。新经济自由主义认为，社会保障领域应实行市场化和自我负责，社会保障只为生活在社会最底层的人们提供最基本的生活保障，个人应对自己的生活风险负责，国家只能在个人力所不及时给予适当的补助，国家应退出社会保障管理领域，社会保障基金应由市场化的民营机构去经营和管理。新经济自由主义学说在 20 世纪的70—80 年代影响深远，但是由于它较少顾及市场经济下的失业率上升、贫富差距扩大等问题，因而许多国家在进行社会保障制度改革中，并没有完全采纳新经济自由主义的观念，而是取凯恩斯主义和新经济自由主义之长，对本国的社会保障制度，主要是养老保险制度进行改革。

1. 智利社会保障制度的改革

智利的社会保障制度建立于 1924 年，在运作了半个世纪以后，形成了与其他国家基本相同的保障模式，即不同的部门有不同的受益结构和受益水平，多级管理体制影响着工作效率，而且在多次的政治角逐中使得保障水平不断攀升，由此又带来缴费率的不断提高。1955 年，平均 12.2 个在职职工供养一个退休人员；到了 1979 年，变为 2.5 个在职职工供养一个退休人员。

雇主和职工缴纳的保险费率，从 20 世纪 30 年代的 5%，上升到 1975 年的 51.4%。而政府用于养老保险的补贴占政府总支出的比重，从 1974 年的 32.4%，上升到 1980 年的 35.7%。对于这种政府财政不堪重负的养老保险制度，20 世纪 70 年代的智利政府开始筹划改革。到了 1981 年，在积累了一定的资金的情况下，智利正式开始养老保险制度的改革。

智利的改革具有以下几个特点：第一，养老保险基金由民营机构管理。在全国成立了一定数量的、具有独立法人资格的、自主经营、自负盈亏的退休基金管理公司，这些养老基金管理公司需经政府有关部门批准以后注册，才能经营管理全国的养老保险事业。基金公司为每一个投保人建立个人账户，将企业和职工每月按法律规定的标准缴纳的养老保险费和投资所得回报一并记入职工账户，并且负责支付退休人员的养老金。第二，养老保险基金资本化。与将养老保障基金作为储备金，只投入风险小、回报率低的公债领域的养老保险模式相比，智利的退休基金管理公司可以利用养老保险基金进行投资经营活动，虽然具有高风险，但是也能获得高回报。为了保证养老保险基金的安全，法律规定养老基金只能在经过风险评估的投资项目中进行投资。到 2001 年年底，养老基金累积达 354 亿美元，占国内生产总值的 47%，1981—1999 年基金的平均增长率为 11.2%。据估计，养老基金的 60% 来自投资收益。新制度不仅为退休者提供了较好的收入，1998 年退休者从个人账户中领取的养老金为 186 美元，是 1983 年的 2 倍，而且养老保险制度改革 20 年来，没有发生过拖延支付的情况，先后退休的 26 万人都按时足额地领到了养老金。[①] 第三，将竞争机制引入社会保险领域。与政府垄断经营养老保险、没有任何竞争的养老保险模式相比，智利的退休基金管理公司可以在养老保险市场上进行自由竞争，职工也可以选择经营效益好的基金管理公司进行投保，整个养老保险市场呈现高效运转的状态，基金管理公司以能够为职工提供高质量的养老保险服务吸引更多的职工投保。目前的 8 家管理公司是在以前的 20 多家公司的基础上通过重组与合并形成的。其中 3 家大公司吸引了将近 70% 的投保人。[②] 第四，政府完全退出养老保险管理领域。与养老保险所有事务完全由政府管理和承担无限责任的养老保险模式相比，智利政府基本不干预退休基金管理公司的业务，政府的责任表现在对于基金公

---

① 顾俊礼主编：《福利国家论析——以欧洲为背景的比较研究》，经济管理出版社 2002 年版，第 321—325 页。

② 同上书，第 320 页。

司的设立、基金投资方向以及比例结构等问题作出规定之外，还表现在，当具备一定条件的退休人员（缴纳了 20 年养老保险费的 65 岁以上的男士和60 岁以上的女士）积累的基金达不到最低养老金标准时，国家负补足的责任。①

智利养老保险制度改革取得了显著的成效，它不仅解决了养老保险基金的保值增值问题，而且激发了人们参加养老保险和缴纳养老保险费的积极性，极大地促进了智利经济的发展。20 世纪 90 年代以后，智利的国民经济年均增长率超过 7%，财政收支连续 10 年出现了盈余。② 与此同时，智利的改革也遭到一些批判，有人认为，完全由个人承担养老保险的供款责任，有违养老保险收入再分配的功能。养老基金的民营化管理难以抵御经济衰退的冲击，一旦遭遇经济衰退就有破产的可能，与政府负无限责任的公共养老保险制度相比，在民营化的养老基金管理体制下，投保人的权益没有可靠的保障。尽管这样，智利养老基金民营管理改革的成功经验，仍可为许多国家养老保险制度改革提供参考和启示。

2. 新加坡的国有强制性储蓄积累式养老保障制度

新加坡的中央公积金制度是 1953 年由其宗主国英国建立起来的，1955年正式实施，之所以建立这样的制度，是为了减少殖民政府的财政负担。1965 年新加坡独立，为了迅速摆脱困境，赶超现代化，新加坡将发展经济放在首要地位，所以在整个 20 世纪 70 年代，中央公积金制度没有发展。20世纪 80 年代，新加坡成为中等发达国家，国民的收入水平有了大幅度提高，社会保障制度也迅速发展。社会保障项目过去只有雇员养老保障和住房保障，80 年代增加了家庭保障、医疗保障、退休保障，保障范围也扩及全体公民。

新加坡人公开声称他们不想成为福利国家，因此，新加坡前福利部部长拉加拉南才这样说："我明确告诉人民，政府不是有钱的大叔，你只能得到你付出的。我们将把福利降到最低水平，即将其严格限制在残疾人或老人范围内。对其他人，我们仅提供平等机会。"③ 可见，新加坡社会保障的理念是个人负责。在这样的理念下，人们得依靠自己的收入和储蓄来支付医疗费

---

① 李珍主编：《社会保障理论》，中国劳动社会保障出版社 2001 年版，第 301—302 页。

② 同上，第 303 页。

③ 转引自顾俊礼主编《福利国家论析——以欧洲为背景的比较研究》，经济管理出版社 2002年版，第 339 页。

用，也得依靠自己的储蓄和继续工作的收入来为自己养老。政府倡导人们自立，人们必须通过缴纳公积金为自己将会遭遇的生活风险储蓄。政府还鼓励那些已经达到退休年龄，但身体健康，还能够从事工作的人继续工作。政府在社会保障领域的支出受到严格限制，只有老人、残疾人、孤儿寡母等确实需要救助的人，才能获得政府提供的援助。公积金中个人账户的资金，全部来自雇主和雇员的缴纳（各缴纳雇员工资的50%），政府不提供分文补贴。中央公积金管理机构是自负盈亏的独立法人机构，其工作人员的工资由机构自行筹措。在自我负责的原则下，家庭在社会保障中充当着重要的角色。中央公积金中用于保健的个人储蓄，可以惠及家庭成员。子女的公积金可以用来补贴公积金数额少的父母，这一方面提高了父母晚年的生活保障，另一方面为子女履行赡养父母的义务提供了可能。在1994年，新加坡有81%的老人与子女共同生活。①

按照新加坡的治国理念，在经济发展水平还没有达到一定程度的情况下，为具备劳动能力的人提供不需要经过努力和劳动就能够获得的救助，就会降低他们的劳动积极性和进取精神。经济的发展，社会生产力水平的提高，人们生活水平随之提高，才是最重要的社会保障和最根本的社会福利。可以说，新加坡以自我负责为原则的中央公积金制度，只是一个强制人们储蓄并以此应对生活风险的制度，没有任何社会福利可言。而且由于在比例一定的前提下以工资为计算储蓄额的基数，因而工资收入越高的人储蓄额也就越多，再加上投资以后的增值，人们本来就存在的收入差距不是得以缩小，而是进一步扩大了。但是，中央公积金制度能够适应后发国家迅速建立现代化的需要，因为它避免了因过于追求社会分配的公平而牺牲经济效益的做法。由于人们要自我负责，所以在用自己储蓄的资金看病时，人们就会格外节省，所以新加坡的医疗费用大大低于国民生产增长速度。由于人们的生活风险的保障程度取决于储蓄的多少，而储蓄额是以各人的工资额为储蓄额的基数，因此这一制度将激励人们勤奋工作、增加收入，提高储蓄额，以为自己和家庭成员的疾病、养老、住房、教育提供比较充足的保障。

中央公积金由政府集中管理和经营，由政府规定投资方向，除了买债券和股票外，中央公积金是新加坡基础设施投资的主要资金来源。这种由国家垄断经营缺乏竞争的基金管理模式，不如民营基金投资公司效益好，近些年

---

① 顾俊礼主编：《福利国家论析——以欧洲为背景的比较研究》，经济管理出版社2002年版，第341页。

新加坡政府对公积金制度进行改革。在养老保险方面，在不断完善中央公积金制度的同时，工作的重心放在发挥社会力量解决老人问题上，即让宗教组织、社区组织、志愿者组织等社会团体在养老事业中发挥更大的作用。经过政府和社会各界的努力，到 1996 年年底，非政府组织建立的养老院收养的老人占老人总数的 87.9%。针对亚洲金融危机以后，失业人数增加的状况，新加坡政府采取的对策是，在人力部、全国职工总会、全国雇主联合会及企业的密切合作下，筹集资金，对职工进行技能和知识培训，提高职工的综合素质，迎接知识经济的挑战。1998 年 4 月，新加坡职工总会筹资 300 万新元，政府又补贴了 900 万新元，成立了教育与培训基金。1998 年 5 月人力发展署耗资 1500 万新元，建立技能发展中心。1998 年 8 月，政府出资 1 亿新元补贴给送职工参加培训的雇主。[①]

3. 俄罗斯社会保障制度改革

1917 年十月革命前后，俄罗斯已在不同程度上建立了德国俾斯麦式的社会保险制度。根据国际劳工组织的有关资料，俄罗斯十月革命以前，已约有 17% 的城市居民享有不同程度的社会保险。[②] 1912 年，列宁在俄罗斯社会民主党第六次全俄会议上提出"工人保险的最好形式是国家保险"和国家保险的六项原则，成为苏联建立社会保障制度的指导思想。十月革命胜利以后，苏维埃政权废除了十月革命前的社会保险模式，实行新的列宁设计的"国家保险"。

苏联的社会保障制度具有与欧美完全不同的特点，主要是：第一，就业有可靠的保障。宪法规定，公民有劳动的权利，一个劳动者只要与企业建立了劳动关系，就不会存在失业的问题，这是由当时的社会主义不存在失业这样的意识形态所决定的。第二，是一种国家型的社会保障制度。所有社会成员无须缴纳社会保险费，就可以享受到例如养老保险、医疗保险、伤残保险、遗属抚恤等社会保险待遇，社会保险以及其他社会保障费用全部由国家和企业承担。第三，国家在社会保障事务中发挥着主导作用。国家在社会保障事务中的主导作用体现在，国家既是社会保障法的制定者和法律实施的监督者，又是社会保障法的实施者和执行者。最高苏维埃制定社会保障法，部长会议或全苏工会中央理事会制定具体实施细则，各加盟共和国下辖的社会

---

① 顾俊礼主编：《福利国家论析——以欧洲为背景的比较研究》，经济管理出版社 2002 年版，第 354 页。

② 魏新武编著：《社会保障世纪回眸》，中国社会科学出版社 2003 年版，第 216 页。

保障部负责社会保障法律和政策的实施。

经过七十多年的努力，苏联在解体之前建立起一套完整的社会保障制度。这种国家型的社会保障制度在社会主义国家建立初期，在稳定社会秩序、消除贫困、改善和提高人们的生活水平、激励人们建设社会主义积极性等方面曾发挥过积极的作用，并且为第二次世界大战以后出现的社会主义国家纷纷效仿，它们都按照苏联的模式，设计和建立了自己国家的社会保障制度。但是，由于这种保险超越了国家经济的承受能力，因此，经过半个多世纪的实践，逐渐随着苏联的解体与东欧国家的剧变而被摒弃。

苏联的社会保障模式，是与高度集中的计划经济体制相适应的。在俄罗斯社会转型的过程中，经济急剧衰退，社会出现两极分化（1998年，10%的富裕人口与10%的贫困人口之间的收入差距达到13.4倍①），人民生活水平大幅度下降。为了解决这些社会问题，在叶利钦时期，就开始对包括社会保障制度在内的一系列政治经济制度进行改革。由于当时俄罗斯国家财政困难，资金严重不足，对社会领域的财政拨款急剧减少，导致教育和卫生保健事业濒于崩溃，社会保障制度的改革严重滞后。正如俄罗斯著名经济学家阿巴尔金指出的，"社会保障只是采取修修补补的形式，只能极简单地解决活命度日所需。"② 俄罗斯虽然经历了政治和经济转轨的剧烈震荡和巨大阵痛，但社会却保持了相对稳定，这不能不归功于原有的社会保障体系。美国学者理查德·莱亚德甚至认为，共产党的俄罗斯建立了很发达的社会保障体系，它在生活普遍动荡的过渡时期运行得相当好，尽管它并不完善，但并没有瘫痪失灵。③

1999年普京执政时，俄罗斯的社会局势已转变为相对稳定发展时期，改革的重心已转移到深化对制度的改革。普京首先主张加强和巩固社会保障体系和金融体系，尤次主张在经济和社会领域建立完整的国家调控体系，使国家政权成为国家经济和社会力量的协调员和平衡员，以保证经济发展的好处能落实到老百姓身上，并由此实现全国的团结和稳定。在俄罗斯社会保障制度的改革中，既不完全采纳新自由主义的激进方针，也不照搬国家主义的

---

①　潘德礼主编：《俄罗斯十年——政治 经济 外交》（下卷），世界知识出版社2003年版，第589页。

②　［俄］阿巴尔金：《俄罗斯发展前景预测》，社会科学文献出版社2001年版，第206页。转引自王义祥《普京社会保障政策评析》，载《俄罗斯中亚东欧研究》2003年第6期。

③　［美］理查德·莱亚德、约翰·帕克：《俄罗斯重振雄风》，中央编译出版社1997年版，第130页。转引自王义祥《普京社会保障政策评析》，载《俄罗斯中亚东欧研究》2003年第6期。

传统做法，而是适当地进行综合和折中，一方面提高居民退休金等社会福利，另一方面引入多支柱的体制，发挥个人、企业和国家的积极性。在实施这些有效的措施以后，随着俄罗斯经济形势的好转，拖欠退休金的现象得到了解决，退休金和最低生活保障的标准有了较大幅度的提高，贫困群体的生活问题也得到一定程度的缓解。

由于俄罗斯显然还不具备建立福利国家的条件，不可能在短期内建立起像发达国家那样健全完善的社会保障体系，因此，俄罗斯社会保障制度改革的出发点主要是稳定社会秩序，为国家的全面振兴创造安定的社会环境。随着向市场经济的过渡，俄罗斯的社会保障制度发生了模式性的变化：保障对象从普通保障制变为选择保障制，给付原则实行收益基准制，资金筹措实行国家、企业和个人责任共担制，财务制度实行现收现付制，管理实行非国家机构的社会管理制。这样的社会保障模式更能适应俄罗斯市场经济发展的需要，将对俄罗斯经济的发展起到积极的推动作用。但是，普京提出的"强国富民"、"让所有人都过上应有的生活"，在目前来说还只能是一个政策目标，这个目标将随着俄罗斯经济的不断发展而逐步得到实现。[①]

四　中国社会保障制度改革的价值取向及其发展

新中国刚刚成立时，国内战争并没有完全结束，中国共产党领导的武装力量既要继续作战，又要承担起组建人民政权的责任。连年的战争使得国民经济遭受了严重的破坏，城镇失业工人从 1949—1951 年，年均达 400 余万人，失业率高达 20% 以上，失业工人的生活非常困难。[②] 自然灾害又迫使农民大批外逃求生，灾区的社会治安、疫病等问题严重。在这样的社会状况下，国家在恢复国民经济的同时，在战争年代创建起来的供给制的基础上，参照苏联"国家型"的社会保险制度的模式，以当时起临时宪法作用的《中国人民政治协商会议共同纲领》为法律依据，建立了新中国的社会保障制度，毅然承担起保障失业工人和救济灾民的责任。"共同纲领"规定："革命烈士家属和革命军人家属，其生活困难者应受到国家和社会的优待。

① 潘德礼主编：《俄罗斯十年——政治 经济 外交》（下卷），世界知识出版社 2003 年版，第595—598 页。

② 刘永富主编：《中国劳动和社会保障年鉴》（2001），中国劳动社会保障出版社 2001 年版，第 488 页。

参加革命战争的残废军人和退休军人，应由人民政府给予适当安置，使其能谋生自立。""共同纲领"还明确规定：要"逐步实行劳动保险制度"。

（一）受苏联社会保障模式的影响，建立起国家型社会保障制度

当新中国成立起来的时候，中央政府将主要任务确定为把中国迅速建设成为工业化国家，实现这一任务的一项措施，就是在 1951 年 2 月 26 日由政务院颁布我国第一部社会保险法《中华人民共和国劳动保险条例》，条例对企业职工的养老、疾病、工伤、生育等生活风险作了详细的规定，条例使企业职工解除了生活风险的后顾之忧，极大地激励了工人建设社会主义国家的积极性，迅速推动国家经济的发展。

与苏联一样，在社会保障制度的实施过程中，国家与企业紧密地结为一体，享受社会保险待遇的企业职工不需要缴纳社会保险费，社会保险所需资金由国家财政负责，待遇直接由企业向职工提供。在"国家型"社会保障制度下，作为社会主义制度优越性的体现，在城镇的国有企业里，职工从退休养老到生病医疗，从住房福利到教育福利，从就业安置到贫困救济，从价格补贴到职工食堂，等等，各项保障措施覆盖了职工生活的方方面面。这种由国家包办、企业主管的社会保障制度，一直适用到我国经济体制改革开始以后。

（二）社会保障制度改革及其成就

我国经济体制改革以前建立的社会保障制度，是适应国有经济一统天下的计划经济体制的制度安排。因此，当 20 世纪 80 年代国家开始进行经济体制改革，尤其是 1993 年十四届三中全会国家确立经济改革的目标是建立社会主义市场经济，社会保障制度是维系市场经济正常运行的重要支柱之一后，改革传统的由国家和企业包办社会保障的做法已势在必行。这是因为我国在经济转轨，建立社会主义市场经济的过程中，也带来了明显的社会问题。首先，经济体制改革改变了原来的收入分配格局。在计划经济体制下，虽然人们的收入普遍偏低，但是差距较小，人们之间收入的透明度较大，人们的心理比较平衡。改制以后，多种经济成分的出现，不仅扩大了人们之间的收入差距，而且在工资收入之外，有些人还有其他合法或不合法的隐性收入。收入差距的扩大，增加了人们的不平衡心理。其次，转制造成大量失业。市场经济的竞争规律必然导致优胜劣汰，企业可能倒闭，个人可能失业，过去计划经济时期的铁饭碗一去不复返了，一大批人面临着改变或失去

工作的压力。再次，贫困成为严重的经济和社会问题。贫困在一个国家内是一个相对概念，在计划经济时期，在没有失业压力、人们的收入不相上下的情况下，加上社会保障制度给予的经济上的补充，人们淡忘了贫困的概念。因此，一直到20世纪80年代末，贫困都没有作为政治的或科学的概念出现。在向市场经济迈进的过程，一部分人由于各种原因迅速富裕了起来，而另一部分人则由于种种原因成为贫困者。收入下降、失业、贫困，使得在计划经济下生活得比较安稳的人们的心情焦躁了起来，人们无法预测明天的日子会怎么样，于是社会出现了不稳定因素。此外，由于人们的生活风险较之以往不是减轻了而是加重了，为了应对不测事件发生，人们不敢放开消费，这又造成国家内需不足。为了刺激消费，拉动内需，国家采取了屡次下调利率、增加国家机关、事业单位工作人员工资等措施，但结果是居民储蓄额一再攀升，而消费水平没有大的改观。在这种情况下，改革作为社会稳定器和经济发展推动力的社会保障制度，被提上了议事日程。

1. 建立责任分担型社会保险制度

在1986年，为了给国有企业改革提供配套措施，国务院颁布了《国有企业实行劳动合同制暂行规定》，有人把它称做是中国社会保障制度由传统型向现代型转变的标志性制度。[①] 在整个改革中，养老保险和医疗保险是改革的重点，在1991年，国务院颁布了《关于企业职工养老保险制度改革的决定》（国发33号文件），在1995年3月国务院颁布了《关于深化企业职工养老保险制度改革的通知》（国发6号文件），在1997年7月国务院又颁布了《关于建立统一的企业职工基本养老保险制度的决定》。在此期间，国家虽然仍主导着社会保障的改革和承担着重要责任，但是社会（国家机关、事业单位、社会团体、企业、个人等）已开始分担社会保险的责任。社会保障制度也从起初的改革配套措施，转变成为社会主义市场经济中重要的法律制度加以建设。

在我国建立社会主义市场经济和法治国家的目标下和过程中，与之相适应的由国家、单位或企业、个人三方共同承担责任的现代社会保险制度，正在逐步取代传统的由国家和企业包办的社会保障制度。以养老保险为例，根据国务院《国营企业实行劳动合同制暂行规定》的规定，由国家对劳动合同制工人退休养老实行社会统筹，企业和劳动合同制工人按规定的比例缴纳养老保险费，企业缴纳合同制工人工资总额的15%，合同制工人缴纳本人

---

① 冯兰瑞：《中国社会保障制度重构》，经济科学出版社1997年版，第114页。

标准工资的 3%，筹集养老保险基金；在养老保险基金收不抵支时，国家给予财政补贴。这个规定虽然是国有企业劳动制度改革的一项内容，而不是独立的社会养老保险制度，但是它已表明，在经济体制改革的新形势下，国家将放弃传统的养老保险制度，转而实行国家、企业和职工个人三方共同承担责任的社会化的现代养老保险制度，并由劳动合同制工人推广到全国所有国有企业职工。

1991 年国务院颁布了《关于企业职工养老保险制度改革的决定》规定，实行养老保险社会统筹改革，改变医疗保险费由国家、企业承担，实行国家、企业、个人三方共同承担的制度。

1995 年 3 月，国务院发布了《关于深化企业职工养老保险制度改革的通知》，确立了社会统筹与个人账户相结合的养老保险模式。

1997 年 7 月，国务院颁布的《关于建立统一的企业职工基本养老保险制度的决定》中规定，"要逐步扩大到城镇所有企业及其职工，城镇个体劳动者也要逐步实行基本养老保险制度"。同时规定，企业缴费比例一般不得超过企业职工工资总额的 20%，个人缴费比例 1997 年不低于本人缴费工资的 4%，以后每两年提高一个百分点，最终达到 8%。在养老保险基金收不抵支时，国家给予财政补贴。例如，从 1998—2001 年，中央财政对基本养老保险基金的补贴额为 861 亿元。①

2000 年 12 月，国务院发布的《完善城镇社会保障体系试点方案》规定，企业缴纳职工工资总额 20% 的养老保险费全部纳入社会统筹账户，并以省为单位进行调剂；职工缴纳个人工资 8% 养老保险费全部计入个人账户。

在建立责任分担制度的同时，养老保险逐步社会化。养老保险的社会化表现在由独立于企业的社会保险经办机构管理社会保险事宜；养老保险基金由非官方机构负责投资运营；养老金不再由离退休人员的单位发放而是由银行、邮局发放。到 2001 年年底，企业职工的养老金由银行和邮局发放的已达到 98%。②

除养老保险之外的其他四个社会保险项目，也都建立了责任分担的制度。国家根据我国社会经济发展的进程，还不断对社会保险各项目的统筹层次、待遇标准、计发办法、保障范围等进行改革，使我国的社会保险制度在市场经济条件下能够比较充分发挥其保障劳动者生活风险的功能。

---

① 国务院新闻办公室：《中国劳动和社会保障状况白皮书》，载《人民日报》2002 年 4 月 28 日。
② 同上。

2. 建立为人的平等全面发展提供物质保障的社会促进制度

在我国传统的社会保障体系的社会福利项目中，教育福利和住房福利是其中主要内容。然而，传统福利制度在经济体制改革带来社会结构巨大变化的情况下，日益暴露出一系列不适应新情况的弊端。第一，国有企业改革必然使企业成为自主经营的经济实体，它们要与所有企业一起参与市场竞争。在这种情况下，企业尤其是一些老企业，由于背负沉重的职工福利负担，所以难以与新生企业公平竞争，面临更大的破产风险。职工所在的企业一旦破产，职工及其家庭能够获得的福利待遇将没有了着落，生活将立即遇到极大困难。第二，企业的福利待遇将企业与职工紧紧地拴在一起，例如，单位分配的住房、职工子弟就读的子弟学校等，形成了企业与职工之间的人身依附关系。不同企业或单位，职工的福利待遇会有很大差异，有些单位职工的福利甚至高于工资，这就阻碍劳动力的合理流动和市场经济所需要的统一劳动力市场的形成。第三，由于优厚的福利待遇基本上是平均分配，所以，这些福利不但没有发挥它激励劳动者积极性的功能，反而助长了人们的懒惰和依赖心理，影响企业的效率和发展。第四，经济体制改革带来经济结构多元化，农村人口流入城镇，进入不同所有制企业和单位就业，他们连应当享受到的社会保险待遇都享受不到，何谈享受社会福利待遇，这种从制度建立之初就对农民实行的不平等待遇，在社会主义市场经济下不能再延续下去，否则会继续扩大城乡差距，城乡隔离的二元社会经济结构也无法打破。由此可以看出，在市场经济体制条件下，传统福利制度不但不能适应不同社会成员的需求，而且成为经济发展的阻力。改革传统的福利制度势在必行。

在对传统福利制度进行改革的过程中，在将原有的绝大多数企业福利进行社会化改革的同时，国家主要对计划经济时代建立的住房制度和教育制度进行了改革，加强在这两方面的社会保障力度。

（1）住房保障制度的改革

1989年国务院颁布《关于在全国城镇分期分批推行住房改革的实施方案》后，城镇居民福利分房开始向住房商品化、私有化方向改革。1994年国务院发布《关于深化城镇住房制度改革的决定》，规定以标准价出售公房。1998年年底，中央政府宣布停止企事业单位的福利分房后，职工按标准价购买住房。同时，确立了由单位和职工各缴费50%的住房公积金制度，并为职工建造和出售经济适用房。有些城市为居民提供廉租房或房租补贴。

①经济适用住房制度

1994年国务院发布《关于深化城镇住房制度改革的决定》，同年，建设部、财政部等部门根据该"决定"的指导精神，出台了《城镇经济适用住房建设管理办法》，将经济适用住房定义为"由相关部门向中低收入家庭的住房困难户提供按照国家住房建设标准而建设的价金低于市场价的普通住房"。由此确立了经济适用房制度，其初衷和立足点是社会保障性的，因而经济适用房制度最初是社会保障制度。国务院在 1998 年颁布的《国务院关于进一步深化城镇住房制度改革加快住房建设的通知》中指出："停止住房实物分配，逐步实行住房分配货币化；建立和完善以经济适用住房为主的多层次城镇住房供应体系"。由此，经济适用住房成为住房供应体系中的主体，经济适用住房制度也从社会保障制度角色转变为经济制度的角色。2004年建设部等四部门下发的《经济适用住房管理办法》第 26 条规定："经济适用住房在取得房屋所有权证和土地使用证一定年限后，方可按市场价上市出售；出售时，应当按照届时同地段普通商品住房与经济适用住房差价的一定比例向政府交纳收益。"这一规定使得经济适用住房具有社会保障性和经济性双重属性。

经济适用住房的双重性，决定了制度实施的结果必然背离制度设计时的初衷。在政府主管部门监管审查不力的情况下，一些不具备购买经济适用房资格，但是具有一定的经济实力和社会关系的人，借助他们的优势购买了经济适用房。他们将买到的经济适用房出租或者在上市期限届满以后出售获取利益，经济适用房这时完全丧失了它保障功能而蜕变为投资工具。经济适用房一旦被出售，就流向了商品房市场，经济适用房数量也随之减少。在我国住房供给短缺的情况下，这进一步加大了经济适用房供求矛盾。导致经济适用房减少和流失的另外一种情形是，当时具有购买经济适用房资格并且购买了经济适用房的人，在他们的经济条件好转以后，将经济适用房出租或者出售，这明显违背经济适用房满足基本住房需求的立法初衷。

针对以上出现的问题，有学者建议，建立"内循环"制度，才能实现经济适用房保障中低收入家庭基本住房需求的功能，使经济适用住房的社会保障性得以回归。[①] 经济适用房"内循环"制度首先是由《北京住房建设规划（2006—2010 年)》确立的，旨在通过严格审查和有效监督，使经济适用房始终在需要解决住房问题的中低收入家庭中流转而不会流向商品房市场，也就是去其经济性而回归其社会保障性。《北京住房建设规划（2006 —2010

---

① 王宏新、张健铭：《经济适用房"内循环"制度——住房政策社会保障性的回归》，载《北京行政学院学报》2007 年第 2 期。

年)》在制度创新方面作出的贡献，为我国制定既能体现社会公平又能很好地发挥社会保障功能的住房法律制度，提供了有益的经验。

②住房公积金制度

1999 年 4 月颁布的《住房公积金管理条例》，是我国政府构筑住房保障体系的又一项制度。条例的第 2 条第 2 款规定："住房公积金，是指国家机关、国有企业、城镇集体企业、外商投资企业、城镇私营企业及其他城镇企业、事业单位、民办非企业单位、社会团体及其在职职工缴存的长期住房储金。"第 5 条规定："住房公积金应当用于职工购买、建造、翻建、大修自住住房，任何单位和个人不得挪作他用。"该条例颁布以来，住房公积金比较充分地发挥了它所具有的互助性和保障性的特征，在职职工及其所在单位通过缴纳住房公积金来筹集资金，职工在出现条例第 24 条规定的情形时，通过提取个人住房公积金账户内的存储额，达到改善住房环境和满足住房需求的目的。通过制度确立具有独立管理职能的住房公积金管理机构，专门负责住房公积金的筹集、管理、使用、返还等日常事务，因此，除受财政和审计部门的监督以外，应当不受其他任何行政部门干扰。与此同时我们也要看到，由于《住房公积金管理条例》约束性差，致使各地在住房公积金的交纳比例、利率以及管理和使用方面存在较大差异。

③廉租房制度

自 1999 年建设部发布了《城镇廉租住房管理办法》之后，建设部会同有关部门制定了《城镇最低收入家庭廉租住房管理办法》、《廉租住房租金管理办法》、《城镇最低收入家庭廉租住房申请、审核及退出管理办法》等一系列有关法规，这些法规的颁布和实施有效地改善了城镇最低收入家庭住房条件，提升了他们的生活水平。截至 2005 年年底，全国累计用于最低收入家庭住房保障的资金为 47.4 亿元，为 32.9 万户最低收入家庭提供了住房保障。[①] 为了从资金方面保障廉租房制度持续发展，国家在适当的时候修订完善《城镇廉租住房管理办法》时应当规定，从土地转让收入中提取一定比例作为住房公积金，专门用于向中低收入家庭提供廉租房时的租金补助和投资建设廉租房、经济适用房。[②]

我们必须看到，我国住房制度改革以后，购买住房的负担基本转嫁到老

---

① 文林峰编：《城镇住房保障》，中国发展出版社 2007 年版，第 43 页。

② 陈培新：《借鉴新加坡经验推进厦门社会保障性住房建设》，载《厦门特区党校学报》2007年第 2 期。

百姓身上，而工资增长速度又不能与之相适应，由此不仅加重了人们的经济负担和心理负担，而且不利于经济和人自身的发展，以至于在 2008 年 3 月 5 日召开的第十一届全国人民代表大会第一次会议上，住房问题成为百姓最关注的十大问题中仅次于物价问题的第二大问题。① 事实表明，国家需要在借鉴国外成熟经验的基础上，结合我国的国情，才能制定出具有社会保障性质的住房制度，实现"居者有其屋"的目标。

（2）教育保障制度的改革

我国的教育分为义务教育、高中阶段教育和高等教育三个阶段。20 世纪 80 年代以来，国家对教育保障制度不断进行改革，在走过一段艰难的路程之后，逐渐建立起既符合现代教育规律又有助于实现普遍教育的现代教育保障制度。

①义务教育的保障措施

1986 年国家颁布了《中华人民共和国义务教育法》，义务教育法以及其他一些义务教育法规和政策的颁布和实施，有力地推进了我国的义务教育事业。到 2005 年年底，全国实现"两基"的地区人口覆盖率达到 95% 以上。实现"两基"验收的县（市、区）达到 2890 个。②

然而，由于我国长期奉行向城市倾斜的财政制度，因此，国家义务教育的范围实际上是城乡有别的。据中国社会科学院"当代中国社会阶层结构课题组"2004 年正式发布的《当代中国社会流动》报告统计数字显示，2002 年全社会的各项教育投资是 5800 多亿元，其中用在城市的占 77%（城市人口占总人口不到 40%），而占人口 60% 以上的农村人口仅获得 23% 的教育投资。③ 这种向城市倾斜的财政与教育政策在相当大的程度上导致了农民负担的加重和收入的减少，加上教育费用昂贵，使得许多青少年，尤其是女孩辍学回家，不能完成义务教育。在农民工流动就业人群中，初中以下文化程度所占的比例高达 83%。④ 教育作为由国家提供的公共产品，理应每一个符合接受义务教育的公民都有权利享用，然而我国二元的教育制度将有权利接受义务教育的人分为城乡两个部分，并提出不同的要求和提供不同的待

---

① 2008 年 3 月 7 日《新闻联播》播报。
② 杨东平主编：《2006 年：中国教育的转型与发展》，社会科学文献出版社 2007 年版，第 352 页。
③ 杨瑞勇、刘洪翔：《义务教育与教育公平新论》，载《新华文摘》2005 年第 5 期。
④ 刘军等：《当前农民工流动就业数量、结构与特点》，载《中国劳动保障报》2005 年 7 月 28 日。

遇，这种使农民从小学阶段开始就处于劣势地位的教育制度不仅对农民是不公平的，而且影响我国长远发展。

　　针对义务教育中存在的突出问题，2006 年 6 月 29 日，十届全国人大常委会第 22 次会议对 10 年前的义务教育法进行了修订，并审议通过，新义务教育法从 2006 年 9 月 1 日起实施。新旧义务教育法相比，条文由 18 条扩充为 8 章 63 条，新法内容呈现 5 大亮点：第一，第 2、42 条的规定为义务教育经费投入提供了保障；第二，第 9 条第 2 款的规定引入问责制，强化政府在义务教育中的责任；第三，第 22 条的规定为义务教育均衡发展提供保障；第四，第 5 章的规定改变了义务教育的单一性质，第一次提出"素质教育"的要求，为教育质量的不断提高提供保障；第五，将保障校园安全写进法中。新义务教育法对我国义务教育的改革和发展会起到积极地推动作用。

　　②高等教育的保障措施

　　自 20 世纪 80 年代以来的 30 年间，高等教育保障制度的改革措施之一，是将原来高等院校完全福利性质的助学金制度改为贷学金制度。这项制度的实施虽然给一些家庭带来沉重的经济负担，但是，社会发展对于知识的需求没有减弱家长和学生对于高校的渴望。随着高等院校扩招，高校数量和在校学生人数在逐年上升。2005 年，全国普通高等学校和成人高等学校共计 2273 所，比 2004 年增加 37 所。[①] 高等教育的迅猛发展，为我国培养了大批适应时代要求的高素质人才，极大地推动了我国现代化进程。然而，我们必须看到，从小学到高中，城乡入学率的差距越来越大，到了大学阶段这个差距已经非常惊人了。据统计，1960 年以前，大学生中，来自城乡的比例为 3：7，当时城乡人口的比例是 2：8；1989 年，全国高校录取的 61.9 万名新生中，来自农村的学生占 44%，来自城市的学生占 56%。近年来，受高校高收费的影响，这种差距进一步扩大。1999 年，北大和清华招收的 5080 名本科生中，农村籍学生只有 902 名，占总数的 17.8%，这与当年农村人口占总人口数 70% 形成鲜明对照。同年，《中国青年报》的调查表明，北京多所高校 2000 名学生中，28% 来自北京，30% 来自北京以外的城市，24% 来自各地城镇，18% 来自农村，来自城乡的大学生之比约为 4：1，按我国城乡人口之比 3：7 计算，农民子弟与城镇居民子弟上大学机会之比约为

---

① 杨东平主编：《2006 年：中国教育的转型与发展》，社会科学文献出版社 2007 年版，第 354 页。

1：10。①

　　造成这种状况的原因是，在中学阶段，就有大批农民子弟由于交纳不起昂贵的学费被淘汰了下来。在多数县城，高级中学一般只有一到两所，够录取分数线的一般需交纳 2000 元，低于录取分数线的，则要多交几千元甚至上万元，高中就将许多农民子弟拒之门外。② 农民的贫穷和昂贵的教育费用，也使得许多贫困农民家庭在子女"金榜题名"时一筹莫展，无法高兴起来，为学费放弃学业的也绝不是没有，甚至有为了筹措学费而酿成悲剧的事情时有发生。上大学需要多少钱？ 一般学费在 3000—5000 元之间；杂费、住宿费在 2500 元左右；按每月吃饭 200 元，零花 50 元计算，生活费一年要3000 元，这样下来，每年的全部费用在 8000—10000 元之间。③ 有多少人不能承担学费之重？ 据媒体报道，没有能力交纳学费的贫困学生占大学生的20%，绝对贫困生占 8%。④ 据教育部门统计，西部地区考上大学的学生20% 左右来自贫困家庭，安徽省高校有贫困生 4 万余人，北京高校 24 万在校生，其中贫困生占 15% —20%，有些学校达到 40%。⑤ 这些贫困生中的绝大多数，需要通过贷款完成学业，或者需要一边读书，一边勤工俭学，才能完成大学阶段的学习。虽然国家在 2004 年 9 月 1 日新学期开学之前，出台将还贷时间由 4 年延长至 6 年的新政策，团中央也启动了新长城助学计划，但是，由于适用范围窄，因而不能普遍解决贫困生的经济困难，多数贫困生依然忍受着贫困的煎熬，这对培养全面发展的高素质人才是不利的。

　　高等教育保障制度在改革中带来的最大问题是：由于经济体制改革以后，相当一部分城乡居民进入低收入阶层，近几年，虽然国家采取各种措施逐步提高城乡居民的收入，然而，收入增长的速度远远跟不上学费增长的速度，昂贵的学费和生活费成了家长和学生沉重的经济负担和思想压力。针对这些情况，国家从 2008 年起，为符合条件的贫困大学生每人每年至少提供2000 元助学金，这将极大减轻贫困家庭的经济负担。可以预见的是，随着我国经济的继续发展，国家对于贫困大学生的资助力度还会增强。

---

①　景天魁等：《社会公正理论与政策》，社会科学文献出版社 2004 年版，第 20—23 页。

②　中国"三农"形势跟踪调查课题组、中汉经济研究所农村发展研究部编：《小康中国痛——来自底层中国的调查报告》，中国社会科学出版社 2004 年版，第 230、394、439 页。

③　戴泽明：《大学高额学费为哪般》，载《读者》2004 年第 1 期。

④　央视二台 2004 年 9 月 1 日《第 1 时间》栏目播报。

⑤　戚海燕：《首都高校贫困生无一辍学》，载《北京日报》2000 年 12 月 10 日。转引自多吉才让《中国最低生活保障制度研究与实践》，人民出版社 2001 年版，第 75 页。

3. 建立能够保障公民最基本的生存权的社会救助制度

（1）城市居民最低生活保障制度的建立

1999 年 9 月，国务院颁布了《城市居民最低生活保障条例》，使城市居民最低生活保障工作的法制化管理向前迈进了一大步。条例的主要内容有：其一，保障范围。条例规定，持有非农业户口的城市居民，凡共同生活的家庭成员人均收入低于当地城市居民最低生活保障标准的，均有从当地人民政府获得基本生活物质帮助的权利。其二，保障标准。条例规定，城市居民最低生活保障标准，按照当地维持城市居民基本生活所必需的衣、食、住费用，并适当考虑水电燃煤费用以及未成年人的义务教育费用确定。其三，保障资金的来源。条例规定，城市居民最低生活保障制度所需资金，由地方人民政府列入财政预算，纳入社会救济专项资金支出项目，专项管理，专款专用。

自 1999 年制度建立时起，中央和地方财政的资金投入以及获得低保待遇的人数在逐年增加。在 1999 年，中央和地方财政投入的最低生活保障的资金为 19.7 亿元，其中，中央投入的资金占 20%，全国获得低保待遇的人数为 266 万。5 年之后的 2004 年，中央和地方的总投入为 173 亿元，其中，中央投入的资金占 59%，全国获得低保待遇的人数增加到了 2205 万。5 年来，低保资金的总投入增长 7.8 倍，其中，中央财政投入增长 24.5 倍，全国获得低保待遇的人数增长了 7.3 倍。到了 2006 年，全国所有城市和 1700 个县城关镇建立了最低生活保障制度。[①] 据民政部《2006 年民政事业发展统计公报》数据，2006 年城镇最低生活保障制度救助人数进一步上升为 2240.9 万人，发放城市最低保障金 222.1 亿元，基本做到了应保尽保。在我国社会保险制度不健全的情况下，最低生活保障制度极好地发挥了它作为"兜底工程"的功能，将绝大多数由于各种原因，特别是由于经济结构调整、产业结构调整而下岗失业人员保护了起来，为国家营造了安定的国内建设环境，保障社会转型顺利进行。

（2）农村最低生活保障制度的建立

2007 年 7 月 11 日，国务院发布了《关于在全国建立农村最低生活保障制度的通知》，通知对确定农村最低生活保障标准和对象范围、规范农村最低生活保障管理、农村最低生活保障资金等问题作出了比较明确的规定。有

---

① 王有捐：《对城市居民最低生活保障政策执行情况的评价》，载《统计研究》2006 年第 10 期。

学者指出，我国农村的最低生活保障制度，是在构建以社会保险为核心的农村社会保障体制难以得到实现的情况下，采取的比较有效的扶贫手段，这是由农村最低生活保障制度本身的权利义务特征以及救助方式决定的。第一，最低生活保障制度体现的是权利义务单向性特征。即受益者在不需要承担任何义务的情况下，只要符合法律规定的救助条件，就可以获得救助待遇。第二，最低生活保障制度是为经济上处于贫困线以下的人提供最低生存需求的制度，因此是一项解除贫困的制度，而不是提高贫困者生活水平和生活质量的制度。第三，与第一个特征相对应，最低生活保障所需资金全部由政府财政负担，是政府对国民收入进行二次分配的经济行为，是减少和消除贫困、实现社会公平的有力措施。据统计，到 2007 年年底，在全国农村已普遍建立了最低生活保障制度，覆盖人口达 3451.9 万人。①

现代社会救济制度的特征和明显进步在于：政府保证所有公民享有最低标准的收入、营养、健康、住房、教育和就业机会。这些保障表现为公民的政治权利而不是以慈善的形式出现。"这时，社会保障制度已经从单纯的社会救济发展成公民的一种社会权利，从而过渡到主动地针对社会弊端制定防范措施的新阶段。"② 现代社会救济制度将人的尊严和价值要求放在首要位置，认为只有在充分社会保障的基础上，人的尊严和人的价值才能得到保障，人的人格才能得到公平发展，这些都已成为全社会共识并为此承担起了责任。

综上所述，使我们认识到，人们的社会福利，仅仅靠人道和慈善是不能保障的，必须通过法律制度对人们之间权利义务的确认，建立起个人与国家或社会的一种确定的权利义务关系来加以保障。③ 社会福利不能从超越于社会的自然权利中获得，而只能从个人与社会的互动关系中获得，从社会原因上寻找消除贫困和贫富差距的措施，实现社会平等和社会公正。在公民权利理念下，个人对国家有了社会福利的要求权，而国家必须依法履行对于公民的社会保障责任。国家把支持经济上的弱者、保障较大的生活风险和致力于社会机会平等，看做社会国家有秩序发展的基石，避免在市场经济下出现"强权社会"，通过社会保障使个人自由和在与人的尊严相应的方式中生活成为可能。国家将为人们提供社会保障看作是国家和所有公民共同协作的成

---

① 郝书辰等：《新时期农村社会保障制度研究》，经济科学出版社 2008 年版，第 103—106 页。
② 李琮主编：《西欧社会保障制度》，中国社会科学出版社 1989 年版，第 209 页。
③ 王家福主编：《中国人权百科全书》，中国大百科全书出版社 1998 年版，第 783 页。

果，从社会保障制度中获得待遇是每个公民的权利。① 人权理论和实践的发展，使得人是社会中一切经济、政治、文化活动的目的这一问题更加清晰，即人类的一切活动和努力都旨在使人们的生活不断得到改善，使人得到全面发展。

---

① 刘翠霄：《德国社会保障制度》，载《环球法律评论》2001 年冬季号。

第五章　教育法基础理论研究

一　教育法基本原理

（一）教育、受教育权与教育法

1. 教育的本质

一般认为，教育是培养人的活动，是教育者和受教育者的教与学的活动，它是一种人类特有的有意识、有目的的社会活动，是人类传递和学习社会生产和生活的经验与知识、文化价值的社会现象。② 从宪法角度来考察，教育如此重要，就在于对于个体有着不可或缺的重大意义。

首先，教育是个体理性成熟的需要。人类总是通过合作而生存、延续和发展。然而，人们要和平相处，必须尊重社会共同体的法律、惯例、习惯、风俗等规则，这样人们就可以有着稳定的生活期待和预测，并对打破共识和规则的人施以谴责或者惩罚。而这一切都是基于一个基本假设：所有的人都能理解和遵守这些规则，或者说，一个人要参与社会共同体并成为其中合格一员，他必须具有对社会规则有认知和独立判断能力，并能够独立承担由此而来的责任。否则，惩罚就是非正义的。人类的这种能力，被称为"理性"，它是人之所以为人而区别于动物的根本所在。个体这种运用理性的能力，是通过教育才获得的，因此康德说："人只有教育才能成人。"儿童获得运用理性基本能力所需要的教育，我们称之为"最低限度的教育"，这种教育，是每一个人之所以能够成为"社会人"的必需和前提，是个体独立参与社会生活的最低标准。

---

① 王柱国，江西财经大学法学院副教授。范亚峰，中国社会科学院法学研究所副研究员。

② 参考吴式颖、任钟印主编《外国教育思想通史》（第一卷：古代东方的教育思想），湖南教育出版社 2002 年版，《总序》第 2 页；桑新民：《论教育的起源和划分教育发展阶段的内在根据》，《教育研究》1986 年第 10 期；李园会：《杜威的教育思想研究》，文史哲出版社 1978 年版，第 118 页。

其次，教育是生存的需要。这不仅指儿童需要成人对其进行看护和监督、向他传授基本的生活知识和技能才能生存成长，更意味着，成年人如果需要胜任工作、免于贫困，同样需要接受充分的教育，因为，"规定达到一定教育程度，对于个体来说，能使之较易获得就业并由此满足诸如食宿、医疗保险和营养需要等需要"。①

再次，教育是实现合理人生计划的需要。人的理性自主最集中最突出的表现就是规划自己的生活，每一个人有能力决定他要过何种人生。② 无论人们的生活计划内容是如何不同，也无论人们在履行其生活计划时会作出何种改变或调整，人们在规划合理人生计划时，首先需要解决的问题就是教育。教育为每一个人的自我实现提供了智识条件，而智识是实现人生计划和理想不可或缺的条件。

2. 从教育需要到作为基本权利的受教育权

一般认为，基本权利或人权，是"被设想为人们作为人凭借其自然能力而拥有的道德权利，而不是凭借他们所能进入任何特殊秩序或它要遵循其确定的特定的法律制度而拥有的权利③"，是一种作为最低限度标准的普遍道德权利。教育之所以成为个体的基本权利——即所谓受教育权，首先，在于教育对于每一个人有着极其的重要性，就像生命一样不可或缺，如果缺失教育，个体的生存、理性自主能力和人的本性将受到严重的损害，并由此遭受痛苦和伤害。

其次，任何一项基本权利之所以为"基本"，是因为它建立在"不受干涉的自由"之基础上。对于接受教育之根本需要来说，其真正地满足也必须依赖于"自由"，排除国家的任意干预。这意味着，除了对儿童教育有一定的限制之外④，个体对是否接受教育（是否学）、教育内容（学什么）、教育方式（怎么学）、学习目的（为何学）、教育地域、场所（哪里学）有着自由选择的权利。我们可以说，如果儿童在其成年后要平等而自由地参与社会，如果成人要平等而自由地追求自己所认为的幸福生活，其实现手

---

① Douglas Hodgson, *The Human Right to Education*, Dartmouth Publishing Company Limited & Ashgate Publishing Limited, 1998, p. 20.

② Louis G. Lombardi, *Moral Analysis: Foundations, Guides, and Applications*, Albany: State University of New York Press, 1988, p. 7.

③ 《布莱克维尔政治学百科辞典》，中国政法大学出版社 1992 年版，第 337 页。

④ 关于义务教育与自由的关系，可参见王柱国《义务教育：强制的自由》，载《法商研究》2006 年第 5 期。

段——教育和学习——本身就必须是自由的，他人不得任意干涉、强制、限制和剥夺。也就是说，受教育的基本需要获得了"人权"的地位，根本在于"学习自由"。①

3. 以受教育权为基石的教育法

施密特说：国家为保障基本权利的实现，立法者有义务建立一套完整制度。② 当前世界各国主要通过正规学校教育制度来保障公民受教育权的实现。受教育者在这种正规的学校（包括公立学校和私立学校）中通过教师的引导，进行有目的、有计划、有组织的学习，受教育者能在相当短的时段内，有系统地掌握知识体系。正规学校教育只是目前人类选择的最佳、最主要、最重要的教育形式，但是还有其他方式实现公民受教育权，如家庭教育、社会教育③。如果为宪法所规定，那么，它们就成为一种宪法性制度；立法机关再据此制定法律，从而使得公民受教育权的保障具有操作性，这也就是人们把受教育权称为"作为制度的基本权利"之由来，由此就形成了一整套教育法律体系。不过需要指出的是，保障教师学术研究自由也是教育法的一项重要内容，但是，学术研究自由并不是基于受教育权而产生的，而是与学生受教育权并立的一项基本权利，只是学术研究自由无论是从起源上还是功能上都与受教育权不可分离。

在我国，为保障公民受教育权的实现，宪法第 19 条明确规定："国家发展社会主义的教育事业，提高全国人民的科学文化水平。国家举办各种学校，普及初等义务教育，发展中等教育、职业教育和高等教育，并且发展学前教育。国家发展各种教育设施，扫除文盲，对工人、农民、国家工作人员和其他劳动者进行政治、文化、科学、技术、业务的教育，鼓励自学成才。国家鼓励集体经济组织、国家企业事业组织和其他社会力量依照法律规定举办各种教育事业。国家推广全国通用的普通话。"这里，学校教育（包括义务教育、中等教育、高等教育、学前教育）、职业教育、扫盲教育、成人教育、私人力量办学、普通话教育就是一种宪法性制度。由此，根据宪法形成了诸多单行的法律法规，可分为四个层次：第一个层次，由全国人民代表大会制定、作为基本教育法的《中华人民共和国教育法》；第二个层次，由全

---

① 关于受教育权的内容，见后文。

② 转引自李惠宗《权力分立与基本权保障》，台北韦伯文化公司 2000 年版，第 79—82 页。

③ 在教育学上，一般认为，教育方式主要可分为学校教育、家庭教育和社会教育。参见张人杰主编《大教育学》，广东高等教育出版社 2003 年版，第 4—6 页。

国人民代表大会常务委员会制定的法律，包括《义务教育法》、《职业教育法》、《高等教育法》、《学位条例》、《成人教育法》、《教师法》、《教育经费法》；第三个层次，由国务院制定和颁布的行政法规，如《少数民族教育条例》、《学制条例》、《社会力量办学条例》、《教育督导条例》，等等；第四个层次，有关教育制度的地方性法规、民族自治区自治条例、单行条例和政府规章。

（二）教育法在法律体系中的地位

教育法在法律体系中的地位，是指在现行法律体系中，教育法归属于哪一个法律部门。对于该问题，学界一直存在着争论。目前主要有三种观点：教育行政法规说、教育法固有法说、文教科技法说，兹分别简述如下。

1. 教育行政法规说

教育行政法规说是传统的主张，它导源于"国家教育权"论。该学说认为，教育是国家的"专属事业"，因此"国家将有关教育事务，透过某种机关而实施命令权的行为"，因此教育法实乃教育行政法，是"规定有关教育之行政机关的组织及其权限之法规的整体之谓"。[①] 持教育行政法规说的代表性学者为日本圣心女子大学校长相良唯一，主张"教育法规也就是有关教育行政的法规"。[②] 该学说的特点是，教育行政是国家统治权的一部分，行政法的一般原理同样适用于教育行政。

2. 教育法固有说

教育法固有说，又称为教育制度独自法说或者教育独立说，该学说强调教育具有行政法的调解手段所不能制约的独特性。教育法是为保障教育而形成的有关教育制度固有的法律为范围，虽然教育法律制度性质多样，例如，在私立学校中学生与学校的民事契约，但是都是以教育为核心而形成的法律规范。这一主张的代表者是东京都大学教授兼子仁，他认为教育与教育行政不能完全等同，教育制度特有的法理构成了教育法特有的体系和领域。[③]

在日本，由于对教育法地位的认识不同，因此对教育法的体系和分类也表现了较大的差异性。教育行政法规说，主张教育法的体系与分类应以国家教育法规和地方共同团体（即地方政府）教育法规两大部分。与此相反，

---

① 牧征名、平原春好编著：《教育法入门》，学阳书房1984年版，第14页。
② 相良唯一：《教育法的基础知识》，明治图书1960年版，第11—12页。
③ 参见兼子仁《教育法》，有斐阁1963年版。

教育法固有说，主张教育法规的体系应以教育活动与教育制度的内在逻辑为基本依据，分为教育基本法、有关学校教育和社会教育制度的法规、有关教育职员的法规、有关教育行政与财政的法规，等等。目前，日本教育法学界普遍倾向于"教育制度固有法说"。

3. 文教科技法说

该学说的一个前提是将文教科技本身划分为一个法律部门，在这个前提下，因为教育是社会文教科技体系的内容中的一部分，那么，调整教育活动的法律法规亦应当是社会文教科技法律体系的一部分，是"第二位阶部门法"。与之相关的还有科技法、新闻法、广播电视法、文艺法、文物保护法等，共同组成了文化、教育、科技的法律体系，教育法是其中之一。中国社会科学院吴大英是该观点的代表人物之一。"文教科技法，主要涉及发展文化、教育、科学技术方面的法律，其目的都在于智力开发，因而又称为智力开发法。从尊重知识、尊重人才，重视文教科技等各种因素来考虑，亟应加强这方面的法律。"①

4. 本书的观点

以上三种观点，都有一定意义。教育行政法规说，指明了教育的实现，必须依赖于国家力量的积极介入；教育法固有说，显示了教育有其本身的规律和特质，法律对教育的保障和规范，不仅仅有公法而且也包括私法，更重要的是，即使行政法涉及其中，也不能依据一般行政法原理来对待教育事务；而文教科技法说，与人们的一般认知一致，教科文（教育、科技、文化）涉及人们的精神生活和智力发展，与我国精神文明建设的领域大致相当。

不过，教育行政法规说，没有关注到教育法律关系的丰富性；而文教科技法说，作为一般分类有其意义，但是，文教科技法并不是人们普遍认同的部门法。至于教育法固有说，意图展示教育法是一个独立的法律部门，但是教育法固有说同样也存在文教科技法学说的困境。

本文以为，教育法并不是某一法律部门，而是各个法律部门中有关教育的法律规范的集合，其中不仅涉及行政法，同样也涉及宪法、民事法律以及诉讼法。实际上，美、德等国的教育法学著作一般都不把教育法归于单一的法律部门，而把它看做是有关教育的法律法规的总称。当然，并不是说上述争论没有意义，这些争论能够让我们深化对教育和教育法的认识，尤其是教

---

① 吴大英、沈宗灵：《中国社会主义法律基础理论》，天津教育出版社 1987 年版，第 251 页。

育行政法规说和教育法固有说，使我们从国家行政权力与教育规律两个相度来认识教育法。

本文进而以为，如上所述，教育法是基于公民受教育权而形成的法律法规的总称，而国家建立正规学校教育制度是实现和保障受教育权的关键所在，因此，教育法律关系主要是国家、学校①、教师、学生四个主体的互动而形成的法律关系，其中，国家行政力量处于支配地位。就此而言，以行政法的视角看待教育法无疑非常重要。因此，本文所讨论的教育法，在本质上是教育行政法，而且涉及的学校，除了明确指出私立学校之外，所指仅是公立学校。

（三）教育法的基本制度和基本原则

1. 教育法基本制度

通过宪法和法律，我国的教育基本制度得以确立，其中主要有：学校教育制度、义务教育制度、职业教育和成人教育制度、扫盲教育制度、私人力量办学制度、普通话教育制度、国家教育考试制度、学业证书制度和学位制度、教育督导制度和教育评估制度、助学制度。这里择其要者，逐一阐述。

学制。学制即学校教育制度，指一个国家各级各类学校的体系。我国《教育法》规定："国家实行学前教育、初等教育、中等教育、高等教育的学校教育体系。"学前教育，属于学校教育的预备阶段，教育对象为三周岁以上的学龄前儿童，年限1—3年，实施机构主要是幼儿园；初等教育，又称小学教育，是学校教育的第一阶段，其任务是对6—12岁的少年儿童进行德、智、体、美、劳诸方面的全面基础教育，培养他们初步运用理性的能力；中等教育，是在初等教育基础上继续实施的中等普通教育和职业教育，分为初级中等教育和高级中等教育两个阶段，学习年限各为3年，教育对象为12—18周岁的少年。② 高等教育，属于学校教育的最高教育，其任务是培养高级专门人才。我国高等教育分为高等专科教育、本科教育和研究生教育三个层次，高等专科教育的修业年限一般为2—3年，实施机构为高等专科学校和职业大学；本科教育的修业年限一般为4—5年，实施机构主要是

---

① 需要说明的是，本文涉及的学校，除了明确指出私立学校之外，所指仅是公立学校。

② 从教育的性质来说，我国教育分为普通教育和职业教育。普通教育实施一般的科学文化知识教育，其任务是为社会培养合格公民以及培养高素质人才。职业教育是指有明确的职业目标，实施有关的职业知识和职业技能教育，主要任务是为就业作准备。职业教育需要以一定的普通教育为基础。

大学和独立设置的学校；研究生教育又分为硕士研究生和博士研究生教育，目的是培养能独立从事科学研究工作、能够在本学科或技术上作出创造性成果的高级人才，它们的修业年限各为2—3年。学制系统内各级各类教育具体制度的规定权限，属于国务院或者国务院授权的教育行政部门。

义务教育制度。义务教育是国家根据法律规定对适龄儿童和少年实施的一定年限的强迫的、普及的、免费的学校教育。其目的是使儿童理性成熟、能够独立参与到社会、成为合格的公民。为实现义务教育制度，我国《教育法》规定："各级人民政府采取各种措施保障适龄儿童、少年就学。适龄儿童、少年的父母或其他监护人以及有关社会组织和个人有义务使适龄儿童、少年接受并完成规定所限的义务教育。"同时又规定了教育年限："国家实行九年制义务教育"，包括初等教育和初级中等教育。目前，其实现形式有"六三制"、"五四制"、"九年一贯制"。

职业教育制度和成人教育制度。我国《教育法》规定："国家实行职业教育制度和成人教育制度。各级人民政府、有关行政部门以及企业事业组织应当采取措施，发展并保障公民接受职业学校教育或者各种形式的职业培训。鼓励发展多种形式的成人教育，使公民接受适当形式的政治、经济、文化、科学、技术、业务教育和终身教育。"要注意的是，成人教育是指除了学制系统内正规全日制学校中的学生之外所有成年公民实施的各种类型和形式的教育，既有正规教育也有非正规教育，既有学历教育也有非学历教育。

教育考试制度。国家教育考试是指由国家批准实施教育考试的机构根据一定的考试目的，按照国务院教育行政部门所确定的考试内容、原则、程序，对受教育者的知识和能力进行测定和评价。我国现行教育考试包括：国家统一入学考试，如中考、高考、研究生考试；学历认证考试，如高等教育自学考试、中等专业教育自学考试；水平考试，如普通高中毕业会考、外语水平考试。

学业证书制度与学位制度。学业证书是颁发给受教育者的表明其受教育程度及其达到的知识水平和能力水平的凭证。我国学业证书包括学历证书和非学历证书，前者是学制系统内的教育机构对完成学习任务的受教育者所颁发的文凭，分为毕业证书、结业证书、肄业证书，后者包括各类专业证书以及其他各种培训、学习计划完成后颁发的写实性学业证书。学位是国家或国家授权的教育机构授予个人一种终身学术性称号，表明学位获得者所达到的学术或专业学历水平，我国学位分为学士、硕士和博士三级。

扫除文盲制度。扫除文盲教育是为不识字或识字少的成年人获得初步的阅读、写字、计算能力而进行的最基础的文化教育。我国《教育法》规定："各级人民政府、基层群众性自治组织和企业事业组织应当采取各种措施，开展扫除文盲的教育工作。按照国家规定具有接受扫除文盲教育能力的公民，应当接受扫除文盲的教育。"

2. 教育法基本原则

其一，平等原则。平等不仅是宪法的一项基本原则，同样也是教育法的一项基本原则。法国 1989 年《教育指导法》第 1 条开宗明义指出："法律保证所有儿童和青年，无论其社会地位、文化或地域背景如何，都能获得教育与培训的权利。"我国《教育法》也明确规定："受教育者在入学、升学、就业等方面依法享有平等权利。学校和有关行政部门应当按照国家有关规定，保障女子在入学、升学、就业、授予学位、派出留学等方面享有同男子平等的权利。"在美国，教育平等问题更是引发全国持久热烈关注的宪法问题。

其二，法治原则。教育法治，即依法治教，表明国家机关和学校在施行教育权力的时候，必须有法律的授权，越权无效；教育权力的运行必须遵循正当程序，以限制权力的恣意；即使权力具有自由裁量权的空间，也必须遵循比例原则，确保在维护教育秩序时最小影响相对人的权益。

其三，学校自主管理和大学自治原则。前者主要针对中小学校的管理，后者针对的是大学管理。尽管两者的自主管理程度不一，但是共同之处在于，学校的教育管理活动有着其独特的运行规律，国家不能对教育活动任意干涉。关于这一问题，将在后文详细阐述。

其四，权利保障原则。各国教育立法，实际上都是以权利为核心的。如美国，其关于人权的"宪法修正案"适用于教育领域，同样，德国宪法、日本宪法、法国宪法、俄罗斯宪法、印度宪法等关于公民基本权利的规定无不适用于教育领域，而对于不成文宪法的国家英国，在判例上确立的自由、人权原则同样适用于教育领域。但是，宪法和教育法律上所规定的权利如果没有变成现实，那就没有任何意义，那只是纸面上的权利，因此，更重要的是建立一套救济体系。因此，救济权利也是受教育权利保障的当然内容，其中，司法救济是解决教育纠纷的最终手段。

二　教育行政

（一）教育行政的一般原理

1. 国家教育权与教育行政

国家管理教育的权力，始于 19 世纪。在此之前，教育一直被视为私人事务。在人权理念萌发的近代，教育往往被视为完全与国家无关的自然权利，人们普遍把教育（指学校）看做是私人和教会的事务，办教育是一项慈善事业，教育的任务应该让古老的独立社团或者依靠私人的努力去完成。①

或许在一个简单的社会，家庭教育足够使儿童参与社会，个体凭借世代累积的经验就足以应付社会中出现的问题。然而，随着社会的日益复杂、谋生门槛的不断提高、个体在社会中生存发展日益艰难，单凭父母无法为其子女提供适当的教育，使其成年后顺利地融入社会、独立生活；同样，成年人也不能够单凭自身能力获得自我发展、自我实现的必备教育资源，而且甚至单凭自身能力无法找到工作、维持生存。家庭这种在教育事务上的能力欠缺，既表现为时间、精力、知识技能的有限，也表现为没有经济能力进入有限的私立学校或聘请私人教师。更重要的是，私人或私人团体既没有能力也没有责任建立满足所有人学习需要的学校和其他教育机构，何况许多身体和智力有缺陷者还需要特别照顾和教育。

正是社会成员对于实现适当教育的普遍能力欠缺，才导致国家介入教育，组织教育资源，建立学校及各种教育机构，配备适当的教学设施和人力资源，并建立可靠的制度，以满足其成员日益增长的教育和学习需要。这样，国家教育权开始确立。所以有人总结道："在欧洲启蒙时代以前，教育主要是父母和教会的职能。只有在近代世俗国家形成之后，教育才被视为公共关注的事项……19 世纪期间，国家的教育责任才规定在国内权利法案中，如 1849 年《德意志帝国宪法》即可成为一个例证。"②

以上可知，国家的教育权是一项公共事务管理权力，目的是为了保障公民的受教育权而存在的。因此，国家教育权的行使，并非是国家主权者自由

---

① 转引自秦惠民《走入教育法制的深处》，中国人民公安大学出版社 1998 年版，第 56 页。
② ［挪］艾德：《经济、社会和文化的权利》，中国社会科学出版社 2003 年版，第 280 页。

意志的表现，不可以滥用；同时表明，教育权又是一项国家的职责和义务，不可以放弃。

需要注意的是，国家教育权的存在形式和实施机制，表现为教育立法、教育行政和教育司法。在三者之中，教育行政处于教育法关注的重点。之所以如此，是由于国家教育权的实施机制决定的。其一，从对权力控制来看。教育立法是代议机构的行为，而代议机构又是基于民主选举产生；教育司法是中立的法院对教育纠纷的公正审判；而教育行政，虽然受到宪法和法律的规制，但是自由裁量权较大。其二，从保障受教育权来说。固然教育立法最为重要，但是它只是宏观的指导与规范，具体的落实还依赖于教育行政的日常运行。教育行政与公民权利如影随形，教育行政如果不能依法规范运行，公民的受教育权利就会时常处于威胁和侵犯之中，因此，公民受教育权的充分保障和整个社会的教育繁荣，更依赖于教育行政的合法运行。

2. 各国教育行政体制

所谓教育行政体制，是指一个国家的教育行政组织系统或理解为国家对教育领导管理的组织结构形式和工作制度的总称。[①] 就其实质来说，教育行政体制是指教育行政权力在中央和地方的划分或配置。目前，主要有三种模式：中央集权制、地方分权制和中央地方合作制。

在中央集权制下，教育行政权都集中于中央政府，地方政府教育行政不具有独立性，受中央政府的控制和支配，教师为国家公务员，法国是这种模式的代表性国家。中央集权制的优点在于：通过中央的集中调整，可以有效地分配教育资源，避免由于各地资源条件的差异而可能产生的教育上的不平等；有利于消除由于地方的狭隘而可能产生的过激或是过于保守的教育政策，保障教育政策统一和平衡；统一课程设置和教学要求，使受教育者能够获得最基本的知识技能。其缺点就是：效率低下，制度僵化，缺少地方参与，管理成本过高。[②] 相应地，中央集权制下的教育行政体制，往往是建立强有力的中央教育行政机构，对地方的教育行政施行垂直的一元化领导。

地方分权制与中央集权制相对。在地方分权制下，教育事务属于地方政府，而中央政府仅保留一定的监督指导权和财政拨款的助成地位，这种模式的代表性国家为美国和德国。该模式的优点是：可以避免全国教育发展的划一呆板；各地可因地制宜，根据实际情况发展教育事业；可以发挥各地的积

---

① 陈孝杉主编：《教育管理学》，北京师范大学出版社 1999 年版，第 131 页。

② 高家伟主编：《教育行政法》，北京大学出版社 2007 年版，第 79 页。

极性和创造性，促进各地教育的合理竞争，使教育发展多样化、个性化；减少层级沟通，提高管理效率，等等。[①] 相应地，地方分权制下的教育行政体制，虽然有中央教育行政机构和地方教育行政机构的称谓，但是教育权由地方行政支配，中央教育行政机构往往只能为教育发展提供指导以及经费的支持。

鉴于中央集权制和地方分权制各有优劣，很多人主张两种权力分配模式有机结合，扬长避短，这就是所谓中央地方合作制，其特点就是中央政府和地方政府对教育行政权力的分配较为均衡，英国是这种模式的代表性国家。英国虽然在中央设有教育技能部，但是教育技能部不设置或直接管理学校，也不聘用教师，公立中小学由地方教育局管理，大学则为自治团体。英国的中央和地方教育行政机关是一种协调合作关系，通过沟通的方式来完成教育行政的任务。

我国的教育行政体制过去属于典型的中央集权制，中央教育行政机构垄断了教育事务。但自 20 世纪 80 年代中期开始，我国教育行政体制进行了深度的改革，让地方和学校拥有更多的教育自主权和决策权。这些改革主要体现为四个方面：第一，权力下放，让地方政府对学校建设、课程设计、教学计划和大纲的审定等事项，拥有更多的决策权；第二，办学多元化，除了政府办学之外，允许和鼓励民间力量办学；第三，治学自主权，学校尤其是高等学校在专业设置、招生和毕业生分配、职称评定、国际交流等领域享有更多的自主空间；第四，校长负责制，校长作为法人代表，扮演着学校管理者、教学组织者、经费筹措者、关系协调者等角色。[②] 由此可见，我国教育行政虽然以中央为主导，但是突出了地方和学校教育行政的自主性，因此也是一种中央和地方合作的模式。

（二）教育财政

1. 教育财政的原理

上面谈到，国家有保障公民受教育权实现的义务，而这种义务，除了建立一套教育法制之外，更重要的是提供具体的教育资源。所谓教育资源，就是指教师、课程内容、教学设施（包括图书馆、体育馆等）、生活设施（包括食堂、宿舍）、教学管理等有形资源。而这些资源的获得，最终有赖于财

---

① 陈永明：《教育行政新论》，华东师范大学出版社 2003 年版，第 228 页。

② 吴志宏：《教育行政学》，人民教育出版社 2000 年版，第 62—63 页。

政资源——资金的投入。因此，教育资源的问题就是国家财政经费的支出。

在国家的教育财政投入中，尤为重要的是对义务教育的财政支持。一个国家实行的义务教育，不仅关系到该国每一个体公民将来平等参与社会的能力，而且也为其自我实现提供平等教育机会，更是提高整个国家的国民素质和综合国力的重要国策。因此，实行普遍而免费的义务教育，已经成为世界各国的共识。在我国，尤为重视义务教育事业的发展，以及国家财政对义务教育事业的保障。我国《义务教育法》第2条规定："义务教育是国家统一实施的所有适龄儿童、少年必须接受的教育，是国家必须予以保障的公益性事业。实施义务教育，不收学费、杂费。国家建立义务教育经费保障机制，保证义务教育制度实施。"第6条同时规定："国务院和县级以上地方人民政府应当合理配置教育资源，促进义务教育均衡发展，改善薄弱学校的办学条件，并采取措施，保障农村地区、民族地区实施义务教育，保障家庭经济困难的和残疾的适龄儿童、少年接受义务教育。"这些制度规定充分说明，虽然我国也支持民间力量办学，包括针对义务教育阶段的民间办学，但是对义务教育事业的保障，主要是由政府财政支持。

2. 各国教育财政比较

美国为地方分权制，依照州法规定，美国教育财政的原则为：其一，州政府负公共教育经费的主要责任；其二，州政府负担公共教育经费的主要目的在实施州内教育机会均等的政策；其三，州政府负担教育经费的另一目的，是运用税收所得来发展州内居民的儿童教育，并使全州的学校教育达到合理的标准。但是，由于各州经济文化发展不平衡，导致各州儿童接受义务教育机会不平等，特别是在黑人居民占多数的地方，因此联邦政府以各种方式予以补助。就公立大学而言，每一州至少设有一所大学。联邦政府也为大学提供经费，但是主要用于补助兴建建筑物、研究计划以及太空卫星的计划。

法国为中央集权制，虽然在1983年实行分权和放权的改革，但是国家依然是教育的主要投资者。在义务教育经费方面，国家负责所有公立学校与行政人员的工资和行政开支，甚至私立学校教师的工资，都由国家承担；虽然小学和初中的基本建设费用分别由市镇和省负担，但是可以向国家申请一定的资助。在高等教育经费方面，绝大部分来源于中央政府。

英国为中央和地方合作制，教育财政实施两级政府管理体制：中央和地方政府。在义务教育方面，由地方教育当局负责提供教育经费。不过在20世纪80年代，英国通过《教育改革法》，强化了中央政府的教育权力，其中规定，经过一定程序，地方中小学可以脱离地方教育当局的管辖，由中央政府直接拨款。在高等教育方面，虽然英国的大学都不是由政府举办，但是其经费来源主要是政府的拨款资助，一般占大学总经费的2/3左右。

我国教育财政也属于中央和地方合作模式。就义务教育经费而言，根据义务教育法，义务教育经费投入实行国务院和地方各级人民政府根据职责共同负担，省、自治区、直辖市人民政府负责统筹落实的体制。农村义务教育所需经费，由各级人民政府根据国务院的规定分项目、按比例分担。就高等教育而言，教育部直属和各部委的高校资金由中央财政拨款解决，省市属高校资金由地方财政解决，还有一些部属院校实行中央和地方共建，其资金由中央和地方财政共同解决。

（三）教育监督

目前，我国教育行政监督体制基本建立，是一种多元化、多层次、多渠道、立体型的监督体制。多元化是指监督主体的多元，既有一般行政主体的监督，也有专门主体的监督；多层次是指行政体制的层次性，有中央、省、市、县四级；多途径是指各种监督方式的多样性，如既有审计监督，也有教育督导监督。教育监督体制的多元化、多层性和多途径，表明了我国教育行政监督建构了立体化的监督体制。教育行政监督的目的，在于促进教育繁荣、规范教育行为、防止教育的无序发展。在我国，教育监督的有力实施保障了教育事业的繁荣发展，但是我国教育行政监督还存在诸多问题，主要表现为监督专门化、法制化的程度低，行政监督和行政管理之间存在重合。因此，教育监督体现出了管理色彩太浓、对公民权利保护不足以及服务理念缺失的缺陷，从而在一定程度上与教育法治理念相冲突。

目前在我国的教育监督体制中，所实施的教育监督方式主要包括：教育检查监督、教育督导监督、教育审计监督和教育行政监察。①

三　学校管理

学校管理，涉及两个方面，一个方面是学校与国家的关系，它说明学校管理是否受到国家的控制或者控制到何种程度，一个方面是学校与教师或学生的关系，它说明学校基于管理行为与教师或学生形成什么性质的法律

---

① 　高家伟主编：《教育行政法》，北京大学出版社2007年版，第173—193页。

关系。

（一）高校自治与中小学的自主管理

1. 高校自治

高校①自治或者大学自治，已经成为现代大学的基本理念。所谓大学自治，一般是指"大学作为一个法人团体享有不受国家及任何其他官方或非官方法人团体和任何个人，如统治者、政治家、政府官员、宣传人员或企业干预的自由，它是大学成员的自由，这些成员以代表的资格而非个人来决定大学自身的管理。"（爱德华·希尔斯语）② 虽然对于大学自治的具体内涵有着各种争论，③ 但主张大学自治的观点都会承认，大学自治在实质上是维护大学的学术自由，在形式上是指大学独立、自我管理，后者是前者的制度保障（关于学术自由，"教师权利"一节再述）。

为了保护大学和教师的这种学术自由，就必须通过制度保障大学和教师免受国家、宗教和任何组织个人的干涉，而把学术研究、教学事项等交由大学自主决定，即所谓大学自治。因此，大学围绕保障研究自由和教学自由而有权制定一系列制度和规则，形成一套系统的管理制度。其中与学生有关的事项包括：规章制定，招生、课程安排、考试、毕业、学籍等涉及学生学业的管理，社团管理、宿舍管理、借阅图书管理等维持校园秩序的管理，以及由此而来的对学生的奖惩及其救济。学校对学生这些管理权，一部分属于实质性自治，一部分属于程序性自治。所谓实质性自治，是指大学拥有自己确定组织目标和拟订计划的权力，而程序性自治是指大学所拥有实现目标和落实计划的权力。④ 前者包括"大学管理免受非学术人员介入的自由；大学自主分配资金的自由；课程设计和授课自由；遴选学生的自由；制定评价标准和方法的自由"⑤。后者主要是指校园秩序的维持、奖惩措施等。简单地说，在大学自治中，学生的管理是由学校在法律设定的框架内自主管理，而非国

① 在我国，高校和大学是一个种属关系。高等学校是指大学、独立设置的学院和高等专科学校（《中华人民共和国高等教育法》第 68 条）。本文不作如此区分，大学一词也包括这三类高等院校。

② 转引自眭依旺《大学校长的教育理念与治校》，人民教育出版社 2001 年版，第 323 页。

③ 参见韩延明《大学理念论纲》，人民教育出版社 2003 年版，第 270—277 页。

④ 罗伯特·伯达赫（Robert Berdahal）的分类。和震：《大学自治研究的基本问题》，载《清华大学教育研究》2005 年第 6 期。

⑤ 和震：《大学自治研究的基本问题》，载《清华大学教育研究》2005 年第 6 期。

家行政机关具体指令的传递。

2. 中小学自主管理

国家对中小学教育的介入程度更深、方式更刚性、控制更有力，中外皆然。由于中小学自治程度较低，因此在制度保障上，大学与中小学用不同的名称予以标示：前者称为大学自治，后者称为自主管理。

但是，随着人们对教育规律的认识深化，国家的控制逐步放松。在美国20世纪80年代之前，中小学教育由地方学区控制，学区教育行政主管部门统一负责学区内中小学经费配置、人员聘任、课程设置等。但是，有着这种高强度的控制，教育质量普遍较低，因此，对教育管理制度进行了改革，其核心就是下放权力给学校，学校成为决策主体，自主管理，教育行政部门以专业职责取代了行政命令。这是美国根深蒂固的宪法"分权"思想在教育管理权上的体现，也就是所谓的"校本管理"。① 在我国，早期的中小学管理更加行政化，甚至有人把学校管理看做是"机械的教育行政传动装置"。自20世纪80年代，我国中小学教育体制也进行了改革，确立了"校长负责制"，让学校有更大的决策权、管理权。② 但是，相比于美国，我国中小学校管理的权限比较小，自主管理权有限。

在这种背景下，美国的中小学学生管理基本上是一种自治，不仅仅只有程序性自治，例如，教学方式、课堂秩序、着装规定等，而且包括实质性自治，例如，课程选择、招生选择等。在我国，基本上不存在实质性的管理自主，例如，义务教育阶段的学生不得自主择校，必须就近入学（《义务教育法》第12条），中小学的自主管理主要是程序性上的管理自主。教育行政主管机关通过规章、准则、考评等方式，将管理学生的意志施加于学校，例如，教育部制定的《中小学生守则》、《中小学日常行为规范》，等等，学校一般根据这些行政规定制定学校的管理制度。

（二）学校管理行为的法律性质

1. 当前的三种观点

要讨论学校管理，核心在于明确学校管理的性质，或者说，学校基于管

---

① 参见湛启标、柳国辉《美国中小学的"校本管理"改革挨略》，载《比较教育研究》1999年第4期。

② 陈大超：《美国的"校本管理"与我国的"校长负责制"》，载《中国教育学刊》2002年第4期。

理行为而与学校与教师或学生形成的关系是何种性质的法律关系。目前关于学校管理性质的观点，我国台湾地区的学者将其归纳为三种。①

其一，特别权力关系说。有人认为，公立学校与教师或学生的关系，是与行政机关和公务员关系一样的勤务关系。这种关系是因为教师或学生利用公立的营造物而形成的利用关系。因此，营造物的管理者，为教育之目的，在必要限度内，拥有概括支配的一种公法上的特别权力关系。这种关系的特征是：当事人地位不对等；义务不确定，属权力服从关系；有特别规则，约束相对人且无须法律授权；有惩戒罚；不得争讼。②

其二，部分社会说。特别权力关系理论是以公立学校为公法关系、私立学校为私法关系二分法为前提。自 20 世纪 60 年代以来，对这种二分法的批评逐渐增强，认为无论公立还是私立学校，都应属于部分的社会关系。此说为日本最高法院第三小法庭于 1977 年富山大学一案中所确认："大学不管是公立或私立，……应拥有自律性概括性之权限，在此情形下当然与一般市民社会不同，而是形成特殊之部门社会，这种特殊的部分社会的大学，其有关法律上之纷争，当不得列为司法审判对象。"

其三，契约关系说。有学者认为，无论是公立学校还是私立学校，与其成员的法律关系在本质上都是相同的，都应属于契约关系。学校拥有的教育权，并非"施教者的支配性权力"，而是一种教育上之非权力性质，与私立学校具有相同性质。学校当局所认定的一定范围内一种概括性的决定权，也与私立学校的契约关系具有相同性质，基本上仍是基于教师和学生同意而形成的一种教育自治关系。

2. 作为公行为的学校管理

本文以为，学校与教师或学生的关系是一种双重法律关系，一方面是公法关系，另一方面是私法关系，前者适用宪法和行政法，后者适用民法、合同法。这里我们先来讨论作为公行为的学校管理，学校与教师或学生形成的法律关系是一种行政法律关系。

在西方发达国家，公立学校受宪法和行政法调整已经成为常识。而在我国，公立学校的法律地位一直不明确。根据《中华人民共和国教育法》，我们可以明确得知，学校教育权力为国家所专属，非国家所承认和颁发的学业证书和学历证书，不得使用。同时《教育法》中第 28 条授权学校进行对校

---

① 参见谢瑞智《教育法学》，台北文笙书局 1993 年版，第 61—68 页。
② 吴庚：《行政法之理论与实用》，台北三民书局 1998 年版，第 196 页。

内事务依法管理："学校及其他教育机构行使下列权利：（一）按照章程自主管理；（二）组织实施教育教学活动；（三）招收学生或者其他受教育者；（四）对受教育者进行学籍管理，实施奖励或者处分；（五）对受教育者颁发相应的学业证书；（六）聘任教师及其他职工，实施奖励或者处分；（七）管理、使用本单位的设施和经费；（八）拒绝任何组织和个人对教育教学活动的非法干涉；（九）法律、法规规定的其他权利……"这里规定的招生权，学籍管理、奖励、处分权，颁发学业证书权，聘任教师及奖励、处分权等，无论是从行为的单方意志性、强制性，还是从对相对方的拘束力和对其权利、义务的巨大影响力来看，都更具有公权力的性质。因此，学校这些管理行为是一种授权的行政行为。

就私立学校而言，本文认为，如果私立学校享有如上教育法律法规的授权，获得这些招生权、颁发学业证书学位证书权，等等，也就是说，获得了专属于国家的教育权力，那么，私立学校对改变学生身份、评价学生学业等可能侵害学生受教育权的管理行为，依然是一种在性质上来自于国家公权力的行为。

3. 学校的民事行为

就团体的法律地位性质而言，学校为民事主体，自不待言。我国《教育法》第31条第2款规定："学校及其他教育机构在民事活动中依法享有民事权利，承担民事责任。"我国《高等教育法》第30条第2款也规定："高等学校在民事活动中依法享有民事权利，承担民事责任。"那么，学校哪些行为是民事行为呢？

首先，公立学校聘任教师的行为是一种民事合同行为。我国《教师法》第17条规定："教师的聘任应当遵循双方地位平等的原则，由学校和教师签订聘用合同，明确规定双方的权利、义务和责任。"由此可见，这里完全体现了平等自愿、协商一致、契约自由的民事原则，无论是在合同的缔结还是履行阶段，高校均不享有行政合同所特有的优先权。此外，根据《劳动合同法》第96条规定："事业单位与实行聘用制的工作人员订立、履行、变更、解除或者终止劳动合同，法律、行政法规或者国务院另有规定的，依照其规定；未作规定的，依照本法有关规定执行。"目前，关于教师聘用的相关事项，国家并没有特别规定，因此，作为事业单位的公立学校，与教师订立的聘用合同又是一种劳动合同。

其次，学校承担的事故赔偿责任是一种民事责任。学校事故一般可分类：因学校设施、设备、建筑物的安全问题而引发的事故；在教学活动中发生的事故；教学活动之外，因教师或学生自身的原因而造成的事故。而与学校赔偿责任有关的则主要集中于前两者。民事法律责任一般是由于学校（包括教师）的民事侵权行为所产生的法律责任，其主要有故意和过失两种情况。例如，在美国，大量的法院判例表明，学校及其教师承担照管学生的责任，应尽可能使学生免受伤害。[1]

最后，对于私立学校而言，除了基于法律授权、与学生受教育权有关的管理行为外，其他行为都属于民事契约行为。一方面是与教师的契约，另一方面是与学生或其监护人的契约。在这里要说明的是，学校与教师的聘任纠纷（无论是在私立学校还是在公立学校）适用劳动法，必须经历劳动仲裁前置程序，但是解决纠纷的最后程序依然是民事诉讼。

四　学生与教师的权利

（一）学生权利

1. 学生权利：从行政保留到法律保留

在一个很长的历史阶段中，学生的权利不为学校和国家所尊重。这种观念根源于德国的"特别权力关系"理论。随着社会和宪政理论的发展，1972 年 3 月 14 日，德国联邦法院一历史性的判决彻底否定了该理论，强调这种关系适用宪法关于基本权利的规定，也适用法律保留的基本原则。该判决首先影响的学校。德国宪法法院认为："根据基本法规定的法治和民主原则，在学校制度的重要领域或关键领域，特别是涉及基本权利的领域的决定，必须有立法的存在，而不能全部留给学校自行规定。问题是如何确定有关决定的重要和关键性质。一般地说，那些关于确定教学目标和教学内容、教学大纲和课程设置、学校的基本组织结构和学生的法律地位的决定，可以被认为是属于重要和关键的性质"。[2]

的确，基于教育规律、大学自治、自主办学的教育理念，学生的某些权利必须得到限制，不可能像社会中的普通公民一样，任何具体的权利都得到完整的保护。但是，人权是一个不动点（fixed point），无论在哪种关系中，不能仅仅以集体利益、管理方便或其他特殊理由而限制、克减公民的基本权

---

[1]　劳凯声：《教育法论》，江苏教育出版社 1993 年版，第 232 页。

[2]　于安：《德国行政法》，清华大学出版社 1999 年版，第 36 页。

利。对于在学校学习和生活的这一特殊公民群体来说，他们的基本权利理应与其他公民一样，受到同等的尊重。美国联邦最高法院法官福特斯曾说："第一修正案的权利是适用于教师和学生的。我们不可能得出如此结论：学生……一旦踏进学校大门就丧失了宪法权利。"① 可见，处于受学校管理的学生地位，并不意味着学生失去了学生权利，学生权利依然受到法律的确认和保护。受法律确认和保障的学生权利，主要包括受教育权、学生表达自由、学生隐私权、学生自治权、学生教育平等。

2. 受教育权

所谓受教育权，就是指公民享有通过各种途径获得平等学习的机会和条件的权利。作为一项基本人权，该项权利是一个人生而有之、终身享有的权利，始于出生，贯穿于婴幼儿、青少年、中年、老年各个时期，直至死亡。其中，在校学生的受教育权的保障是其核心。

学生的受教育权，主要包括以下三个方面：

其一，资格权。这意味着，受教育的权利来源于人之作为人的资格，来源于无论是从生理上还是精神上具有"人"的本质特征。受教育资格权虽然是一种抽象的权利，但它是任何具体受教育法律权利的前提。学生身份权（学籍权）是当前人们关注得比较多的资格权利。学生身份权，是指作为受教育者的学生一旦获得所在教育机构的学籍，就享有在该机构学习并获得公正评价的权利。剥夺学生的身份权，就是剥夺该学生在这个教育机构继续接受教育的资格。

其二，学习权。学习权也包括三项子权利。（1）学习机会权。学习机会权是指学生有获得学习可能、接受教育机会的平等权利，这主要包括入学、升学的机会。（2）学习条件权。学习条件包括学习内容条件、学习物质条件、学习制度条件。学习内容条件权，意味着国家应该为学生制定各级各类教育内容的基本标准，尤其是最低限度教育内容。学习物质条件权，是指学生进行学习和接受教育所需要的物质保障。例如，学校就必须具备一定的教育场所、师资力量、各种教育训练设施；对于贫困生，他们要顺利完成学业，也有赖于一定的物质帮助，因此，他们享有获得奖学金、助学金、贷学金的权利。学习制度条件权，意味着国家为学生实现受教育权而提供立法、行政和司法上的制度保障。（3）学习自由权。该项权利是受教育权的核心，意味着除了法律上必要的限制之外，公民有权自己决定是否学、为何

---

① Tinker v. Des Moines School Dist., 393 U. S. 503（1969）.

学（学习目的）、学什么（学习内容）、怎么学（学习方式）、哪里学（学习场所）。

其三，公正评价获得权。公正评价获得权，是指学生完成规定的学业后，有权获得国家对其学习效果（学业成绩）的公正、客观评价，并获得相应证明文件。公正评价获得权又可分为申请评价权、公正对待获得权（即狭义公正评价获得权）以及相应证书获得权，前者是指学生在修完学业后向有权机构申请鉴定和评价的权利，这种评价机构一般是各级主管教育行政机关授权的学校或教育检测服务机构；公正对待获得权是指有权机构根据规定公正评价和审查受教育者的学习效果；证书获得权是指受教育者通过评价后，有权获得国家颁发的相应证书，在我国一般包括学业证书（包括学习证书和职业资格证书）和学位证书（包括学士、硕士、博士三级）。

3. 学生表达自由

表达自由是指公民对于政治和社会生活各种问题表达思想、发表见解的自由，包括言论自由、出版自由、结社自由以及集会游行示威的自由。学生享有表达自由，就意味着，学校和教师不得将学生看做被动的客体，也意味着学校须让学生在民主的学校环境中培养学生的权利意识和公民意识。

不过，我们应该注意，社会中公民的表达自由与学生的表达自由，存在着一定差异。从内容上来说，学生言论的核心和重点就不是政治性言论，而是对教育、学校以及教师等问题的看法、意见、建议和批评；从表达自由的保护和限制而言，区分于中小学学生和高校学生应分别设定标准，其程度不一，例如，学校对学生统一着装的规定，就不适应于高校学生。因此，我们研究学生的表达自由，必须依赖于学校教育的目的、学校这个特殊环境以及学生这个特殊身份，不能将学生表达自由等同于一般表达自由的研究。

另外，学生的表达自由也非无限，必须接受限制，这种限制，也是培养学生认识、理解和践习表达自由的必要教育措施。通过适当限制，让学生明白表达自由也意味着义务和责任。上文已经指出，学生自由必须以不妨碍教学秩序、他人权利为前提，但是，每一项权利具体限制的边界在哪里呢？这就是学校管理与学生表达自由的核心问题。美国联邦最高法院在一个教育案例 Tinker 案中指出：干预和限制学生表达自由的正当理由只有是——该行为明显而实质地破坏了学校的工作和秩序。①

---

① Tinker v. Des Moines Independent Community School Dist., 393 U. S. 503（1960）.

4. 学生隐私权

英国普通法传统中法谚云：一个人的家是他的城堡（a man's home is his castle），这典型地表现了隐私权所具有的不可侵犯性。对于学生而言，作为"不被人打扰的权利"，隐私权表明学生有着自己独立的生活空间，学校权力无正当理由不得侵入。在这个私人的空间里，学生能够自由地安排生活和学习、不受约束的交流信息、无所顾忌地展示自我个性，无须担心学校和他人的侵入。一方面，学生理解和习得隐私权作为基本人权的意义和价值；另一方面，他们的积极性、独立性、创造性得以充分发挥和培养。相反，如果学生没有任何隐私空间，其一切行为、思想、信息都受到学校的监督和检查，那么我们很难想象，这能够有效地培养学生的独立思想和创造精神。如果学生失去隐私权，将生活在担心与恐惧之中，其个人的本性被压抑，他们将变得墨守成规、谨小慎微、怀疑猜忌。如果学生在实际学习生活中失去隐私权，即使我们在课堂上灌输隐私权是公民不可任意侵犯的人权，也无法培养他们尊重他人隐私的意识。而这一切不尊重和保护学生隐私权的后果，无不与现代教育目的背道而驰，无不与民主社会所要求的公民精神相悖。所以，学生的隐私权并不因其进入学校而受到任意限制或剥夺。也正因为此，美国曾经盛行的代替父母理论（in local parentis）和特权理论，在当代已经遭到了淘汰。①

但是从另外一方面来看，正是因为隐私权的核心在于个体的自由独立，所以作为培养自由独立公民场所的学校，就有权对学生的隐私权予以适当限制。首先，因为自由意味着责任而不是放纵，意味着理性而不是无知，学校必须对学生进行适当指导，以确保他们成为民主社会的合格公民。其次，学校对学生隐私权的限制，还在于学校是一个教育场所，为达成教育目的，基于教育规律必须将学生隐私权限制在一定范围。例如，教师在监考时当场发现偷看夹带的学生，有权搜查作弊资料。再次，基于维护生命财产安全，学校有权限制学生的隐私权，例如，学校对学生在宿舍违规使用超标电器的安全检查。因此，学生对隐私权的享有，不能等同于一般公民对隐私权的享有。

---

① 所谓代替父母理论，使之承认学校对学生享有几乎不受约束的权力，认为大学是出于父母的地位来管理学生的，凡是父母所行使的管教权利，大学均可居于代替父母的地位来行使。所谓特权理论，是指学生在公立大学读书是一种特权，而非权利，所以学生无法主张宪法保护。这两个理论在 1961 年被联邦第五上诉法院所推翻，认为学生与学校之间的关系受到宪法制约，学校并非具有无限权力来管理和教育学生，学生仍具有一定人权和公民权，这些权利并没有因其进入学校时被放弃。参见张维平、马立武《美国教育法研究》，中国法制出版社 2007 年版，第 216 页。

5. 学生自治权

自治权，一般是指集体的自我管理的权力或权利，除非有法律的根据，他人不得干涉其内部事务。自治权意味着，一个人具有自决思考、自我反省和自我决定的能力，公民有权对政治社会事务的自我参与、自我决定、自我管理，而这一切，都是建立在个体的自治能力之上。

由此可知，前面我们所讨论的学生表达自由、隐私权、学习自由，归根到底就是保障学生的自治权，学生因年龄不同而具有程度不一的自治能力。不过，这是从学校不得任意干涉的消极角度来论述学生自治权的。从积极参与的角度来看，自治权意味着民主参与公共事务。对于一个法治国家来说，学生自治尤为迫切，一方面是，公民的自治能力不是生而有之，在当今这个时代，个体的理性成熟主要有赖于学校的系统教育。因此，培养学生的自治能力、引导学生自我管理，使其从他律变为自律，则成为学校的主要教育目的之一。另一方面，学校教育制度作为民主社会中一项极其重要的制度，应该让学生根据其理性成熟程度逐步自我管理自己的事务，并且适当地参与学校事务。这种自我管理与适当参与，能够让学生感受到自我的价值，强化自我的认同，增进对集体的凝聚力。

归纳起来，学生的民主参与，主要包括学生自我管理中的选举权与被选举权、校规制定的参与权、学生的监督权、学生社团的自主管理权，以及学生在惩戒中的辩护权。

6. 学生教育平等

学生的教育平等权利，可分为两个方面来探讨。一个方面是机会平等，另一个方面是学校在管理中的平等对待。

就机会平等而言，也分为两个方面。一个方面是接受义务教育的机会平等。我国《义务教育法》实行普遍、强制、免费的义务教育制度，其核心在于保障每一个儿童有接受教育的平等机会。这种接受教育的平等机会必须是真实的，所谓真实，意味着对于残疾儿童，只要他们没有影响到教学的正常运转，就无权拒绝他们，并且应该尽可能给他们提供各种便利的学生和生活条件。即使义务教育阶段的学生因生理限制，即使学校为此提供了特殊措施（如为盲人学生提供盲道），也无法使其进入常规学校学习，他们也有权进入特殊班级和学校学习。另一个方面是高等教育中的招生平等。一般认为，高考招生平等是一种竞争性平等，核心就是设定一个中立标准以保证学生公平竞争，将种族、民族、性别、籍贯、语言、宗教、出身等不相关因素应该被排除在外。不过，这种模式的竞争平等无法避免"非故意歧视"或

"事实歧视"的存在。所谓"事实歧视",即政府虽然"无区别"对待所有考生,但同样可能使得一部分人在录取中获得优势,而另一部分人处于劣势。例如,我国少数民族地区,由于大部分地区社会、经济、文化发展水平落后,该地区学生整体上难以与教育发达地区的学生竞争。因此,为了矫正这种事实歧视,我国政府明确规定,在同等条件下优先录取这类学生,从而使该民族有一定的代表获取高等教育的机会。

就校内管理的平等对待而言,主要是防止出现三个方面的问题。其一,性别歧视。这既包括对女性的歧视也包括对男性的歧视。前者如学校仅成立校男子足球队而拒绝成立女子足球队,后者如处罚违规学生时对男学生处罚较重。其二,基于户籍(地区)的区别对待。例如,农民工子女在城市接受义务教育必须缴纳高额费用。其三,基于能力和贫富的区别对待。前者如根据考试成绩组班,确定重点班和尖子班,并配备最好的师资和设施;后者如学生因家庭贫困而辍学。

(二) 教师权利

1. 教师的学术自由

教师的基本权利,首要的就是学术自由。学术自由的观念可以追溯到古希腊的柏拉图,他设立"学园"(academy)从事着学术的自由研究和讨论以追求真理。现代意义上的学术自由理念的形成,肇始于德国洪堡(Wilhelm Von Humboldt)在 1810 年兴办的柏林大学,他提倡学术自由,强调学习自由,认为大学不仅是传授知识的场所,也必须是从事学术创造的场所,在此理念基础上建立的柏林大学,得到了国家权力不介入大学内部事项(研究、教学)的保障。然而,由于国家自办大学数量的增加,以及国家权力不断利用各种机会控制大学,对于学术自由的威胁从教会逐渐转变为国家,"并因此导致学术自由被要求纳入宪法,用以对抗国家权力的结果"。[1]在当代随着私立大学的蓬勃发展,私立大学的学术自由的保障日益凸显。对私立大学的学术自由的威胁不仅仅来自于国家,也来自于兴办大学的宗教团体、企业和个人。[2]

---

[1]　周志宏:《私立大学之学术自由与大学自治》,载《台大法学论丛》第二十九卷第三期,2001 年 4 月,第 3—4 页。

[2]　同上书,第 13 页。同时该文指出,私立大学既是学术自由的权利主体,也是私人兴学自由的权利主体,这就是私立大学与公立大学差异之所在。

由上述可知，学术自由是指对抗非学术势力对于学术的干预。学术自由的内涵，一般认为包括研究自由和讲学自由，前者是指探究知识过程的研究，研究主题、内容选择、问题和研究方法的确定、参与研究的组织机构以及研究计划执行，都是研究自由所保障的范围；后者指教师传授其通过研究方法所获得知识，授课内容、授课方式、教学理论与方法、教材选择、表达方式、辅助教材与活动方式以及考试评审，都属于讲学自由保障的范围。①另外，也有人把学术自由概括为四大基本自由，即"决定谁来教，教什么，怎么教，以及谁可以入学"。② 而对它们予以制度保障的，主要是大学自治。

学术自由的发展历史是与大学教育紧密相连的，然而，中小学教师是否享有学术自由呢？一般各国予以否认或者有限支持。我国有学者认为，中小学教师享有一定的教育自由，但不同于大学的学术自由，前者是法律保障，后者是宪法保障。③ 其实，如果我们强调学术自由是探讨真理、排除国家或他人不正当的干预的过程，那么，中小学教师当然享有宪法上的研究自由，例如对课堂教学方法的研究。当然，由于中小学教师的授课内容必须依照国家颁布的课程标准（即教什么），他们的讲学自由受到了限制，但他们依然可以在教材选择、教学方法、教学进度、课堂管理等方面——即如何教——有着的自主权，除非有宪法上的正当理由，法律法规不可任意予以限制。

2. 学术自由的制度保障：大学自治与终身教职

如何保障教师的学术自由呢？目前，许多教育法治发达国家都建了两个制度保障机制：大学自治和终身教职。关于大学自治，前文已经讨论，不再赘述，不过要强调的是，大学自治的最重要一维：就是大学教师自己管理自己，即对学校经费开支、学术评定、课程设计、招生等事务，由大学教师通过民主方式决定，而不是自上而下的行政来命令。

所谓的"终身教职"（tenure-track），是指教师享有连续的任用权，除非法律规定的理由，否则校方不得将其解聘。在美国，大学中的教员分为讲师、助理教授、副教授和教授四个等级。一般来讲，副教授和教授在正常情况下都可获得大学的终身任职权，可以长期任教；而讲师和助理教授则没有

---

① 董保城：《德国学术自由与大学自治》，载董保城《教育法与学术自由》，台湾月旦出版社股份有限公司 1997 年版，第 116—118 页。

② Sweezy v. New Hampshire, 354 U. S. 234（1957）.

③ 温辉：《受教育权入宪研究》，北京大学出版社 2003 年版，第 43—47 页。

这种权利。终身教职最早出现于 20 世纪初美国的威斯康星大学，但其制度化则源于斯坦福大学校方与教授们的冲突，其冲突的结果是，1915 年美国大学教授协会诞生，该协会明确宣称：教师享有独立的、不受干涉的学术和教育职能；并且提出，虽然大学教授是由大学董事会任命的，但是他们绝不是董事会的雇员，正如联邦法官是由总统任命的，但是他们并不因此成为总统的雇员。

（三）我国有关学生和教师权利的法律规定

在我国的《教育法》和《教师法》中，对学生、教师的权利和义务作了比较明确规定。学生的权利包括：（1）参加教育教学计划安排的各种活动，使用教育教学设施、设备、图书资料；（2）按照国家有关规定获得奖学金、贷学金、助学金；（3）在学业成绩和品行上获得公正评价，完成规定的学业后获得相应的学业证书、学位证书；（4）对学校给予的处分不服向有关部门提出申诉，对学校、教师侵犯其人身权、财产权等合法权益，提出申诉或者依法提起诉讼；（5）法律、法规规定的其他权利。

教师的权利包括：（1）进行教育教学活动，开展教育教学改革和实验；（2）从事科学研究、学术交流，参加专业的学术团体，在学术活动中充分发表意见；（3）指导学生的学习和发展，评定学生的品行和学业成绩；（4）按时获取工资报酬，享受国家规定的福利待遇以及寒暑假期的带薪休假；（5）对学校教育教学、管理工作和教育行政部门的工作提出意见和建议，通过教职工代表大会或者其他形式，参与学校的民主管理；（6）参加进修或者其他方式的培训。

上述这些规定，不仅反映了教育的内在规律，而且也是学生、教师基本权利的逻辑展开。不过也需要指出的是，这些规定有的要么过于原则，要么过于空疏，如果没有具体的制度措施予以明确或作为保障，在实施上可能出现与法律精神背道而驰的结果。因此，要真正保证学生和教师的这些权利，就必须根据基本人权、教育规律和立法精神，对相关的法律规定予以解释和细化。要实现这种细化，进行立法或制定行政法规固然是一个办法，但也应更多地留给司法机关根据个案予以裁量，以更为有效地保障学生和教师的基本权利。

五　权利救济

"无救济则无权利"，这意味着，学生和教师的权利保障，最终要来自于公正的救济制度。目前，我国法律建立了教育申诉和复议制度、行政诉讼制度、民事诉讼制度。现在分别予以阐释。

（一）申诉与复议

1. 申诉

申诉制度包括教师申诉制度和学生申诉制度。教师申诉制度是指教师对学校或其他教育机构及有关政府部门作出的处理不服，或对侵犯其权益的行为，依照《教师法》的规定，向主管的行政机关申诉理由、请求处理的制度。我国《教师法》第39条规定："教师对学校或者其他教育机构侵犯其合法权益的，或者对学校或者其他教育机构作出的处理不服的，可以向教育行政部门提出申诉，教育行政部门应当在接到申诉的30日内，作出处理。教师认为当地人民政府有关行政部门侵犯其根据本法规定享有的权利的，可以向同级人民政府或者上一级人民政府有关部门提出申诉，同级人民政府或者上一级人民政府有关部门应当作出处理。"同时《教师法》第36条又规定："对依法提出申诉、控告、检举的教师进行打击报复的，由其所在单位或者上级机关责令改正；情节严重的，可以根据具体情况给予行政处分。国家工作人员对教师打击报复构成犯罪的，依照刑法第146条的规定追究刑事责任。"这些规定是教师申诉制度的法律依据。

学生申诉制度是学生在接受教育的过程中，对学校给予的处分不服，或认为学校和教师侵犯了其合法权益，而向有关部门提出要求重新作出处理的制度。我国《教育法》第42条规定："受教育者享有下列权利：……（四）对学校给予的处分不服向有关部门提出申诉，对学校、教师侵犯其人身权、财产权等合法权益，提出申诉或者依法提起诉讼；……"该条确立学生享有申诉权。针对高校学生，《普通高校学生管理规定》第59条和第61条进一步规定："学校对学生作出的处分决定书应当包括处分和处分事实、理由及依据，并告知学生可以提出申诉及申诉的期限。""学生对处分决定有异议的，在接到学校处分决定书之日起5个工作日内，可以向学校学生申诉处理委员会提出书面申诉。"

2. 复议

复议（复查）是学校或者教育行政部门对申诉的必然回应，也是教师和学生权利的制度保障。就教师申诉而言，我国法律对此没有专门立法规定，可依照《行政复议法》处理。不过，如果涉及学术造假或者剽窃的问题，必须组成一个独立的同行评议会，予以公正的评判。就学生申诉而言，我国法律对大学生申诉有比较详细的规定，而对中小学生的申诉没有规定，因此，这里仅就针对大学生申诉的复议制度予以阐释。

大学生申诉的初步复议机构是学生申诉处理委员会，《普通高校学生管理规定》第 60 条就规定："学校应当成立学生申诉处理委员会，受理学生对取消入学资格、退学处理或者违规、违纪处分的申诉。学生申诉处理委员会应当由学校负责人、职能部门负责人、教师代表、学生代表组成。"学生申诉处理委员会对学生提出的申诉进行复查，并在接到书面申诉之日起 15 个工作日内，作出复查结论并告知申诉人。需要改变原处分决定的，由学生申诉处理委员会提交学校重新研究决定。如果学生对学校的复议（复查）不服的，可以向省级教育行政部门提出书面申诉，省级教育行政部门在接到学生书面申诉之日起 30 个工作日内，对申诉人的问题给予处理并答复。如果从处分决定或者复查决定送交之日起，学生在申诉期内未提出申诉的，学校或者省级教育行政部门不再受理其提出的申诉。

需要注意的是，申诉评议委员会的组成，不仅应该保障公正性和代表性，还应该兼顾专业（法律或辅导）能力。① 就公正性和代表性来说，两者是一体两面。我们知道，一个组织的中立性和公正性，其前提是要求其成员与案件利益无关，但是，学校设立申诉处理委员会，不可能排除校方的介入。那么，为了保障委员会的公正，比如，引入教师代表、学生代表，以平衡学生与学校的关系。其中，教师代表相对超脱，与学校行政人员相比，更能够免于学校的干涉和影响，因此也就更能够比较客观、公正的处理申诉案件。就专业性而言，强调申诉处理委员会不仅仅是一个对学校决定的复议，更重要的是对学生利益和情感的评估，因此，教师和学生代表应具有医学、法学、社会学、教育学或心理学等不同专业背景。

---

① 以我国台湾地区的淡江大学为例，校长担任召集人，并由各院推选教师代表 7—9 人，校长聘任的专业教师代表若干人，教务、学务、总务三处代表各 1 人，各院及学生自治会推选的学生代表 7—9 人组成，其中明确规定奖惩委员会委员不得同时担任申诉评议委员。周志宏：《教育法与教育改革》，台湾高等教育出版社 2003 年版，第 318—319 页。

复议一旦启动，将导致两个后果，一个方面是学校的原决定停止执行；另一个方面是，复查决定可以撤销或变更原决定。对于前者，我国《行政处罚法》第 45 条规定："当事人对行政处罚决定不服申请行政复议或者提起行政诉讼的，行政处罚不停止执行，法律另有规定的除外"，《行政诉讼法》第 44 条规定："诉讼期间，不停止具体行政行为的执行。"由此可见，一般具体行政行为即使在复议或诉讼期间，并不影响其确定力、执行力。对于后者，由学校申诉处理委员会作出复查决定，应该拥有完全的维持、撤销、变更权。不过，由省级申诉处理委员会作出的复查决定，拥有维持、撤销权，但不能拥有变更权，应该由学校重新作出决定，这是尊重学校自主管理权的体现。作为教育行政主管机关，其职责是划定法律边界，防止学校滥用权力越过边界，但是却不得干涉学校内部管理决定，代替其行使权力。

（二）行政诉讼

如果针对教育行政机关提出的行政诉讼，依照《行政诉讼法》处理。如果针对学校提起行政诉讼，目前我国没有明确的法律依据。但是根据前文的教育法理论以及目前的司法实践，学校作为适格被告不应该有任何阻碍。

1. 受案范围

只有对侵犯学生（教师）基本权利的学校管理行为，才能提起行政诉讼，而不是学校的任何管理行为，都能提起诉讼。否则，一来破坏学校的自主管理、大学自治；二来导致诉累，学校和法院将不堪重负。

关于对学校行为不服而提起诉讼，有两个问题需要特别注意：其一，学校抽象行政行为——校规校纪的制定，是否可以纳入受案范围？我国现行《行政诉讼法》第 2 条规定："公民、法人或者其他组织认为行政机关和行政机关工作人员的具体行政行为侵犯其合法权益，有权依照本法向人民法院提起诉讼"；同时第 12 条规定："人民法院不受理公民、法人或者其他组织对下列事项提起的诉讼……（二）行政法规、规章或者行政机关制定、发布的具有普遍约束力的决定、命令。"这就是说，只有具体行政行为才可诉，而抽象行政行为不可诉。但是，无论从世界各国现状来看[①]还是基于行政法治的逻辑，抽象行政行为都是可诉的对象。因此，有学者就指出：将抽象行政行为纳入行政诉讼受案范围势在必行。[②] 由此可见，学校校规校纪，

---

① 王敬波：《论我国抽象行政行为的司法监督》，载《行政法学研究》2001 年第 4 期。

② 马怀德：《析抽象行政行为纳入诉讼范围之必要性》，载《人民检察》2001 年第 10 期。

如果影响到学生（教师）基本权利，理当纳入行政诉讼受案范围。其二，当学校行为基于行政法规或规章作出，而学生（教师）对法规规章不服，是否可以提起诉讼？如前所述，法院不受理针对抽象行政行为和立法行为提起的诉讼。在实践中，可以针对学校行为提起诉讼，让法院通过"上位法优于下位法"、"前法优于后法"、"特别法优于普通法"的方式，选择适用法律法规来实现权利保障。

2. 起诉条件——行政复议前置程序

我国《行政诉讼法》第 37 条规定："对属于人民法院受案范围的行政案件，公民、法人或者其他组织可以先向上一级行政机关或者法律、法规规定的行政机关申请复议，对复议不服的，再向人民法院提起诉讼；也可以直接向人民法院提起诉讼。"这就是我国行政诉讼中的行政复议选择程度，即对于行政行为不服的话，最初采取的救济手段是行政复议还是行政诉讼，当事人可自由斟酌选择。

对于一般行政纠纷，行政复议选择程序是可行的。但对于涉及专业技术知识的纠纷却宜适用行政复议前置程序，因为，其一，行政复议前置程序保障了行政机关能够完成其行政任务，特别是使行政机关能利用其专门知识和行使法律所授予的自由的裁量权。其二，让行政程序连续发展不受妨碍，法院只审查行政程序的结果，缭绕在每一阶段允许司法干预更有效。其三，行政机关不是司法系统的一部分，它是由权力机关设立执行特定职务的实体，行政复议前置程序保护行政机关的自主性。其四，行政复议前置程序使行政系统内部有自我改进错误的机会，减少相对人对行政诉讼的需要，使法院有限的人力和财力能更有效地使用。其五，行政复议程序简便，方式灵活，且时间短，又不收费，而司法救济程序比较复杂，成本较高，时限长，对公民是一个沉重负担。[①] 所以，我国行政诉讼法第 37 条又规定，法律法规规定应当先向行政机关申请复议，对复议不服再向人民法院提起诉讼的，依照法律、法规的规定。

学校与教师、学生之间的纠纷是涉及专业技术评判的问题，因此，在寻求司法救济之前宜适用行政复议前置程序，即行政复议是学生、教师对学校管理行为提出行政诉讼的前提，如果超越此阶段，将会被法院以不符起诉条件驳回。理由除上述五条之外，还包括：其一，教学、学术问题具有高度专业性，由学校及主管教育行政机关组织有关学者、教授、专家对争议先

---

① 王广辉：《比较宪法》，武汉水利电力大学出版社 1998 年版，第 352 页。

进行复议、裁决，有利于迅速解决纠纷，又可避免行政诉讼的发生。因为法院主要审查程序问题，而不涉及事实问题，因此只要当事人认为行政复议程序正当，就不会提出耗时耗力耗财的诉讼。其二，学校的自主办学决定了司法不宜过早介入纠纷，尊重学校的行政救济程序，避免产生法院过度干预学校办学的不佳形象。

3. 审查标准

一般认为，法院主要审查法律问题，对于事实问题，尊重行政机关的判定。也就是说，法院对法律问题审查强度要远高于对事实问题的审查。这是因为：教育管理和学术问题不是一般事实问题，是科学问题，对于科学的判定不是一般人所能掌握的，甚至不能理解的。它是由少数本专业领域人所进行的工作，法官是法律专家，对于这些领域知之甚少，甚至一窍不通，如果法院对这些事实问题加以干预、判定，那不仅仅妨碍行政机关的工作，不能保障相对人合法权益，更在于危害教育管理科学和科研、学术的发展。所以一般来说，司法审查的核心是被诉管理行为的程序是否正当。

正当程序的核心是要求学校在作出任何使学生遭受不利影响的决定前，应当听取当事人意见。其内容包括两个层次，第一个层次是最低标准程序，即任何涉及不利于对方的决定都必须遵守的程序。主要由告知、听取相对方意见、说明理由三项制度构成。告知是行政行为成立生效的必要条件之一。告知在整个学校管理行为过程中都产生重要影响。没有告知或不适当的告知，可能会影响学生对有关事项作出充分准备，影响他们行使程序及实体上的权利。听取对方意见，也即给予对方申辩的机会，也就是学校在作出决定之前，给利害关系人提供发表意见的机会，对特定事项进行陈述、质证、辩驳的程序。如果一个当事人对涉及自己权利的决定制作过程中没有发言权，实际上就等于学校管理程序活动是偏私的、不公正的。说明理由制度。如果学校决定程序中没有说明理由，人们就可能认为作出的决定无理由，或缺乏客观和理性的基础，甚至只是恣意专断，这就导致人们对学校管理程序的正当性产生怀疑、丧失信心。

第二个层次为听证制度，对于严重影响相对人利益的决定，必须依听证会作出。听证制度是整个行政程序法基本制度的核心，它是指行政主体在作出严重影响学生合法权益的决定前，由学校告知决定理由和听证权利，学生随之有权表达意见，提供证据以及学校听取意见、接纳其证据的程序。为维护听证制度的公正性，应当合理地设置听证程序。在设置合理的听证程序时，应当借鉴国内外已有的合理的程序模式，具体包括：（1）由无偏见的第三方作为主持人的权利；得到通知的权利，通知中必须适当地说明听证所涉及的主要事项和问题；（2）提出证据（包括言证和物证）和进行辩护的权利；（3）通过互相质问及其他正当手段驳斥不利证据的权利；（4）请律师陪同出席的权利；（5）只能根据听证案卷中所记载的证据作出裁决的权利；（6）取得全部案卷副本的权利。[①]

（三）学生人身损害赔偿

如果学校因未尽管理人的责任，导致学生人身损害，那么学校必须为此承担民事赔偿责任。

目前，我国处理学生损害赔偿纠纷所适用的法律依据，主要有《中华人民共和国民法通则》、最高人民法院《关于贯彻执行〈中华人民共和国民法通则〉若干问题的意见（试行）》和最高人民法院《关于审理人身损害案件适用法律若干问题的解释》等法律和司法解释。最高人民法院《关于贯彻执行〈中华人民共和国民法通则〉若干问题的意见（试行）》第159条："在幼儿园、学校生活、学习的无民事行为能力人或者在精神病院治疗的精神病人，受到伤害或者给他人造成损害，单位有过错的，可以责令这些单位适当给予赔偿。"最高人民法院《关于审理人身损害案件适用法律若干问题的解释》第7条："对未成年人依法负有教育、管理、保护义务的学校、幼儿园或者其他教育机构，未尽职责范围内的相关义务致使未成年人遭受人身损害，或者未成年人致他人人身损害的，应当承担与其过错相应的赔偿责任。第三人侵权致未成年人遭受人身损害的，应当承担赔偿责任。学校、幼儿园等教育机构有过错的，应当承担相应的补充赔偿责任。"

根据我国的司法解释，学校对学生人身损害的赔偿项目和标准包括：（1）受害学生遭受人身损害的，赔偿义务人赔偿受害学生因就医治疗支出的各项费用，包括医疗费、护理费、交通费、住宿费、住院伙食补助费和必要的营养费。（2）受害学生因伤致残的，赔偿义务人赔偿受害学生因增加生活上需要所支出的必要费用以及因丧失劳动能力导致的收入损失，包括残疾赔偿金、残疾辅助器具费、被扶养人生活费，以及因康复护理、继续治疗实际发生的必要的康复费、护理费和后续治疗费。（3）受害学生死亡的，赔偿义务人除应根据抢救治疗情况赔偿相关费用外，还应当赔偿丧葬费、被扶养人生活费、死亡补偿费以及受害学生亲属办理丧葬事宜支出的交通费、

---

①　王名扬：《美国行政法》（上），中国政法大学出版社1994年版，第384页。

住宿费和误工损失等其他合理费用。（4）因损害事故遭受精神损害的受害学生或者死亡学生近亲属，请求赔偿精神损害抚慰金的，应当根据最高人民法院《关于确定民事侵权精神损害赔偿责任若干问题的解释》予以确定，一般不宜超过 5 万元。

第六章　卫生法新发展研究

董文勇①

　　健康一直是社会普遍关注的重要议题，医疗卫生服务作为维护人类健康的保障手段，成为近代以来衡量一个社会福利水平的重要指标，一些国家通过立法保障公民能够获得必要的医疗卫生服务。自 20 世纪六七十年代以来，全球经济发展增强了医疗卫生服务的可及性，人权运动也逐步走向深入，与此同时，医疗卫生领域问题层出不穷，这些因素推动了卫生法和卫生法学研究获得极大发展。在一些西方国家，卫生法律和卫生法学已经发展成为相对独立、庞大且举足轻重的重要法律和法学体系。

　　新中国成立以来，我国制定了大量的卫生法律法规和其他规范性文件，这些包括卫生主体法、卫生调控法、医疗服务法、公共卫生法、医药法、健康相关制品法、医疗保障法、医事争议处理法等，卫生法体系日益庞大。在大规模卫生立法和卫生法律广泛实施的大背景下，关于健康和卫生的法学研究开始增多。20 世纪 90 年代以来，我国卫生法研究经历了从注释法学向理论法学发展的转变过程，研究对象也从单纯的卫生法体系逐渐转向卫生法专门问题，研究内容日益深化。

　　中国卫生法学的发展始终与医疗卫生和药品领域的实践问题密切相关，实践中不断出现的问题，既是对以往卫生法理论的检验，同时又为卫生法学研究提供了良好的研究素材和研究课题，在一定程度上成为推动卫生法学推陈出新的主要动力。进入 21 世纪以来，我国比以往更为注重社会建设，国家也将改善民生作为社会发展的目标之一，医疗卫生问题是其中的重要方面。应对医疗卫生和医药领域新的问题和新的挑战，卫生法学发展也迎来新的机遇，促进了卫生法的新发展。

一　健康权利：卫生法治发展的新起点

　　健康问题至关重要，对于健康关注的任何疏漏都有可能酿成重大灾难，

---

① 董文勇，中国社会科学院法学研究所副研究员。

甚至对人的一生产生严重影响。现实生活中威胁我国公民健康利益的因素还很多，切实保护公民的健康已经成为刻不容缓的问题。在法治社会，公民维护和实现其健康利益的重要手段是拥有健康权利。近几年来，我国医疗卫生、食品药品、医疗保障、医事争议维权等领域的问题引起社会的广泛关注，充分暴露了当前我国公民的健康权在现有权利体系中所处的弱势状态，同时也警示国家在公民健康权的保护方面还有很多的事情要做。承认公民的健康权并对这一权利加以切实保护，是国家义不容辞的责任。

（一）健康人权解析

疾病、衰老、残障、生育或可能或必然地发生在每一个人或者某一类人的身上，在这种情况下，他们在社会竞争中就有可能会处于不利的地位。在文明的人类社会，社会竞争是一种全方面的竞争，而不应等同于动物界弱肉强食式的生理竞争。人胜于其他动物之处全在于人的社会性，个人无法抵御的灾难便由社会整体协同解决，以达到在竞争的推动下社会整体的全面进化。因此，不仅单单基于生理的竞争为人类道德理性所不许，而且个人战胜病害还需他人和社会的协助。进而，健康便成为一种利益、资格、主张、权能或自由，并以权利的形式表现出来。因此法律意义上的健康权，是指人所享有和应当享有的保持其躯体生理机能正常和精神状态完满的利益、资格、主张、权能或自由。

健康权是一项人权。身心健康一般被视为保障人的生存和尊严不可或缺的重要条件，是人的本质的基本的构成要素，是人的自然属性和人的社会属性所要求具备的。因此，健康权也是人的固有的权利，是与人同质的，是不可剥夺的基本权利。健康权还是普遍的权利，无论是男人还是女人，是农民还是工人，是流浪汉还是有产者，也无论是劳模还是囚犯，只要是属于人的类别，就有资格享有这项权利，而且每一个人的健康权利都是等价的，没有高低贵贱之分。

健康权是一项重要的人权。健康权的出现，矫正了生理竞争的弊害，有利于促进社会公正。在权利体系中增加健康权，极大地凸显了人的目的性价值，尤其在当前的经济社会中更是如此。很容易理解，免于疾病是战胜贫困的重要途径，劳动者的健康无疑是创造物质财富的重要保障，而疾病伤残不仅造成民众的疾苦，同时也会造成高额的经济负担，有些疾病还会影响社会的稳定。在我国，因病致贫、因病返贫的现象多见诸媒体，因此，要争取经济权利就必须使健康的权利得到保障。同样，诸如平等、自由、选举等权利，只有具备了足够的健康才能充分地享有、行使。因此，健康权对维护人的价值和尊严、生存和发展，都具有重要的意义。

（二）我国公民健康人权的法律转化

维护公民的健康利益一直是我国政府工作的重要方面，即表现为不断制定保护公民健康的法律、法规、政策，也表现为政府采取了大量的健康保护措施。我国历部宪法虽然都没有直接规定公民的健康权，但却都规定了公民有休息的权利、在疾病的情况下从国家获得物质帮助的权利等，这些权利则体现了对公民健康利益的保护。同时，我国颁行了大量的卫生行政法律、法规，民法、刑法也都规定了保护公民健康的内容，使得卫生保健、医疗、康复、公共卫生、药品监管、食品安全，以及流行病、风土病和职业病的防治等领域，获得了多方面、多层次的法律保障。此外，国家通过实施血吸虫防治、艾滋病防控、食盐加碘、取缔邪教、全民健身等措施和活动，直接推动了公民健康权的保护。

我国在公民健康权的保护方面虽然取得了很大的成就，但并不能说明现有的健康权保护状况已然完好。我国在健康权的法律保护方面，还存在许多亟待解决的问题。

第一，健康权还没有得到法律的权威肯认。一般而言，作为一项重要人权的健康权，其若要获得强有力的保障，就必须通过立法将其确定下来，否则仅仅作为一种道德权利是没有强制执行力的。我国法律很少使用"健康权"这一概念，我国宪法也并没有明确地把健康权列为公民的基本权利。虽然我国《民法通则》第98条规定"公民享有生命健康权"，但这里所规定的作为私权利的健康权，显然不能涵盖健康权的所有内容。在某种意义上，作为公权利的健康权如医疗救助权等则是更值得强调的。我国目前有大量的卫生行政法律法规，但除了《转基因食品卫生管理办法》外，还未发现哪部专门的卫生法律或法规开宗明义地提出要保护公民的健康权。但是由《转基因食品卫生管理办法》来规定如此重要的基本权利，显然也是不合适的，因为健康权的法律确认首先是宪法的任务。至于立法是否使用"健康权"一词，并非是立法技术和简单的措辞问题，而是反映了国家的一种意愿倾向，即保护公民的健康是必需的还是任意的，如果国家疏于保护公民的健康是否要承担责任，公民为维护其健康是否能够要求国家作为或者不作为，等等。因此，尽管我们有保护健康的法律，但保护健康权的法律还很欠缺。

第二，公民健康权的享有程度还有差别。目前，作为私权利的健康权一般都能得到很好的保护，但作为公权利的健康权的保护状况却并不乐观。问题主要体现在，部分人享有健康权和所有人享有部分健康权的情况并存，与人权享有不相关的因素仍然决定着人与人之间健康权的享有水平，如根据户籍或身份对卫生资源进行分配的立法习惯仍然存在，又如，我国公民健康权的请求力还很有限。在公共卫生领域，公民的参与程度还很不够，卫生信息了解权还缺乏法律更为具体、有效的保障，职业健康屈服于资本压力的局面还没有得到有效的国家干预。医疗保障权利还未实现普遍享有，目前享受到城镇职工医保和新型农村合作医疗的人口仅占总人口的43.6%，城镇居民基本医疗保险于2007年才刚刚启动，参保人数还很有限。

第三，我国公民的健康待遇标准还有待提高。健康权利所要求的医疗待遇或保健服务应当是可提供的，但自1995年以来，全国农村地区医务人员占农村人口的比例逐年降低，关系产妇和婴儿生命健康的乡村接生员减少了一半多，农村居民健康待遇的可提供性呈下降趋势。健康待遇应当在经济上、地理上、时间上和文化上等方面是可获得的，但是现在医疗费用竞相攀升，严重损害了医疗卫生的公平性和医疗卫生服务的可获得性、可提供性和可担负性。在城市普及的免费的健身设施距离农村还很遥远。健康权利还要求所享有的健康待遇应当合乎质量要求，但是目前食品药品安全问题仍很严峻。

第四，精神卫生立法滞后。我国正在进行的社会全面的改革是前无古人的，社会的急速变革强烈冲击了人们的精神世界。精神疾病目前成为我国重要的公共卫生问题，青年人和儿童是心理问题增多的重要人群。但目前我国精神疾病治疗率仍然低。目前我国还没有专门的精神卫生法律，从1985年《精神卫生法》第一稿到现在，20多年的时间提出十余稿，立法还是没有最终完成，而地方如上海的专门立法却已经出台。法律的缺失造成公民精神健康权利保护无法可依，也将会对地方立法产生不利的影响。

第五，公民还普遍缺乏健康权利意识。在我国，很多人并不认为对健康还可以享有权利，也并不知道实现个人的健康还要国家承担义务，也不知道他们可以向国家表达健康诉求。现实中，公民对健康的享有，接受的多而要求的少；对健康的保护状况，满足的多而批评的少。当他们的健康受到病害的威胁时，常迫于某种压力而接受有损健康的工作、生活，缺乏运用法律武器维护自我或公共健康利益的动力。

（三）健康权法治保障与国家义务

近代以来，尊重和保障人权一直是国家的一项重要职能。在2004年的宪法修改中，我国把"国家尊重和保障人权"写入宪法，适应了我国厉行法治、保护人权的需要，尊重和保障人权因而也成为法定的国家义务。健康权作为一项人权，当然应该受到国家的尊重和保护。联合国大会于1966年12月16日通过的《经济、社会、文化权利国际公约》第12条第1款指出："本公约缔约国承认人人有权享有能达到的最高的体质和心理健康的标准。"作为该公约的加入国，国家尊重和保护公民的健康权也是我国履行国际义务的一种体现。同时，国家尊重和保护公民的健康权是国家政权合法性的道德要求，也是促进社会公平、维护社会稳定的重要举措，体现了以人为本的伦理正当性和社会全面、协调发展的科学发展观。因此，国家尊重和保护公民的健康权是必要的，也是必需的。

公民的权利就意味着国家的义务。为了切实保护我国公民的健康权，立足长远，国家应当承担如下几项义务：

1. 完善立法

新中国成立以来，我国医疗卫生事业获得了突飞猛进的发展，相应的制度逐步完善。但是，改革开放以前，我国医疗卫生事业的发展基本上是靠政策推进的。1978年以后，社会主义法制得到恢复，我国医疗卫生立法也呈现空前繁荣的良好局面，其间共制定和修改13部卫生法律、50部卫生法规及约238件卫生行政规章，医疗卫生工作逐渐实现了有法可依。

尽管不断完善的卫生立法为我国卫生法治水平提高作出了贡献，但是目前我国在卫生领域仍需要立法完善，主要是填补现有法律的空白和修订现有法律。鉴于卫生基本法缺失的状况，我国需要加紧制定的法律包括居于核心地位的国民健康促进法，以及次位阶的疫病预防控制法、精神卫生法、初级卫生保健法、医疗卫生服务法、医疗保障法、卫生监督法等。

另外，我国有大量的卫生行政法规，有些法规经修改后可以制定为法律，如《公共场所卫生管理条例》是我国公共卫生领域非常重要的法规，结合20多年来我国公共卫生方面的经验，我国完全有必要在该法规的基础上制定一部《公共卫生法》。这是由于，随着我国社会发育程度的不断提高，公共场所不断扩张，公共领域愈渐繁杂，人员流动逐渐增强，而《公共场所卫生管理条例》适用领域范围狭窄，仅适用于该条例第2条所列举的场所，那么随着社会发展而出现的新的公共场所，如网吧、网络虚拟公共空间等就不适用该条例；从适用的地理区域上来看，该条例显然更适用于城市。同时，该条例具有浓厚的强势管理色彩，没有规定公民和社会团体在公共卫生促进中的权利和义务，但对公共卫生来讲，这一点却是非常重要的。

当然，作为管理法规也是不可能具有这些内容的。另外，该条例从内容上看也显得过于单薄。

除了直接完善与公民健康有关的立法，一些边缘性的立法工作还需要做，既包括修订现有的法律法规如制定实施细则等，又包括完善辅助公民健康权益实现的其他法律，如制定社会保险法、社会监督法、反社会歧视法，完善社团组织法、行政监察法等。除此，还要做到任何法律文件都不能与保护公民健康权的原则相抵触。

2. 严格执法

由于国家掌握着强大的政权，国家机关在对社会事务的管理和监督中起着绝对的主导作用。当前中国卫生领域大体上已基本做到了有法可依，但法律文本能否转化为法律秩序，要看执法者是否有能力通过能动地解释法来实施法律，也就是说，卫生执法已经成为保护公民健康的主要矛盾。从频繁出现的危害公民健康的诸多食物安全问题来看，我国行政机关对食品医药卫生保健市场的监督能力十分薄弱，主观原因是问题的根本所在，这些问题表现为地方保护主义和部门保护主义严重，缺乏职责意识，怠于行使职权，许多地方政府卫生监督工作投入严重不足，甚至忽视卫生工作的重要性。因此，严格执法是问题的关键，这又需要严格的责任制度，做到有权必有责，违法必追究。

3. 财政投入

我国经济和社会发展一直是政府主导的，这决定了政府在卫生社会建设领域的推动作用无可替代。在市场经济条件下，政府对卫生事业主导的一个重要表现，就是加大对卫生事业的财政投入。国家要投入资金支持社会医疗保险、新型合作医疗、社会救助和最低生活保障制度，使社会弱势群体不致因贫困而陷入营养不良的困境，使他们在生病的时候看得起病；尤其要加大对农村的支付力度，使占社会人口绝大多数的农民摆脱艾滋病等贫困性疾病，也要防止他们因疾病而陷入贫困。国家还要加大改水、改厕的投入，加大对体育场馆等健身场地、设施的投入；重点支持关系民生的药品如抗癌、抗艾滋病药品的研发；投入资金扩大健康知识的普及。

4. 拓展健康教育

健康教育是保证国民健康的经济、高效的措施。通过健康教育使公民养成良好的卫生习惯，远离不良嗜好，摒弃有害健康的风俗习惯，自觉抵制邪教组织等进行的有害健康的宣传，从而增强自我健康保持能力。健康教育还能使公民增加医疗保健方面的知识，在接受医疗和康复的时候能够配合或监督医疗保健服务者的服务行为，防范重复的或无休止的医疗检查损害患者的利益。对公民进行健康权的教育能够使公民增强权利意识，提高对国民健康事业的参与能力，制衡、监督政府行为。为此，国家应当通过刊物、报纸、电视、互联网等媒体和渠道、以漫画、讲座等不同的方式向社会宣传健康和健康权知识，并在政府和社会之间建立有效的信息沟通网络。

二　费用控制：医疗卫生法治发展的新目标

新中国成立以来，我国经济和社会获得了巨大的发展，带动了医疗服务领域的跨越式发展，与此相联系的是，公民的健康获得越来越充分的物质保障，居民的平均寿命极大地延长了。但是，我国医疗卫生事业的成功与危机同时显现，这一危机正在一步步侵蚀着医疗卫生的成果，使经济和社会的发展对公民健康的保障作用趋于弱化。长期以来，"看病难"、"看病贵"的问题一直是困扰我国公民就医的严峻问题，影响了公民健康权利的享有，如何有效地控制医疗费用成为理论界研究的重要课题之一。

（一）医疗费用飙升及其卫生法阐释

据国家六部委抽样调查显示，"看病贵"的问题成为仅次于"收入问题"的我国公民重点关注的第二大问题。[①] 2003 年我国患病人次数为 50.8 亿，与 1993 年的调查相比增加 7.1 亿。[②] 在发病率增长的同时，居民就诊率却有所下降，2003 年我国因病就诊人次数为 48 亿，比 1993 年调查减少 5.4 亿。城乡居民 48.9% 的有病不去就诊，29.6% 的患者应住院而不住院，城乡低收入人群应住院而未住院率的比例达到了 41%。从患者未去就诊的比例来看，1993—2003 年城乡居民未就诊率、未住院率呈逐步上升的趋势，相应地，自我医疗的比例逐年增加，农村患者的自我医疗比率由 1998 年的 23% 增加到 31%，城市患者的自我医疗比率由 44% 增加到 47%。

在发病率增加和就诊率降低的同时，我国医疗卫生支出增长速度却非常快，超过了城乡居民可支配收入的增长速度。根据第三次国家卫生服务调查显示，从 1998—2003 年，我国城市居民年均收入水平增长了 8.9%，农村

---

① 资料来源：http：//www. nxnet. net/newspaper/2006 – 02/15/content_ 328944. htm。
② 参见卫生部《第三次国家医疗卫生服务调查报告》。

增长了 2.4%，而年均医疗卫生支出，城市、农村分别增长了 13.5% 和 11.8%。① 过高的医疗费用影响了医疗服务的可及性和可担负性，背离了医疗卫生制度的发展方向。第三次国家卫生服务调查比较了 1993—2003 年的门诊费用和住院费用的变化情况，结果发现，城乡合计年人均门诊费用和住院费用在排除了物价上涨的影响后，平均每年以 14% 左右的速度上升。药品费用的增长成为医疗费用增长的最主要拉动因素，根据全国医疗机构药品费用增长的统计，1995 年药品费用支出为 1169.11 亿元，2000 年为 2211.17 亿元，2002 年为 2676.68 亿元。根据卫生部统计，1999 年 4088 个县级以上综合医院的收支情况表明，平均每个医院的总收入为 3242.38 万元，其中药品收入为 1500.55 万元，占医院总收入的 46.3%。以宁夏回族自治区为例，县（市）级医院药品收入占总收入的比例为超过 70%。②

在我国，医院的生存、医院之间的竞争都需要通过医疗服务收取费用，于是越来越多的医院毫不掩饰地表露其追逐利润的冲动。多提供医疗服务、多卖药品，成为医疗机构营利的最一般方式。以商业化的医疗卫生制度导致医疗费用过高、增长过快，从而在一定程度上妨碍了医疗卫生资源的可及性，损害了患者的利益，并引发了一系列的社会问题。对于医疗卫生事业而言，医疗费用的控制问题是一个根本性的问题，也是制约医疗卫生发展的关键性问题，控制医疗费用的过快增长成为我国政府医疗卫生工作需要重点解决的三个目标之一。③

我国医疗卫生制度改革和社会医疗保险制度改革源于对医疗费用的控制。新中国成立初期我国在城市建立和劳保医疗和公费医疗制度，在农村建立了合作医疗制度。公民在普遍获得医疗保障的同时，医疗资源的浪费也使国家和集体背上了沉重的经济负担。为了克服劳保医疗、公费医疗和合作医疗制度在资金筹集、管理体制、费用负担等方面的弊病，从 20 世纪 80 年代开始，我国进行了一系列朝向社会保险制度的改革。1998 年国家正式开始实施城市职工基本医疗保险，从 2003 年又开始在农村推行新型合作医疗保险。我国社会医疗保险属移植而来的制度，具体制度构建过程中的借鉴和模仿多于创造，因而整个改革具有试错性。经过 20 多年的医疗卫生制度改革

① 闫丽新：《国家卫生服务调查三大看点》，载《健康报》2004 年 12 月 3 日第 1 版。
② 李幼平、祁国明等：《卫生技术评估和医疗保险》，载《中国循证医学杂志》2002 年第 1 期。
③ 温家宝：《政府工作报告》，载《人民日报》2004 年 3 月 17 日第 1 版。

和 10 年的医疗保险制度建设，医疗费用的过快增长预示着制度改革没有达到预期的目的。从社会医疗保险制度建立和实施的情况来看，在新的经济和社会条件下建立的社会医疗保险制度解决了一些旧的问题，但是一些新的问题又显现出来，以及旧的问题在新形势下改头换面而继续存在，其中最为突出的问题仍是医疗费用相对过高的问题，我国医疗卫生改革所取得的成果最终湮没其中。通过立法和执法控制医疗费用仍然是今后我国医疗卫生法治发展的重要方面。

我国对医疗费用控制法律制度的改革，是世界各国医疗卫生法律制度改革潮流的一部分。工业社会以来，世界各国医疗卫生法律制度发展大致经历了三个阶段。第一个阶段是医疗卫生普及阶段。在这个阶段内，各国医疗卫生立法的主要目标在于实现医疗卫生资源的可及性，即全体国民能够有权利享受到医疗卫生产品和服务。社会医疗保险制度的建立为实现这一目标铺平了道路，极大地加速这一目标的实现，在很大程度上被视为是医疗卫生可及性的制度标志。第二个阶段是医疗费用控制立法产生和发展阶段。20 世纪 70 年代以来，医疗费用支出飞速上涨，控制医疗费用成为各国医疗卫生制度面临的头号难题，这个问题至今仍然普遍困扰着世界各国。第三个阶段是医疗卫生质量保障立法阶段，目标是解决医疗费用控制带来的医疗服务水平下降、患者医疗利益损害等问题。我国一直在努力通过制度调整实现医疗卫生的普遍享有，在发展商品经济和经济全球化的今天，我国也同时面临着控制医疗费用过度上涨的难题，而且这一问题变得日益突出。控制医疗费用将意味着医疗卫生资源的节约和医疗福利的扩大，这会有力地促进医疗卫生的普遍享有，同时为保障医疗质量、实现医疗公平准备条件。因此，从国际医疗卫生制度发展的经验来看，加强医疗费用控制法律制度建设，将成为我国医疗卫生法治建设的核心战略举措。

控制医疗费用不仅对我国医疗卫生制度的发展具有重要意义，而且还将促进整个社会的进化。医疗费用过度上涨问题源于不合理的经济制度和社会制度，因为这一问题是既定社会条件下的产物。高昂的医疗费用本身就意味着对社会弱势群体生存权利的威胁，因此控制医疗费用对保障公民的健康权利、生存权利至关重要，而健康的保有会为公民有效的社会参与提供条件，并为公民谋求进一步的发展奠定坚实的基础。高昂的医疗费用还意味着对公民的经济剥夺，因为这会提高公民的生活成本，削减公民的福利水平。相应地，经济和社会资源会快速地向个别利益集团集中，从而恶化了经济质量，也使得社会结构趋于畸形和脆弱。控制医疗费用将会改善卫生经济质量、优化社会结构。更值得注意的是，我国在经济上还不发达，人均财富拥有水平还很低，对我国这样一个人口众多的发展中国家来讲，控制医疗费用的过度增长对满足不断增长的医疗需求具有重大意义。

（二）社会医疗保险法治发展与医疗费用控制

社会医疗保险是国家干预社会生活的产物。鉴于个人自保、家庭（族）保障和商业保险流弊丛生，国家通过立法干预公民保险参与的任意性，强制要求每个符合条件的社会成员都要参加医疗保险，极大地扩大了疾病风险的分散范围，使疾病风险在社会范围内得以化解或在整个生命周期得以分散。国家通过立法矫正保险费缴纳和医疗保险待遇受领的关系，使医疗保险不再是单纯的逐利工具，而是实现既定社会目标的制度，因此参保人无须再为商业医疗保险的利润支付费用。社会医疗保险的产生和运作不会自发实现，必须依赖于国家法律的实施。法律是国家意志的体现，是在一定地域范围内广泛实施的具有强制力的行为规则，凡符合条件的公民都必须依法行事，没有商讨的余地，从而避免逆向选择引起而保险费率的提高。

社会医疗保险费用筹集渠道呈多元化，社会筹资是其主要方式，降低了参保人的保险费用负担。社会医疗保险制度继承了商业医药保险在减低参保人经济负担方面的优点。医疗保险制度既是分散疾病风险的制度，又是减轻参保人经济负担的制度，因为分散疾病风险是从降低个人医疗费用意义上讲的，个人治疗成本降低就等于疾病风险降低，医疗保险费在参保人之间周济的过程就是疾病风险分散的过程。社会医疗保险扩大了疾病风险范围，从而就能够最大限度地分散疾病风险、最大限度地减少个人的经济负担。

到 1995 年，全世界已有 105 个国家不同程度地建立了社会医疗保险制度，[①] 社会医疗保险制度已经成为全球大多数国家医疗卫生服务供给的重要手段，尤其是在制度覆盖面较广的国家，医疗卫生制度与社会医疗保险制度紧密地结合在一起，以医疗保险为重点发展医疗卫生事业。

我国市场经济条件下的社会医疗保险制度建立的时间不长，制度还很不完善，但是社会医疗保险制度代表了我国医疗保障制度发展的方向。社会医疗保险制度本身就是一项控制医疗费用的制度，同时，社会医疗保险制度又为其他医疗费用控制制度的改革提供了平台。在社会医疗保险制度范围内，为了降低公民的控制医疗费用负担，充分发挥医疗保险分散疾病经济风险，

---

① 仁正臣：《社会保险学》，社会科学文献出版社 2001 年版，第 191 页。

克服逆向选择对社会医疗保险制度可能造成的不确定性，国家有必要通过立法将参加社会保险权利赋予全体公民；需要调整医疗保险药品目录、诊疗项目范围和服务设施标准，以发挥中医药治疗的成本优势和预防医学在疾病防控中的作用；通过制度调整使医疗保险业务从其他社会保险业务中独立出来，设立专门的医疗保险经办机构，监督医疗服务行为，制约医疗服务费用，以维护参保人的利益为原则重构医疗保险经办机构的权责；鉴于医疗保险费用支付制度在控制医疗费用中的关键性作用，必须修正现行费用报销制度和按服务项目支付费用的制度，建立以费用预付为基础的综合付费制度。

（三）医疗调控法治发展与医疗费用控制

一般而言，一个国家医疗卫生总费用的多少及增长速度快慢，不仅取决于微观上每一项医疗费用支出是否得到了有效的利用，还取决于宏观上整个国家医疗卫生资源的配置是否合理。伴随着医疗费用的快速增长，我国各类医疗机构获得了较大的发展，其中发展最为迅速的是医院。在各类医院中，级别和等次越高的医院，其发展就越快。在医疗卫生资源向高级别、高等次的医院流动的同时，患者跟着医疗卫生资源而流动，因此出现了高等级医院提供过度服务、低等级医院资源闲置浪费的不合理局面。此外，医疗机构是医疗服务的提供者，但是，由于医疗机构与政府的关系没有通过法律予以明确和规范，医疗机构管理制度尚不健全、不规范，导致医疗服务收费不合理、药品加成收入过高、服务监管乏力。鉴于医疗卫生制度是医疗费用产生的上游制度和主要环节，改革医疗卫生制度是费用控制制度建设的重点。

宏观层面的医疗卫生制度是影响医疗费用水平的最基本方面，为此宏观层面的改革主要集中于区域卫生规划制度和医疗机构管理制度、医务人力资源管理制度和转诊制度。通过完善区域卫生规划制度，合理调控医疗卫生资源的配置，避免医疗资源的浪费和对医疗卫生行业的过度投资，缓解人为创造医疗需求的压力；通过立法改造现行医疗服务模式，由国家推行初级卫生保健；完善对医疗机构的分级管理，实现对医疗费用资源的有效利用，维护医疗市场的公平竞争；改革医务人力资源的管理制度，主要是建立健全医务人员教育规划制度和医务人员就业调控制度，以平抑医务人才市场，合理调控人员流动，减弱医务人员追求经济利益的动机。另外，我国还需要制定转诊法律制度，并将依法转诊作为享受医疗保险待遇的必要条件。

微观层面的改革主要集中于医疗机构管理制度。医疗机构是医疗服务的主体，在医疗服务关系中居于绝对的主导地位，医疗费用的高低均取决于医疗机构的医疗行为，因此强化医疗机构管理制度是控制医疗费用的重点。完善医疗机构管理制度首先要明确医疗机构的法律地位，即医疗机构是否属于企业法人。我国的公立医疗机构在法律上虽然属于事业单位法人，但是事实上却是企业法人。因此，必须根据市场经济条件下医疗机构的运行特点和卫生规划，对医疗机构实行分类管理，将医疗机构分为企业法人和事业单位法人。作为事业单位法人的医疗机构应当为非营利性医疗机构，为了有效控制医疗费用，非营利性医疗机构应占主体地位，并对这些机构实行严格的监管。此外，为了进一步降低公民的医疗费用负担，政府应当对公立非营利性医疗机构承担财政补助的义务。

（四）医药法治发展与医疗费用控制

在我国，药品、器械费用占医疗费用的比例相当之高，医疗费用过高、增长速度过快主要是由药械价格过高拉动的。

造成药品费用过高的原因是多方面的。由于政府财政补助乏力，政府制定了医疗机构药品加成收入制度，即"以药养医制度"，该制度成为推动药品费用过高的根本制度因素。在医疗保险制度条件下，医疗机构用药市场是药品销售的主要市场，是药品生产经营企业进行市场竞争的主要场所。"以药养医"的创收制度决定了医疗机构必须要选择同类药品中价格较高者，这使得药品市场的竞争主要是药品高价竞争和折扣竞争，因此，虚高定价的药品最具有市场竞争力。在医药合营的管理制度条件下，虚高的药价直接导致医疗费用的上涨。一言以蔽之，药价虚高及由此引发的医疗费用过度上涨，源于医疗行业的垄断经营、"以药养医"的补偿制度和医药合营制度。除此以外，制药企业不实药价申报和政府监管不力，医药流通环节过多，不正当的药品销售行为，滞后的医药广告管理制度等，也会推动医药和医疗费用水平得不到有效控制。

抑制医药价格过高导致的医疗费用上涨，需要完善医疗机构管理制度、药品价格制度、药品流通制度和药品市场竞争制度。通过明确医疗机构的法律地位、强化社会医疗保险经办机构的职能，使非政府举办的医疗机构进入市场，为争取社会医疗保险的参保患者而竞争，同时促进医疗市场的自由竞争和公平竞争，使医药价格形成机制从以政府定价为主转变为以市场定价为主。在药品购销环节，需要进一步调整药品招标采购制度，将政府作为药品招标采购的主体，由政府组织和管理药品招标采购。

三　保险制度衔接：社会医疗保险法治发展的新方向

自 1998 年以来，我国已经分别在城镇、农村和军队建立了城镇职工基本医疗保险制度（以下简称"职工医保"）、新型农村合作医疗制度（以下简称"新农合"）和军人退役医疗保险制度（以下简称"退役医保"），并于 2007 年 7 月在全国范围内进行城镇居民基本医疗保险制度（以下简称"居民医保"）试点，一个覆盖城乡的四位一体的社会医疗保险体系已经初步形成。我国社会医疗保险是由上述四个具体的保险制度构成的复合体系，但是各具体的保险制度创设的时间、背景以及制度适用的对象、区域等方面各不相同，尽管如此，客观上社会医疗保险制度需要作为一个整体发挥作用。

在市场经济和民主法治条件下，劳动力流动是市场经济的必然要求，也是公民迁徙自由权利的应有体现。有效的社会医疗保险制度应当能够满足劳动力在跨职业、跨区域以及跨国流动情况下对医疗保险的需求，即社会医疗保险法律制度不仅能够调整静态的医疗保险关系，而且还应当能够调整动态的保险变动关系，故此，《劳动合同法》第 49 条规定："国家采取措施，建立健全劳动者社会保险关系跨地区转移接续制度。"中共中央组织部、人事部《关于贯彻落实"十一五"规划纲要，加强人才队伍建设的实施意见》中也指出，要"完善机关、企业、事业单位人才流动中社会保险衔接的具体方法"。目前我国社会医疗保险制度内部各具体制度之间的衔接制度尚不完善，其与域外相应制度还未实现有效对接和协调，建立和完善衔接协调制度，成为我国社会医疗保险法治发展的重要内容。

（一）参保人跨区域流动与制度适用

对于医疗保险的参保人在就业地点发生变更时如何参加医疗保险，国务院发布的关于城镇职工医疗保险、城镇居民医疗保险和新农合的有关文件没有作出规定。目前我国关于参保人跨地区流动时医疗保险转移的规定，仅见于劳动和社会保障部对于参加城镇职工医疗保险的异地安置人员的指导性意见，但未形成完善的、可操作的制度。关于城镇居民医疗保险和新农合的参保人流动时的医疗保险转移接续问题，尚缺乏国家统一立法，只有一些地方如云南等地制定了关于城镇居民医疗保险的转移制度。除缺乏适用于各具体医疗保险制度内部的关系转移制度外，关于各具体制度间的转移制度也尚未制定出来。总体而言，我国关于社会医疗保险关系转移接续的统一制度还没有全面建立起来。

根据目前中央及地方关于职工医保参保人流动时医疗保险管理的有关规定，对于异地安置人员、常驻外地工作人员，其职工医保关系不转移，而是通过跨地区确定定点医疗机构、委托异地经办机构管理等办法为其支付医疗费用。由于不同统筹地区医疗保险管理可能存在很大差异，跨地区医疗保险待遇的给付和监管往往很难，在医疗保险关系不转移的情况下，上述人员医疗保险待遇的享有水平一般会受到很大影响，如医疗费用报销不便、定点医疗机构选择余地有限等。

除上述两类参保人外，中央有权机关尚未就经常流动的参保人的职工医保关系如何转移接续作出规定，在此情况下，一些地方探索出各种应对措施。贵阳、南京等地制定的有关规范性文件对于医疗保险转出一般规定，参保人跨统筹地区的流动的，其职工医保关系随同转移，个人账户资金余额清退给本人。而对于关系的转入，则规定在转入地的实际缴费年限须能达到相当长的时限或重新投保。各地衔接制度缺位、错位、不统一或彼此难以接洽的严峻现实，在客观上阻碍了劳动力在全国范围内流动，而要实现有利于全社会的劳动力资源的优化配置，则必然会以剥夺劳动者个人的医疗保险权益为代价。影响参保人跨地区流动的一个很重要的制度性症结，就是社会统筹资金无法随医疗保险关系转移的问题。在现行职工医保制度条件下，社会统筹基金具有一定程度的积累功能，缴费达法定年限的退休人员不再缴纳养老保险费，这意味着，参保人在转出地缴费增强了当地社会统筹基金的支付能力，但却加大了转入地的基金支付压力；同时，目前医疗保险尚未实现全国统筹，地方统筹基金必然体现和负载地方利益。

消除劳动者或异地安置人员流动的制度性障碍，可以通过建立医疗保险基金全国统筹制度来解决，也可以通过调整现行缴费制度和基金管理制度来实现。前者可破除地方利益对参保人流动的障碍，但短时间内难以实现，或代价过于高昂；后者即实行退休人员缴费和统筹基金的现收现付管理，是目前较为现实和成本较低的选择。在统筹基金现收现付管理条件下，当期履行缴费义务则当期享受医疗统筹待遇权利，从而参保人在任何地区流动均实现权利和义务的对等、对价，可最大限度地减少来自地方利益的干扰。在社会统筹现收现付条件下，免除退休人员的缴费义务则不再具有任何法理基础，缴费年限问题也不再构成对参保人，尤其是将近退休的参保人流动的障碍。

居民医保基金和新农合基金均为现收现付式的统筹管理，因而其保险关系的转移则更为方便。目前我国还没有就其参保人跨地区流动作出统一规定。根据法理，参保人跨统筹地区流动的，保险关系须随同转移；已经缴费的，享受原统筹地区异地就医的医疗待遇，从次年起按迁入地的规定投保，原统筹地区医疗保险关系即行终止。

（二）参保人职业变动与制度适用

农村居民进城务工和城镇居民从事农业生产，是我国在工业化、城镇化和城乡经济一体化过程中必然出现的社会现象，在这一过程中城乡居民的职业发生了转换。由于目前我国城乡医疗保险制度并不统一，城乡居民职业的转换对居民医疗保险权益的享有会产生一定的影响。此外，参保人在企业单位与机关事业单位之间的职业变动、军地职业的变动以及就业状态发生变化，均可能产生参保人医疗保险关系和性质的变更。

根据国家现行有关文件的规定，农民工可以参加职工医保，农民工比较集中的地区可以单独建立大病医疗保险统筹基金。但是，对于已参加新型农村合作医疗（简称"新农合"）的进城务工农民如何参保，国家没有予以明确规定。目前一些地方制定了相关政策，但制度形式颇不一致，基本上可分为并行参保和择一参两类。其实，并行参保不符合医疗保险的宗旨，也不利于管理和保险关系的稳定。在择一参保条件下，农村居民进城务工并与城镇用人单位签订劳动合同的，凭户籍所在地新农合经办机构出具的参保证明，免除参加职工医保的义务，同时享受新农合异地就医待遇；在劳动合同存续期间，本人不能继续提供新农合参保证明的，依劳动关系所在地法律参加当地的城镇职工医疗保险。农村居民与在当地工商部门登记的企业签订劳动合同，如果有权机关确定该企业及其职工应参加职工医保的，该居民的医疗保险关系依照上文办理；如有权机关确定该企业及其职工可参加新农合，则该居民的保险关系不作变动。

关于参加城镇医疗保险的农民工与用人单位终止或解除劳动合同后，其医疗保险关系应如何变动，我国目前尚无统一规定。实际上，在城镇用人单位签订劳动合同的农民工与城镇职工之间，除户口性质外，无任何社会性差别，因此，其职工医保关系应参照城镇职工失业之医疗保险关系之处理，即保留职工医保关系，个人账户仍可使用。能按灵活就业人员参保办法继续缴费的农民工，其职工医保关系和待遇不受影响。农民工重新就业的，其职工医保关系接续办理。如果参保人返回农村从事农业生产经营，则可以申请保留其职工医保关系，将其个人账户封存，待其重新返城就业后办理接续或转移手续；或依申请由经办机构将其个人账户余额一次性支付给本人。

由于新农合按年缴费，因此参加职工医保的农民工返乡后，可能由于错过缴费期限而在相当长的时间内无法获得医疗保障。为了保证两项制度能够及时对接，新农合制度有必要实行按月缴费或新参保人按余下月数据实缴交。此外，在新农合家庭缴费实为家庭为个人缴费的情况下，家庭账户应分解为个人账户。当新农合和城镇医疗保险缴费周期和基金结构一致的条件下，前述农村居民务工或农民工返乡务农的，均可在制度上顺利实现保险关系和个人账户的无障碍转移，两制度的衔接会更加严密。

根据 1998 年国发〔1998〕44 号和国办发〔2000〕37 号文件，职工医保制度适用于企业和机关事业单位，除普遍适用个人账户和社会统筹制度外，企业职工享有补充医疗保险，机关和部分事业单位职工享有医疗补助。由于医疗保险待遇有所差异，因而参保人在企业与机关事业单位间流动就存在制度衔接适用问题，为此国家专门制定了相应的规范。如果从制度层面上操作，那么参保人在企业和机关事业单位之间流动的，医疗保险关系和个人账户应随同转移，按转入单位所在地规定续保，并享受适用于转入单位的补充医疗保险火医疗补助。实际上，职工医保制度建立 10 年来，我国机关事业单位并没有实现普遍参保，而是仍延续适用公费医疗制度。在此情况下，企业职工进入机关事业单位工作的不能转移保险关系，其个人账户只能予以封存；未参保的机关事业单位职工转入企业的，也无保险关系和个人账户可转，而是新建医疗保险关系。另外，现行制度没有就农村居民进入机关事业单位工作时医疗保险制度的适用情况作出规定，从理论上讲，此种情况下，一般选择适用职工医保制度。

参加职工医保的职工和参加新农村合作医疗保险的农民有依法服兵役的义务，现役军人也可能退役，在此情况下，我国的医疗保险制度必须能够适应参保人军民职业变动的要求。我国实行现役军人免费医疗制度，而军人退役医保是为保障军人退役后享有医疗保险待遇而建立的，从这个意义上讲，军人退役医保是一种专门的医疗保险关系转移接续制度。职工医保参保人被征义务兵后，由于其与用人单位的劳动关系或工作关系终止、解除，因此不应再参加职工医保，其个人账户予以封存，再就业时接续使用。职工医保参保人被招收为军官、文职干部和士官入伍的，其不再参加职工医保，职业也发生了变化，因此可以转而参加退役医保，由地方社会保险经办机构将其职工医保关系和个人账户转入接收单位后勤（联勤）机关财务部门，其职工医保个人账户转换为退役医保个人账户。军队聘用文职人员的，其医疗保险关系变动适用按职工医保跨地转移的规定，并适用新农合和城镇职工医保参保人流动到事业单位医疗保险关系变动的规定。军人退出现役后，入伍前参加职工医保的，由军人所在单位将退役医保关系及个人账户（义务兵将退役医疗保险金）转入安置地社会保险经办机构。军人退伍后应参加城镇职工医疗保险的，安置地医疗保险经办机构应为其新建账户并将转来的个人账户或退役医疗保险金并入新建账户；退伍后不参加职工医保的，所在单位将个人账户资金或退役医保金发给本人。但现行规定的不足之处是，我国有关文件没有就农民参军及退伍后的医疗保险关系变动作出规定，根据我国新农合制度现实和权利平等原则，农民被征义务兵或被招收为军官、文职干部和士官入伍及退伍的，其新农合关系与退役军人医疗保险关系的衔接应同于城镇职工医疗保险关系的转接。

参保人由于违反治安管理、涉嫌犯罪或犯罪而被劳动教养、刑事拘留、逮捕或被判刑的，其原劳动关系或中止、终止或解除，这对依附于劳动关系的医疗保险关系以及基于特定身份条件的医疗保险关系产生一定的影响。在现有制度框架下，上述人员在被限制人身自由期间享受免费医疗待遇，参保人的医疗保险关系中止，不再享受职工医保待遇，个人账户予以封存并继续计息。参保人被判处有期徒刑缓刑或监外执行的，如果原劳动合同继续履行，则医疗保险关系不变，医疗保险待遇不受影响。参保人被刑满释放、假释、解除劳动教养或解除羁押的，在期重新就业、恢复原职或恢复退休待遇时，其原社会医疗保险关系即行恢复，个人账户启封，存储额继续使用，并按照相应的制度享受医疗保险待遇。服刑或劳教之前的实际缴费年限和继续工作后的缴费年限合并计算，达到法定退休年龄时不足规定的缴费年限的，补足规定年限的缴费后方可享受退休人员职工医保待遇，否则仅将个人账户结余金额一次性支付给参保人，不再享受退休人员城镇职工医保。现行制度的不足之处大致有两点：一是被劳教人员、服刑人员和被羁押人员不能参保，致使参保人员的保险关系缺乏连续性；二是除个别地区外，对于新农合和城镇居保的参保人的医疗保险关系和待遇的变动情况，现行制度没有作出规定。

根据医疗保险制度的宗旨与功能，参加医疗保险与服刑、劳教和被羁押属于两种不同的法律关系，二者不应相互影响。公民获得医疗保障是我国宪法所规定的基本公民权利，这种权利不应因人身自由状况的变化而有所克减。虽然公民在被羁押、劳教或服刑期间享受免费医疗，但是因患大病等原因保外就医期间的医疗费用一般由个人担负，而且由于不能连续参保，可能致使参保人解除劳教、释放或假释以后因不能满足缴费年限而影响其退休以后的保险待遇。实际上，我国《监狱法》、《劳动教养试行办法》等法律法规，规定了参加劳动的罪犯和劳教人员应获得劳动报酬，国家有必要从罪犯和劳教人员的劳动报酬中提取适当比例，并从监狱、看守所的罪犯改造经费和劳教所的劳动改造经费中提取相应比例的经费，合并为罪犯或劳教人员建立个人医疗保险账户。参保人执行刑罚或被劳教的，其医疗保险关系和个人账户转入监狱、看守所或劳教所；参保人被刑满释放、假释或解除劳教后，其保险关系和个人账户再转回原关系所在地。另外，为了切实保障参保人在劳教、服刑的医疗保险权益，新农合和居民医保制度应予以明确参保人在限制人身自由期间的医疗保险关系处理方法。

（三）劳动者区际、国际流动与制度衔接适用

随着目前内地与台、港、澳地区经济社会联系的加强和国内外交流的日益密切，台、港、澳地区的居民、华侨和外国人在境内就业以及境内居民派驻境外工作的现象越来越普遍，劳动者区际、国际流动也会涉及境内外社会保险制度的使用问题。我国社会医疗保险制度不具有域外适用效力。这是由于，我国社会医疗保险法律所规定的参保人、社会保险经办机构、医疗机构之间的法律关系，在很大程度上属于公法关系，公法上的执行权是提供医疗保险待遇的前提条件，我国医保法律不具有对国外医疗服务机构的强制力，因此我国参保人不可能在国外享受本国所规定的医疗保险待遇，其参保效力仅及于国内。同样，依据我国宪法，香港特别行政区、澳门特别行政区实行高度自治，我国内地医疗保险法律不在该地区适用。由于政治原因，我国内地法律同样不适用于我国台湾地区。同理，境外社会医疗保险法律制度也不在我国内地适用，劳动者区际、国际流动的，应通过制度之间的衔接保障医疗保险关系的接续。

根据劳动和社会保障部颁布的有关规章和发布的有关文件，在境内就业的台港澳居民、归侨侨眷应当参加职工医保，但上述人员离境应如何处理医保关系，国家政策没有予以明确。基于内地医疗保险的属地管辖原则，上述人员离境时，不够享受退休人员医疗保险待遇条件的，其医保关系应当终止，个人账户结余金额应当一次性发放给本人。对于符合享受退休医疗保险待遇的此类退休人员入境就医的，应按照就医的有关医疗保险规定，享受职工医保待遇。

国内用人单位外驻国外和台、港、澳地区的工作人员是否参加境内的职

工医保，国家法律和政策没有统一规定，各地的相关制度也不统一。一些地方将其纳入城镇医保范围内，参保职工长期派驻境外的，其社会保险关系不受影响，用人单位和参保人依法缴费，但不影响被派驻参保人在境外参加驻在地的法定医疗保险。同时我国政策规定，外派职工取得境外居民身份证后，其在境内参加的社会医疗保险关系即告终止，其职工医保经办机构应当将其职工医保个人账户结余部分一次性退给本人。我国另一些地方如河南、连云港等地，则明确规定派驻国外或中国港、澳、台地区的职工不参加职工医保。作为中国公民的驻外职工也应是医疗保险制度的保障对象，也应当享有为我国法律所保障的医疗保险权利，在目前缴费年限作为享受退休医保待遇的条件下，限制驻外职工的参保权利会损害职工的社会权利，因此，应将在境内参保的权利和在境外参保的事实分别对待较为适宜。

关于在境内就业的外国人是否参加职工医保，国家相关法律和政策没有予以明确，各地方相应规定也不一致，有些地方如苏州规定与国内企业建立劳动关系的外国人可以参加当地的职工医保，而成都等地则明确规定外国人不参加职工医保。根据我国《宪法》第 23 条、《中华人民共和国外国人入境出境管理法》第 5 条和《外国人在中国就业管理规定》第 23 条的规定，在我国就业的外国人应当遵守我国医疗保险法律法规，这是国家主权原则在社会保险法律上的体现。

在不同国家和地区社会保障制度自成体系的条件下，劳动者区际、国际流动可能面临某种不利的后果，即劳动者被两个国家或地区的医疗保险制度双重覆盖并被双重征收医疗保险费（税），或者因其在两个国家或地区各自累计的工作时间或缴费年限均达不到所规定的最低标准而无法获得医疗保险待遇。国际上一般采取签订双边或多边社会保障协定的方式处理这种法律上的冲突，依据协议签约国可以相互认可本国公民在对方国家的参保行为，或相互免除对方国民在本国的缴费义务。目前我国已经分别与德国和韩国签订了社会保障协定，但适用范围都不包括医疗保险。为了保障我国公民的医疗保险权利，促进国际间劳动力合理流动，我国有必要与更多的国家签订社会保障协定，并将医疗保险纳入协议范围。根据协议，在我国就业的外国人不能提供该国相关机构出具的参保证明的，应当参加我国的医疗保险；相应地，我国参保的驻外人员出具参保证明后，也可以免除在该国的缴费参保义务。

（四）简要结论

我国社会医疗保险制度是建立在城乡和区域经济社会发展不平衡的现实基础之上的，由于国家立法过多向地方和部门利益妥协，以及"摸着石头过河"的改革思维抑制了制度构建的前瞻性，使得我国现行社会医疗保险制度零散、割裂并带有浓厚的地方性特征。五花八门的制度模式使各自制度内的参保人彼此难以相互进入，有多少种制度模式就有多少道阻碍劳动力流动的关卡，相互割裂状态下的制度改革越深入，关卡就会越牢固。医疗保险制度不统一的严峻现实，不仅损害了公民权利的横向公平，而且不利于提高依赖于劳动力流动的经济效益。

市场经济改革具有追求主体平等的内在冲动，而与之相结合的社会医疗保险制度也必然要求二者在观念和制度上相契合。在市场经济条件下，经济制度对社会医疗保险制度的最低要求，是使其不构成对劳动力合理流动的阻碍，较高的要求是在劳动力流动的情况下社会医疗保险制度仍能够为其提供动态的、无缝隙的保障。经济一体化和公民医疗保险权利现实化，都要求我国需要建立制度多样、相互衔接、有机协调、有机整合的社会医疗保险制度。

制度不仅仅可以确认经济社会发展不平衡的现实，更是推动和引导社会变革、促进经济商会协调发展的有利工具。为满足劳动力流动对医疗保险的需求以及经济发展对劳动力流动的需求，我国有必要加强现有制度的整合，依靠统一规划最大限度地统一制度，并需要制定例如军人退役医疗保险的专门的制度衔接规则。制度构建应当通过刚性的立法来实现，全国人大需要发挥更大的作用。

四　高校学生医疗保障：社会医疗保险法治发展的新探索

改革开放以来，我国对医疗保障制度进行了大刀阔斧的改革，公费医疗改革也纳入其中。1998年建立的城镇职工基本医疗保险制度不仅取代了原来的劳保医疗制度，而且也将适用范围扩展至原来实行公费医疗的机关、事业单位社会团体及其职工。尽管改革对公费医疗制度持否定态度，但是除了为离休人员、老红军等特殊人员继续沿用公费医疗制度外，目前在政策上和原则上，公费医疗制度几乎成为高校学生（本、专科生和研究生）的专有医疗保障制度。在全社会医疗费用水平普遍上涨的大背景下，高校学生所享受的有限的公费医疗待遇使他们难以获得充分的保障，医疗费用的压力不仅影响到高校学生的健康权益，而且还可能会影响到其受教育权利，同时学校也因此而背负上了沉重的包袱。为保障高校学生的医疗保障权益和其他合法权利，我国有必要改革现行公费医疗制度，推动高校学生医疗保障的社会化并将其吸纳到社会医疗保险制度范围内。

（一）高校学生医疗保障制度及其效果

高校学生公费医疗制度是我国医疗保障制度建立 50 多年来未经改革深入触及的领域。我国在全国范围内正式推广实施的公费医疗制度建立于1952 年，起初是为满足国家工作人员和革命伤残军人防病治病的需要而设立的，并与 1951 年建立的劳动保险制度相结合，共同为城镇劳动者提供医疗保障。次年，卫生部在《卫生部关于公费医疗的几项规定》（［53］卫医字第 93 号）这一文件中规定，从 1953 年起将公费医疗的适用范围扩及大学生及专科生。改革开放后，与统购统销式的计划经济相适应的统招统分的高校办学模式开始松动，委培生、自费生、干部专修生等非国家统招的学生开始出现并不断增多，教育领域内颇具开放性的市场因素对具有封闭性和福利性特征的公费医疗制度形成较大的冲击和考验，同期不断增长的医疗费用对公费医疗经费的压力也不断攀升。为维护公费医疗的可持续性，国家迫切需要强化高校学生公费医疗制度适用的针对性。1989 年卫生部和财政部联合发布了《公费医疗管理办法》，这一公费医疗制度建立后颁布的关于公费医疗最为正式的法律文件进一步明确，享受公费医疗的高校学生范围，限于国家正式核准设置的普通高等学校计划内招收的普通本、专科在校学生、研究生、因病休学一年保留学籍的学生、因病不能分配工作在一年以内的毕业生以及享受公费医疗的科研单位招收的研究生，其他类别的学生均无权享受公费医疗待遇。限制享受公费医疗的学生类别，虽在一定程度上缓解了政府的财政压力，但是外部经济和社会条件的变化，使得公费医疗的经费压力仍是有增无减。1998 年国家又调整了高校学生公费医疗待遇，确定每年生均定额 60 元的标准。1998 年国家正式建立城镇职工基本医疗保险制度，包括高校教职工在内的原公费医疗享有人员均纳入到社会保险体系，唯独学生仍继续享受公费医疗待遇。2007 年国家进行城镇居民医疗保险制度改革试验，高校学生仍未被列为该项制度保障的对象。

公费医疗是一项待遇水平高、保障充分的医疗保障制度，而保障高水平的医疗待遇需要充足的资金支持。目前政府对高校公费医疗的财政拨付标准一般是学生每年每人 60 元，经济条件较好的地区标准稍有提高，北京市的这一标准也仅为 90 元。2005 年全国人均卫生费用 662.3 元，2006 年全国门诊病人人均医疗费用为 128.7 元，全国住院病人人均医疗费为 4668.9 元。相比之下，60 元的保障额度难以为高校学生提供充分的医疗保障。即便如此，也并非所有的高校学生均能够享受公费医疗待遇，1999 年以来扩招的大学生、民办或系统行业办高校的本、专科生，则未能享受公费医疗。

在现有高校公费医疗管理制度框架下，学生的医疗费实际上实行政府、学校和个人三方担负，有限的个人担负比例和政府担负额度加大了学校的经济负担，而且学生规模越大，这种负担就越重。沉重的医疗费用压力可能会挤占学校本用于改善教学条件等其他方面的支出，个别学校甚至不敢录取患有慢性病的学生，这都会损害学生或考生的受教育权利。此外，当学校经济能力有限时，少数患大病的学生可能会花掉全年级甚至全学校学生共同的医疗费用，其他学生的医疗权益则失去保障。

（二）目前大学生医疗保障制度改革的探索及评价

由于公费医疗不能充分发挥应有的保障作用，目前许多高校在继续实行公费医疗的同时采取了其他补充保障措施。一些高校采取公费医疗加商业保险的形式为学生提供医疗保障，由学校组织学生缴费，集体投保，一并向商业保险公司购买医疗保险。可供选择的险种一般有大学生平安保险、大学生住院医疗保险、大学生住院补贴保险、团体重大疾病保险等。由于学生经济条件有限，保费较低，同时又由于是费用补偿型医疗保险，因此对赔付条件较为严格，保险金额也有限，一般保险公司所限定的最高赔付限额为 6 万元。

商业医疗保险的引入在一定程度上缓解了公费医疗保障的不足，但是其问题也较为明显，主要是：第一，由于实行自愿投保，商业医疗保险的补充性质是不确定、不稳定的。第二，商业医疗保险一般限于对大病的补充保险，对经常性的门诊医疗则很少保障；一般限于对突发、偶发性疾病予以保障，而对慢性病、精神疾病则保障不足。第三，对大病的保障也很有限，对于花费十万、几十万元以上的重大疾病，其保障力度仍显不足。第四，高校对商业保险的需求暴露了公费医疗保障的不足，这种不足不仅仅限于高水平医疗服务方面，而且常常基本医疗服务的不足，如果学生只能通过购买商业保险来满足医疗保障需求，那么国家则有转移责任之嫌。另有一些高校在校内建立大病医疗基金，以补充公费医疗的不足。校内大病基金统筹层次过低，仅限于校园范围内，不能充分发挥分散疾病风险的功能；而且成立基金仍需要学校自己出资，学校的经济负担并未实质性降低，而且学校没有法定义务为学生建立大病医疗基金。

我国虽然没有在国家层面上对高校学生公费医疗制度进行改革，但是一些地方的相关改革已经实施。上海等地建立了专门适用于大学生的医疗保障制度，该制度既建立住院和门诊大病医疗费用统筹，同时保留普通门急诊医疗补助，统筹资金和医疗补助金均来自政府财政。该种保障制度实质上是在原来普通门急诊公费医疗的基础上，将原发放给各高校的用于保障住院的公费医疗费用，改为发放给统筹地区所有高校，实现部分公费医疗资金的统筹使用。将统筹层次由高校提高到统筹地区所有高校，无疑会增强公费医疗资金的保障能力，平衡各高校的经济压力，但是统筹资金仍旧薄弱，其保障效果难以有根本的改变。

我国目前正在进行城镇居民医疗保险改革试点，虽然国务院没有将大学生列为参保对象，但是一些地方明确规定大学生可以参保，并规定了具体的参保办法，如云南、郑州、青岛等地。高校学生参加城镇居民基本医疗保险能够使其得到更为雄厚的统筹基金的保障，代表了高校学生公费医疗制度的改革方向。

（三）高校学生医疗保障制度的调整与构建

2006 年我国普通高校本、专科招生 546 万人，研究生招生 39.8 万人；在校本、专科生近 1739 万人，在校研究生 110.5 万人。高校学生无论在招生数量上还是在校生数量上，都在保持快速的增长势头，高校学生已经成为数量非常庞大的社会群体，关于他们的医疗保障问题不应排在改革进程表的后面，更不能被忽视。

根据我国宪法，公民在生病的时候享有从国家和社会获得物质帮助的权利，国家建立健全同经济发展水平相适应的社会保障制度。目前我国已经建立了以城镇职工医疗保险、城镇居民医疗保险和新型农村合作医疗为支柱的社会医疗保险体系，实现了由国家包揽的封闭的福利型社会保障制度，向国家、社会和个人共同负责的开放的风险型社会保障制度转变，这一转变显现出我国社会保障制度改革的总方向。随着计划经济体制向市场经济体制的转变，政府职能也发生了较大的调整，国家包办社会福利事实上早已失去了经济和社会基础。在国家全面建立覆盖城乡居民的社会医疗保险制度的大背景下，高校学生公费医疗制度改革有必要向社会医疗保险制度迈进，将高校学生纳入到社会医疗保险制度之内，这也是如德国等实行市场经济且社会保障制度完备的国家通行的做法。

为高校学生提供医疗保险保障可不必另行建立专门的保险制度，目前最为便捷、经济和现实的方式是进入到现有具体制度。根据高校学生的特点，高校学生应当参加城镇居民基本医疗保险。为了体现个人健康责任和国家发展高等教育的责任，以实行个人缴费与国家补助相结合为宜。户籍在高校所在地的学生可选择随家庭参保，也可以随学校参保。

五 规范非自愿住院治疗：精神卫生法治发展的新任务

精神疾病是一种严重威胁公民健康的疾病，严重者甚至会影响社会安全，近年来，我国卫生、民政、公安等部门加强了对防治精神疾病的管理。其中，措施之一就是对精神障碍者实行非自愿住院治疗，以使其能够得到及时收治，帮助其尽快回归社会。它在维护精神疾病患者的健康权利方面发挥了积极作用。非自愿住院治疗必然要对公民人身自由实施一定程度的限制或剥夺，因此该行为应当受到严格的规范和监管。但是，由于缺乏必要的立法，我国在精神障碍者非自愿住院治疗方面也存在较严重的制度隐患。为了保障精神障碍者的健康权和人身自由权，保障一般公民的合法人身权利，我国亟须制定和完善精神卫生立法，重视并有效规范非自愿住院治疗行为。

（一）当前非自愿住院治疗行为存在较多问题

近年来，滥用非自愿住院治疗措施的行为频频被媒体曝光，并引起社会的强烈反响。1998 年，黑龙江省绥棱县一农民向有关政府部门反映土地承包和干部腐败问题，在县信访办认为她反映的问题"大部分属实"的情况下，却被多次送进精神病院，强制接受"治疗"。2000 年，西安一小学教师被学校以患有精神病为由非法强制治疗 300 余天。2006 年，经司法鉴定未患有精神病的重庆某女医师曾四度被丈夫送进精神病院，等等。

目前，滥用非自愿住院治疗的问题主要是：第一，不法目的的送治。该种情形常常表现为精神健康的公民与亲属、所在单位、其他机构或他人发生矛盾，对方出于打击、报复、恶意阻截等不法目的，以患有精神病为由将该公民强行送到精神病医疗机构予以隔离。第二，不法目的的收治。个别医疗机构出于营利的目的、迫于某种压力或与某些机构恶意串通，放松收治标准，不履行、不完全履行或不认真履行收治程序，对缺乏明显精神疾病特征的公民草率收治。第三，精神障碍者经治疗后符合出院条件的，其监护人、近亲属或医疗机构拒不办理出院手续或拒绝其出院。

对非自愿住院治疗的滥用表明，现行精神病人非自愿治疗制度存在缺陷，难以在有效区别公民是否真正罹患精神疾病的基础上实施相应的处遇，不仅精神健康的公民有可能被作为精神病人对待，而且精神障碍者的非自愿住院治疗也同样缺乏必要的、审慎的法律程序保障。

（二）精神障碍者非自愿住院治疗的主要制度缺陷

第一，我国关于实施了刑法所禁止行为的精神障碍者强制住院治疗的立法不足、不完善且混乱。目前全国人大制定的相关法律仅限于《刑法》第18条。根据该条规定，对于实施了被刑法所禁止的行为且依法不承担刑事责任的精神病人，应当责令其家属或者监护人严加看管和医疗，在必要的时候，由政府强制医疗。但是，何种情形属于"必要的时候"，刑法并没有明确规定，对于"由政府强制医疗"的程序也没有予以规定。相关刑法条文过于粗略不利于规范和指导法律实施，为某些机构或个人随意解释和滥用提供了可能；而且地方为执行这一规定也衍生出五花八门的立法，例如，《上海市监护治疗管理肇事肇祸精神病人条例》和《吉林省危害社会精神病人强制医疗若干规定》，对于强制治疗措施的适用条件所作的规定相差很大。

第二，对于违反治安管理的精神障碍者实行强制住院治疗，缺乏明确、适格的法律依据。虽然全国人大已经制定了《治安管理处罚法》，但并没有规定对违反治安管理的精神障碍者实施强制住院治疗，仅规定责令其监护人严加看管和治疗，而该法所谓"治疗"是否意味着"强制治疗"则语焉不详。在缺乏法律依据的情况下，一些地方如广东省、吉林省、上海市等省级人民政府以及青岛、大连等地自行制定了专门的地方政府规章，将违反治安管理的精神障碍者列入强制住院治疗的范围，而且实施强制治疗的主体，主要不是《治安管理处罚法》所规定的监护人，而是公安机关。而根据我国《立法法》第8条第（5）项的规定，对限制人身自由的强制措施，只能由全国人大或其常委会通过制定法律加以规定；另据该法第73条第2款第（1）项，地方政府规章的制定应以执行法律、行政法规、地方性法规为目的。基于这两条规定，在没有上位法依据的情况下，地方政府规章无权创设限制人身自由的强制措施。事实上，我国存在对违反治安管理的精神障碍者实施强制住院治疗的情况，而这些强制行为及所依照的地方政府规章缺乏

《治安管理处罚法》的依据。

第三，目前除上述两类保安性强制住院治疗外，我国还没有就救护性强制住院治疗（即对于可能造成自身伤害的精神障碍者或者对于虽然无害他人和社会但是病情严重的精神障碍者实行人道主义强制住院治疗）和其他非自愿住院治疗进行国家立法。

第四，现行法律没有赋予由精神障碍者享有的住院权利。这意味着，精神障碍者难以自行决定是否需要住院和出院，也难以通过合法产生的代理人决定住院和出院。在此情况下，间歇性精神病患者、轻度精神病患者甚至精神健康的公民，难以正常行使自己的合法权利。同时，没有获得合法授权的个人或机构有可能单方面决定患者或疑似患者的权利，这将难以保证非自愿住院治疗不会被用于非法目的，同时也容易造成对公民合法权益的损害。

第五，非保安性住院治疗措施的适用缺乏合法程序。除保安性强制住院治疗外，目前关于精神障碍者或疑似精神障碍者的非自愿住院治疗，通常是监护人、近亲属、所在单位等个人或机构送治，精神医疗机构决定收治，而被送治人则缺乏质疑和申辩的权利。这一程序存在的问题是，首先，程序启动的主体不完全合法；其次，作为非国家机关的医疗机构未经授权无权决定人身强制；再次，非自愿住院治疗行为仅凭医学评价即行实施，缺乏法律评价和法律依据；再次，强制住院治疗缺乏相关部门的法律监督；最后，程序缺乏质疑、申辩等权利救济和纠错机制。由于缺乏合法的程序，公民的治疗权利和人身自由权利就有可能被他人单方面决定、处置。

（三）完善相关制度，依法规范非自愿住院治疗行为

第一，制定《精神卫生法》，规范精神卫生服务法律关系。长期以来，我国缺乏精神卫生方面的基本法律，精神医疗服务行为因不具有民事行为和行政行为的典型特征，不能削足适履地套用现有的民事和行政法律规定。非自愿住院治疗措施作为一种医疗服务行为，具有明显的公法特征，同时在很多情况下又与政府行为不直接相关。对该类行为，各国通行的做法是制定具有社会法属性的《精神卫生法》。我国有必要由全国人大制定《精神卫生法》，以规范包括非自愿住院治疗在内的一切精神卫生社会关系，实现该法与我国《刑法》相关条款的衔接和呼应，并为地方立法提供基础。《精神卫生法》涉及非自愿住院治疗的内容可以包括：精神障碍者及其代理人、精神卫生服务机构、相关国家机关的权利（职权）和义务（职责）范围，非自愿住院治疗的种类和条件、程序的启动和监督，权利救济程序，法律责任

制度等。

第二，承认精神阻碍者的住院权。住院权即住院自决权，是指精神障碍者所拥有的自行决定是否住院治疗或出院的权利。基于为我国宪法和法律所保护的公民的人身自由权利，作为精神障碍者的公民理应享有完整的住院权利；同时，公民精神健康发生障碍并不等于其在任何时候或对所有事物都缺乏自知力，间歇性精神障碍者或部分丧失自知力的精神障碍者，应当拥有与其健康状况相适应的住院自决行为能力；精神障碍者本人不能行使该权利的，可以在受到法律监督的情况下，依法由其代理人代为行使该权利的一部分或全部。因此，住院权利的行使应以本人自愿为原则，以非自愿为例外，最大限度地尊重和保障精神障碍者本人的自决权利，最大限度地防范其人身自由权利遭受非法处置。精神障碍者是否具有行使住院权的能力，可由公安机关依申请或职权根据精神司法医学鉴定书作出决定。非经法律特别规定和法定程序，他人不得限制或剥夺精神障碍者的住院权利。

第三，通过精神卫生立法设置医疗看护人制度。我国现行有关精神障碍者非自愿住院治疗的法律和地方政府规章，规定了监护人、家属、单位以及村委会或居委会的医疗看护义务。但是，当上述主体缺失或不明时，或由于住院治疗等原因造成精神障碍者脱离上述主体看护时，精神障碍者就有可能处于无人医疗或看护状态，从而不足以保护精神障碍者的权益和有效的防卫社会。此外，我国《民法通则》所设置的监护人制度，意在保护被监护人的人身、财产及其他合法民事权益，弥补精神病人因无行为能力或限制行为能力而无法从事相应民事活动的缺陷，并没有对监护人科以协助治疗之义务。况且，非自愿住院治疗事关精神障碍者人身自由权的处置，调整平等主体关系的民事法律没有、也不应该规定平等主体之间的人身强制行为，监护人、亲属、单位以及村委会或居委会的送治行为也不属于民事行为。有鉴于此，为了保障上述主体医疗看护义务的合法性，以及真实反映医疗看护的社会性，对于无行为能力的精神障碍者和实施了刑法所禁止的行为或违反治安管理的行为的精神障碍者，国家可通过立法设立医疗看护人制度，以保障其能够得到适当的医疗和看护。医疗看护人可以从监护人或近亲属中自愿产生，或者由公安机关指定产生。没有或无法查明其监护人或近亲属的，由国家专门设立的精神障碍者托管机构承担看护职责；精神障碍者住院治疗期间，收治医疗机构为其医疗看护人。医疗看护人的职责在于协助医疗、照理看护和回归社会，包括在精神病阻碍者不能行使住院权的情况下，由其代为行使住院权、申辩权等权利。

第四，通过《精神卫生法》设置严格的非自愿住院治疗程序。除保安性强制住院治疗外，非自愿住院治疗可以由医疗看护人提出，由精神医疗机构提供医学建议，由公安机关决定。被送治人对决定不服的，有权申请复议或提起诉讼。精神障碍者或疑似精神障碍者正在或已经实施刑法所禁止的行为、违反治安管理的行为或自害行为的，一般公民或单位可以向当地公安机关报告，由公安机关根据精神司法医学鉴定作出决定，决定是否住院治疗，并及时通知其医疗看护人。对于因情势紧迫需要紧急住院观察的，由公安机关在尽可能短的时间内补足手续，嗣后决定是否需要强制住院治疗。精神医疗机构应当至少每月一次对收治的精神病人进行精神健康状况评定，符合出院条件的，应当及时通知作出住院决定的公安机关及医疗看护人。

第五，对违反法律规定实施非自愿住院治疗的行为设定严格的法律责任。未经有权机关决定，以暴力或其他方式强制他人住院治疗，给他人造成精神或财产损失的，行为人依法承担法律责任。公安机关错误决定强制住院治疗的，对被强制人承担赔偿责任，并追究相关责任人的行政或刑事责任。未按照法定程序、送治人提供虚假病史或病情陈述、医疗机构提供虚假医学建议以及妨碍被送治人行使申辩权利的，应当承担相应法律责任。

六　医疗纠纷调处：医事争议处理法治发展的新领域

改革开放以来我国医疗卫生事业取得了巨大的发展，但同时也产生了一些问题，其中医疗纠纷的问题较为突出，对我国医疗卫生事业的健康、稳定和可持续发展造成了诸多消极影响。目前我国已经建立了体系完整的纠纷调处机制，但是由于医疗纠纷与一般民事纠纷相比较为特殊和复杂，传统的纠纷调处机制难以有效调解处理医疗纠纷。为满足社会调处医疗纠纷的需要，我国各地探索出了有效的医疗纠纷专门调处机制，但是专门调处机制的发展受到多方面的制约。为巩固和发展医疗纠纷专门调处机制，我国有必要在借鉴境外医疗纠纷解决机制经验的基础上，对我国现行医疗纠纷调处机制进行规范、加以完善。

（一）我国医疗纠纷现状分析

党的十六大以后，我国进入了改革的关键时期。许多国家经济社会发展的经验表明，这时期容易凸显各种矛盾，医患矛盾正是我国医疗卫生事业在这一关键发展时期的突出问题。根据调查了解，2002 年以来，医疗纠纷的态势日益严峻，主要表现在医疗纠纷的数量增长较快，一些地区的年增长率甚至达到50%；医疗纠纷范围逐渐扩大，有向全国蔓延的趋势；纠纷强度不断升级，暴力闹医行为时有发生。医疗纠纷的大量出现反映了目前医患关系紧张、医患矛盾突出的社会现实，暴露了医疗卫生事业发展中不和谐的一面。

医疗纠纷是医疗卫生领域社会矛盾的一种表现，是多种诱因共同作用的结果，这些诱因主要表现在以下几个方面：

第一，社会经济环境诱因。经济领域的变革对社会领域产生了决定性的影响，主要表现为社会利益格局多元化、利益界限清晰化、利益互动频繁化、利益诉求法治化。医患矛盾是医方、患方、政府、司法机关、社会等各相关主体之间利益冲突的结果，也是当前社会矛盾逐渐显现这一时代大背景下，反映在医疗卫生领域的矛盾，这一矛盾具有必然性、不可避免性。

第二，医学发展、人口和就医观念的诱因。医学是仍处于发展和探索中的科学，医学上诸多的不确定性和模糊性，增加了医疗损害风险。巨大的人口数量和庞大的老幼体质脆弱群体，也加大了医疗风险。此外，强劲的医疗保健消费观念提高了居民与医疗卫生服务接触和摩擦的可能性。

第三，政府投入不足的诱因。政府对医方和患方财政投入不足，使得医患双方利益攻防趋于紧张，并外化为医疗纠纷。

第四，医患双方的诱因。医方管理不善、技术欠佳、法律意识淡薄，均有可能对患方造成损害；而患方维权意识的觉醒、对医疗服务缺乏科学认识以及恶意索赔，也会导致医疗纠纷。

第五，法律和司法制度的诱因。我国医疗卫生尚不健全和完善，现有法律规范也有相互冲突之处。粗疏的法律规范不仅不能有效规范指引医疗和就医行为，而且增加了医患关系的不确定性，为潜在的医疗纠纷提供了可能。《民法通则》和相关司法解释与《医疗事故处理条例》的矛盾导致"司法二元化"，医疗事故技术鉴定和传统的司法鉴定并存，法院对两种鉴定的采信度也不一样。相互矛盾的法律规范和司法程序不仅难以定纷止争，而且助长了当事人的投机心理。

第六，医疗责任保险等赔付机制的诱因。欠缺赔付能力会引发新的医疗纠纷。对于没有参加医疗责任保险的医疗机构，可能发生因无力赔偿而与患者再次冲突；因医疗意外受损的患者也可能由于没有购买保险等保障问题，转而被迫向医疗加工施加压力。据调查了解，在一些地区，医疗机构无责任的医疗纠纷不到案件总数的1/3，但无责赔偿的比例竟达到80%—90%，个别地区甚至达到 100%。无原则的赔偿助长了"闹医"行为。

第七，传媒和法律服务的诱因。信息产业的高速发展增强了社会对医疗卫生行业监督的能力，社会和患方容易发现医疗服务的瑕疵。一些媒体为争取新闻效应，对医疗纠纷采取不利于医方的选择性报道；一些律师为了提取更多的律师费，扭曲争议目的，对医疗纠纷也产生了推波助澜的负面效果。

医疗纠纷案发频繁及强度升级，对患者、医疗卫生事业乃至全社会造成了较大影响，医患双方、政府、社会都没有赢家。医疗纠纷可能会增加患方的损失。医疗纠纷使患者付出大量的时间、精力、财产以及机会成本，还可能造成医方防御性医疗行为，以致产生过度提供医疗服务、滥用抗生素等有损患者利益的行为。医疗纠纷会损害医疗机构的利益。医疗纠纷会占用大量的医疗资源，损害医疗机构的社会形象，弱化医疗机构的财务能力，影响了医疗机构的进一步发展。医疗纠纷加重了政府的负担。医疗纠纷过多过滥，消耗占用大量的行政资源。医疗纠纷妨碍医疗卫生事业健康发展和社会进步。医疗纠纷会减缓医疗卫生事业发展的步伐，成功的恶意索赔对社会道德产生腐蚀作用，医疗机构的赔偿费用最终会转嫁为全社会的担负，导致国有资产的流失。

（二）一般纠纷调处机制应对医疗纠纷的比较

一般纠纷调解机制是指目前我国已经建立的和解、调解、仲裁和诉讼等处理普通民事纠纷的机制，这些调处机制为化解普通民事纠纷提供了程序保障。这些机制在处理医疗纠纷方面虽各有优势，但依目前的医疗纠纷调处机制的实施情形，更多的是暴露出诸多不足之处。

1. 和解处理机制

和解是我国《民事诉讼法》和《医疗事故处理条例》认可的医疗纠纷解决方式。和解调处机制优势体现在几个方面：第一，成本低廉、效率较高。第二，为医患双方提供了相互理解和谅解的机会。第三，有利于节约有限的司法资源，促进社会稳定。

但是，和解机制调处医疗纠纷也存在如下弊端：第一，协商和解在相当多的情况下偏离法律轨道，容易损害相关人的合法权益。第二，部分协商处理医疗事故处于"地下"状态，逃避了医疗卫生行政部门的监管。第三，协商和解缺乏规范的操作程序要求，容易导致国有资产的流失和医务人员合法利益受到损害。第四，协商和解协议没有强制力。第五，协商和解缺乏第三方制约，容易助长不法"闹医"行为。另外，由于缺乏充分的法律尺度，一些医疗机构根据纠纷的严重程度和患方的交涉能力决定赔偿额度，客观上也容易诱发纠纷升级。

2. 行政调解机制

根据《医疗事故争议处理条例》第 64 条的规定，发生医疗事故的赔偿等民事责任争议，当事人可以向卫生行政部门申请调解。

行政调解医疗事故纠纷形式灵活，调解人具有权威性，有利于卫生行政部门的监管。但是该机制也存在一定问题，主要有：第一，行政调解程序的启动具有很大的随意性。第二，行政调解的适用机会很小，这是因为医疗事故纠纷所占医疗纠纷的比例甚小，而行政调解仅适用于医疗事故的民事赔偿；医疗事故损害赔偿标准低于民事侵权损害赔偿标准，因此患方一般不选择行政调解赔偿；行政调解会暴露医疗事故存在的事实，医疗机构和医务人员因逃避行政责任避免通过行政调解处理医疗纠纷。第三，卫生行政部门与医疗机构的关系密切，难以让患方认可行政调解机制。第四，行政调解协议不具有法律上的强制执行力。

3. 诉讼机制

诉讼是社会公正的最后司法保障，任何争议均可通过诉讼来解决。但是，通过诉讼（包括诉讼调解）解决医疗纠纷也存在明显的不足。医疗诉讼存在法律适用的"二元化"，医疗事故技术鉴定和传统的司法鉴定的"二元化"的问题，容易造成司法不公；法官一般缺乏审理医疗纠纷案件所必需的医学知识，很难独立对案件作出客观公正的裁判；诉讼程序复杂、效率不高、当事人代价大，难以满足医疗纠纷案件需要及时审结和尽快减少损害影响的客观要求。

4. 其他处理机制

仲裁制度也有其有利于解决医疗纠纷的一面，例如，仲裁机构的独立性能够保障裁决的公正性，仲裁不公开进行也有助于减少媒体选择性报道的可能等。但目前除天津外，医疗纠纷一般不通过仲裁机制解决。根据《仲裁法》的规定，仲裁委员会是由政府和商会统一组建的，受案范围限于合同纠纷和其他财产权益纠纷，仲裁委员会的委员主要由法律和贸易方面的人员组成。而医疗服务行为不属于一般的合同行为，仲裁受理范围和仲裁员的资质不能满足调处医疗纠纷的需要。此外，仲裁调解医疗纠纷可能存在的问题，同于前述诉讼调解机制。

人民调解机制符合中国"和"文化特点和构建和谐社会时代背景，也更贴近社会，但是人民调解委员会的调解员一般由村民委员会、居民委员会组织群众选举或推举产生，而调解医疗纠纷则需要调解员懂得或精通医学、法律甚至心理学方面的知识，具有较高的专业水平或同时具备较高的威望和社会影响，选举或推举范围的限制可能难以组织符合要求的调解队伍。

从上面的分析可以看出，各种机制都有其特有的制度优势，但是对于解决医疗纠纷也存在程度不一的局限性。

（三）现行医疗纠纷专门调处机制分析

理论和实践证明，一般纠纷调处机制均不能有效地调解处理医疗纠纷。根据调查了解，几乎所有的医疗机构、保险公司、患者和卫生行政部门，都希望建立专门的、规范的医疗纠纷第三方调处机制，甚至该调解机制能否规范建立，直接关系到政府极力推广的医疗责任保险机制的成败。近年来，各地为有效解决医疗纠纷，已经成功探索出能够满足实践需要的专门适用于解决医疗纠纷的调处机制。但是，这些医疗纠纷专门调处机制[①]目前尚不成熟，有必要对现有机制进行规范和完善。

1. 现行医疗纠纷调处机制状况

21 世纪初以来，各地纷纷组建了专业性的医疗纠纷调处机构，建立了相应的调处机制。2002 年，北京卫生法学会医疗纠纷调解中心成立，此后北京还成立了北京医学教育协会医疗纠纷调解中心。北京市建立的专业性调解中心开创了我国由社会团体作为医疗纠纷调处第三方的新模式，此后芜湖、铜陵、无锡等地成立的医疗纠纷调解中心，是北京模式的成功推广。2006 年上海市普陀区成立了我国第一家专门的医患纠纷人民调解委员会，由人民调解委员会调处医患纠纷，突破了人民调解委员会的地域和组织限制，为人民调解专业化扫除障碍。山西、江苏太仓成立的医疗纠纷调解人民委员会和调解中心，是上海模式的成功推广。2006 年，吉林省组建了由两家保险公司共同设立的医疗责任纠纷协调处理中心，这也是一种典型的第三方调处机制模式。同年，天津市仲裁委员会医疗纠纷调解中心成立，此种机制是医疗纠纷仲裁模式的典型代表。除此以外，我国还存在另外一种独特的医疗纠纷调处机制，即重庆江津医疗纠纷联席调处机制。

除上述机制外，个别地方还出现了商业性医疗纠纷调解机构，如 2003 年成立的南京民康健康管理咨询服务有限公司，2004 年成立的天津市金必

---

① 为行文方便，该机制是针对一般纠纷调处机制而言的，下文"医疗纠纷调处机制"专指该机制。

达医疗事务信息咨询服务有限公司，这类公司接受医方或患方委托，专门办理与医疗纠纷诉前调解有关的业务。

2. 现行医疗纠纷调处机制存在的问题

由于医疗纠纷调处机制改革正处于探索时期，目前各地已经建立的各种医疗纠纷调处机制还不成熟、不完善、不规范，在取得成功的同时，还存在不少问题。

第一，一些专业医疗纠纷调处机构的组建没有法律依据。例如，医疗纠纷人民调解委员会的组建，不符合《人民调解委员会组织法》；成立与仲裁机制相挂钩的调解中心，缺乏《仲裁法》依据。没有法律依据则没有合法身份，调处机构也就不能规范运作、健康发展。

第二，医疗纠纷调解机构管理体制混乱。如北京市法学会医疗纠纷调解中心隶属于北京市卫生法学会，受民政局管理；山西省医疗纠纷人民调解委员会由山西省科协主管、山西省心理卫生协会领导；天津医疗纠纷调解中心受天津仲裁委员会管理，如此等等。管理体制混乱导致其调解行为难以受到司法机关或政府有效指导、监督和管理。

第三，一些调解机构的独立性、权威性和公正性难以获得保障。目前除公司性质的调处机构以外，其他调处机构或者没有独立的法人地位，或者其法律性质不明，从而难以避免相关主体对纠纷调处过程的影响。

第四，调解业务范围有限。目前的医疗纠纷调处机构多数是配合医疗责任保险而成立的，对社会开放性不足，其职能和实际作用受到很大限制。

（四）规范完善医疗纠纷专门调处机制的必要性和可行性

医疗纠纷专门调处机制的有效性已经得到实践的肯定，从理论和实践两个方面来看，有效的医疗纠纷调处机制应当是"专业＋中立＋调解"的调处机制，这种机制需要加以规范和引导。

1. 规范医疗纠纷调处机制的必要性

医疗纠纷调处机制是有巨大优势和发展潜力的良好机制。成功之处在于既保留了调解手段的优点，又将"中立性"特点进一步放大，同时还加入了"专业性"因素。专业性医疗纠纷调处机制是对人民调解制度的扬弃。无论主体制度如何构建，"专业性＋调解"机制是医疗纠纷调处机制生命力的核心所在。

承认并规范现行医疗纠纷调处机制是医疗卫生事业发展的需要。调解处理医疗纠纷不仅仅是平息个案的医患矛盾，更重要的是以此防范医患矛盾激化、普遍化，消除医疗纠纷对医疗卫生事业的潜在消极影响。目前存在的医疗纠纷调处机制很好地适应了这一社会需求，通过完善制度能够进一步释放其积极作用。

规范和完善专业性医疗纠纷调处制度符合国家发展战略。《中共中央关于构建社会主义和谐社会若干重大问题的决定》指出："完善矛盾纠纷排查调处工作制度，……更多采用调解方法，综合运用法律、政策、经济、行政等手段和教育、协商、疏导等办法，把矛盾化解在基层、解决在萌芽状态。"鉴于在构建社会主义和谐社会背景下，调解手段的作用被极大地凸显出来，那么有必要在坚持"调解"作为解决医疗纠纷第一手段的前提下，规范并完善专业性医疗纠纷调处援助制度，填补传统纠纷调处制度体系的短缺和空白，形成多渠道、多维度的医疗纠纷援助控制网络。

2. 规范医疗纠纷调处机制的可行性

（1）从国内情况看可行性

医疗纠纷的专业调处机制虽存在合法性危机等问题，但实际上却发挥了重大的作用。从适用几率来看，以北京市为例，2005—2007年，两个调解中心三年共受理医疗纠纷案件3645件，其中调解解决3182件，占87.3%；诉讼解决463件，占12.7%。从调处效果上看，以北京卫生法学会医疗纠纷调解中心为例，2005年该中心一共受理医疗纠纷案件500多件，已经结案的300多件，最快的3个小时，最长的两个月结案，调解成功率达到98%，可见民间专业纠纷调处机制是富有效率的。

目前除北京市外，其他地区如吉林、重庆江津等地的情况基本上与北京市类似，大多数医疗纠纷都是通过专业调解机制处理的，这表明医疗纠纷专业调处机制是切实可行的、能够满足社会需求的、难以代替的机制。近几年来民间专业性调处机构的大量涌现，也充分显示出专业中立性调处机制的强大生命力。

（2）从国外情况看可行性

目前，许多国家和地区都在反思传统医疗纠纷处理机制，并将调解作为医疗纠纷机制改革的重要方向之一。美国于1997年成立国家医疗纠纷解决委员会，约85%的医疗纠纷是通过调解解决的。在德国，处理因医疗事故引起的纠纷多采用调解解决，设立的"医疗事故调解处"。韩国通过《医疗法》立法规定了医疗纠纷的调解制度，使调解手段获得法律依据，2001年韩国大法院又提出"调解优先原则"，用以保障医疗纠纷的调解制度能够有适用的机会。

（五） 规范完善医疗纠纷调处机制的制度安排

医疗纠纷是个普遍的社会问题，建立符合中国国情的医疗纠纷调处机制，一条较为现实的路径是立足现有调处机制，在吸纳现行机制合理成分的前提下规范和完善现行机制，在诉讼机制之外构建一个快捷、中立、权威、专业而且合乎法治要求的医疗纠纷解决机制。

1. 规范完善医疗纠纷调处机制的原则

鉴于传统纠纷调解机制及目前专业调处机制在实践中积累的经验和取得的教训，规范完善医疗纠纷调处机制有必要遵从以下原则：

第一，效率原则。提高医疗纠纷的调处效率往往非常有助于纠纷解决，尤其是小额赔偿纠纷案件更是如此。

第二，专业原则。提高医疗纠纷调处机构的专业性能够有助于增强纠纷调处的有效性、权威性和公正性。

第三，相对中立原则。保持调处机构和调处活动的相对中立性，有助于促进医疗纠纷调处机构的公信力和调处结果的公正性。

第四，系统原则。系统的医疗纠纷调处机制，可以包括医患双方和解机制、专业医疗纠纷调处机制和诉讼机制。

2. 规范完善医疗纠纷调处机制的主体制度安排

（1） 规范医疗纠纷和解机制主体及其权利行使行为。第一，通过立法明确医疗纠纷协商和解的实体要件，将和解主体范围限定于医患双方，同时限定适用和解的范围。第二，协商和解采取自愿原则。第三，通过立法规定协议书的生效要件和效力。第四，经协商不能在一定短的时间内达成和解协议的，或者赔偿额高于法律规定的限额的，须提交医疗纠纷调解委员会调解。第五，医疗机构高于限额标准赔偿的，由卫生行政部门追究医疗机构、主管人员和直接责任人员的经济责任和行政责任。

（2） 规范专业医疗纠纷调处机制主体。一方面，建立医疗纠纷调处领导机构及调处机构。有必要由司法行政、卫生、公安、新闻等相关部门设立医疗纠纷调处委员会，负责指导、协调和监督医疗纠纷调处工作，下设办理具体事务的事业单位法人医疗纠纷调处中心，可根据需要设立分中心或调处站。另一方面，规范医疗纠纷调处中心的人员构成及资质要求。调处中心的组成人员全部应由法律、医学专业人员和具有医疗纠纷调处实际工作经验的人员组成，并规定具体法人治理模式和选任机制。

（3） 完善医疗纠纷诉讼制度。方案一：建立医事司法机构。医疗争议专业性强、案发率高，目前普通法院审理医疗争议案件较为困难。为了保证审判的公正性、合理性、科学性，我国非常有必要设立专门的医事法院，或至少在普通人民法院系统内设立医事法庭，专门审理医事争议案件。目前我国台湾地区已有设立"医事专业法庭"的先例。方案二：调整现行诉讼制度。通过立法规定审判人员的特定任职标准，要求法官应当具有一定的医学专业知识；规定特殊审判程序，缩短审判时限，适用简易程序等。

（六）规范医疗纠纷调处中心工作机制

为了保障医疗纠纷调处程序能够充分发挥作用，有必要通过立法规范医疗纠纷调处的地位和程序，主要包括以下几个方面：医疗纠纷案件的受理、案件的调处、调解协议的执行。

第一，调处中心调处为诉讼前的必经程序。将调处程序前置可以充分发挥调处机制专业、经济、便捷的优势，节约解决纠纷的社会成本；实现公正与效率的有效的平衡。

第二，医疗纠纷案件的受理。医疗纠纷调处中心受理一切医疗纠纷案件，医疗纠纷申请调处的时效为一年。情势紧急的，须在合理短的时间内到现场主动调处。调处员实行回避制度，同时赋予患方对调解员的选择权。

第三，医疗纠纷案件的调处。调处中心调处医疗纠纷应遵循依法认定责任、不公开调处、免收费用的原则。医疗机构参加医疗责任保险的，保险人可以类似民事诉讼中无独立请求权的第三人身份参与医疗纠纷调处，但无实体抗辩权，也不得参与调解协议书的制作。调处期限尽可能短，调处结案应制作调解协议书或调处决定书，其法律效力等同。

第四，调处协议或调处决定的执行。调处协议书或决定具有最终的法律效力。医患双方不服调处决定的均有权提起诉讼，但是应限定不同条件。

（七）医疗纠纷调处工作保障机制

构建和谐医患关系是个综合的社会工程，医疗纠纷调处机制作用的发挥需要获得多层面的保障。根据前述政府责任原则，政府需要通过建立相应的机制发挥更大的保障作用，主要包括：第一，为医疗纠纷调处机构提供经费保障，以利于其保持公益、相对中立地位。第二，为医疗卫生事业提供财政保障，减少利益动机对医疗卫生公益性质的冲击。第三，为医疗机构提供安全保障，维护医疗机构秩序和医务人员的人身安全。第四，为医疗机构执业和医疗纠纷调处提供舆论环境保障，维护医疗机构和医务人员的执业形象，引导建立互信互谅的医患关系。

（八）医疗纠纷调解配套制度调整完善

医疗纠纷的调处工作需要有法可依，而且所依据的法律应当彼此协调、相互衔接、切实有效。同时，还需要健全完善有助于医疗纠纷调处的相关制度。为此，有必要在以下几个方面推进卫生法治建设：

第一，健全医疗卫生基本法律制度。目前我国医疗卫生立法较相对不足，卫生法律相对于卫生行政法规和部门规章非常之少，影响了医疗卫生领域的法治水平。目前我国仍缺乏医疗卫生基本法，也没有专门的《医事争议处理法》，加强医疗卫生立法、增进医疗卫生依法而治，仍是今后医疗卫生事业发展的重要目标。

第二，修改完善现行医疗卫生立法，减少法律冲突，通过调整立法协调、整合医疗纠纷调处的法律依据。统一医疗损害鉴定主体、鉴定程序，规范鉴定结论。

第三，建立完善医疗责任保险制度。实践表明，医疗纠纷调处机制和医疗责任保险机制需要彼此依存、相互促进，有效的医疗纠纷调处能够为医疗责任保险损害赔偿奠定扎实的基础；反过来，医疗责任保险提供迅速而足额的赔偿，又能促进医疗纠纷的顺利调处。在我国当前的情形下，完善医疗责任保险机制势在必行。

第四，建立医疗意外损害保障制度。在对医疗机构实行医疗责任保险的同时，对同样承受医疗风险的患者提供必要的保障，防止患者因医疗意外损害而遭受巨大的损失。除建立医疗意外损害保险制度外，还可以同时完善医疗救助制度，为医、患提供多种保障，从而尽量减少医疗纠纷发生的可能。

第七章 关于社会弱势群体保护的理论研究

余少祥①

所谓弱势群体，是社会中经济贫困或受到制度、法律、政策排斥而导致权利贫困的人的概称。应该说，弱势群体的存在是一切国家和社会制度不可避免的现象。过去我们认为，关注和扶持社会弱势群体，是为了维护社会稳定，实现国家长治久安。实际上，保护弱势群体的目的或理由并不限于此，而是包含了更多的道德、法律和人文因素。保护弱势群体是法治国家的应有之义，也是衡量一个国家文明程度和人权状况的重要指标。那么，在理论层面，我们为什么要保护弱势群体？保护弱势群体的前沿理论究竟有哪些？这需要我们深入地进行梳理和研究。

一 关于社会弱势群体保护的政治学理论

（一）政府责任论

现代政治学认为，政府在保护公民的经济、社会和文化权利时，不仅负有尊重个人选择自由之类的消极义务，而且负有直接供给及采取适当措施，提供享有权利机会的积极义务，协调各种利益关系、保障社会弱势群体的基本生活水平是政府的基本职责之一。

1. 政府为什么应保护弱势群体

国家和政府存在的价值和目的就在于保障人的安全，使人的生活更好，这也是宪政的内在含义。从政府职责看，国民收入再分配是现代政治和公共政策的重要环节，也是关系到政治稳定和冲突的主要条件之一。虽然一个社会中利益和价值的实际分配不仅是政治体系的产物，也是经济和社会体系的产物，但政治体系是一个尤其重要的因素，因为它是在社会中实现集体目标的综合性最强的工具，而且还可能运用强制手段。② 正如赖克所说："国家

---

① 余少祥，中国社会科学院法学研究所副研究员。

② ［美］阿尔蒙德等：《比较政治学》，曹沛霖等译，上海译文出版社1987年版，第378页。

的经济作用不是为挂该国国旗的公司增加盈利率，不是为它的公民扩大在全世界拥有的财富，而是通过提高公民为世界经济所作贡献的价值来提高他们的生活水平。"① 即国家的主要任务是提供基本的社会公正和公平，逐步提高全体民众而不是一部分人的生活水平，人与人之间才能融洽相处，人们的积极性、主动性和创造性才能得到充分发挥，社会才能健康稳定发展。

从维护社会安全角度看，政府必须重视和保护社会弱势群体的利益。如果一个社会的大部分成员被弱势化，且这种趋势得不到根本改变，则政府的合法性就会受到质疑。对合法性的质疑就是对道德正当性的怀疑，因为"合法性含有若干道德意味，满足了合法性，似乎意味着满足了在道德上很重要的价值"，② 而"在社会政治领域，民之所本者，乃是民权"，"唯有享有权利，才能拥有尊严并有力量"。③ 在实践中，无视或漠视弱势群体利益的最大表现无疑是官僚主义。毛泽东在《关于正确处理人民内部矛盾的问题》中说，社会主义社会也存在着"少数人闹事"的现象，并且发生这种现象的直接原因是"有一些物质上的要求没有得到满足"，"但是发生闹事的更重要的因素，还是领导上的官僚主义"。④ 因此，有学者提出，政府作为公共权力机构的代表，必须"承担起对弱势群体应有的责任，不是歧视与排斥，也不是出于怜悯，而是把它视为一种责任，并成为制定和执行社会政策的价值基础"；⑤ "社会中的强势群体和弱势群体之分是客观存在的，社会没有理由抛弃弱势群体，从政府的责任来看，政府在社会保障尤其是在对社会弱势群体的保护上，应当根据社会经济发展状况承担更大的责任"。⑥ 一句话，保护社会弱势群体是现代政府的基本责任。

2. 政府如何保护弱势群体

政府保护弱势群体的重要途径之一是调整和平衡利益关系。根据马克思主义基本原理，人的利益关系是社会关系中最本质的关系，所有的社会矛盾和社会冲突的根源都存在于人们的利益关系之中。因此，作为社会公共权力主体的政府，最重要的职责就是通过其权威力量，协调不同的利益关系，将人们的利益分化和利益差别限制在一个合理的范围之内，使社会成员能够各

① ［美］赖克：《国家的作用》，东方编译所译，上海译文出版社1994年版，第304页。
② ［德］哈贝马斯：《合法性危机》，刘北成等译，上海人民出版社2000年版，第119页。
③ 夏勇：《中国民权哲学》，三联书店2004年版，第51页。
④ 《毛泽东选集》第5卷，人民出版社1977年版，第395页。
⑤ 王思斌：《改革中弱势群体的政策支持》，载《北京大学学报》2003年第6期。
⑥ 杨雅华：《社会保障法的公平价值及其实现》，载《福建论坛》2005年第9期。

得其所，和睦相处。在国家和政府保护社会弱势群体的所有权威性手段中，立法显然具有十分重要的地位。哈耶克说："立法，即审慎地制定法律，已被恰如其分地描述为人类所有发明中隐含着最严峻后果的发明之一。其影响甚至比火的发现和弹药的发明还要深远"，"立法被人们操纵成一种威力巨大的工具——它是人类为了实现某种善所需要的工具，并赋予了人类以一种支配自己命运的新的力量观或权力观"。① 因此，以法律手段调整社会利益关系，保障社会弱势群体的基本权利已成为世界各国立法的主要趋势之一。

在我国，扶持和保护社会弱势群体的法律和政策是零散的、割裂的，基本上是"头痛医头，脚痛医脚"，有的甚至起负面作用。比如，近几十年来，我国缺少一个反映农民利益的、平衡的政治结构和立法体制，是许多损害农民利益进而损害全社会利益的政策轻易出台的主要原因。由于长期缺乏参与制定游戏规则的机会，导致弱势群体对主流社会的认同危机，甚至对主流价值出现逆反心理，容易引起社会的不稳定。不过，从中共十七大提出的"科学发展观"和"和谐社会"看，我们似乎可以预见到重视和保护社会弱势群体立法的曙光。在国外，保护社会弱势群体的立法和理论研究十分充分，如美国学者哈拉尔提出一种"新资本主义"理论，主要是调和利润与社会福利、"供方"和"工业"经济政策以及其他明显冲突，② 以保护社会弱者的利益，维护社会稳定。

在制定社会弱势群体扶助和保护的法律政策时，应以"倾斜性"而非"平等性"为基本原则。此外，还应当遵循两个主要原则：其一，任何一个社会阶层的利益的增进，都不能以损害其他阶层的利益为必要的前提条件，尤其是不能以损害弱势群体的利益为代价；其二，在社会整体利益增进的同时，社会弱势群体的处境和利益应该同步得到改进。

（二）平等理论

弱势群体保护是平等理论的必然要求。平等是机会均等，但不是平均主义，即要让社会发展成果惠及广大人民群众，而不是只惠及少数人或者利益集团。正如彼得·斯坦所说："一切社会成员都有权得到与他人相同的对待，而且，没有什么可以自圆其说的理论能使区分不同的人，使他们得到不

①　［英］哈耶克：《法律、立法与自由》，邓正来等译，中国大百科全书出版社 2000 年版，第 113 页。

②　［美］哈拉尔：《新资本主义》，冯韵文等译，社会科学文献出版社 1999 年版，第 6 页。

同的物质利益及其他好处成为正当的事情。"①

　　现代社会中，作为公民的社会成员都有平等的基本权利，即人人享有同等的生存和发展机会的权利，它要求社会的经济利益、政治利益和其他利益在全体社会成员之间进行合理而平等的分配，并且重视对弱势群体提供基本社会保障和人道主义关怀，不断实现社会利益的均衡和协调。② 基于这种平等的基本权利，国家不应该以任何理由人为地设置障碍，排斥社会弱势群体成员向较高社会阶层流动，或人为地保护较高社会阶层成员不向较低社会阶层流动。对于任何一个社会成员，只要他具备了某种能力，就应当有机会按照自己的意愿得到相应的社会地位，如果国家政策或法律制度对此进行任何限制，就是侵犯平等权，违反了法律的平等原则。③ 法律的重要作用和基本价值目标就是保障平等权，促进社会公平，在此基础上实现人类共同进步、共同发展、共同繁荣。因此，社会不平等和贫富分化不仅对贫者、弱者极不公平，对富者和强者也极为不利，对整个社会的持续、稳定、健康发展也极为有害。如果无视弱势群体权益的保护，放任两极分化不断扩大，必将使整个社会陷入不公正、不平等的境地。④

　　马克思和恩格斯在《费尔巴哈》一文中指出，等级的差别特别显著地表现在资产阶级与无产阶级的对立中，⑤ 因此，要解除无产阶级和社会弱势群体的苦难，必须推翻资产阶级的统治，在全世界实现共产主义。在批判拉

---

　　① ［美］彼得·斯坦等：《西方社会的法律价值》，王献平译，中国人民公安大学出版社 1990年版，第 95 页。

　　② 杨文革：《社会公平：构建和谐社会的核心价值理念》，载《理论观察》2005 年第 6 期。

　　③ 在美国最高法院的判决中，有一个关于立法侵犯平等权、违反平等原则的著名案例。1975年 5 月，美国得克萨斯州立法院修订教育法，停止向地方校区发放原本用于教育未经"合法许可"而进入美国的儿童的政府基金。不久，该州史密斯县一个墨西哥裔学龄儿童班级的代理人将泰勒独立校区理事会和得州政府告上法庭，理由是该法令排斥原告儿童。在查明一个班级全部由非法居留于该学区的墨西哥裔学龄儿童组成之后，区法院初步裁定，禁止被告拒绝为原告班级内的成员提供免费教育。被告辩称，这些"非法居留"的儿童不是该州的"在其治权之下的人"，因此不享有受该州法律平等保护的权利，并以此提起上诉。巡回审理的上级法院认为，没有任何证据表明"非法入境者给国家经济加重了任何显著的负担"，相反，有证据显示，非法移民在向地方经济贡献着他们的劳动，向国库缴纳了同比的税金，"却不能充分享有公共福利"，违反了宪法规定的平等原则，且"用教育收费的办法来堵住非法移民的浪潮，这是一个荒唐可笑并且不会有成效的企图"。因此，上诉法院维持了地区法院的禁令。最高法院在审理该案的时候认为，该州法令违反了宪法第十四修正案的平等保护条款，并作出了维持原判的决定，可见平等权是作为基本权利被从严保护的。参阅Timmons, William, *Public Ethics and Issues*, Belmont：Wadsworth Publishing Co., 1990。

　　④ 郑素一等：《论社会弱势群体的法律保护》，载《行政与法》2006 年第 7 期。

　　⑤ ［德］马克思、恩格斯：《马克思恩格斯选集》第 1 卷，人民出版社 1972 年版，第 84 页。

萨尔的平等观念时，马克思进一步阐发了自己的平等思想。拉萨尔提出，在共产主义第一阶段即社会主义阶段，"公平的分配"就是"每人有获得同等劳动产品的平等权利"。① 马克思则认为，这种平等理想仍然是"资产阶级法权"，因为它同任何权利一样，是以不平等为前提的。他说："任何权利都是把同一标准应用在不同的人身上，应用在事实上各不相同、各不同等的人身上，因而'平等权利'就是不平等，就是不公平"，② 在现实中，各个人是不同等的，有的强些，有的弱些，知识水平和子女数量都不相同，"在同等的劳动下，从而，由社会消费品中分得同等份额的条件下，某一个人事实上所得到的比另一个人多些，也就比另一个人富些，如此等等。要避免这一切，权利就不应当是平等的，而应当是不平等的"。③ 由此可见，马克思所谓平等不是一种起点的平等或公平，而是结果的平等，即应该用权利的不平等矫正和弥补实质意义的不平等或起点的不平等，才能实现真正的"人人平等"，这是共产主义第一阶段实现平等的基本原则。按照马克思的平等理想，在实现社会主义和共产主义以后，社会中没有阶级的对立，也就不会有所谓弱势群体了。

作为激进平等主义思想的继承者和捍卫者，加拿大的尼尔森将平等作为其理论的基本目标和最终归宿。他说："每一个人，只要没有遗传操纵之类的东西、没有任何形式的家庭的扶助以及没有我们的基本自由的削弱，都应该尽可能地拥有平等的生活前景。在可能的地方，每个人的整个一生都应该平等地获得均等的资源，尽管这要根据人们的不同需求而定"；④ "如果我们是平等主义者，取消阶级区分就是我们应该争取达到的目标……除此之外，我们还应该致力于一个无地位差别的社会……只有在这种无阶级、无地位差别的社会中，平等的最终理想才能实现"。⑤ 由此，尼尔森提出了他的激进平等主义的两个著名原则：（1）每个人都应该在基本自由和机会的最广泛的整个体制中拥有平等的权利，并且同时还要兼顾到对所有人的相同对待；（2）为了形成共同的社会价值，为了确保在维持社会的生产力所需要的资金之外还有余留的资金，从而使得不同的不可操作的需求和偏好的存在成为可能，并且个人的这些正当资格被予以适当的重视，当我们所遵守的社会规

---

① 《列宁选集》第 3 卷，人民出版社 1972 年版，第 250 页。

② 同上。

③ 同上书，第 251 页。

④ ［美］斯特巴：《实践中的道德》，李曦等译，北京大学出版社 2006 年版，第 43 页。

⑤ 同上书，第 44 页。

则包括以上的内容之后，对收入和财富做这样划分，才能使每个人都有权利享有自己平等的一份。① 可以看出，尼尔森的激进平等主义既包括权利的平等，也包括经济平等，认为这样才能避免阶级剥削和阶级压迫带来的种种罪恶。正如威尔·洛文所说："社会不平等像经济上的不公正一样，使人心怀怨恨。没有经历过漫长封建时代国家的公民，很难想象封建时代的历史遗产将会多么持久地决定社会各阶层的态度。"②

在我国，现实生活中社会成员的收入差距持续扩大，很大程度不是合理制度与政策安排的结果，而是不平等不合理甚至是非法因素作用的结果。比如，在初次分配中，存在许多不公平、不平等的竞争，特别是各种形式的垄断，市场秩序混乱中的制假售假、走私贩毒、偷税漏税等，还有权力结构体系中的设租寻租、钱权交易、贪污受贿等，由此取得的大量非法收入人为地扩大了社会贫富差距。另外，现行户籍管理制度将社会成员人为地划分为两个等级，强化了社会不平等与社会弱势群体的固化结构。马克思认为，平等权在一个等级制社会中是不可能实现的，只有彻底消灭等级和阶级差别，平等权利才能真正实现。1869 年，他在《国际工人协会总委员会致社会主义民主同盟中央局》的信中说："各阶级的平等，照字面上的理解，就是资产阶级社会主义者所拼命鼓吹的'资本和劳动的协调'。不是各阶级的平等——这是谬论，实际上是做不到的——相反的是消灭阶级，这才是无产阶级运动的真正秘密，也是国际工人协会的伟大目标。"③ 因此，要真正实现平等权利，必须消灭等级和等级固化结构，使全体社会成员共享社会发展成果，这是现代社会文明的标志，也是现代化进程的客观要求，是一切国家制定法律和社会政策前提和基础。

（三）权利与人权理论

对社会弱势群体给予保障，是基于权利和人权理论的必然诉求。现代社会中，保障每个公民拥有可以维持最低限度生活所必需的财产，是一个公民最基本的权利，也是基本人权之一。

1. "权利"理论中的弱势群体保护

何谓权利？夏勇教授在《权利哲学的基本问题》中，将权利定义为

---

① ［美］斯特巴：《实践中的道德》，李曦等译，北京大学出版社 2006 年版，第 49 页。

② ［美］李普塞特：《一致与冲突》，张华清等译，上海人民出版社 1995 年版，第 218 页。

③ ［德］马克思、恩格斯：《马克思恩格斯选集》第 2 卷，人民出版社 1972 年版，第 283 页。

"道德、法律或习俗所认定为正当的利益、主张、资格、力量或自由"。① 他说："一项权利之成立，先要有对作为权利内容的资格、利益、力量或主张所作出的肯定评价，即确信它们是'应有的'、'应得的'，于是才有要求别人承担和履行相应义务的理由。"② 因此，对于我们每一个普通人来讲，权利的价值就在于，把维护自己的尊严和利益的要求转换成一种制度化的力量，使相关者承担相应的义务，使履行义务成为一种以国家强制力为后盾的体制内的要求。③ 正如米尔恩所说："不论采取何种形式，享有权利乃是成为一个社会成员的必备要素——将人仅仅作为手段否定了属于他的一切东西，也就否定了他享有任何权利。如果他不仅仅被视为手段而是被作为一个其自身具有内在价值的个人来看，他就必须享有权利。"④ 从本质上说，权利是一种重要的利益调整机制，它既确认、界定、分配各种利益，又对冲突的利益关系进行调节，使社会各阶层或群体的利益平衡发展，从而保障整个社会健康、稳定、有序发展。因此，对权利的占有状况往往决定了人在社会中的经济地位、政治地位和发展机会等重要参数，其本身也成为最重要的制度性社会资源。

从理论上看，权利提供了弱势群体保护的正当性基础。现代权利理论认为，人并非是国家或社会的手段或客体，相反，先于国家而存在的个人，才是国家存在的目的与根据，个人的自主性高于国家价值，每个人都保留有不受国家权力支配的独立生活领域。⑤ 由此，每个人都被视为有权拥有个人的自治领域，特别是在宗教信仰和财产权方面，有权在精神和物质方面获得基本的自我实现和自我满足。⑥ 从实践中看，很多应然权利已外化为法律权利，成为社会弱势群体保护的利器。法律权利作为一种制度化的分配机制，它将社会弱势群体的正当要求法律化，可以使他们获得一种法律上的正义保障力量，实际上是以制度和法律的方式保障或弥补其权利的不足。沃克说，法律权利的存在，是以各种观念为基础的，基础之一是道德，另一个基础是

---

① 夏勇：《中国民权哲学》，三联书店 2004 年版，第 312 页。

② 夏勇：《走向权利的时代》，中国政法大学出版社 2000 年版，第 2 页。

③ 夏勇：《朝夕问道——政治法律学札》，三联书店 2004 年版，第 180 页。

④ ［英］米尔恩：《人的权利与人的多样性》，夏勇等译，中国大百科全书出版社 1995 年版，第 154 页。

⑤ 曲相菲：《论人的尊严权》，见《人权研究》（三），山东人民出版社 2003 年版，第 163 页。

⑥ ［美］卡尔·弗里德里希：《超验正义》，周勇等译，三联书店 1997 年版，第 91 页。

利益。① 现代社会，有关权利的疆域已经大大拓展，罗斯福在《四大自由》的公告中所提出的、战后为多部宪法及联合国《世界人权宣言》所确认的新的自由，主要是指一些具有经济和社会性质的权利，如社会安全的权利、工作的权利、休息和休假的权利、受教育的权利、达到合理生活水准的权利等，其特点是包含了社会的尤其是政府对社会弱势群体的责任②。因为这些权利赋予社会弱势群体免于恐惧和匮乏的自由，也就是说，它们将弱势群体从阻碍其作为人全面发展的限制和约束中解脱出来。正如美国学者弗里德里希所说，尽管这些自由与更古老的自由有显著的不同，但为了所有的人都成其为人，要求这些自由是完全正当的。③ 另外，争取普选权的斗争也取得了重大进展，"因为穷人比富人多，如果他们拥有必要的政治权利，他们就会保证进行激进的收入和机会再分配"。④

2. "人权"理论中的弱势群体保护

人权乃是基本权利。夏勇教授在《乡民公法权利的生成》一文中，将社会成员的基本需求和权利归结为五类，温饱、安宁、公正、自由和福利，⑤ 并将拥有财富的程度作为衡量权利主体发展水平的一个重要指标。⑥ 他说，鉴于这种基本权利的指引，"每个个人应该被以尊严相待，这种尊严就是，他们应该被看做其自身的目的，而非之于目的的手段"，⑦ 即上述基本权利关涉生命和人格尊严，是人们生存、发展以及参与社会活动的基础，必须予以严格保护。有学者提出，社会弱势群体具有基于人权过体面生活、被平等对待的权利，人权理念是保护社会弱势群体的价值基础，现代社会的法律实践就是以人权理论为价值指导，通过法律权利将人权的应然性理想落实为法律上实然的存在。⑧ 人权的普遍性原则要求，基本权利"应当同等地并且在同等程度上适用于一切人类社会的一切人"，⑨ 即对"一切社会的一切人"及其基本需求应予普遍的尊重和保障。

为实现这样的目标，需要一套正义的原则来指导社会适当地分配利益和

---

① ［英］沃克：《牛津法律大词典》，光明日报出版社 1989 年版，第 775 页。

② ［美］卡尔·弗里德里希：《超验正义》，周勇等译，三联书店 1997 年版，第 94 页。

③ 同上书，第 95 页。

④ ［美］李普塞特：《一致与冲突》，张华清等译，上海人民出版社 1995 年版，第 227 页。

⑤ 夏勇：《走向权利的时代》，中国政法大学出版社 2000 年版，第 637 页。

⑥ 同上书，第 639 页。

⑦ 夏勇：《中国民权哲学》，三联书店 2004 年版，第 351 页。

⑧ 郑素一等：《论社会弱势群体的法律保护》，载《行政与法》2006 年第 7 期。

⑨ 董云虎等：《世界人权约法总览》，四川人民出版社 1990 年版，第 75 页。

负担，并通过相应的制度途径最大限度地缩小弱势群体和社会大众之间的差距。避免或者消除正如赖克所说的情形，"世界上最穷困的人，连最低的生活必需品都没有，也常常忍受脏乱和不安全的环境；而富人们拥有太多的有形的玩物，也享受着某些令人愉快和最安全的环境"，① 这种状况不符合人权的基本要求。恩格斯在批判资本主义制度的罪恶时，有一个基本理论支点是，资本主义社会不讲人权，无产阶级的生活没有任何保障，甚至连奴隶的地位都不如。在《共产主义原理》中，他说："每个奴隶是特定的主人的财产，由于他们与主人的利害攸关，他们的生活不管怎样坏，总还是有保障的。而一个无产者可以说是整个资产阶级的财产。他们的劳动只有在有人需要的时候才能卖掉，因而他们的生活是没有保障的。"② 因此，他提出，社会主义应当"结束牺牲一些人的利益来满足另一些人的需要的情况"，使"所有人共同享受大家创造出来的福利"，"使社会全体成员的才能得到全面发展"。③

在我国，一个现实问题是如何加强对社会弱势群体的保护，这是保障弱势群体作为公民享有基本人权的必然需要。由于种种原因，我国弱势群体在很大程度上已被排斥到主流社会之外，并且有显著的被边缘化的趋势，呈现越来越明显的制度化权利失衡特征，使得强势群体和弱势群体之间的权利越来越不均衡，弱势群体的一些基本人权在制度化层面得不到相应保障，从而造成弱势群体社会权利的贫困。例如，现行户籍管理制度，不仅造成了农民的长期贫困，而且限制了其迁徙自由。什么是迁徙自由？用列宁的话就是说："农民用不着得到别人的允许，有权到随便什么地方去，搬到随便什么地方去，住在随便哪一个农村或者城市里。"④ 但是，根据我国现行管理体制，这是不可能的。现在看来，无论是保护弱势群体，还是保护人权，我们都有很长的路要走。

（四）和谐社会理论

和谐社会是具有中国特色的社会理论，其主要特征是社会稳定有序，社会矛盾和社会差别被控制在一定的范围之内，社会弱势群体的权利和生活得

---

① ［美］赖克：《国家的作用》，东方编译所译，上海译文出版社 1994 年版，第 250 页。
② ［德］马克思、恩格斯：《马克思恩格斯选集》第 1 卷，人民出版社 1972 年版，第 213 页。
③ ［德］马克思、恩格斯：《马克思恩格斯选集》第 1 卷，人民出版社 1995 年版，第 243 页。
④ 《列宁选集》第 1 卷，人民出版社 1972 年版，第 422 页。

到应有保障，社会经济在人与人的和谐、人与自然的和谐中持续、稳定、健康发展。

1. 和谐社会观念中的弱势群体保障

和谐社会理论来源于社会主义价值观。根据邓小平的阐述，社会主义的本质为：解放生产力，发展生产力，消灭剥削，消除两极分化，最终达到共同富裕。因此，消除贫困和社会贫富不均、实现共同富裕是社会主义的本质特征之一。在 1992 年南方讲话中，邓小平说，对于社会贫富差距，"什么时候突出地提出和解决这个问题，在什么基础上提出和解决这个问题，要研究。可以设想，在本世纪末达到小康水平的时候，就要突出地提出和解决这个问题"。邓小平提出解决社会贫富差距，在一定意义上，就是保护社会弱势群体和实现社会公平问题。和谐社会是有责任的社会，也是一个体现公平的社会，公平是和谐社会最深刻的伦理基础，没有社会公平，就不可能有真正的和谐社会。根据政治经济学理论，社会公平主要是分配公平，即在尊重绝大多数人利益的基础上能够保护困难群众和社会弱势群体的利益，它承认差距的存在，但这种差距应保持在合理、适度范围内。① 因此，在一定程度上，社会公平就是社会的政治利益、经济利益和其他利益在全体社会成员之间合理而平等的分配，它意味着权利的平等、分配的合理、机会的均等和司法公正。如果一个社会弱势群体规模庞大，基本生活得不到保障，基本权益得不到维护，就会对社会发展与稳定构成威胁，也违背了社会主义的本质和社会主义价值观。

目前，我国社会还存在这样或那样的不公正现象，而且造成我国社会不公正现象的原因很多。但是毋庸讳言，国家政策和法律制度过分追求效率而忽视社会公平，也是造成人与人、人与社会不和谐的主要原因之一。和谐社会是社会主义文化和价值观的基本体现，也是一个国家软实力的核心之一，在任何情况下，没有社会和谐和弱势群体的基本保障，社会的凝聚力就会大大削弱。且社会贫富悬殊永远是社会不稳定的根源，甚至会引发严重动乱。正如有的文章所说，"一旦暴富阶层和受损阶层的差距变得不可接受，整个政权的道德基础就将发生动摇"，"没有哪个政权可以在严重的经济不平等条件下维持政治稳定"。② 唯其如此，即使在资本主义国家，弱势群体保障和社会和谐问题也是受到高度重视的。如彼得·布劳认为，社会结构功能有

---

① 毛立言等：《公平是和谐社会的重要特征》，载《人民日报》2005 年 8 月 5 日。
② 丁望等：《谁在漠视底层》，载《改革内参》2002 年第 2 期。

利于实现社会和谐稳定，社会流动性可以缓和经济利益冲突的激烈程度，而在一个分层结构固化的"静止的社会中"，"富人增加其财富和权力的能力必然意味着穷人更加穷困和更加无权；结果，阶级冲突往往十分尖锐"。① 我国是社会主义国家，在维护社会公正与平等、保护社会弱势群体等方面，理应也肯定会比资本主义做得更好。因此，采取各种有效措施，迅速而彻底地改变对社会弱势群体保障不力的局面，是当前以及今后一个时期的重要任务。

2. 社会不和谐与阶级斗争理论

和谐社会的对立面是社会不和谐，其突出特征是社会分化为阶级，下层阶级和社会弱势群体的生活得不到应有保障，社会场域中充满了阶级矛盾和阶级斗争，甚至引发暴力革命。马克思在分析资本主义社会两极分化问题时说："社会分裂为人数不多的过分富有的阶级和人数众多的无产的雇佣工人阶级，这就使得这个社会被自己的富有所窒息，而同时它的绝大多数成员却几乎得不到或完全得不到保障去免除极度的贫困。"② 所谓无产阶级，根据恩格斯的定义，就是"专靠出卖自己的劳动而不是靠某一种资本的利润来获得生活资料的社会阶级"；③ 所谓阶级斗争，根据列宁的阐述，是"一部分人反对另一部分人的斗争，无权的、被压迫的和劳动的群众反对特权的压迫者和寄生虫的斗争，雇佣工人或无产者反对私有主或资产阶级的斗争"。④ 按照马克思主义经典作家的论述，只要阶级存在，只要下层阶级和社会弱势群体的生活得不到应有保障，就会有阶级矛盾和阶级斗争；只要阶级矛盾和阶级斗争依然存在，社会就不可能和谐。

美国学者罗斯在《社会控制》中提出了一种解决阶级斗争和弱势群体问题的方法，并将过去的"阶级控制"定义为"寄生阶级为其自身的利益而产生的力量"，⑤ 目的是通过社会干预，提高底层阶级和社会弱势群体的福利，防止阶级矛盾激化。他说："为了不致把社会控制误认为阶级控制，有必要分清寄生社会和真正的竞争社会。就经济上的冲突和物质条件的差异来说，竞争社会在很多方面与由剥削者和被剥削者组成的社会相同，然而又存在很大的差别"，"在真正的竞争社会里，无可救药的贫穷、可怜的人们

---

① ［美］布劳：《社会生活中的交换与权力》，孙非等译，华夏出版社1988年版，第189页。
② ［德］马克思、恩格斯：《马克思恩格斯选集》第1卷，人民出版社1972年版，第348页。
③ 同上书，第210页。
④ 《列宁选集》第1卷，人民出版社1972年版，第443页。
⑤ ［美］罗斯：《社会控制》，秦志勇等译，华夏出版社1989年版，第289页。

在很大程度上是积淀在社会底层的软弱无力的人，因为他们或者其父母经受不住竞争制度的考验"，"另一方面，在寄生现象所依附的社会里，穷人之所以穷是因为他们被迫处于困苦之中，而不是因为他们不如掠夺阶级有能力、有干劲"。① 根据罗斯的论述，一个社会保持差别和冲突是必要的，但如何将差别和冲突控制在适度的范围之内，这就是"社会控制的界限"问题，即社会控制应有助于人类福利，并且是促成这种福利的一种手段。② 由此，他提出一些社会干预的基本准则，如"社会干预的每一增加给作为社会成员的人带来的利益应大于它作为个人的人引起的不便"，③ "社会干预不应轻易激起反对自身的渴望自由的感情"④，并且，社会还必须对其他一些感情给予考虑，如"同情心"、"对正义行为的情感"、"反对非正义行为的感情"等，即"社会干预应当尊重维持自然秩序的感情"⑤ 等。实际上，罗斯的这一理论是西方19世纪改良主义和20世纪前期福利国家理论的翻版，也是实现"和谐的"资本主义社会的一种尝试和努力。

那么，在现代资本主义国家，是否真正实现了社会和谐呢？克拉克和李普塞特说"是"，因为经济的增长能瓦解等级制阶级分层。他们还认为，虽然马克思的阶级分析理论有时适用于资本主义的早期历史阶段，但"在现代社会中已是越来越过时的概念"。⑥ 对此，霍特和布鲁克斯批评说，当代阶级结构中始终存在的上层阶级的财富和权力、弱势群体不断增长的贫穷和退步，都表明关于"阶级正在死亡"的结论是不成熟的⑦。罗伯特·霍尔顿认为，尽管19世纪以来的强阶级用法已逐渐式微，"阶级仍然被看做是社会不平等的一个重要方面，与群体形成、冲突、剥削和变革相联系"，特别是对现代社会结构的分析，以及市场、家庭、集团利益和国家之间关系的分析，是不能完全舍去"阶级分析"的。⑧ 因此，在阶级理论中，最为基本的"正式的"规则，仍然是并继续是关于社会不平等、剥削、冲突和社会经济关系变化之原因的结构性定位。⑨ 马尔科姆·沃特斯提出，阶级在当代美国

---

① ［美］罗斯：《社会控制》，秦志勇等译，华夏出版社1989年版，第301页。
② 同上书，第317页。
③ 同上书，第318页。
④ 同上书，第319页。
⑤ 同上书，第320页。
⑥ ［英］戴维·李等：《关于阶级的冲突》，姜辉译，重庆出版社2005年版，第52页。
⑦ 同上书，第68页。
⑧ 同上书，第35页。
⑨ 同上书，第36页。

并没有消失，公共和私有领域的等级，趋向于横向地融入三个集团：a. 官僚的—政治的—管理的精英，包括那些在组织中掌握着与其数量不成比例之份额权力的人，他们控制着社会；b. 公共和私人领域中被一体化的中间群体，他们获得的报酬和接受的剥削大体平衡；c. 边缘化的、受剥削的、少数民族聚居区的"被排斥的群体"，他们在很大程度上处于政治权力和支持体制之外。[①]　可见，只要被边缘化的、受剥削的底层阶级和弱势群体得不到一定保障，阶级斗争就继续存在，社会就不可能真正和谐。

二　关于社会弱势群体保护的经济学理论

（一）福利经济学的理论诠释

福利经济学在理论和对实践的诉求上，体现了对社会弱势群体的强烈关怀，它提出的"转移支付"和劫富济贫的"累进税制"，在弱势群体保护和各国社会保障法律制度中被广泛运用，成为现代国家保护弱势群体重要的理论依据和智识资源。

1. 福利经济学的伦理本质

福利经济学于 20 世纪初最早在英国出现，以英国经济学家庇古出版的《福利经济学》一书为标志，其理论实质是通过转移支付，把收入从相对富裕的人转移到相对贫困的人，以提高穷人和社会弱势群体的实际收入绝对额，并增加社会经济整体福利。在福利经济学理论中，创始人庇古提出一条"边际效用递减律"，认为个人拥有的收入越多，他的收入效用就越小。在此基础上，他进一步提出"国民收入分配越平均，则福利越大"的著名观点，公开倡导实行强制性转移支付，以增加社会福利总量。庇古的这一理论一出台即遭到经济学家罗宾斯等人的批判。后者认为，经济学和伦理学的结合在逻辑上是不可能的，经济学不应该涉及伦理或价值判断问题，且经济学中具有规范性质的结论都来自基数效用的使用，其效用可衡量性和个人间效用可比性不能成立，福利经济学的主张和要求没有科学依据。此后，以希斯克和西托夫斯基为首的经济学家以帕累托理论为基础，继续对福利标准和补偿原则进行研究。他们提出：福利经济学仍然是有用的，个人是他本人福利的最好判断者；社会福利取决于组成社会的所有个人的福利，如果至少有一

---

① ［英］戴维·李等：《关于阶级的冲突》，姜辉译，重庆出版社 2005 年版，第 99 页。

个人的境况好起来，而没有一个人的境况坏下去，那么整个社会的境况就算好起来了。由于希斯克等人的福利经济学理论与庇古的学说有着明显区别，后人将其称为新福利经济学，而将庇古的学说称为旧福利经济学。但两者有一个共同点就是，通过转移支付提高穷人和社会弱势群体的福利，提高全社会的幸福总量，这正是福利经济学的伦理本质。

从理论渊源看，福利经济学来源于边沁的功利主义伦理学。边沁认为，只有那些使社会中个人效用之和最大化的准则才是道德的，一个行为之所以被判定具有正当性，就在于它能带来相比较而言的最大幸福或快乐，功利主义的价值标准是"所有人的最大效用或福利"。根据功利主义理论，评价社会公正的标准是社会中个人福利总和的大小，即在一个体现社会公正的社会中，其效用总和为最大，而在一个不公正的社会中，其效用总和明显低于应该达到的水平。功利主义者认为，幸福总量是可以计算的，伦理就是对幸福总量的计算，人生的目的都是为了使自己获得最大幸福，增加幸福总量。由于每个人都为最大限度实现自身功利，人们在实现这种幸福或快乐的过程中，通过冲突和抵消，最终可以达到一种社会平衡，从而构成最大社会福利，而最有利于公共利益。[①] 由此，庇古得出的一个著名的结论是，提高穷人所获得的实际收入的绝对份额，一般来说将增加经济福利。[②] 换句话说，一个人的收入越多，他的收入效用就越小，他用作消费的收入在全部收入中所占的比重就越少，相对地说得到的福利就少。庇古关于转移支付及改善社会福利的理论，对后来国家干预经济、建立社会保障产生了十分重要的影响。

2. 强制性转移支付如何实现？

庇古认为，福利是由效用构成的，经济福利在很大程度受影响于国民收入的数量和国民收入在社会成员间分配的方式，如同样一英镑收入对富裕者来说享受的福利程度就不如一个贫困者来的大。[③] 由此，他倡导由国家征收累进税，举办社会福利，以实现强制性转移支付。后来，庇古又将富人对穷人的转移支付分为自愿和强制两种，认为如果前者不能满足整个社会的需求，则有必要由政府出面实行强制转移支付，用以兴办济贫等社会福利事业，如失业救济金、养老金、医疗补助和助学金等。实际上，庇古的老师、

---

① ［英］边沁：《道德与立法原理导论》，时殷弘译，商务印书馆 2005 年版，第 21 页。

② ［英］庇古：《福利经济学》，朱泱等译，商务印书馆 2006 年版，第 123 页。

③ 同上书，第 89 页。

著名经济学家马歇尔提出的"消费者剩余"概念，也被认为是福利经济学的分析工具，并被认为是庇古强制性转移支付理论的重要来源。马歇尔提出，政府对收益递减的商品征税，得到的税额将大于失去的消费者剩余，用其中部分税额补贴收益递增的商品，得到的消费者剩余将大于所支付的补贴。以美国经济学家维布仑和康芒斯为代表的旧制度学派认为，经济上的自由放任直接导致市场的混乱和无序状态，依靠国家力量来调节和仲裁劳资矛盾是社会发展的必然选择。社会福利函数理论提出，"社会福利函数是社会所有个人的效用水平的函数"，意即所有的个人地位是平等的，每个人在构成社会福利函数中所起的作用相同，每个人被赋予的权数也相同。在这样的背景下，出现了国家干预经济的趋势，直接导致了累进税和福利经济学的产生。

　　但是，如何证明累进税制本身是正义的呢？正如哈耶克所说，我们必须证明劫掠富人的累进税制符合正义观念，是真正的法律，而不仅仅是"人为设计、非行动的法律"，只有这样，富人和穷人才能和平相处，形成自发自生的社会秩序。在哈耶克看来，所谓"福利经济"的目标是根本错误的，这不仅是因为人们为了满足不同的人的需求而向这些人提供的服务根本就是无从计算的，而且也是因为，这种"福利经济"赖以为凭的最大限度地满足需求这个基本理念，只适合于那种严格意义上的、旨在实现某种单一目的序列的经济，但是绝不适合于那种并不具有共同具体目的的自生自发的耦合秩序。① 他说："通过发展一种有助于真正竞争意义上的保障机制的制度，人们原本是有可能提供绝大多数社会保障服务的。而且在一个自由主义的框架中，人们甚至还可能建立起一种确使所有的人都可以享有某种最低收入的制度。但是，力图把整个社会保障领域都变成一种政府垄断的服务的决定，以及力图把那个为了社会保障目的而建立起来的机构变成一个实施收入再分配的庞大机器的决定，却不仅导致了政府所控制的经济部门的不断扩大，而且还导致了自由主义原则依旧盛行的经济领域的持续萎缩。"② 可以看出，哈耶克并不反对社会保障和最低收入制度，他反对的仅仅是不能"有助于真正竞争意义上的"保障机制和政府的过度干预。

---

① ［英］哈耶克：《哈耶克论文集》，邓正来编译，首都经济贸易大学出版社 2001 年版，第142 页。

② 同上书，第 90 页。

（二）社会市场经济的理论视角

社会市场经济理论认为，经济的增长并不能自动消灭贫困，如果不实施相关的社会保障措施，则不仅不能消灭贫困问题，而且可能使贫困人口和社会弱势群体进一步增加，贫富分化加剧。因此，只有国家和社会通过社会保障法律制度来创造更大的平等，才能缓解、解决贫困与弱势群体问题。

1. 市场经济的理论缺陷

阿瑟·奥肯在《平等与效率》一书序言中说："有一些经济政策，设计它们是为了减少那些既削弱对生产的刺激又损害经济效率的不平等的范围和数量。在这条岔路口上，社会面临着选择：或是以效率为代价的稍多一点的平等，或是以平等为代价的稍多一点的效率。照经济学家的习惯用语来说，也就是出现了平等与效率的抉择。"[①] 这里所说的实际是法律和经济政策的价值取向问题。何为价值？马克思说："'价值'这个普遍的概念是从人们对待满足他们需要的外界物的关系中产生的，是人们所利用的并表现了对人的需要的关系的物的属性。"[②] 市场经济是高效率和高风险并存的经济，虽然对合理配置资源，促进经济增长有巨大的推动作用，但不可避免会产生一些副作用，甚至引发严重的社会问题，如贫富分化、企业破产、劳动者失业等问题。正如詹姆斯·米德所说："所谓有效，也就是说，让资源的作用达到这样一种状态：任何一人要使自己的处境更佳，必须以使其他人的处境更差为前提。"[③] 因此，体现效率的、纯粹的市场经济不可能实现真正的社会公平。社会公平体现在经济利益方面，主要是社会成员之间没有过分悬殊的贫富差别，社会保障法律制度通过将社会财富和资源作适当再分配，可以满足社会上居于弱势地位的人群的需求，以保证基本的社会公平。基于对残酷竞争的市场经济缺陷的深刻认识，马克思在《哲学的贫困》中，批判了宿命论的经济学家对"资产阶级生产的负面影响和作用"的"漠不关心"，"正如资产者在实践中对他们赖以取得财富的无产者的疾苦漠不关心一样"。[④] 同时，他也批判了浪漫派的经济学家使得"贫困像财富那样大量产生"。[⑤]

---

① ［美］奥肯：《平等与效率》，王奔洲等译，华夏出版社1987年版，第1页。

② ［德］马克思、恩格斯：《马克思恩格斯全集》第19卷，人民出版社1963年版，第406页。

③ ［美］米德：《效率、公平与产权》，施仁译，北京经济学院出版社1988年版，第2页。

④ ［德］马克思、恩格斯：《马克思恩格斯选集》第1卷，人民出版社1972年版，第120页。

⑤ 同上书，第121页。

2. 社会市场经济的理论实质

社会市场经济最早在第二次世界大战以后的德国出现，其理论实质是增强国家对社会分配的干预，实行全民普遍保障，以消除自由市场造成的过度贫富不均，保护竞争失败者和社会弱势群体的基本利益。按照张泽荣的解释，社会市场经济"是按市场经济规律行事，但辅之以社会保障的经济制度，它的意义是将市场自由的原则同社会公平结合在一起"，"它不是自由放任式的市场经济，而是有意识地从社会政策角度加以控制的市场经济"。[①]从运行方式看，社会市场经济包含着两个密不可分的领域：一是有经济效率的市场，二是提供社会保障、社会公正和社会进步的福利政策。因此，社会市场经济是"市场效率和活力与社会保障的结合"，是"市场机制与社会调节机制有机结合所形成的一种新的经济运行机制"，是"国家机制、社会机制和市场机制的统一"。[②] 社会市场经济的目标在于：从现实经济活动中个人的能力及财产的不平等和差别出发，通过国家干预，力图实现经济公平，对不同的人以不同的对待，最后要达到的是结果的相对公平，以保护竞争中的不利者和社会弱势群体的利益。

社会市场经济的理论来源是凯恩斯的学说。凯恩斯反对纯粹竞争的市场经济，认为主张自由放任的经济学家"像其他科学家一样，之所以选择它们作为出发点，并展示给初学者的假设前提，是由于这一假设是最为简单明了的，而不是因为它最接近事实"。[③]·他说："由于受这一学科传统偏见的影响，经济学家们总是以假设的一种理想状态的存在而开始立论，在这种状态中，个人以试错、探索的方式独立行动，实现生产资源的理想配置。在这种试错、探索中，通过竞争，向着正确方向前进的个人将击败误入歧途的那些人。这意味着，对那些把资金和劳动力投入到错误方向上的人，不应该给予丝毫的怜悯和保护。这种方式，通过无情的生存竞争，淘汰那些低效率者而选择效率高的"，"这种方式并不计较斗争的代价，而只看到被假设为永恒不变的最终结果所带来的好处。生活的目标成为不断噬取树叶，直到可能够得着的最高枝干，而实现这一目标的最可能的方式，是让脖子最长的长颈鹿活下来而饿死那些脖子较短的"，[④]"如果我们能对长颈鹿的福利心中有数的

---

①　张泽荣：《德国社会市场经济理论与实践考察》，成都科技大学出版社 1992 年版，第 21 页。
②　同上书，第 22 页。
③　[美] 凯恩斯：《预言与劝说》，赵波等译，江苏人民出版社 1997 年版，第 308 页。
④　同上。

话，我们就决不会忽略那些被饿死的短脖子长颈鹿所遭受的痛苦"。①

在我国改革开放以来的经济发展过程中，效率优先长期居于主导地位，社会公平被相对忽视或居于次要地位，由此引发的诸多社会问题不能不引起警醒。因为它不仅影响社会稳定，而且影响到经济本身的可持续发展。特别是社会弱势群体弱势化问题，已有蔓延和越来越严重的趋势。正如有的学者所说："如果弱势群体在中国社会中所占比例过大，他们的即期消费欲望被严重压抑，一定程度上必然导致社会内需不足，消费需求萎缩，进而将导致'生产过剩'和民间投资的信心下降。所以，如果漠视弱势群体利益，投资者作为强势群体一方与弱势群体的关系处于尖锐对立之中，其结果往往是两败俱伤，进而影响到中国经济的可持续发展。"②

三　关于社会弱势群体保护的社会学理论

（一）社会连带学说

社会连带学说是与社会达尔文主义相对立的一种社会理论。社会达尔文主义将"自然选择"、"适者生存"的法则应用于人类社会，认为贫穷是缺乏能力和美德的结果，是个人懒惰或无能造成的，因此不应归责于社会，政府没有责任帮助穷人减轻其苦难。这种思想与自由主义的自由放任理论相结合，在19世纪末的欧洲和北美盛极一时。与此相对，社会连带理论认为，人从其出生开始就处在社会之中，人的存在有赖于各种社会关系的支持，其生存和发展离不开社会其他成员的援助，为了实现社会公平，维持和谐稳定的社会秩序，有必要加强富人对穷人和社会弱者的责任。因此，关心穷人和弱势群体不只是政府的责任，也是全社会的责任，只有从根本上关心弱势群体的利益，才能形成良好的社会氛围，促进社会不断进步，使社会更加公正。

社会连带学说的理论基础是：社会绝不是独立于人的活动的超验的实体，而恰恰是人的共同活动的历史形式，任何社会只要作为人的相互关系而存在，个人就是它的内容，由此，对那些一时或长期无能力或因其他原因陷入困境的社会弱势群体提供帮助是社会的共同责任。正是在这个意义上，彼

---

① ［美］凯恩斯：《预言与劝说》，赵波等译，江苏人民出版社1997年版，第310页。
② 廖加林等：《关于我国社会弱势群体的伦理思考》，载《学术交流》2006年第1期。

得·布劳说："群体或社区对下述个人的不赞同形成了社会压力，使他们放弃这一类行动：有些个人不公平地对待其他人，这些人在交换关系中对其他那些人占有竞争优势，或者，另一些个人压迫性地对其他人使用他们的权力。"①

彼得·布劳是结构主义社会学家，却不是社会连带论者。社会连带学说的人性基础和深刻原理，在美国学者库利和罗斯的著作中，得到了完整而清晰的论述。库利认为，社会和个人之间的关系是一种有机的关系，即个人与人类整体是不可分割的，是其中的活生生的一分子；另一方面，社会整体也在某种程度上依赖每一个人，因为每一个人都给整体生活贡献了不可替代的一部分。② 他说，自我和他人并非作为相互排斥的社会现象存在，而含有他们相互排斥的意思的术语，如相互对立的"自我主义"和"利他主义"，若不是错误的，也易于陷入意义模糊，因为"我"的观念是在交流和联系中发展起来的，我们若不想到他人，就不可能想到"我"。③ 因此，如果我想到一个人受到不公正的待遇，我希望用正义来取代不公正，这不是什么"利他主义"，而是出于简单的人类情感——他的生命就是我的生命，非常真实，非常亲切，他的形象唤起的一种情感，超越了我和他的界限。④ 罗斯在《社会控制》一书中考察了正义感的起源，认为"自我"和"他我"仅是具有不同含义的同一个观念，对自己和他人单一的自我观念的使用，使人倾向于公正待人，而任何与这种思想方式相矛盾的东西都会损害正义感。他说："我使用个性这同一个概念，有时考虑自我，有时考虑他我。因此，我必定会把我自己感受到的相同的愿望和兴趣加于他人身上。我所想要和要求得到的，必须根据完全相同的思想允许他人想要和要求得到"，⑤ "无论何时我的利益牵涉到了他人的利益，我就被触动对自我的要求和他人的要求以同等看待。"⑥ 因此，社会极力使正义感摆脱它自身的狭窄小径，把它排除出政治生活并使之完全大众化，对于心灵的呼喊"哪怕天崩地陷也要公正对待"，它的回答是"人民幸福是最高准则"。⑦ 可见，源于人性原理的社会连

---

① ［美］布劳：《社会生活中的交换与权力》，孙非等译，华夏出版社1988年版，第183页。
② ［美］库利：《人类本性与社会秩序》，包凡一等译，华夏出版社1989年版，第22页。
③ 同上书，第81页。
④ 同上书，第94页。
⑤ ［美］罗斯：《社会控制》，秦志勇等译，华夏出版社1989年版，第18页。
⑥ 同上。
⑦ 同上书，第25页。

带学说，为弱势群体保护提供了丰富坚实的社会学理论基础。

（二）社会排斥与相对剥夺感理论

保护社会弱势群体，是"社会排斥"和"相对剥夺感"理论的逻辑结论。在这两种理论看来，如果社会中弱势群体的基本生活得不到必要保障，国家和社会就不可能稳定，社会利益和公共利益也不可能得到实际保障。

1. 社会排斥理论与弱势群体保护

社会学认为，适度的社会分化和贫富差距是正常社会现象，对于刺激社会成员的劳动积极性和促进生产力发展有一定的正面作用，也是可以为社会大众所接受的。但是，由社会排斥和制度不公形成的贫富差距，则不可避免使富裕阶层取得财富手段的合法性受到质疑，并引发对政府和法律的信任危机。[①]"社会排斥"（social exclusion）意指社会主导群体在社会意识、制度和政策法规等不同层面对弱势群体的有意排斥，由于"主导群体已经掌握了社会权力，不愿意别人分享之"，[②]于是社会排斥便产生了。根据英国政府"社会排斥办公室"（Social Exclusion Unit）的定义，它指的是某些人们或地区遇到诸如失业、技能缺乏、收入低下、住房困难、罪案高发环境、丧失健康以及家庭破裂等交织在一起的综合性问题时所发生的现象。韦斯特加德在分析社会排斥问题时说：有很多事实证据表明，绝大多数失业的人希望获得一份有报酬的工作，但是却无法找到；单亲家庭在各阶级结构中发展扩散，因而对家庭经济条件的影响是不同的；违法和犯罪的形成有多方面的原因，并不是和阶级对称的，它们产生于恶劣的物质条件，而不是造成这些条件；当贫穷的人依赖公共福利供给时，并不是自己的选择，而是环境力量所迫。[③]他由此得出的结论是，这种"道德卑劣"版本的下层阶级论谈，"复活了那种关于体面社会之下的'危险阶级'的陈旧观点，显然根本漠视造成贫困的主导性结构原因"。[④]有学者提出，强化对社会弱者的关心和服务，实施对弱势群体的社会伦理关怀，是消除社会排斥的思想道德基础，因为一个社会在协调社会关系、维护社会秩序的同时，必然会产生某种排斥与不公，而道德关怀会以情感的方式来维护这种基本关系和秩序，当社会成员由

---

① ［美］布劳：《社会生活中的交换与权力》，孙非等译，华夏出版社1988年版，第185页。
② ［美］戴维：《社会学》，李强等译，中国人民大学出版社1999年版，第197页。
③ ［英］戴维·李等：《关于阶级的冲突》，姜辉译，重庆出版社2005年版，第189页。
④ 同上书，第190页。

于社会排斥等原因，不能享有正常的权利而处于一种不平等地位时，给他们
以道德关怀和精神依靠是体现以人为本、稳定社会的需要。① 相反，如果社
会弱势群体的弱势状态长期得不到改善，在挫折和社会排斥的长期挤压下，
可能诱发他们对社会资源进行再分配的强烈愿望，在这种愿望难以实现时，
他们就可能采取非法手段来达到目的。②

　　2. 相对剥夺感理论与弱势群体保护

　　"相对剥夺感"是一种心理反应，即个体认为自己失败的原因是受到他
人剥夺的结果，它直接决定了个体在受挫后的心理状态和行为反应。社会学
认为，利益被相对剥夺的群体往往对剥夺他们的群体怀有敌视或仇恨心理，
当他们将自己的不如意境遇归结为获益群体的剥夺时，社会中就潜伏着冲突
的危险，甚至他们的敌视和仇恨指向也可能扩张。彼得·布劳在研究"相
对剥夺感"问题时说："人们从他们所挣的金钱数额中获得满足，但他们也
从比他们的伙伴挣得更多这个事实中获得满足，如果他们所挣的钱少得多，
不管他们的绝对收入有多高，他们都会感到被剥夺。"③ 他认为，一个群体
与其他群体的隔断增加了它受剥削的机会和积极反抗剥削的机会，如果这些
群体为获得利益曾经剥削过其他群体，或者如果他们的高级地位依靠社会中
那些能给其他群体带来困苦和剥夺的条件，那么，其他的群体将因它们没有
过失而受灾难去责备这些群体，因为权力不能逃脱对于它扎根于其中的社会
条件的责任。④ 他说，相对剥夺感和对权力的"集体不赞同"将引起反抗，
"如果人们感到，掌握权力的人所提的要求不公正，他们的贡献没有得到充
分报酬，那么，这些人就都会有一种受剥削的经验，他们便有可能互相传递
自己的愤怒、挫折及侵犯的感情"。⑤ 这种反抗有时候是十分猛烈的，当人
们受到严重伤害或严厉剥夺、巨大剥削或剧烈压迫时，对于他们所受到的痛
苦加以报复有可能成为目的本身，为了报复，他们愿意牺牲其他利益，"不
仅敌视孕育敌视，而且挫折和剥夺也如此，这些新产生的敌视是针对那些导
致这种痛苦的人或痛苦的原因被归诸的人"。⑥ 大多数学者认为，弱势群体
往往具有强烈的"相对剥夺感"，在紧张和贫困生活压力下，他们看到的是

---

① 郑勇：《反会排斥：支持弱势群体的政策选择》，载《南京政治学院学报》2005 年第 5 期。
② 倪先敏：《关注弱势群体，构建和谐社会》，http：//www. cnki. net/index. htm。
③ ［美］布劳：《社会生活中的交换与权力》，孙非等译，华夏出版社 1988 年版，第 26 页。
④ 同上书，第 262 页。
⑤ 同上书，第 26 页。
⑥ 同上书，第 261 页。

丧失公平感的不良社会现象，感受到的是利益损失与机会损失的危机感，因此，如果不重视弱势群体生活保障，而"当他们将自己的不如意境遇归结为获益群体的剥夺时，就容易产生各种攻击性心理、报复性心理以及其他反社会心理，社会就潜伏着冲突的威胁，极易成为社会动荡的'火药桶'"。①

（三）社会结构与社会革命理论

结构主义认为，不公正和不合理的社会结构将导致社会反抗，当反抗仅限于少数社会弱势群体时，它为"亚群体"的产生提供了潜在的可能，而"当反抗在社会的实质部分普遍流行时，它不仅为改造规范，而且为改造社会结构的革命提供了可能性"。②

1. 社会结构与社会冲突

结构主义的基本思想是，社会是一个结构的有机整体，社会贫富差距是结构系统的必需，它有效地保证了社会结构的动态平衡。但结构主义并不回避社会矛盾和社会冲突。吉登斯认为，"矛盾"（Contradiction）这一概念对于社会理论是不可或缺的。他将矛盾在两种含义上使用：生存性矛盾（Existential Contradiction）和结构性矛盾（Structural Contradiction）。所谓生存性矛盾，指的是在"与自然界或者说物质世界的关系方面人的生存的一项基本属性"，而结构性矛盾指的是"人类社会的构成性特征"，即"各种结构性原则的运作既彼此依赖，又相互抵触"。③ 根据吉登斯的理论，结构性矛盾产生后，削弱了生存性矛盾，但并未完全将后者消解。他说："阶级分化社会的显著特征之一，是在它的'经济'与'政体'之间没有明显区别，国家也几乎不可能声称自己应该代表整个社会。"④ 由此，他将"矛盾"和"冲突"（Conflict）区分开来，认为矛盾是个结构性概念，而冲突不是，所谓冲突"是指行动者或群体间实际发生的斗争，而不考虑这种斗争具体发生的方式及其动员的根源"。⑤ 然则，冲突和矛盾何以常常重叠在一起呢？这是因为矛盾体现了各个社会系统的结构性构成中主要的断裂带（Fault Lines），往往牵涉到不同集团或者说群体之间的利益分割。在吉登斯看来，矛盾体现了多种不同的生活方式和生活机会的分配，这些生活机会原本是就

---

① 倪先敏：《关注弱势群体，构建和谐社会》，http：//www.cnki.net/index.htm。
② ［美］默顿：《社会理论和社会结构》，唐少杰等译，译林出版社2006年版，第340页。
③ ［英］吉登斯：《社会的构成》，李康等译，三联书店1998年版，第299页。
④ 同上书，第302页。
⑤ 同上书，第305页。

可能世界而言的，但现实世界却揭示了这些可能世界自有其必然性。他在分析阶级矛盾和阶级冲突产生的条件时说，结构性矛盾的兴起，"激化"了社会变迁的过程，但只是在现代资本主义的发展之下，这种过程才变得"白热化"。① 他认为，社会研究的目标之一，就是精确地揭示各种社会群体内部及它们彼此之间分别具有的整合层次，② 资本主义是一个阶级社会，"私人占有"和"社会化生产"之间的矛盾和阶级分化紧密地咬合在一起，而阶级分化反过来又体现了阶级之间的敌对利益。③

　　默顿则更注重反结构原因的研究，并提出结构理论的主要目标是"发现某些社会结构是怎样对社会中的某些人产生明确的压力，使其产生非遵从行为而不是遵从行为"。他描述了联结失范和越轨行为的社会过程，认为一些个体由于他们在群体中客观不利的地位和与众不同的人格形象，比其他人更受由文化目标和实现它的有效办法的背离所引起的压力的影响，尽管有些对规范标准的背离实现了个体自己的目标，但这些实现目标的越轨途径存在于社会体系之中。因此，越轨行为不仅影响最初卷入的个体，在某种程度上，它同样也影响那些在系统中与他们内在相连的其他个体。④ 他说："如果我们能找到特别容易屈服于此种压力的群体，我们就会在这些群体中发现比率相当高的越轨行为。这倒不是因为组成这些群体的人是由独特的生物倾向所构成的，而是因为他们对自己所处的社会情境作出正常的反应。"⑤ 即当贫穷和与之相联系的在竞争所有社会成员都可竞争的文化价值中的相应劣势，同对金钱成功作为主要目标的文化强调联系起来时，犯罪率高就是正常的后果了。⑥

　　社会学的先驱者韦伯运用"社会屏蔽"（Social Closure）概念，阐明了社会强势群体寻求增加和控制自己的社会报酬的那些复杂过程，是通过将接近稀缺资源和机会的能力限制在有资格的小群体内实现的，揭示了垄断是如何在控制和管理稀缺资源过程中形成的，不论这些资源是精神的还是物质的。韦伯认为，资源的垄断和控制是造成另一部分社会成员贫困的重要原因之一。正如齐美尔所说："贫困提供着一种独特的社会学状况，

---

① ［英］吉登斯：《社会的构成》，李康等译，三联书店1998年版，第306页。
② 同上书，第323页。
③ 同上书，第452页。
④ ［美］默顿：《社会理论和社会结构》，唐少杰等译，译林出版社2006年版，第325页。
⑤ 同上书，第261页。
⑥ 同上书，第282页。

为数众多的个人，由于一种纯粹个人的命运，在整体之内占有一种十分特殊的有机环节的地位；然而，这种地位并非由那种固有的命运和状况所决定，而是由其他——各种个人、各种联合、整体——正好试图纠正这种状况。因此，不是个人的匮乏造就着穷人，而是由于匮乏而受到救济者——根据社会学的概念——才是穷人。"① 因此，如果一种社会结构被认为是不合理、不公正的，那么处于弱势地位的底层阶级的成员就更可能把自己的境遇与其他人比较，继而形成自我评价，使社会隐藏着矛盾和冲突的潜在危机。

2. 社会革命与"水桶效应"

社会革命是社会变迁的基本形式之一，是指社会结构和组织形式方面的爆发式的、质的形态的飞跃。彼得·布劳认为，严重的社会剥削和压迫可能把弱者推到孤立无援的地步，并成为反抗运动和社会革命的源泉，因此，"温和地被使用并作为屈服之报答而贡献出富裕利益的权力诱导出使它的指挥的权威合法化的社会赞同"。② 李普塞特在分析社会反抗和社会革命形成的条件时说，国家越穷、下层阶级的绝对生活标准越低，对上层阶级产生的视其为应该排斥的天生卑贱的种姓的压力也就越大，在这种情况下，上层会将下层的政治权利尤其是分享政权的权利视为荒谬的和不道德的，他们的傲慢自大的政治行为会加剧下层阶级的极端反应。③ 詹姆斯·P. 斯特巴认为，富人对穷人的帮助具有道德和法律上的正当性，当富人和穷人之间的冲突被看做是自由的冲突时，要么我们说富人应该拥有不受干涉地使用他们盈余的物品和资源满足奢侈目的的自由，要么我们说穷人应该拥有不受干涉地从富人那里取得满足他们生活基本需要的东西的自由。他由此提出解决贫富冲突的两个基本原则：④ 一是"应当"蕴涵"能够"原则。这一原则的含义是，穷人"应当"而且"能够"不受干涉地从富人盈余的资源中取走满足他们生活基本需要的东西的自由，即命令或要求富人牺牲满足某些奢侈需要的自由，使得穷人得以拥有满足他们基本需要的自由并不是不合理的。二是冲突决定原则。这一原则的含义是，在道德上要求人们去做的事情要么是命令他们这样做是合理的，要么是在极端的利益冲突情形下，要求他们这样做是合

---

① ［德］齐美尔：《社会是如何可能的》，林荣远编译，广西师范大学出版社 2002 年版，第413 页。

② ［美］布劳：《社会生活中的交换与权力》，孙非等译，华夏出版社 1988 年版，第 289 页。

③ ［美］李普塞特：《一致与冲突》，张华清等译，上海人民出版社 1995 年版，第 369 页。

④ ［美］斯特巴：《实践中的道德》，李曦等译，北京大学出版社 2006 年版，第 80 页。

理的。他说，命令穷人牺牲满足他们基本需要的自由，使得富人能够拥有满足他们奢侈需要的自由难道不是显然不合理的吗？命令穷人不采取行动而等着饿死难道不是显然不合理的吗？因此，"如果对于这种冲突没有合理的要求贫富双方都接受的解决办法"，或者"如果其中一个要求应该被判断为合理"，它就必然指的是"要求富人牺牲满足某些奢侈需要的自由，以使穷人能够拥有满足他们基本需要的自由"。①

实际上，斯特巴的论述在一定程度解决了社会革命的正当性问题，但真正对社会革命进行深入阐述并将其引入社会实践的是马克思主义经典作家。马克思和恩格斯有一句名言：无产阶级是资产阶级的掘墓人。所谓无产阶级，也就是真正的社会弱势群体，他们一无所有，且承担了大部分社会苦难，忍受着资产阶级的残酷剥削和压迫，因此是最革命的阶级。这就是我们今天所说的"水桶效应"，即水流的外溢取决于水桶上最短的一块木板，社会革命和社会风险将首先在承受力弱的阶层爆发。马克思说，彻底打碎旧世界的，必然是现代无产阶级，只有在没有阶级和阶级对抗的情况下，社会进化将不再是政治革命。他揭示了资本原始积累的秘密，提出"在真正的历史上，征服、奴役、劫掠、杀戮，总之，暴力起着巨大的作用"，②认为现代无产阶级应以暴力革命手段，推翻资产阶级国家政权，才能彻底改变自己的命运。他引用乔治·桑的话说："不是战斗，就是死亡；不是血战，就是毁灭。问题的提法必然如此。"③

列宁是社会革命理论和实践的集大成者。1903年，他在《给农村贫民》一文中提出，"要消灭人民贫穷的唯一方法，就是自下而上地改变全国的现存制度，建立社会主义制度，就是剥夺大地主的地产、厂主的工厂、银行家的货币资本，消灭他们的私有财产并把它转交给全国劳动人民"。④ 他说："只要几千个富人占着这样大量的地，千百万人民就一定要受穷挨饿，并且永远会受穷挨饿"，⑤"我们要不受一切盘剥和一切贫穷，就只有打败整个资产阶级"。⑥ 他分析了资本主义社会中无产阶级革命的根源，认为"是资本

---

① ［美］斯特巴：《实践中的道德》，李曦等译，北京大学出版社2006年版，第80页。
② ［德］马克思、恩格斯：《马克思恩格斯选集》第2卷，人民出版社1972年版，第220页。
③ ［德］马克思、恩格斯：《马克思恩格斯选集》第1卷，人民出版社1972年版，第161页。
④ 《列宁选集》第1卷，人民出版社1972年版，第400页。
⑤ 同上书，第403页。
⑥ 同上书，第430页。

在压迫他们，他们必须进行反对资产阶级的斗争"。① 列宁继承了马克思和恩格斯关于暴力革命的思想，提出"革命无疑是天下最权威的东西"，"革命就是一部分人用枪杆、刺刀、大炮，即用非常权威的手段迫使另一部分人接受自己的意志"②，"为了使人类从雇佣奴隶制下面解放出来，我们必须镇压这些人，必须用强力粉碎他们的反抗——显然，凡是实行镇压和使用暴力的地方，也就没有自由，没有民主"。③ 在《列夫·托尔斯泰是俄国革命的镜子》一文中，他认为托尔斯泰"一方面，无情地批判了资本主义的剥削，揭露了政府的暴虐以及法庭和国家管理机关的滑稽剧，暴露了财富的增加和文明的成就同工人群众的贫困、野蛮和痛苦的加剧之间极其深刻的矛盾；另一方面，狂信地鼓吹'不用暴力抵抗邪恶'"是错误的④。总之，列宁不仅论述了无产阶级革命的正当性，而且认为革命是历史前进的动力和"火车头"，而暴力革命又是无产阶级取得胜利的唯一途径和方法。

四　关于社会弱势群体保护的伦理学理论

（一）"同情论"中的弱势群体保护

同情论产生于西方社会工业化早期。17 世纪以后，随着自由资本主义的发展，社会贫富分化进一步加剧，大量失地农民和城市贫民流落街头，成为赤贫的无产者和真正的社会弱势群体，他们的苦难和不幸引发了社会的广泛同情。亚当·斯密在《道德情操论》中，系统地考察了"经济人"与"道德人"的内在关系，提出人的经济本性是自利的，但人们具有一种"同情心"、"利他心"，人们会在具体经验的基础上形成道德的一般规则，这些规则为社会救济、困难救助提供了判断的依据和标准。斯密肯定了人的同情心和利他精神对一个健全社会的重要性，但他没有涉及社会同情及其实施机制，只是努力通过个人同情来调节利益之分配，因此成为其同情理论最大的不足。事实上，从《道德情操论》到马克思的《资本论》，再到萨缪尔森的《经济学》，许多经济学和社会学名著都论述了一条颠扑不破的真理：经济问题与伦理问题是不能截然分开的。

---

① 《列宁选集》第 1 卷，人民出版社 1972 年版，第 78 页。
② 《列宁选集》第 3 卷，人民出版社 1972 年版，第 224 页。
③ 同上书，第 247 页。
④ 《列宁选集》第 2 卷，人民出版社 1972 年版，第 370 页。

　　库利认为，同情是不可缺少的社会力量，一个人只有理解别人，才能进入周围的生活，才能有意义地生活，"他越少同情就越像一头动物，并且越少真正地接触人类生活"。① 他对怜悯和利他主义作了区分，并将同情心理解为扶助社会弱势群体最原始的动力。他说："一个胸怀广阔、能体察全民族生活的人，会觉得每个阶级的人的动机就是他自己的动机，会像吃饭一样自然地去尽力为他们服务。认为善良是超脱普通人性的东西是荒唐的，善良只是普通的人性更丰富的表现。而另一方面，人性中所有的恶，非正义的一面，是因为缺乏同情。"② 罗斯则从社会控制的角度讨论社会同情问题，并将同情心上升到"社会控制手段"的高度。他说："同情心如同能促进捐款一样对社会具有宝贵的作用"，因为它的适时帮助，"个体生活的剧烈变化得以缓和，灾祸的打击得以防止，灾难的痛苦得以减轻，命运更加苛刻的不平等得以降低以及对于弱者如妇女、寡妇、儿童和老人，个人主义竞争的严酷无情得以减弱。"③ 不仅如此，罗斯还提出，人类本性具有友善的本能，它促进人类和睦。他批评现代商业和工业城市，连同它的和睦的缺乏，它的彼此冷漠，它富有和贫穷的凄凉对照，它的犯罪、欺诈、剥削和寄生现象，认为这种奇怪的混合体恰恰是经济人，而不是友善人的创造物。④ 因此，同情心和友善是社会弱势群体保障的基础，如果社会建立在同情与友善之上，我们周围所见的命运的巨大不平等就不可能。但罗斯认为，同情心、友善等产生的只是一个纯粹的自然秩序，这样一种秩序是远不完善的，且同情心在社会控制方面有显著的弱点，即它通常不能保护那些不认识或不关心的人，故此社会控制仍然非常必要。

　　同情论的价值基础是人本主义。人本主义就是以人为价值内核和价值本原，充分尊重和保障人的人格、价值与尊严，不断满足人的多方面需求，即人的本身应成为法律制度的起点和归宿。为此，必须建立一套合理的以人本价值为向导的权利运行机制，这个运行机制包括对同情他人、人道主义的道德评价机制等，只有这样才能把同情他人和保护弱势群体的精神贯穿在社会生活的每一个角落。夏勇教授认为，权利为每一个人平等拥有，权利本于人性，"民之所以要以权利为本，乃是因为自己的本性"，"这个本性，就是每

①　［美］库利：《人类本性与社会秩序》，包凡一等译，华夏出版社1989年版，第90页。

②　同上书，第91页。

③　［美］罗斯：《社会控制》，秦志勇等译，华夏出版社1989年版，第7页。

④　同上书，第15页。

个个人之作为人的尊严、自由和相应的人格平等要求"。① 因此，人之作为人的要求和尊严是天生的，"不要忘记，我们的同胞也是人，是正常的人，是有尊严和价值的人"，② 同时，"也只有每个人都能够维护好自己作为人的最基本的尊严和自由，成为合格的、负责的道德主体，国家和社会才会健康发展、和谐安宁"。③ 根据夏勇教授的阐释，权利的发展对作为权利主体的人的重要意义在于，它意味着权利主体资格的提升、利益的安全、能力的增长或主张的强化，并因此意味着人的地位的提高，人格尊严的强化和个人自由的增进；④ 不仅如此，其更实质的意义在于，它意味着支持那些资格、利益、力量或主张并因此使它们成为权利的道德、法律和社会体制的进步，并因此意味着权利的社会配置方式的改善，意味着社会正义的增进。⑤ 由此，同情论和权利理论在弱势群体保护上就结合起来了。

（二）"正义理论"中的弱势群体保护

社会弱势群体保护是正义理论的逻辑结果和必然要求。根据罗尔斯的阐述，所有的社会善——自由和机会，收入和财富，以及自尊的基础——必须平等地加以分配，除非对某些或所有这些善的不平等分配是为了社会弱势群体的利益。

1. 罗尔斯的正义论

罗尔斯说："正义是社会制度的首要价值，正像真理是思想体系的首要价值一样。一种理论无论多么精致和简洁，只要它不真实，就必须加以拒绝和修正；同样，法律和制度，不管他们如何有效和有条理，只要它们不正义，就必须加以改造和废除"，"作为人类活动的首要价值，真理和正义是决不妥协的"。⑥ 他认为，每个人都拥有一种基于正义的不可侵犯性，这种不可侵犯性即使以社会整体利益之名也不能逾越。因此，正义否认为了一些人分享更大利益而剥夺另一些人的自由是正当的，不承认许多人享受的较大利益能绰绰有余地补偿强加于少数人的牺牲；在一个正义的社会里，平等的公民自由是确定不移的，由正义所保障的权利绝不受制于政治的交易或社会

---

① 夏勇：《中国民权哲学》，三联书店 2004 年版，第 52 页。
② 同上书，第 49 页。
③ 同上书，第 324 页。
④ 夏勇：《走向权利的时代》，中国政法大学出版社 2000 年版，第 9 页。
⑤ 同上书，第 10 页。
⑥ ［美］罗尔斯：《正义论》，谢延光译，上海译文出版社 1991 年版，第 231 页。

利益的权衡。①

罗尔斯的正义论对社会弱势群体的关怀，集中体现在他对正义的两个著名原则的论述上："第一个原则：每个人都有平等的权利去拥有可以与别人的类似自由权并存的最广泛的基本自由权。第二个原则：对社会和经济不平等的安排，应能使这种不平等不但可以合理地指望符合每个人的利益，而且与向所有人开放的地位和职务联系在一起。"② 概言之，第一个原则为"平等原则"，即公民的基本自由权完全平等，每个人的基本权利都应该得到平等保障；第二个原则是"差别原则"，即允许人们在经济和社会福利方面存在差别，而这种差别应符合每个人的利益，尤其是要符合地位最不利的、境况最差的人的最大利益。但罗尔斯的这两个原则不是并重等值的，在终极的意义上，"第一个原则优先于第二个原则"③，这就意味着承认自由权相对于社会和经济利益的绝对重要性。他说："首要的分配问题，是对基本的权利与义务进行分配，并对社会和经济不平等以及基于这些不平等的合法期望进行调整。"④ 但是，国家对经济和社会利益进行调整不是任意的，而是有目的的，即"实现现代国家社会正义的这个体制复合体中，境况较好的人的利益改善了受惠最少者的条件"，"如果不能做到这一点，那就对利益进行调整，使之做到这一点，例如，把最小的社会差别固定在适当的水平上"。⑤因此，"唯一使我们关心的指数问题，也就是与地位最不利的集团有关的问题"，"指数问题基本上变成了给地位最不利的人、权力最少的人和收入最低的人增加基本改善的问题"。⑥ 可见，差别原则在本质上是一种分配正义，即通过再分配，将社会上处境较好者的一部分利益通过合法的途径转让给处境不利者，对这部分人的利益进行适当补偿，这样才能在一定意义上体现社会的公正和平等。⑦

---

① ［美］罗尔斯：《正义论》，何怀宏等译，中国社会科学出版社 1988 年版，第 1 页。如美国学者斯特巴对正义和慈善作了区分，认为正义作为职责或义务是我们应该做的事情，如果我们想要选择道德上具有最好可能性的行为，慈善才是我们应该做的事情。因此，对慈善的要求超越于义务之上。此外，未能履行正义的要求是值得谴责的，它侵犯到了某些人的权利，也是可以合法地加以惩罚的。参阅 ［美］斯特巴《实践中的道德》，李曦等译，北京大学出版社 2006 年版，第 20 页。

② ［美］罗尔斯：《正义论》，何怀宏等译，中国社会科学出版社 1988 年版，第 66 页。

③ ［美］罗尔斯：《正义论》，谢延光译，上海译文出版社 1991 年版，第 67 页。

④ 同上书，第 93 页。

⑤ 同上书，第 97 页。

⑥ 同上书，第 104 页。

⑦ ［美］罗尔斯：《正义论》，何怀宏等译，中国社会科学出版社 2001 年版，第 7 页。

按照罗尔斯的正义理论，虽然财富与收入的分配可以不平等，但必须对所有人有利，尤其是对地位不利的人有利，这样社会才能保持良性运转。他关于正义的两个基本原则的核心是，把社会基本价值看做是一种基本善，并要求平等地分配这些基本善，即设计一种正义的社会制度就是要最大限度地体现平等。罗尔斯提出应"照顾最少受惠者的最大利益"，意即在社会分配中，对处于社会最底层的弱势群体给予适当倾斜，以使社会分配更公正。它的所谓差别原则主要适用于经济和社会福利方面，是一种关心不幸、照顾弱者、帮助穷人的原则。按照差别原则，必须扩大国家权力，加强国家干预，这是保障人们自由平等、实现社会正义的必要条件。一句话，在进行财富分配时，如果不得不产生某种不平等的话，这种不平等应该有利于"最少受惠者"，国家在利益分配上应该向处于不利地位的人们倾斜，这正是罗尔斯正义理论的精髓所在。

2. 自由主义的正义观

与罗尔斯的正义论相对照，哈耶克认为，公民社会中首要的价值乃是个人自由，"亦即用法律保护个人并使其免受任何专断强制（Arbitrary Coercion）那种意义上的个人自由"，[①] 自由主义只关注交换正义（Commutative Justice），而不关注所谓的分配正义（Distributive Justice）或者现在更为盛行的"社会"正义（Social Justice）。根据哈耶克的阐述，自由主义正义观在下述两个重要方面与人们现在广泛持有的那种正义观念相区别：第一，自由主义的正义观所依凭的乃是这样一种信念，即人们有可能发现独立于特定利益而存在的客观的正当行为规则；第二，这种正义观只关注人之行为的正义问题或者调整人之行为规则的正义问题，而不关注这种行为对不同个人或不同群体的地位所造成的特定影响的问题。[②] 由此，坚定的自由主义者必须拒斥分配正义这种理想，因为根本就不存在为人们所公认的或能够被人们发现的有关分配正义的普遍原则，即使人们能够普遍认同这样的分配正义原则，这些所谓的分配正义原则，在一个生产力取决于个人自由地运用自己的知识和能力去追求自己目的的社会中，也是不可能付诸实施的。[③] 哈耶克提出，通过向那些无力维续生计的人提供某些服务的方式，自由主义者至少还努力

---

① ［英］哈耶克：《哈耶克论文集》，邓正来编译，首都经济贸易大学出版社2001年版，第51页。
② 同上书，第81页。
③ 同上书，第83页。

铲除了部分社会性障碍或藩篱，因为这些社会性的障碍或藩篱会把个人束缚在他们出生时便处在的那个阶层之中而无法进入社会成员上下流动的过程。①

自治论自由主义者认为，拥有充足的物品和资源以满足基本的营养需要对于人们来说是一件好事，但他们否认政府有义务满足这些需要。他们认为，诸如为贫困者提供福利这类好的事情是慈善的要求，而并非正义的要求。因此，未能提供这些供给既不值得谴责，也不应受到惩罚。在自治论自由主义者看来，政府的作用应该被限定为对强制力量的报复性使用，以反对那些已经动用强制力量的人们，它不应当进入任何其他领域，比如，宗教、社会组织和经济领域。如约翰·霍斯珀斯将法律分为三个类型，保护个人不受自己伤害的法律、保护个人不受他人侵犯的法律和要求人们互相帮助的法律（比如福利法）。他说，自治论自由主义者完全拒斥第三种类型的法律，因为法律不应强迫人们帮助他人，"当然也不应强迫人们把自己一周的薪水拿出一部分给别人"，政府在人道主义的伪装下劫富济贫，"减弱了人们努力工作的动力，也侵犯了个人的权利，并降低了几乎每个人的生活水平"。②因此，对于有关经济事务，比如，帮助穷人、提供社会保险、规定最低工资、控制垄断、保证工作等，对于"这些以及所有类似的问题，自治论自由主义毫不含糊地说不"。③

（三）"公正理念"中的弱势群体保护

根据罗尔斯的定义，公正是一种"在平衡中考虑的道德判断"，其本质含义是"均衡与合理"，即"在处理人与人之间各种关系时，遵循不偏不倚的原则，给有关的每个社会成员以均衡的条件、平等的机会、适当的利益，从而实现权利与义务的最佳统一"。④所谓社会公正，是指利益和负担在一切社会成员之间适当安排和合理分配。哈特认为，公正是社会的基本价值观念和准则，是人类群体生活的自然需要，是构成一个良好秩序的人类联合体的基础。按照马克思主义的理解，公正涉及政治、经济、法律、道德等领域，并辐射到人类生活的各个方面，是特定的历史与社会经济结构所派生的

---

① ［英］哈耶克：《哈耶克论文集》，邓正来编译，首都经济贸易大学出版社2001年版，第86页。

② ［美］斯特巴：《实践中的道德》，李曦等译，北京大学出版社2006年版，第41页。

③ 同上书，第42页。

④ ［美］罗尔斯：《正义论》，何怀宏等译，中国社会科学出版社1988年版，第125页。

意识形态的重要组成部分，体现公正的制度符合人性的需要，有利于生产力的发展。因此，为遵从制度规范而偶尔作出的——并不像弗洛伊德所认为总要作出的——牺牲，必须由社会化的报酬来补偿，即通过竞争而导致的地位分配必须这样来组织，以便向分配秩序里的每一位置提供使人牢记职位义务的正面鼓励，否则就会出现反常行为。[①] 有学者将现代政治学关于公正的理念分为四个层次，即：基本权利的均等分配；与个人能力相关的基本物品和发展机会的均等分配；其他物品按贡献进行分配；国家依据促进社会整体利益和谐的要求对一次分配后的利益格局进行社会调剂。[②]

可见，公正最深刻本质的内涵是对人的价值尊严与基本生活的确认和保障。特别是对社会主义的中国来说，社会公正显得尤为重要，社会主义作为一种价值观，是一种比资本主义更加注重社会公平的思想，其核心价值就是保护弱势群体，如果社会弱势群体的生存与发展问题解决不好，则社会公正必不存在。

以上是我们对社会弱势群体保护的前沿理论所作的简要梳理、论证和分析，一方面是为了引起全社会，特别是学界、政府和社会管理部门对弱势群体问题的进一步关注；另一方面是在国家政策、制度和法律设计层面，为弱势群体保护提供坚实的理论基础。

---

① ［美］默顿：《社会理论和社会结构》，唐少杰等译，译林出版社 2006 年版，第 264 页。
② 杨文革：《社会公平：构建和谐社会的核心价值理念》，载《理论观察》2005 年第 6 期。